한국 뉴웨이브 영화

한국 뉴웨이브 영화
- 영상시대/하길종부터 뉴웨이브/장선우까지 -

초판 인쇄 2020년 11월 2일
초판 발행 2020년 11월 13일

지은이 이효인
펴낸이 박찬익
편집장 한병순
책임편집 유동근
펴낸곳 ㈜박이정 **주소** 경기도 하남시 조정대로45 미사센텀비즈 7층 F749호
전화 031)792-1193, 1195 **팩스** 02)928-4683 **홈페이지** www.pjbook.com
이메일 pijbook@naver.com **등록** 2014년 8월 22일 제2020-000029호

ISBN 979-11-5848-488-0 93680

* 책값은 뒤표지에 있습니다.

이 저서는 2017년 정부(교육부)의 재원으로 한국연구재단의 지원을 받아 수행된 연구임(NRF-2017S1A6A4A01019205)

This work was supported by the National Research Foundation of Korea Grant funded by the Korean Government(NRF-2017S1A6A4A01019205)

KOREAN NEW WAVE

한국 뉴웨이브 영화

1975~1995

이효인 지음

(주)박이정

책을 펴내며

전작 『한국 근대영화의 기원』(2017)의 서문에, '근대'라는 말을 쓴 것은 1930년대 전후 시기 각자도생 식으로 전개된 한국영화의 '근대적 도약'에 주목했기 때문이라고 썼다. 또 후속 연구에서는 '새로운' 혹은 '현대'라는 단어가 포함될 것이라고도 썼다. 여하튼 『한국 뉴웨이브 영화』라는 밋밋한 제목의 이 책은 그 맥락에서 출발하였다.

서문 「한국 뉴웨이브 개설」은 이 책에서 다룬 내용을 압축적으로 요약한 부분이다. 1980~90년대 한국영화에 대한 지식이 적은 독자는 먼저 읽었으면 한다. 1부는 뉴웨이브 영화에 대한 것이고 2부는 이 시기 뉴웨이브 운동에 관한 것이다. 1부 1장 「뉴웨이브의 맥락」에서는 1990년 전후 전개된 일련의 영화적 현상을 뉴웨이브 개념 차원에서 검토하였는데, 프랑스 누벨바그를 비롯한 뉴웨이브 일반에 대한 정확한 이해가 필요함을 강조하였다. 개념의 연속성은 사물의 연속성을 초월하는 것이었다. 2장 「뉴웨이브 프리퀄」에서는 뉴웨이브의 전사prequel를 다루었는데, 뉴웨이브와의 직접적 관련성은 적지만 임권택, 이장호, 배창호의 영화가 어떤 역할을 했는지 다루었다. 이들 영화는 2000년 이후 영화와 더 관련성이 크다고 생각한다. 3장 「한국 뉴웨이브 영화」에서는 박광수, 정지영, 이명세, 장선우 등을 다루었다. 이들 영화를 뉴웨이브라고 부르는 것은 '도약'은 필연적으로 '단절'을 동반하기 때문이다. 하지만 원자핵을 둘러싼 전자의 이동처럼 프리퀄의 밈meme은 불연속적으로 이어졌다고 보았다.

1990년대 한국영화사는 뉴웨이브 영화와 뉴웨이브 운동 그리고 이를 아우르는 뉴웨이브 체제를 구분할 때 제대로 볼 수 있을 것이다. '영화'와 '운동'은 자주 어긋나면서도 수면 아래에서는 협력하면서 미지의 영화사를 향해 항해한다. 그것은 서로 간의 영향뿐만 아니라 다른 사회적 요인의 영향까지 흡수하여 어떤 체제를 이루는 이종혼종적인 것이었다. 2부는 한국전쟁 이후 전개된 영화운동을 다루었다. 1장「영상시대」에서는 신화화된 '영상시대'의 본질을 탐색하였다. 동인들의 내면과 작품들은 당대 한국영화의 콤플렉스와 열정, 빗나간 지향 모두를 보여주고 있다. 그것은 운동이라기보다는 간헐적인 간절한 소망이었으며, 미래의 압박이었다. 2장「독립영화운동의 전개과정」은 1980년대부터 전개된 영화'운동'에 대한 것이다. 저자가 포함된 부분이라, 잘못 말해지고 있는 사실관계와 누락된 과거를 건조하게 복원하는 데 주력하였다. 3장「독립영화의 미학」은 뉴웨이브 운동에 내재되어 있던 이론적 태도와 내면의 풍경을 정리한 부분이다. 한국 영화학계의 역사가 짧고 인원이 크게 부족했던 당시 상황에서 독립영화의 미학은 실제 대안이기도 하였다. 성기고 거친 이론이었지만 그 역사적 의미를 부인할 수는 없을 것이다. 부기로 「〈바보들의 행진〉의 탈구심적 미학」을 실은 것은, 정전은 많을수록 또 재해석될수록 역사와 삶은 풍부해진다고 믿기 때문이었다.

이 책을 쓰면서 한국근대영화의 시기 구분에 대해 다시 생각하게 되었다. 영화역사의 시기 구분은 그 기준이 나름의 논리를 갖추고 있다면 어떤 방식도 가능하리라 본다. 하지만 영화에 대한 생각과 태도가 바뀐 지점을 찾는 것은 쉽지 않다. 한국 뉴웨이브와 1990년대 한국영화를 오랫동안 들여다보면서 내린 결론은 2000년대에 와서야 한국근대영화가 끝났다는 것이었다. 한국영화사에는 미지의 영역이 너무나 많이 남아 있다. 뉴웨이브 영화 작업을 먼저 한 것은 어떤 의무감과 기억에 대한 불신 때문이었다.

2000년대에서야 활기를 띤 한국영화사 연구는 이제 절멸의 상태로 가고 있는 듯하다. 비평 영역에서도 우려의 목소리를 자주 듣게 된다. '현대'라는 말을 쓰는 것이 허용된다면, 물론 뉴웨이브의 밈은 미미하나마 살아있지만, '한국현대영화'는 다른 시각으로 봐야 한다는 생각이 든다. 미하일 바흐친의 '종결불가능성'이란 개념에는 종결지은 비평적 태도, 삶의 태도에 대한 재고 필요성도 포함되어 있기 때문이다. 그러니 현대 한국영화계에 대해 근심하는 대신 그 속에 내재된 여러 목소리를 누군가가 용기를 내서 번역했으면 좋겠다. 동시에 이 책이 비판을 통하여 극복되기를 바란다. 책을 내면서 새삼 주변을 둘러보면 미안하고 고마운 일이 참 많다. 동료 연구자들과 ㈜박이정출판사에 감사한 마음을 전한다.

2020년 10월 10일
이효인

차 례

한국 뉴웨이브 개설[1]

1. 들어가며

1970년 영화법 3차 개정 이전까지 한국에서 외화를 수입하기 위해서는 정부의 통제(쿼터제)를 받아야만 했다. 박정희 시대 4차 개정 영화법(1973년 공포)은 영화사 설립을 허가제로 하였다. 비로소 1984년 영화법 5차 개정에 의해 영화사 설립의 자유가 주어졌다. 1980년대 뉴웨이브의 등장은 법과 정책의 변화, 환경과 문화의 변화와 관련이 있는 것이었다. 1995년에서야 비로소 통제가 아닌 진흥 위주의 '영화진흥법'이 탄생하는데, 20여 년 전과 비교하면 놀랄만한 변화였다. 따라서 1970년대를 한국영화의 암흑기라고 흔히 부르듯 1990년대는 한국영화의 부흥기라고 부르는 것이 가능할 것이다. 이 글은 1970년대와 80년대 기간 동안 지속해 온 한국영화의 경향과 관습에 대해 일목요

연하게 정리하는 대신 과거로부터 완전히 탈피하지 못했지만 새로움을 추구했던 흐름에 대해 말하고자 한다.

　1970년대 한국영화는 법과 정책의 통제 아래 이루어졌다고 볼 수 있다. 즉 제작 허가제, 혹독한 이중 검열과 영화진흥공사 설립을 통한 정책영화 제작과 영화계 관리, 우수영화 외화수입권 부여 제도가 영화인들이 의식과 행동을 지배했기 때문이었다. 비판적 묘사는 물론 발상조차 금지된 상황은 한국영화를 하향 평준화시켰지만, 우수영화에 외화수입권을 주는 제도는 문학 작품을 원작으로 한 영화를 탄생시키는 계제이기도 하였다. 임권택 영화는 그 대표적인 예가 된다. 정책에 부응한 반공영화 〈증언〉(1974)은 영화진흥공사의 대규모 투자를 받는 혜택을 누렸으며, 우수영화 선정을 지향한 〈족보〉(1979)는 반일적인 동시에 국가nation와 혈연 민족의 개념을 제고하게끔 한 수작이었다. 게다가 70년대 한국영화계는 극심한 불황에 시달렸는데 이는 1980년대에도 다소 완화된 형태로 지속되었다. 외화의 인기에 비해 한국영화는 관객들의 냉대에 시달렸다. 이 시기 한국영화는 마치 우수영화 선정을 통해 외화 수입권을 받거나 제작사의 연간 제작 의무 편수를 채우기 위해 만들어지는 것처럼 보일 정도였다. 지방 배급업자들과 독점 제작자들을 중심으로 형성된 기형적인 제작/배급구조는 이러한 제도적 문제를 더 심화시켰다. 1980년대까지 이런 배급구조와 메이저 중심 영화 제작 경향은 온존하였는데, 기존 영화사의 이름을 빌려 제작하는 대명제작代名製作이라는 기현상은 80년대 중반까지 이루어진 기현상이었다.

　하지만 독자적 생태계를 가진 1970년대 한국영화는 제도에 적응하는 일정한 관습 체계를 지닌 영화를 양산하기도 하였다. 과거부터 이어져 온 가족 멜로드라마는 국가주의와 가족주의를 동일시하며 여성의 수난을 중심에 두고 끊임없이 만들어졌다. 70년대 중반에는 일명 '호스티스 멜로드라마'라고 불리는 영화들이 성행했는데 이는 청년문화적 경향을 띄는 것이기도 하였다. 여기에도 여성의 수난은 계속되었으며 계층 간의 갈등이 암묵적으로 묘사되기도 하였다. 이장호의 〈별들의 고향〉(1974)과 김호선의 〈영자의 전성시대〉(1975)가 그 대표적인 작품이다. 이 영화들은 흥행에도 크게 성공하여 한국영화의 회생 가능성을 보여주었다. 동시에 다소 저항적인 청년문화의 영향을 받은, 청년들의 연애와 풍속을 다룬 청년영화도 한 경향으로 존재하였다. 호스티스 멜로와 청년영화의 등장은, 미국 유학 후 귀국한 하길종 감독의 주도에 의해 '영상시대'라는 그룹이 결성되는 계기가 되기도 하였다. 이는 이후 한국영화계에 직접적인 영향을 미치지는 못했지만, 관습에 매몰되어 있고 시대에 뒤떨어진 영화를 극복하고자 하는 일군의 후배 영화인들에게 큰 자극제이자 방향타가 되었다.

또한 국가와 민족, 반공과 반일 등이 혼재된 액션영화들도 제작되었으며 이는 국가주의를 바탕으로 한 질 낮은 영화들이었다. 그리고 십대 청소년들의 우환을 익살스럽게 그린 '하이틴 영화'들이 극장가를 한때 지배했으며, 이 영화들이 성행하자 아이들의 동심을 그린 아동영화들이 등장하기도 하였다. 예전부터 성행했던 사극 또한 박정희 정권의 정책에 부응하는 형식으로 여전히 존재하였고, 반공을 주제로 한 영화들 역시 이 시기의 주요한 장르였다.

1960년대 중요한 한국영화를 만들던 감독이었던 김기영, 김수용,

신상옥, 유현목, 이만희는 1970년대에도 영화를 만들었지만 과거의 대표작에 준하는 작품을 생산하지는 못하였다. 하지만 이들보다 데뷔가 약간 늦은 임권택 감독은 오히려 70년대 중반 무렵 〈왕십리〉(1976) 등을 통하여 진중한 주제 의식을 담은 영화로 이목을 끌었다. 이후 그는 1980년대 한국영화를 이끄는 주요한 작품들을 만들었다. 통시적으로 보자면, 한국영화의 발전은 불분명하고 미미했지만 1970년대 '영상시대'의 문제의식에서 시작되었다고 볼 수 있다. 이후 사회적 주제를 적극적으로 다룬 이장호, 스타일에 대한 천착과 글로벌 수준의 관습적 영화 제작을 선보인 배창호 등에 의해 주도되었다. 물론 1980년대는, 1970년대보다는 낫지만 여전히 영화산업은 불황이었고, 상업적 성공만을 겨냥한 낡은 관습적 영화가 양산되었다. 1970년대의 주요 장르들은 여전히 반복되었지만 차별적 특징은 있었다. 즉 군사력으로 집권한 전두환 정권이 스크린의 성적 묘사에 대한 관용 정책을 펼침으로써 에로영화가 본격화되었다. 성적 요소를 전면에 내세운 〈애마부인〉(정인엽, 1982)은 십 년이 넘도록 시리즈로 만들어졌고, 매매춘 여성을 관음증 시각으로 묘사하는데 주력한 〈매춘〉(유진선, 1988)은 공전의 흥행 실적을 거두었다.

1985년 영화법 개정과 완화된 검열 환경은 뉴웨이브 영화의 탄생에 유리한 조건이 되었다. 이는 대통령 직접선거를 요구하는 1987년 민주화 대투쟁의 결과물이었고, 기본적 노동인권조차 보장받지 못했던 노동자들의 투쟁에 의해 주어진 것이었다. 1972년 유신헌법 발효 이후 간접 선거로 이루어진 대통령 선거는 15년이 지난 이후에야 직접 선거가 가능해졌는데, 이 사건이 의미하는 바는 한국영화와 영화인들의 새로운 활동 또한 전개되었다는 점이다. 따라서 이 글은 1990년대 이후 급성장한 한국영화와 영화산업의 토대가 되었던 요소들을 주로 다루고자 한다. 한국영화의 급성장은 1993년 삼성과 대우 등 대기업의 영화계 진출과 로맨틱 코미디 영화 〈결혼 이야기〉(김의석, 1992)와 그 정반대편에 위치한 일종의 민족주의 영화 〈서편제〉(임권택, 1993)의 성공으로 표현할 수 있다. 또한 1996년 부산국제영화제 창설 또한 그 성장을 상징하는 것이기도 하다.

이러한 1990년대 한국영화사의 중요한 변화를 주도했던 인력과 시대적 경향을 한국영화 뉴웨이브라고 부르고자 한다. 뉴웨이브에 대한 다양한 정의가 있지만, 이 글은 한국 뉴웨이브를 주도했던 감독들을, 비록 개인으로 호명하지만, 개인을 넘어선 집단적 대표자였던 것으로 자리매김하고자 한다. (이후 1990년대 초중반에 데뷔한 각자의 개성을 지닌 감독들은 1990년대의 맥락에서 다루는 것이 적당할 것이다.) 또 1980년대 뉴웨이브에 앞서 전개된, 훨씬 불리한 조건과 익숙한 관습에서 탈피하기 힘들었던 이른바 뉴웨이브 프리퀄Prequel이라고 부를 수 있는 영화들에 대해서 언급할 것이다. 이러한 서술에서 70년대의 '영상시대'의 맥락은 빠트릴 수가 없다. 하지만 뉴웨이브, 뉴웨이브 프리퀄, '영상시대'가 직접적 인과관계에 놓였다고 주장하는 것은 아니다. 많은 역사 서술이 그러하듯, '배경으로서의 동인'으로 이해되었으면 한다. 또한 뉴웨이브 영화들조차 과거 한국영화의 관습들 예컨대 '정형화된 섹스 신을 의무라도 되는 듯 삽입하면서 더 음탕해 보이려고 애를 썼다'[2]는 표현이 틀리지 않을 정도로 답습하였다. 이러한 관습과 뉴웨이브는 상호 경쟁하면서 진화하는 이른바 공진화coevolution의 모습을 연출하

였다. 예컨대 〈그들도 우리처럼〉(박광수, 1990)에서 내면이 파괴된 인물
(아버지의 외도로 엄마를 잃은 연탄공장 사장 아들)이 벌이는 난폭한 섹스 장면
은 서로가 서로를 파괴하는 사회를 표현하는 것인 동시에 관습적 섹
스 장면의 답습이기도 하다. 즉 사실주의적 표현과 (흥행을 위한)관습적
설정은 서로 경쟁하면서 함께 발전한 즉 공진화共進化한 것이다. 이는
2000년대 들어서는 더 잔인하고 난잡한 요소들로 진화하는데, 이 과
정에서 뉴웨이브의 밈(문화적 유전자, meme)은 쇠퇴하게 된다. (이 시기 뉴
웨이브 형성의 '중요한 기류'로 작용한 실험적 시도와 탄압 속에서도 진행된 영화운동
은 다른 글에서 다룰 것이다.)

2. 영상시대

'영상시대'는 1975년 7월부터 1978년 6월까지 약 삼 년간 진행된 '선
언적' 영화운동을 말한다. 이는 "연달아 일어난 흥행적 성공들을 그냥
지나쳐버리기보다 한데 모여 의논하고 힘을 모으자는"[3] 하길종의 제
안에 따라 이루어졌다. 이 운동은 네 가지 차원에서 조망할 필요가 있
다. 그것은, 1970년대 불황이었던 한국산업계에 신진 영화감독들이
회생의 길을 열었다는 점, 막연한 수준이었지만 영화 제작 이념을 고
민하고 새로운 영화를 지향했다는 점, 한국영화 관습을 탈피하지 못
했지만 새로운 시도를 했다는 점, 미국 히피로 대표되는 저항적 청년
문화의 영향과 민족문화 경향을 동시에 영화 내로 수용한 점이다. '영
상시대' 활동 기간 중 제작된 영화는 총 8편인데 이는 '모더니즘 영화

의 형식적 실험', '민족지적 문화의 추구', '청년문화와의 연대' 등의 범주로 구분할 수 있을 정도로 미학적 공통점을 찾기 힘들다. 또한 한 작품에도 여러 경향이 혼재되어 있는데, 그것은 다음과 같이 분류할 수 있다.

'모더니즘 영화의 형식적 실험'에 해당하는 작품으로는 탈드라마 구조를 가진 영화 〈어디서 무엇이 되어 다시 만나리〉(홍파, 1977), 〈꽃과 뱀〉(이원세, 1975)과, 이미지의 나열과 충돌 효과를 노린 〈어디서 무엇이 되어 다시 만나리〉(홍파, 1976)를 들 수 있다. '민족지적 문화의 추구' 범주로 넣을 수 있는 작품은 신라 처용설화를 현대화한 〈꽃과 뱀〉, 무당과 영혼을 다룬 〈한네의 승천〉(하길종, 1977), 탈춤을 구경하다 정신적 방황을 하는 인물을 다룬 〈어디서 무엇이 되어 만나리〉를 들 수 있다. '청년문화와의 연대'의 범주에 속하는 작품으로는 청년들의 세대 고민과 사회적 저항을 우화적으로 다룬 〈바보들의 행진〉(하길종, 1975)과 가난한 청춘 남녀의 분투를 다룬 〈그래 그래 오늘은 안녕〉(이장호, 1976)을 들 수 있다. 특히 '민족지적 문화의 추구'를 다룬 영화들의 인물은 성적 망상을 지닌 인물로 자주 묘사되는데 이는 정치적으로 억눌린 개인의 자유를 말하는 동시에 오랫동안 지속되어온 한국영화의 흥행을 위한 장치로 보인다. 이는 성적 개방을 노골적으로 다룬 흥행작 〈겨울여자〉(김호선, 1977)에서도 볼 수 있는 것이다. 그리고 청춘이 주인공으로 등장하는 '영상시대' 영화들의 서사가 대중 소설 원작에 기대고 있다는 점도 부기되어야 할 것이다.

김호선, 이원세, 이장호, 하길종, 홍파, 변인식은 '영상시대'를 1975년 7월 18일에 결성하였다. 영상시대는 다음과 같이 선언문을 발표하였다. "우리는 아직껏 이 땅에 영화는 있었어도 영화예술은 부재했음을 알고 있다. (중략) 과연 이 땅에 단 한번의 '누벨바그'나 '뉴시네마' 운동이 전개된 적이 있었는가"[4] 영상시대 동인들은 한국영화를 '비키니 섬의 거북이'에 비유하면서 한국영화의 비예술성과 '새로운 영화를 위한 시도'가 없었음을 통박하였다. 박정희 군사 독재와 텔레비전 드라마의 시장 잠식 등에 시달리던 한국영화계에서 이 목소리를 낸 인물들은 1960년대 거장 감독의 조감독 출신인 이장호(신상옥), 김호선(유현목), 이원세(김수용)와 미국 유학 후 거친 비평을 서슴치 않았던 하길종, 실험영화 정신으로 충만했던 홍 파, 평론가 변인식이었다. 사실 그들은 영상시대의 발족 이전에 〈별들의 고향〉(이장호, 1974), 〈영자의 전성시대〉(김호선, 1975), 〈특별수사본부 김수임의 일생〉(이원세, 1974)으로 대중적 인기를 얻었다. 특히 〈별들의 고향〉은 호스티스 영화의 원조로, 〈영자의 전성시대〉는 '젊은 여성의 도시 생존'을 관음적으로 묘사한 영화들의 원조로 오해되기도 하였다. 하지만 이 영화들은 당대 인기 소설가들의 원작을 토대로 만들어진 것이고, 이는 그 시대의 기운을 반영하는 것이었다. 또한 청바지, 장발, 통기타 등 미국 히피문화의 변형된 반영이라고 할 수 있는 한국 청년문화의 저항성과 소비성과도 연관된 것이었다. 이러한 영화와 대중음악에서의 소극적인 저항성조차 권력자에게는 근심이 되었는지 대중문화의 신진 주역들은 대마초 검거 사건에 휘말려 활동을 중단하게 된다.

'영상시대'의 활동은 정열적으로 활동하다 요절한 하길종을 중심으로 이해되고 있는데, 또 다른 주역이었던 이장호는 "뜻이 뭉쳤다기보다는 인기를 합쳐본 것에 지나지 않았던 것"[5]이라고 평가절하한다.

하길종은 첫 영화 〈화분〉(1972)에서 정치적 은유를 담은 공간과 인물 관계 그리고 동성애 코드의 삽입으로 화제를 불러 일으켰다. 이 영화는 〈테오라마 Teorama〉(피에를 파올로 파졸리니, 1968)의 표절 논란을 불러 일으켰지만 그는 당시 유일하게 서구 작가영화들에 대한 지식을 가진 사람이기도 했다. 그는 '대중오락의 수단으로만 수용되는 한국영화를 인류문명 차원에서 바라보며 미디어 고유의 역할에 대한 의식을 고양하여 인간 문제를 규명하려는 작가의식'[6]을 가진 사람이었다.

하길종의 대표작은 당대 인기 작가 최인호 원작의 〈바보들의 행진〉(1975)이었는데, 주인공 '병태 신드롬'을 일으킬 정도로 인기를 누렸다. 하지만 이 영화는 영상시대가 주창한 정신에 반드시 부합하는 것은 아니었다. "과연 새 세대가 만든 영화들이 종래에 있어왔던 영화들보다 전연 새로웠나 하는 의문"[7]이라는 평을 받기도 하였다. 하길종 본인도 이 영화의 개봉 당시에는 "단지 (제대로 된)영화에 접근하려는 노력에 불과"[8]하다고 평가했는데, 몇 년 후에는 "기존 영화와는 전혀 다른 새롭고 싱싱한 감각적인 영상과 빠른 템포, 생생한 다이얼로그로 이제껏 방화의 스크리닝에서 볼 수 없었던 영상을 구축"[9]했다고 입장을 바꾸었다. 하지만 〈바보들의 행진〉이 검열을 의식하며 검열의 흔적을 새겨 넣어 충돌을 일으키고 중첩된 에피소드들로 구성된, 바흐친의 개념으로는 종결불가능unfinalizability하고 다성적polyphony인 내러티브라는 것은 분명해 보인다. 또 공간(광장)과 언어(우스꽝스러운)에서 카니발적 특성을 지니고 있고, 그로테스크 이미지(육체) 또한 드러내고 있다.[10]

이처럼 '영상시대' 영화에 대한 평가는 다양할 수 있으며, 다양한 성향의 작품을 아우른 활동에 대해 일률적으로 정의하는 것은 무척 난감한 일이다. 영화 미학방법론으로는 일관성과 지속성이 없었던 '영상시대'는 예술운동의 차원에서 다루기는 적합하지 않다. 1970년대 중반 한국영화계의 특징을 공유하면서도 흥행에 성공하거나 새로운 미적 문제 제기를 한 집단으로 다루는 것이 더 합리적일 것이다. 따라서 〈바보들의 행진〉이나 〈어디서 무엇이 되어 다시 만나리〉같은 작품들은 미학적이면서도 정치적으로 읽혀야 한다. 이는 훗날 나온 〈바보 선언〉(이장호, 1983)이나 〈성공시대〉(장선우, 1988), 〈개그맨〉(이명세, 1989)과 같은 맥락에서 볼 수 있는 작품이기도 하기 때문이다.

3. 1980년대 뉴웨이브 프리퀄Prequel

네오 리얼리즘, 누벨바그, 아메리칸 뉴시네마, 뉴 저먼 시네마, 쇼치쿠 누벨바그, 대만의 신전영 등 각 뉴웨이브들은 다 성격을 달리한다. 누벨바그조차 표현주의나 소비에트 몽타주처럼 통일된 양식적 운동이 아니었으며, 내부적으로는 몇 개의 그룹으로 나눌 수 있다. 한국 뉴웨이브 역시 영화적 개념과 통일된 예술 조류의 차원에서 보자면 범주와 대상은 불분명하다. 하지만 서구문화라는 대타자The Big Other를 의식하지 않고 즉 서구영화사의 기준이 아닌 한국영화사와 사회의 차원에서 1980년대 중후반의 경향을 보자면 그것은 뉴웨이브로 부를 수 있을 것이다. 즉 뉴웨이브를 판정하는 관점은 형식과 양식 측면, 운동 혹은 독특한 경향성의 차원 모두 필요하지만 그보다 더 중요한 것은 그것이 속한 시간과 공간 속에서의 '사건성'이라고 생각하기 때문이다.

코리안 뉴웨이브의 공식화는 영문 『코리안 뉴웨이브 : 1980~1995』(PIFF, 1996)의 발간에 의해서였다. 이 책은, 70년대 대중영화 감독이었던 이장호가 사회적 주제를 다룬 〈바람 불어 좋은 날〉, '한국영화다움'에 대한 진지한 질문이었던 임권택의 〈만다라〉부터 장선우의 〈너에게 나를 보낸다〉(1994)와 부산국제영화제 창설 직전까지를 다루었다. 하지만 엄격한 의미에서는, 감독 박광수, 이명세, 장선우, 정지영의 영화부터 뉴웨이브 영화라고 부를 것이며, 그 앞에 이루어진 작업들은 프리퀄로 분류하고자 한다. 이 프리퀄에 해당하는 작업들은 1970년대 한국영화들과 단절을 도모하며 영화적 이상을 실천하고자 했던 것들이다. 하지만 그럼에도 불구하고 과거의 관습과 완전히 단절하지는 못했다. 그 이유는, 그 감독들이 과거의 관습을 의식적으로 단절하고자 한 것이 아니라, 당시 사회적 주제나 영화적 표현에 골몰한 나머지 자연스럽게 생긴 질적 차이였기 때문이었다. 또 프리퀄 감독들의 영화제작 태도 또한 질적 변화가 있었던 것은 아니었는데 단적인 예로 흥행을 위한 섹스 장면이 아무런 고민없이 배치된다는 점을 들 수 있다.

뉴웨이브 프리퀄 기간에 중점적으로 살필 감독은 임권택, 이장호, 배창호이다. 현재 임권택은 박찬욱, 봉준호와 함께 국제적으로도 알려진 감독이지만, 1980년대에 가장 대중적으로 알려진 감독은 배창호였다. 이장호는 사회적 주제를 다루는 감독인 동시에 정치적 함의를 지닌 소프트 포르노에 가까운 영화(〈어우동〉, 〈무릎과 무릎 사이〉)들을 만들어 대중들에게도 널리 알려진 감독이다. 1990년대 초반까지 이장호는 국제적으로도 가장 널리 알려진 감독이었다. 임권택은 80년대에 들어서야 한국 역사와 사회 그리고 인간의 문제에 대한 진지한 작품들을 만들었다. 동시에 그는 액션흥행영화 〈장군의 아들〉(1990)과 한국영화 사상 최고의 흥행작 〈서편제〉(1993) 그리고 칸 영화제 감독상을 받은 〈취화선〉(2001)을 만들기도 하였다. 그가 뉴웨이브 프리퀄로 기록되어야 하는 이유는 좌우 대립의 역사 현장 경험을 바탕으로 이념 문제를 다루었으며, 인간에 대한 연민과 인간성의 복합성을 보여주는 동시에 영화언어에 대한 도전적 자존심을 실천해왔기 때문이다. 그는 '자기의 이상 세계를 향한 치열한 삶에 대한 동경'[11]으로 영화를 만들었으며, 좌파 관객들로부터 동의를 구하지는 못했지만, 그 영화들 대부분은 시대와 호흡하는 것이었다. 훗날의 뉴웨이브들에게 〈만다라〉의 주제와 소재 그리고 스타일은 영화적 모범으로 보였으며, 외국의 영향을 벗어난 제 3의 길처럼 보였다. 또 〈길소뜸〉은 통일지상주의에 찬물을 끼얹는, 앞질러 회의하는 임권택 특유의 인간관을 통하여 현실의 쟁점을 다른 차원에서 지혜롭게 생각하는 샛길을 보여 주었다.(마치 그는 독일통일의 단기적 혼란과 모순을 미리 알고 있었던 듯하다.) 또한 공교롭게도 공산권 붕괴 초기에 소승과 대승불교의 갈등을 그린 〈아제 아제 바라아제〉(1989)를 만들었다. 이 영화는 불교의 방법론 논쟁인 동시에 정치적 올바름에 대한 영화적 토론이었다. 1980년대 신진 비평가들에 의해 이루어진 임권택 영화의 스타일 비평은 롱테이크, 미장센, 카메라 움직임 등을 중심으로 이루어졌는데, 이러한 각별한 검토는 정성일과 이용관[12]의 연구가 대표적이다. 그의 세계관과 스타일과 함께 그의 영화에 등장하는 인물 성격의 다성성polyphony은 주제를 지속적으로 환기, 강화시키는 동시에 대화하도록 만드는 것이었다. 일방적인 주장이 아닌, 이념성과 역사성 그리고 삶의 복합성에 대해 임권택만큼 대화를 요구한 영화는 일찍이 없었다.

이장호의 작품은 사회적 소재를 다룬 영화들과 대중흥행용 영화로 나눌 수 있다. 전자로는 〈바람 불어 좋은 날〉(1980), 〈어둠의 자식들〉(1981), 〈바보선언〉(1983), 〈과부춤〉(1984) 등이 있고, 후자로는 〈무릎과 무릎 사이〉(1984), 〈어우동〉(1985), 〈이장호의 외인구단〉(1986) 등이 있다. 전자는 한국 문학과 미술처럼 영화 또한 현실을 반영하는 민족민중예술의 하나가 될 수 있음을 보여주는 것이었다. 후자는 기존 한국영화와는 흥행코드를 달리하거나 새로운 소재 개발을 통하여 흥행에 성공한 사례인 동시에 독립 제작의 가능성을 보여준 것이기도 했다. 시골에서 상경한 세 청년을 다룬 〈바람불어 좋은 날〉은 인물들이 현실을 환기시키는 것만으로도 주목할 만한 것이었다. 해방신학적 차원에서 기독교와 민중의 삶을 다룬 〈어둠의 자식들〉과 〈과부춤〉은 전두환 정권의 탄압으로 민주주의 운동세력이 구속되거나 지하로 잠복했던 시기 기독교 사회 복음 즉 에큐메니칼ecumenical 운동의 역할을 간접적으로 보여준다. 하지만 그보다 더 중요한 것은 1980년대 한국사회가 영화에 요구했던 것 즉 이태리식 네오리얼리즘이 스크린에 구현되었다는 점이다. 더 특이한 것은 〈바보선언〉이다. 이 영화는 제작 사전 검열에서 좌절한 감독의 극단적인 선택의 결과물이었다. 감독은 내러티브의 선형성, 스타일의 봉합성을 완전히 무시한 채 매매춘 여성과 장애 남성들을 등장시켜 즉흥적으로 이야기를 풀어갔다. 초-리얼리즘 방식의 이 영화는 비현실적인 설정임에도 불구하고 현실의 극단적 측면을 환기시켰으며 텍스트 너머에 존재하는 제도와 이념의 억압성을 드러내는 것이었다. 뉴웨이브 프리퀄로서의 이장호를 완성시킨 것은 아마 〈나그네는 길에서도 쉬지 않는다〉(1987)일 것이다. 3년 남짓 흥행 영화만을 만들던 그가 이 영화를 만든 것은 예술적 야심 혹은 어떤 책임감 때문일 것이다. 분단 현실과 죽음 혹은 윤회의 문제를 다룬 이 기묘한 영화에서, 원작 소설에 크게 빚지고 있지만, 이장호 특유의 성긴 플롯 사이사이에서 새어나오는 어떤 파토스는 더욱 힘을 발휘하고 있다. 롱쇼트로 찍은 얼어붙은 강변을 걷는 두 사람의 이야기는 대단히 건조하지만 인물들의 사연은 기구하다. 남자의 가방에는 죽은 아내의 유골이 들어있고, 여자는 노인의 몸을 데워주는 역할을 했던 것을 남의 얘기처럼 말하고 있다. 시간이 지나 남자는 여관 마당에 아내의 뼈를 뿌린다.(소설에는 없는 대목이다). 씬과 씬 사이에 생략된 내용과 인물의 느낌이야말로 이 영화의 파토스일 것이다. 우파 민중주의와 좌파 기독교 사상의 기묘한 조합으로 이루어진 이장호 영화는 80년대 영화 청년들에게 우상이자 비판적 극복의 대상이었다. 스스로 '자신의 삶을 반영한 작품을 만들지는 못했다'[13]는 고백에서 보듯, 시대를 반영한 작품조차 대안을 제시하거나 깊은 숙고를 거친 것은 아니었다. 하지만 그의 영화에서 볼 수 있는 '거친 대중적 통속성'의 매혹은, 한국영화의 기존 관습과 완전 결별한 것은 아니었지만, '그때 있어야 할 곳'에 최소한 가려고 노력했다는 점에서 흠모의 대상이었다. 게다가 〈나그네는 길에서도 쉬지 않는다〉에서 보여준 초현실적이면서도 현실을 환기시키는 섬뜩한 생경함은 '한국 예술영화의 가능성'을 제시하는 것이기도 하였다.

배창호 영화의 대부분은 그 해 한국영화 흥행 5위 안에 들어갈 정도로 그는 흥행감독으로 알려져 있다. 그의 성공은 한국영화의 오래된 관습과 클리세cliche와는 다른 글로벌 수준의 관습적 문법을 준수하면서 그 클리세를 현대화시킨 것에서 비롯된 것이었다. 영화광이었던 그는 '한국극장을 장악한 미국 B급영화에 대한 울분'[14]을 토대로 주로 사랑에 대한 이야기를 만들었다. 최고의 흥행작이었던 〈고래사냥〉(1984)은 〈바보들의 행진〉의 연장선상에 있는 듯했다. 두 영화의 원작자 혹은 시나리오 작가는 최인호이며, 영화 주인공 이름 또한 같다. 원작의 효과를 무시할 수 없겠지만, 영화의 성공은 기존 한국영화들의 비상식적인 설정과 묘사를 넘어선 흥미로운 플롯, 스타들의 매혹에 기인한 것이었다. 성매매촌에 구금된 벙어리 여성을 구출하여 고향으로 데려다주는 로드무비 형식의 이 영화는 「잠자는 숲속의 미녀」 플롯의 변형이었다. 또한 탄압의 시대에 '보호받아야 할 천사'와 '일시적으로 불우한 왕자'의 욕망 성취는 어떤 카타르시스를 관객들에게 안겨줬을 것이다. 마지막 장면에서 주인공들을 쫓던 악한은 벙어리 여자가 말을 할 수 있게 되자 그냥 돌아서는데, 이 장면은 배창호 영화의 일관된 주제 즉 '용서와 사랑'을 단적으로 보여주는 것이었다. 배창호의 나이브한 의식은 나이브하기 때문에 대중적 호소력이 있는 것이었다. 이 영화처럼 순수한 사랑의 감정과 낙관적 세계관을 담은 대표적인 영화들로는 〈기쁜 우리 젊은 날〉(1987), 〈안녕하세요 하나님〉(1987)를 들 수 있다. 가난한 동네의 러브 스토리를 다룬 데뷔작 〈꼬방동네 사람들〉(1982) 제작 과정에서 검열에 시달린 그는 전쟁으로 헤어진 남매의 이야기인 〈그해 겨울은 따뜻했네〉(1984)와 아메리칸 드림의 비극을 다룬 〈깊고 푸른 밤〉(1985) 등도 만들었지만 필모그라피의 대부분은 멜로드라마였다. 엘리트 출신인 배창호의 흥행 성공은 청년 시네필들에게 한국영화의 가능성을 보여주는 것만으로도 프리퀄로서 충분했지만, 그에 대한 진정한 존중은 그의 스타일에 대한 인지에 기인하였다. 과거 극소수의 한국영화에서 보였던 스타일에 대한 인지 즉 '영화언어의 자각'이 의식적이며 본격적으로 드러난 것은 〈기쁜 우리 젊은 날〉에서였다. 렌즈와 편집을 통한 새로운 이미지는 비오는 날 영민이 기다리는 장면과 맞선을 보러 들어간 다방 장면에서 훌륭하게 제시된다. 이러한 시도는 〈황진이〉(1986)의 롱테이크에서 시작한 것이었는데, 이후 그의 영화들의 쇼트 수는 과거 영화에 비해 절반으로 줄어들고 롱테이크 쇼트는 4배 이상 늘어난다. 〈황진이〉 이전에 만들어진 6작품은 평균 628 쇼트, 쇼트 당 평균 지속 시간이 10.2초였던 것에 반해 〈황진이〉 이후 3작품은 평균 224 쇼트, 평균 지속 시간 31.2초이다.[15] 그의 이러한 시도는 1980년대 한국영화 뉴웨이브를 예비하는 단계에서 가장 적절한 도착이었던 셈이다.

4. 한국 뉴웨이브 영화

1980년대 임권택, 이장호, 배창호 감독의 흥행 성공작 외의 주목할 만한 작품들은 주로 신진 평론가들에 의해 인정을 받았다. 〈만다라〉, 〈나그네는 길에서도 쉬지 않는다〉, 〈황진이〉 등이 그 예가 된다. 신진 평론가들은 평론 외에도 여러 영화운동과 관련을 맺고 있었다. 서울영화집단, 민족영화연구소, 노동자뉴스제작단, 장산곶매 등에서 활동하던 20대 청년들은 독립영화운동을 제창하면서 당시 사회운동과 보조를 같이 하였다. 〈파업전야〉(장산곶매, 1990)는 그 운동의 대표적인 창작 결과물이었고, 계간 『영화언어』는 대표적인 비평 결과물이었다. 『영화언어』 편집진들은 이후 부산국제영화제를 창설하는데 주도적인 역할을 하였다. 또 독립영화집단의 청년들은 한국의 대표적인 감독으로 성장하거나 이후 주도적인 비평가로서 활동하였다. 따라서 한국 뉴웨이브는 작품, 활동(영화운동) 그리고 이 모든 것을 아우르는 '체제'라는 세 가지 차원에서 조망할 필요가 있다. 예컨대 배창호 감독은 80년대의 영화운동과 아무런 관련을 맺지 않았지만, 새로운 영화를 열망하는 영화 청년들과 공감대를 가지고 있었으며, 이장호 감독의 작품에 독립영화 청년들은 스텝으로 참여하면서 어떤 기류를 형성했다. 영화운동은 그러한 체제를 조성하는데 중심적인 역할을 하였는데 이는 단지 사회운동 논리를 영화에 반영해야 한다는 수준을 넘어서서 역사적 의미를 지닌 외국영화의 소개와 방향 제시에 큰 역할을 하였기 때문이다. 하지만 이 글에서는 뉴웨이브 영화들만 중점적으로 다루고자 한다.

1980년대 후반은 구세대가 잔존하는 가운데 한국영화계의 세대 교체가 이루어진 시기였다. 1987년 민주화 열풍과 경제발전이 요구하는 문화적 수요는 새로운 영화를 요구했기 때문이었다. 이 시기 중요한 감독은 적지 않지만 뉴웨이브 기류의 차원에서 또 프리퀄과의 연관성 속에서는 박광수, 이명세, 장선우, 정지영을 꼽을 수 있다.

박광수는 〈칠수와 만수〉(1988), 〈그들도 우리처럼〉(1990)를 통하여 뉴웨이브의 선두주자로 인식되었다. 좌익 아버지를 둔 냉소적이며 무기력한 만수와 미군기지촌 동두천 출신인 허세가득한 칠수가 주인공이다. 그들은 사회의 오해와 냉대를 견디다 못해 본의 아니게 저항의 퍼포먼스를 벌인다. 〈그들도 우리처럼〉은 노동운동가가 탄광촌으로 도피한 후 어떤 사건을 겪고 다시 그 곳을 빠져나오는 이야기를 다룬다. 두 영화는 혁명적이거나 도발적 주장을 하지 않으며, 내러티브와 스타일 또한 평이하다. 하지만 당시로서는 영화적으로 꾸미지 않은 시공간의 제시와, 현실에 존재하지만 영화에서는 한 번도 제대로 표현되지 못한 인물들의 등장만으로도 이 영화들은 주목을 받았다. 즉 어느 날 갑자기 '낯선 충무로 영화'가 등장한 것이었다. 박광수는 당시 사회운동 이론이 지닌 엘리트주의에 대해서도 반감을 가지고 있었는데, 그것은 프랑스 유학시절 흡수된 (민중의 요구를 부분적으로 배반한) 68혁명에 대한 추체험 혹은 개인적 기질에서 비롯된 것으로 보인다. 상황 설정과 모티브만으로도 박광수 영화는 새로운 영화가 될 수 있었지만 그의 특징은 그것으로만 국한되지 않는다. 두 영화에 등장하는 공간(자취방, 숙직실, 버스가 지나다니는 거리, 탄광촌 거리)은 한국영화에서 너무나 낯선 풍경의 미장센인데, 이는 긴장감과 불편함을 불러일으킨다. 또한 뉴스가 상영되는 텔레비전 화면은 다큐멘터리 효과를 불러일으키기도 한다. 한마디로 그간 한국영화에서 없었던 공간, 인물, 사건의 제시를 통하여 그는 최초의 뉴웨이브가 될 수 있었던 것이다. 그는 90년대에 들어서도 좌우갈등의 비극을 다룬 〈그 섬에 가고 싶다〉(1993)와 노동착취 현실 개선을 위하여 분신하였던 전태일을 다룬 〈아름다운 청년 전태일〉(1994)를 만들면서 작가적 완성을 도모하였다.

이명세의 데뷔작 〈개그맨〉(1989)은 망상에 빠진 삼류 개그맨과 멍청한 이발사 그리고 변형된 팜므파탈이 영화 제작비 조달을 위해 은행 강도를 하는, 코믹 로드무비 헤이스트heist 영화이다. 이명세는 '이전 영화는 선배들의 실험이자 축적물이며 영화는 이제 비로소 태어났다'[16]고 말했는데, 이건 단순한 치기가 아니었다. 이 영화에서 주인공은 '한국영화'처럼 보이는데, 인물들의 강도 행각 조건이 열악하다는 점에서, 인물들의 행동이 우스꽝스럽다는 점에서 그러하다. 이 영화에 인용된 한국영화와 할리우드 영화, 〈전함 포템킨〉 오뎃사 계단의 패러디 등은 그가 이 영화에 자신의 영화 지식 전부를 쏟아 붓고 있다는 느낌을 준다. 한국영화사 최초의 '영화에 대한 영화'이자 한국영화 현실에 대한 우울한 영화주의자의 레퀴엠이었던 것이다. 그럼으로써 이명세는 자신이 사사한 배창호를 넘어서는, 진정한 의미의 영화주의자로 등극하게 된 것이었다. 이명세 덕분에 한국영화는 정치적 올바름이나 관습적 유행을 벗어나더라도 흥미로운 영화 만들기가 가능하다는 희망을 가지게 되었다. 이어서 그는 미장센이 극단적으로 강조된 〈나의 사랑 나의 신부〉(1991)과 〈첫사랑〉(1993)을 발표한다. 〈나의 사랑 나의 신부〉의 핍진하게verisimilar 모조된 미장센의 리얼리티는 내러티브가 설정한 달콤한 시공간으로 안내하는데, 그것은 각박한 현실을 잊게 하는 탈현실적인 시공간이었다. 그 시대의 정치, 경제, 젠더 등 사회적 쟁점은 하나도 개입하지 않았으며 심지어 그 흔한 삼각관계조차 들어있지 않은 이 영화는 오로지 '꿈과 위로의 공장'이었다. 이 점에서 그는 박광수와 너무나 대조적이라, 그 시대를 풍성하게 만들었다.

늦은 나이에 데뷔한 정지영은 1980년대에는 심리물과 멜로드라마를 만드는 감독으로 인지되었다. 사실 그런 점보다 정지영은 영화계 민주화 운동의 리더로서 더 알려졌다. 그의 활약은 1987년에 두드러졌으며 이후 미국직접배급영화 반대 투쟁과 영화법 개정 운동을 이끌었다. 즉 그는 80년대 뉴웨이브 '기류'의 한 축을 담당했던 것이다. 투사로서의 대중적 이미지에 맞는 작품은 6·25 전쟁 중 남한에서 활약한 빨치산의 전말을 다룬 〈남부군〉(1989)과 월남전의 후유증을 그린 〈하얀 전쟁〉(1992)이다. 대중영화를 주로 만들던 감독이 진보적 영화 청년조차 제작할 엄두를 내지 못했던 빨치산 문제와 월남전 문제를 다룬 것은 놀라운 것이었다. 두 작품 모두 이념적 논쟁을 일으켰는데, 역사적 사실을 건조하게 기록한 듯한 〈남부군〉에 비해 월남전 참전으로 정신과 가정이 파괴된 인물들의 내면을 그린 〈하얀 전쟁〉이 훨씬 더 드라마틱했다. 전쟁 이후 레드 콤플렉스로 가득 찬 사회에서 두 영화는 다른 창작자들로 하여금 소재 선택과 자기 검열의 한계를 확장시키는 중요한 계기로 작용하였다.

사회적 주제 채택, 영화언어의 확장, 자기 검열로부터의 탈출이라는 뉴웨이브 영화의 세 요소를 골고루 갖춘 감독은 장선우였다. 마당극 동아리 출신인 장선우는 데뷔작 〈성공시대〉(1988)에서 마당극 서사처럼 논리적으로 분절된 시퀀스로 내러티브를 구성하고, 마당극처럼 과장된 상황과 대사를 영화에서도 활용하였다. 조미료 영업사원의 분투를 그린 이 영화는 자본주의의 무한경쟁을 비판하는 것이었는데, 논리와 내러티브는 단순했고 마당극 양식의 영화적 수용은 상징성도 부족했고, 핍진성도 잃어버리는 것이었다. 그럼에도 불구하고 자본주의의 물신주의를 '한국영화'를 통하여 비판하는 것만으로도 큰 의

미를 지닐 수 있었다. 이후 그는 〈우묵배미의 사랑〉(1990)을 발표하는 데, 그의 작품 중 가장 특징 없는 대중적인 영화였다. 민주진영의 분열로 인한 대통령 선거 실패와 동구권의 몰락이라는 혼란 속에서 택한, 자기 삶의 변명 같은, 내면의 문학적 고백같은 것이었다. 그는 곧 이어 프랑스 유학 동안 동거했던 남녀의 지루하면서도 처절한 애욕과 속물적 욕망에 얽힌 대사로 점철된 〈경마장 가는 길〉(1991)을 선보인다. 포스트모던한 사회에 진입한 한국 사회에 대한 고찰이자 길을 잃은 사람들에게, 특히 마지막 우유를 마시다가 쏟는 장면에서, 자유롭게 주변적인 것에 관심을 기울이며 살자고 말하는 듯 했다. 이 영화에서 장선우는 쇼트-역전 쇼트 대신에 롱테이크 2인 쇼트(홍상수 영화에 자주 나오는)를 구사하며, 미켈란제로 안토니오니의 〈블로우 업 Blow-Up〉을 암시하는 소품(간판)과 사운드(여관 정사 장면 중 들리는 테니스 공 소리)를 보여준다. 그럼으로써 장선우는 변혁적 윤리와 지식의 근원이었던 청년 시절의 가치와 목표로부터 멀어지기 시작하였다. 이런 경향은 〈너에게 나를 보낸다〉(1994)에서 극단적으로 흘렀다. 노골적인 음담패설과 성행위로 점철된 내러티브 속에서 인물들은 더 냉소적이며 위악적이고, 기존 윤리 대신 새로운(파괴된) 윤리가 정당한 것처럼 묘사된다. '소설은 읽을거리'로 전락하고 '성은 교환 가치' 이상이 아니며, 창의성이란 애초에 존재하지 않으며 모든 것은 혼성적으로 모방되는 것이었다. 물론 그는 불교적 구도를 다룬 〈화엄경〉(1993)과 광주의 참상을 처절한 은유로 표현한 〈꽃잎〉(1996) 또한 만들었다. 하지만 동구권의 붕괴와 한국사회의 급격한 변화를 고려한다면, 화제가 된 소설 원작을 재빠르게 채택한 것이기도 하지만, 장선우는 가장 먼저 시대정신 혹은 시대감각을 영화로 옮긴 감독으로 기록되어야 할 것이다. 그럼으로써 그는 가장 젊은 감독이 될 수 있었고, 〈너에게 나를 보낸다〉를 통하여 계몽과 합리가 더 이상 힘을 발휘하지 못할 것이라고 선언함으로써 스스로 뉴웨이브가 끝났음을 주지시켰다.

5. 맺는 말

1970년대와 80년대 한국영화의 변화는 1990년대 한국영화 도약의 토대가 되었다. 이 시기 기존 한국영화의 제작 이념과 관습은 온존했는데, 뉴웨이브는 이들과 경쟁하는 가운데 성취된 이른바 공진화의 결과라고 할 수 있다.

　이 글은 '영상시대'가 미숙하고 일관된 미학적 실천이 없었음에도 불구하고 '회생하고자 하는 선언'으로서의 의미를 지녔으며 80년대 시네필들에게 간접적인 영향을 끼쳤음을 밝히고자 하였다. 뉴웨이브 프리퀄에서는 임권택의 주제의식과 다성적 인간 묘사, 이장호의 영화의 사회성 확보와 독자적 생존 가능성, 배창호의 글로벌 수준의 영화 관습 완성과 스타일 탐구를 중점적으로 다루었다. 뉴웨이브에서는 스크린에 비로소 현실적 시공간을 확보한 박광수, 영화주의자의 전범을 최초로 보여준 이명세, 시대정신과 시대감각을 다양하게 제시한 장선우, 금지된 역사를 최초로 드러낸 정지영을 중심으로 다루었다.

　1980년 뉴웨이브의 전조로 출발한 〈바람불어 좋은 날〉에서 장선우의 〈너에게 나를 보낸다〉(1994) 혹은 1996년 부산국제영화제 창설까지 이어진 뉴웨이브는 기존 한국영화 구체제와 새로운 시도와의 상호 영향과 협력, 경쟁과 투쟁의 결과물이었다. 앞에서도 밝혔듯이, '영상시대'와 '뉴웨이브 프리퀄' 그리고 '뉴웨이브' 사이에 공통된 미학이 있는 것이 아니다. 수용과 극복의 형태로 이해하는 것이 더 합리적이다. '영상시대'는 자기 반성과 비판 그리고 문제의식을 서투르게 드러냈다. '뉴웨이브 프리퀄'에서는 그 문제의식이 다양한 형태로 수렴되면서 완성된 미적 형태로 귀결되었다. '뉴웨이브'는 그것을 더 현실적이거나 더 영화적으로 성숙시키는 과정이었다. 1990년대 중반 이후 한국영화의 특징이라고 할 수 있는 것은 이 '뉴웨이브'를 토양으로 하고 있다고 생각한다. 즉 완성도, 리얼리티가 확보된 적절한 장르 관습, 유머로까지 발전한 비판적 태도 혹은 시도때도 없이 등장하는 비판적 코멘트 등이 그 사례이다. 하지만 동시에 1990년대 중반을 넘어서면서 영화산업의 지형 변화와 관객 문화의 변화에 의해 투쟁적 사실주의, 실험적 태도로 집약되는 뉴웨이브의 밈meme은 점점 퇴화되어 주류적 경향으로서의 수명을 다하고 만다.

1부

1장
뉴웨이브의 맥락

한국의 뉴웨이브는 프랑스 누벨바그 등과는 달리 후에 호명된 것이다. 한국 언론에서 뉴웨이브란 단어가 쓰인 것은 주로 누벨바그나 네오리얼리즘을 언급할 때였지만, 1990년대에 들어서는 영화 수입사의 흥행 홍보 문구가 기사화되면서 대만 뉴웨이브(허우샤오시엔, 에드워드 양, 이안), 홍콩 뉴웨이브(왕가위 등), 일본 뉴웨이브(오구리 고헤이, 기타노 다케시 등) 등으로 호명되던 것과 비슷한 시기에 대중적으로 유통되었다.[1] 한국영화의 뉴웨이브에 대한 언급은 1980년대 후반에 발행된 잡지 월간 『영화』(영화진흥공사), 『로드쇼』, 『스크린』 등에서 시작하여 1996년 제1회 부산국제영화제에서 영문으로 발간한 『코리안 뉴웨이브』[2]에서 정식화되고 이후 「영화적 기억과 문화적 정체성에 대한 연구 - 포스트 코리안 뉴웨이브 시네마를 중심으로」[3]와 「코리안 뉴웨이브 영화'의 이행기적 성찰성 연구」[4] 등의 학술 논문을 통하여 학술적으로 재규정 작업의 대상이 되었다. 또한 외국 언론들도 부산국제영화제를 다루면서 기꺼이 뉴웨이브라는 말을 썼다.[5] 한국 최초의 국제영화제인 부산국제영화제에서 발간한, 비교적 공식적인 권위를 부여받은 『코리안 뉴웨이브』는 1988년부터 1991년까지를 뉴웨이브의 시대로 삼고 그 전 시기 1980~87년까지를 전사로, 1991년 이후를 변화와 성장을 거듭하는 시기로 보고 있다. 이는 "코리안 뉴웨이브라는 이름으로 하나의 가두리 안에 섞어두기에는 결코 만만치 않은 경향적 차이들을 가지고 있는 작가 군을 '코리안 뉴웨이브'의 기치 아래 대거 호명"하는, '선별과 배제의 여과장치가 거칠고 불규칙한 눈금을 가지고 있다'[6]는 평가를 받았다.

1. 뉴웨이브

영화 역사에서 뉴웨이브/누벨바그New Wave/Nouvelle Vague란 어떤 고정된 것이 아니라 유동적인 것이라서 다른 성향들과 뒤섞이거나 때로는 잠시 나타났다 사라지는 단편적인 것들이 어떤 흐름처럼 보이기도 한다. 뉴웨이브에 관한 영화사적 사실을 지루하게 열거하는 것은 그것을 구성하는 다양하면서도 유동적인 것들을 포착하기 위한 것만은 아니다. 오히려 어떤 뉴웨이브의 요소들이 균질한 어떤 것들을 가지고 있거나 후대에 예술적 동인으로 작용했다는 막연한 믿음을 회의하기 위해서이다. 각국의 뉴웨이브는 시작과 동시에 타인에 의해 명명된 것, 스스로 자신들을 뉴웨이브라고 선언한 것, 운동의 진행 도중 혹은 사후에 명명된 것 등으로 나눌 수 있다. 한국영화의 뉴웨이브를 말하는 것 또한 이런 맥락에서 다시 되돌아 볼 필요가 있을 것이다.

누벨바그La Nouvelle Vague가 기존 프랑스 영화들의 전통을 비판하며 새로운 영화를 개척한 것은 사실이지만, 장 뤽 고다르Jean-Luc Godard, 프랑수아 트뤼포François Roland Truffaut, 클로드 샤브롤Claude Chabrol, 에릭 로메르Éric Rohmer, 자크 리베트Jacques Rivette, 에릭 로메르 Éric Rohmer 등의 영화적 결과물에는 공통적인 영역보다는 나머지 영역의 합이 훨씬 크다는 점은 시사적이다. 한 예로, 누벨바그의 공인 기간 이후이지만 경향성은 남아 있는 작품들을 대상으로 보자면, 장 뤽 고다르의 〈만사형통 Tout va bien de〉(1972)에서 선보인 영화 제작 과정에 대한 비판적 언급, 연극적 무대의 노골적인 제시, 정치적 수사를 거칠게 화면으로 끌어들인 것 등과 에릭 로메르의 〈모드 집에서의 하룻밤 Ma nuit chez Maud〉(1969)은 매우 동떨어져 있다. 에릭 로메르의 많은 영화들에서 보듯, 이 영화 역시 감정에 휘둘려 난처한 상황에 자주 빠지곤 하는 남녀들의 매혹적인 말투의 대화, 철학적인 토론, 야심적이지만 조심스런 처신 등은 세상의 흐름과는 동떨어진 로맨티시즘 등으로 채워져 있기 때문이다. 1958년을 누벨바그의 시작 해라고 한다면, 그로부터 37년 후인 1995년에 윤리적 야심으로 충만한 라스 폰 트리에 등은 누벨바그의 작가주의적 경향과 할리우드의 관습적인 영화 제작 경향에 극단적으로 반대하는 '순결의 서약'을 발표한다. 이들 덴마크 감독들이 선언한 열 가지의 제작 원칙 속에는 '모든 사운드는 현장음만을 사용한다'(그래서 음악이 필요한 경우 촬영 현장의 카메라 프레임 바깥에 위치한 연주자가 연주를 하였다), '크레딧에 감독의 이름을 올리지 않는다' 등도 들어 있다. 누벨바그가 문학 작품을 각색하거나 큰 자본이 요구되는 시대극 등을 거부하면서 창의적인 개인의 예술 세계를 지향했다면, 라스 폰 트리에Lars Von Trier등은 조작으로 오염되지 않는 현실 그 차제를 영화에 담고자 한 것이었다.

할리우드 시스템을 극단적으로 비판하며 언더그라운드, 실험영화의 세계를 개척한 '아메리칸 뉴 시네마'는 1960년대에 동명의 단체를 결성한 라이오넬 로고신Lionel Rogosin 등이 주도하였는데 이들의 정신은 할리우드 내부에서 창의적인 작가주의로 변환된다. 즉 〈우리에게 내일은 없다 Bonnie and Clyde〉(아서 팬, 1967), 〈졸업〉(마이클 니콜슨, 1967), 〈이지 라이더〉(데니스 호퍼, 1969) 등과 스탠리 큐브릭Stanley Kubrick, 로버트 알트만Robert Altman, 마틴 스콜세지Martin Scorsese, 프란시스 코폴라Francis Ford Coppola 등이 연출한 영화사의 기념비적 작품들로 이어졌다. 뉴 저먼 시네마 역시 1962년에 젊은 영화인 26명이 오버하우젠 영화제에서 "아버지의 영화는 죽었다"고 선언하면서 탄생하였다. 이후 베르너 헤어초크^{Werner Herzog}, 라이너 베르너 파스빈더^{Rainer Werner Maria Fassbinde} 등이 세계영화사의 정전에 이름을 올렸다. 브라질의 시네마 노보는 현실 정치에 개입하고자 하는 열망과 할리우드 영화문법을 벗어나고자 한 도스 산토스^{Nelson Pereira Dos Santos}로 대표되는 감독들의 리얼리즘에 입각한 새로운 영화의 추구였는데, 이는 동시에 영화 표현의 방법론적 투쟁이기도 했다.[7] 하지만 이미 언급한 뉴웨이브 영화들과 비교하면, 시네마 누보라는 명칭은 고유 명사였는지 일반 명사였는지는 불분명하다. 이런 점에서는 오시마 나기사^{大島渚} 감독으로 대표되는 일본의 '쇼치쿠 누벨바그^{松竹 Nouvelle Vague}' 또한 비슷하다. 처음에는 쇼치쿠 영화사의 기획에 의해 허용된 것이었지만 이후 놀라운 정치성과 파격적인 영화 문법으로 영화제작사와 불화를 일으켜 따로 독립한 그들의 영화적 경향은 모호하고 이중적이다. 프랑스 누벨바그의 짧은 상업적 성공을 본 따 기획되었지만 이후 감독과 관객 모두 비장한 태도로 뉴웨이브를 선언한 것이었다. 중국의 장이머우^{張藝謀} 등은 5세대 감독으로 불리면서 뉴웨이브로 인지되었고, 대만 영화계의 현실을 비판하며 '민국 76년 대만영화선언'과 함께 뉴 시네마를 꿈꾼 허우샤오시엔^{侯孝賢}으로 대표되는 대만의 '신전영 新電影' 등은 타의에 의해 붙여진 이름에 가깝다.

　한국 뉴웨이브 영화의 범주와 대상은 불분명하다. 우선 범주를 정할 필요가 있는데, 운동으로서의 뉴웨이브와 미학 혹은 작품으로서의 뉴웨이브로 나눌 필요가 있다. 누벨바그 운동이 진행된 기간과 시기 구분 등에 대해서는 여러 주장이 있으나[8] 운동과 미학을 중심으로 본다면 전기와 후기로 나눌 수 있다. 누벨바그 전기(1958-1962)가 프랑스 영화 내부를 향한 거부였다면, 후기(1966-68)는 프랑스 사회의 정치운동과 함께 하는 운동이었다. 이는 대체로 전통적 방식을 따르는 그룹, 『카이에 뒤 시네마』 그룹 즉 이 잡지를 중심으로 활동한 장 뤽 고다르, 프랑수아 트뤼포, 클로드 샤브롤, 에릭 로메르, 이들과 적당한 거리를 유지하면서 단편영화와 기록영화로 자신들의 노선을 유지한 좌안파 알랭 레네Alain Resnais, 아녜스 바르다Agnès Varda 그룹 등으로 나눌 수 있다.[9] 누벨바그라는 명칭이 프랑스 신문 《렉스프레스 l'Express》(1957.10.3.)에 의해 붙여질 때 그 기사를 쓴 기자는 이 새로운 영화의 미래에 대해 알 수 없었다. 누벨바그의 경우 대체로 두 번째와 세 번째 그룹을 통칭하는 것이지만, 그 속에는 개인별 차별성이 있으며 시기적으로도 다른 미학적 지향이나 활동 등이 내포되어 있다. 한국의 뉴웨이브는 정치지향적인 라틴 아메리카 뉴웨이브와 후기 누벨바그와 유사한 점이 있는가 하면, 미학지향적인 전기 누벨바그와 닮은 점이 있고, 영화제작 환경의 구속성을 돌파하는 가운데 생성된 미학적 성향으로 뉴웨이브로 명명된 쇼치쿠 누벨바그와도 친근성이 있다. 물론 그렇다고 해서 앞으로 언급할 한국의 뉴웨이브가 누벨바그 등처럼 운동적, 미학적 성취를 이뤘다고 말하자는 것은 결코 아니다. 이러한 비교는 단지 이해를 돕기 위한 것에 불과하다.

2. 『코리안 뉴웨이브 : 1980~1995』

영문 『코리안 뉴웨이브 : 1980~1995』의 발간은, 17편의 영화*를 선정한 부산국제영화제의 한국영화회고전 섹션의 부속 출간물이었다. 이 섹션의 작품 선정은, 제1회인데다가 외국 관객들도 염두에 두면서 1980년 이후의 우수작을 토대로 감독들을 안배하면서 이루어진 것으로 보인다. 이 작품들은 운동으로서의 뉴웨이브가 아닌 것은 물론 미학적 공통성으로도 묶을 수 있는 것이 아니었다. 따라서 이 책의 저자스스로 말했듯 "뉴웨이브가 갖는 최소한의 집단성, 이론성, 정치적 공조가 없다는 점과 안티테제가 분명하지 않았다는 점에서 한국 뉴웨이브는 그 명명을 주저하게"[10] 하는 것이었다. 이는 "사회비판적 리얼리즘 영화에서부터 미학적 스타일과 대안적 서사구조를 모색한 예술/대안 영화뿐만 아니라 신인 감독들이 내놓은 새로운 감각의 영화와 중견 감독들의 혁신작까지 아우르는 1980년대 한국 뉴웨이브의 방대한 범주는 그것이 사조도 아니었고 운동도 아니었으며 경향도 아니었다는 사실을 방증한다. 그것은 불규칙하게 몰아쳐 오는 물결이었고 비균질적인 기운이었다."[11]

---

* 17편은 다음과 같다. 〈서편제〉(임권택, 1993), 〈우리들의 일그러진 영웅〉(박종원, 1992), 〈기쁜 우리 젊은 날〉(배창호, 1987), 〈나그네는 길에서도 쉬지 않는다〉(이장호, 1987), 〈할리우드 키드의 생애〉(정지영, 1994), 〈한 줌의 시간 속에서〉(백일성, 1994), 〈장남〉(이두용, 1985), 〈첫사랑〉(이명세, 1993), 〈바보선언〉(이장호, 1984), 〈그들도 우리처럼〉(박광수, 1990), 〈단지 그대가 여자라는 이유만으로〉(김유진, 1990), 〈두 여자 이야기〉(이정국, 1994), 〈경마장 가는 길〉(장선우, 1991), 〈세상 밖으로〉(여균동, 1994), 〈달마가 동쪽으로 간 까닭은?〉(배용균, 1989), 〈301, 302〉(박철수, 1995), 〈만다라〉(임권택, 1981)

하지만 특정 시기 한국영화를 '코리안 뉴웨이브'로 명명하는 것에 대한 거부감 혹은 두려움은 완벽주의적 태도 혹은 '뉴웨이브 일반'에 대한 지식의 부재에서 비롯된 것으로 보인다. 어쩌면 명명에 대한 이러한 조심스러운 태도는 서구문화라는 대타자The Big Other를 의식한 것에서 비롯된 것인지도 모른다.[12] 그것은 프랑스 누벨바그 등에 구체적으로 조금만 관심을 기울이면 1980년대 한국 뉴시네마들을 뉴웨이브라고 부르는 것에 그 정도로 조바심을 낼 필요가 없다는 것을 알 수 있기 때문이다. 누벨바그는 운동이라고 부를 수 있고 그 영향력 또한 컸지만 그 내용은 어떤 공통된 경향으로 묶을 수 있는 것이 아니었다. 그리고 실제 대중 관객들로부터 환대를 받은 기간은 불과 5년(1959~1963)에 미치지 못한다. 그들의 성공은 그들과 문화적 공감대를 이룰 수 있는 관객 즉 "최신 패션, 스포츠카, 술집, 밤샘파티, 재즈클럽 같은 도시의 삶"[13]이라는 공감대 위에서 비롯된 것이었다. 이런 점은 〈바람불어 좋은 날〉과 〈바보선언〉에 열광한 한국 관객 즉 '민주화를 향한 사회비판'이라는 공감대를 가진 관객을 연상시킨다. '선별과 배제의 여과장치가 거칠고 불규칙한 눈금을 가지고 있다', '뉴웨이브가 갖는 최소한의 집단성, 이론성, 정치적 공조가 없다는 점과 안티테제가 분명하지 않다', '불규칙하게 몰아쳐 오는 물결이었고 비균질적인 기운이었다'라는 지적은 프랑스 누벨바그에 적용하더라도 대부분 들어맞기 때문이다.

　누벨바그가 표현주의나 소비에트 몽타주처럼 통일된 양식적 운동이 아니었음을 부정하는 이는 없을 것이다. 그것은 "1960년대에 걸쳐 감독들의 경력이 발전한 점은 단지 뉴웨이브가 다양한 기질 간의 짧은 동맹이었다는 것을 알려줄 뿐"[14]이며, 고다르와 트뤼포를 여러 편의 선정적인 첩보물도 만든 상업적이며 유연한 클로드 샤브롤과 한데 묶을 수 없다는 것을 보여주는 것이다. 『카이에 드 시네마』의 다른 동료들에 비해 열 살 이상 나이가 많은 에릭 로메르의 초기 작품을 제외한 대부분의 작품은 대중들에게 인식된 누벨바그 작품과는 완전히 다른 것이라고 할 수 있다. 그의 작품은 다이렉트 시네마의 즉시성과도 관련 없고 오히려 "풍속소설이나 르누아르의 영화를 보고 있는 것 같은 느낌"[15]을 주는 것이다. 잡지 『포지티브』의 지지를 받은 독자적인 집단이라고 할 수 있는 좌안파Rive gauche, Left Bank는 자주 누벨바그와 함께 언급된다. 중도적 성향을 지녔던 단지 리버럴할 뿐인 고다르, 트뤼포와 좌안파인 알렝 레네와의 거리는 멀어도 너무 멀다. 칸 영화제에서 최우수감독상을 받은 트뤼포의 〈400번의 구타〉(1959)에서 시작된 누벨바그는 막대한 예산 투입과 흥행 대실패로 끝난 자크 로지에 Jacques Rozier의 〈안녕 필리핀〉(1963)에서 사실상 대중적 차원에서는 끝난 것이었다.

이후 고다르는 1967년에만 〈메이드 인 USA〉, 〈그녀에 대해 알고 있는 두세 가지 것들〉, 〈중국 여인〉, 〈주말〉 등 4편을 쏟아냈다. 하지만 누벨바그에 속했던 다른 감독들의 작품 즉 대중적으로도 성공한 뮤지컬 양식의 〈쉘부르의 우산〉(쟈크 드미, 1964)이나 전형적인 멜로드라마에 새로운 스타일을 선보인 〈남과 여〉(클로드 를르슈, 1966) 등이 더 상기될 필요가 있다. 한국 영화에서 이장호와 이명세, 배창호와 장선우 등이 유지한 거리만큼이나 좌안파까지 포함한 누벨바그 감독들 사이의 거리는 멀다. 또한 코리안 뉴웨이브가 뉴웨이브가 아니라는 앞에서 언급한 세 가지 비판적 기준으로 보면 누벨바그 또한 그다지 그 비판으로부터 자유롭지 못하다. 나이 많은 에릭 로메르가 그룹 내 다른 감독들과 영화 미학과 장르 혹은 소재에서 차이를 보인 것은 임권택과 80년대 신진 감독들의 관계를 연상시키기도 한다. 누벨바그 "그룹의 특정 멤버들은 개인적 영화라는 새로운 개념을 널리 알렸을 뿐만 아니라 영화의 형식과 양식에 있어 혁신을 일으켰다"는 명제를 한국영화사 속에서 코리안 뉴웨이브 감독들에 대입한다면 몇몇 감독들의 특정 작품을 떠올릴 수 없는 것은 아니다. 또한 누벨바그의 이미지 즉 "관습적 영화산업에 대항하며 개인적인 영화를 만들고자 분투하는 젊은 감독들의 낭만적인 이미지"에 비해 코리안 뉴웨이브가 활동했던 시기가 군사독재정권 시절이었다는 것을 상기한다면 한국 뉴웨이브는 훨씬 더 처절하고 투쟁적이었다. 누벨바그 감독들의 족적에 대한 사실 즉 "아이러니하게도 뉴웨이브와 관련된 대부분의 감독들은 재빨리 주류가 되거나 혹은 평범한 감독이 되었다"[16]는 지적 또한 코리안 뉴웨이브에도 적용할 수 있을 듯하다. 또 일본의 쇼치쿠 누벨바그의 태동이 닛카츠日活 영화사의 태양족 영화 즉 〈태양의 계절〉(후루카와 타쿠미, 1956)의 성행과 프랑스 누벨바그 흥행성공에 자극받은 쇼치쿠松竹 영화사가 조감독 오시마 나기사大島渚를 감독 데뷔시키면서 시작된 점 또한 환기할 필요가 있다. 한국의 뉴웨이브 역시 새로운 소재의 흥행을 기대했던 제작자들의 지원이 있었기 때문이다. 즉 프랑스영화사에서 영화 언어에 대해 상대적으로 인식이 낮았던 시기에 자유롭게 전개된 누벨바그에 부여된 영화미학과 낭만적인 이미지에 대한 과장된 평가를 걷어낸다면 뉴웨이브 명명에 대한 거부감 혹은 두려움은 벗어날 수 있으리라 본다.

뉴웨이브 여부를 판정하는 기준으로는 당연히 작품의 형식과 양식, 운동성 혹은 독특한 경향성의 존재 여부가 제기될 것이다. 하지만 그보다 더 중요한 것은 그것이 속한 시간과 공간 속에서의 '사건성'이 아닐까 한다. 『코리안 뉴웨이브』에서 '새로움'이란, "영화의 내러티브, 스타일, 주제와 같은 다양한 측면의 근본적 변형"[17]이 '1980년대에서 일어났다'는 표현을 통하여 그 내용이 규정되었다. 그 대표적인 작품으로는 사회비판적 관점을 가진 리얼리즘 영화들 즉 임권택의 〈짝코〉(1980), 〈만다라〉(81), 이장호의 〈바람 불어 좋은 날〉(1980), 〈어둠의 자식들〉(1981), 〈과부춤〉(1983), 〈바보선언〉(1983), 신승수의 〈장사의 꿈〉(1985), 장선우·선우완의 〈서울 황제〉(1986) 등을 꼽았다. 동시에 한국적 이미지를 추구하는 영화들도 '새로운 영화'의 범주에 넣었는데, 이장호의 〈과부춤〉, 〈바보선언〉, 〈나그네는 길에서도 쉬지 않는다〉(1986)와 배창호의 〈기쁜 우리 젊은 날〉(1987), 〈황진이〉(1986) 그리고 임권택의 〈짝코〉, 〈만다라〉, 〈길소뜸〉(1985) 등이었다. 또 이러한 새로운 영화의 탄생은 1980년 광주민중항쟁으로 인한 대중 의식의 변화와 영화인의 자각이라는 외부 요인과 연관되어 있다고 보았다. 하지만 외부 요인과의 관계 속에서 의식의 변화가 일어났으며, 변화가 새로운 영화의 탄생으로 이어졌다는 주장은 입증하기 어려운 것이었다. 특히 〈황진이〉의 탈중심화면과 롱테이크 그리고 〈길소뜸〉의 롱테이크 등을 이런 맥락에서 해석하는 것은 과도한 것이었다.

『코리안 뉴웨이브』는 1987년 민주 대항쟁과 88올림픽 그리고 UIP 직배저지 운동 등을 겪으면서 표현의 자유와 미학적 방법에 대한 의식적 노력을 한 감독들을 대표자로 삼았다. 정지영, 배용균, 장선우, 박광수, 이명세, 박종원 등이 그 대상이었다. 물론 이러한 구분 역시 리얼리즘과 관습적 스타일의 탈피라는 잣대에 의해 이루어진 것이었다. 역사적 사건과 세대를 기준으로 나누었을 뿐 "차이와 그 구체적인 재분류의 근거를 충분히 제시하지 않"[18]고 있다는 지적은 정당하다. 같은 책에 실린 이정하의 글은 이러한 기준을 더 혼란스럽게 하는 것처럼 보였다. '한국 뉴웨이브'에 1990년대에 데뷔한 주목할 만한 30대 감독들을 거의 망라한 탓이었다. 이는 특징에 따라 세분되었는데, 기획 영화로 김의석과 영화제작사 신씨네가 언급되었는데, 여기에서 주목할 것은 감독이 아닌 신씨네(대표 신철)도 포함된 점이다. 또한 대안적 제작방식과 스타일로는 황규덕, 박재호가, 리얼리즘 주자로는 박종원, 이정국, 홍기선 등이 포함되었다. 그리고 '새로운 경향'으로 묶은 가운데 장르영화에 대한 의식적 자각 혹은 대안적 모색이나 대안적 스타일의 추구 그리고 페미니즘의 구현 등으로 몇몇 감독들을 언급하였다. 그들은 장현수, 여균동, 김홍준, 이민용, 이현승, 홍상수 등이었다.[19]

이러한 규정과 해석은 영화 외적인 요인에 의해 이루어진 것이었다. 『코리안 뉴웨이브』가 발간되었을 1996년 무렵 한국영화계에 커다란 지각 변동이 있었다는 것을 우선 상기할 필요가 있다. 1995년 무렵 삼성물산 드림박스, 대우전자, 삼성 나이세스, SKC 등 대기업의 영화계 진출은 백 여 명에 이르는 신인 감독들의 데뷔를 촉진하였다. 대기업들은 외화 수입, 외화 합작, 비디오 산업, 극장업 등 영화계의 거의 모든 부문에 진출하면서 영화계 세대교체를 불러일으켰다. 이런 지각 변동은 외형적인 것에 그치지 않고 뉴웨이브로 분류된 1980년대 감독들의 성향을 계승하면서 발전시켰고 또한 이른바 기획영화라는 새로운 개념의 영화들을 탄생시켰다. 이는 "외양만, 그것도 한 부분만 본다면 1995년의 한국영화계는 '누벨바그' 태동기의 프랑스를 연상시킨다"는 표현을 낳기도 하였다.[20] 이러한 급성장은, 외형적 변화와 작품 내재적인 변화를 엄밀하게 살펴보지 않은 채 신상품으로 규정하고자 하는 욕망과 상승작용을 일으킨 것으로 보인다. 이런 가운데 출간된 『코리안 뉴웨이브』는 부산국제영화제에 참가한 외국인들을 향한 '애국주의' 차원의 선언 혹은 홍보에 가까운 것이었다. 따라서 '새로움'과 '뉴웨이브'의 모호성 그리고 '많은 감독들의 편입' 등의 이유로 혼란스러워 진 것은 그 시대의 외양일 뿐이었다.

부산국제영화제 창설은 한국 영화의 위상을 제고하는 계기일 뿐아니라 영화인과 관객들에게 다양하고 개방적인 영화문화를 선사하였다. 동시에 마흔 살 전후의 신진 영화인들이 한국 영화계의 주도권을 쥐게 되었다는 것을 의미했다. 특히 김대중 정부의 집권과 함께 영화진흥위원회의 운영주도권이 신진 세력들에게 넘어간 이후의 상황에서 또 다른 신진 세력의 영화제 창설은 더욱 충격적이었다. 영화제의 주도권은 신진 비평그룹의 몫이었고, 여타 영화운동권 구성원들 또한 부산국제영화제의 와이드앵글(독립영화 섹션) 프로그램으로 빠르게 흡수되어갔다. 따라서 영화제 안팎에서 이를 주도했던 신진비평 그룹은 비평보다는 신진들에게 헤게모니를 빼앗긴 기존 한국영화계의 반발을 완화하고 자신들의 정책에 우호적인 세력들을 규합하는데 더 주력하게 되었다. 이러한 흐름 위에서 『코리안 뉴웨이브』는 한국영화계의 최근 동향이나 유의미한 정보를 이론적으로 포장하고 제공하는 역할을 한 셈이었다. 따라서 한국영화계의 이러한 변화를 '뉴웨이브'라는 선행된 역사적 사례를 기준으로 삼거나 이론적 정의에 따라 재단할 수만은 없는 노릇이다.

코리안 뉴웨이브를 이해하기 위해서는, 1990년대 중반에 일어난 한국영화계의 산업적, 영화적 변화를 일시적이며 단순한 변화라고 보는 대신 그것을 하나의 '사건'으로 바라보는 것이 요구된다. 이 요구는, 선행된 이론적 개념 규정에 종속된 것이 아닌, '사건'의 역사적 맥락을 찾는 것인 동시에 개념의 개발을 통하여 구체화되어야 할 것이다. "이론주의는 사건의 '사건성'을 지워버린다. 그럼으로써 사건의 '사건성'은 일차적인 것이 아닌 이차적인 것"[21]으로 전락하는 오류를 내포하고 있기 때문이다.

> 우리는 이론적 세계 내부에서 일순간에 사건들의 세계로 들어갈 수 없다. 행위 그 자체에서 출발해야지, 행위의 이론적 전사transcription(베껴쓰기)에서 출발해서는 안된다.[22]

바흐친은 이론주의에서는 "존재의 실제 역사성의 시간성은 단지 추상적으로 인식된 역사의 한 순간일 뿐"[23]이라고 보았다. 이 말은 모든 사회적이고 심리적인 것들은 본성적으로 과정적인 것이라는 의미이다. 한국의 '뉴웨이브'가 진행 중인 사항까지 포함하여 사후 기록된 것까지 염두에 둔다면, '뉴웨이브'를 이론적으로 다룰 것인지 사건으로 다룰 것인지는 각자의 판단에 맡길 수밖에 없다. 하지만 단지 이론주의처럼 한국 뉴웨이브를 박제시키기를 원하지 않는다면, 우리는 한국영화사의 어떤 현상(사건, 미학 등)을 '종결불가능'하며 '초영토적인' 이론 차원에서 그 사건 속에 내재된 동력과 에피스테메epistème를 찾아야 할 것이다. 따라서 한국 뉴웨이브의 사건성에 주목한다면 앞에서 비판적으로 언급된 용어에 오히려 적극적으로 개입할 필요가 있다. 그것은 바로 '불규칙적인 물결'과 '비균질적인 기운'의 차원에서 한국의 뉴웨이브를 살펴보는 것이다. 그것은 적어도, 비록 영화제와 언론의 선정적 홍보와 연관된 명명이기는 하지만, "기존의 세계, 질서, 영화와 영화계 등에 대해 다른 방식으로 보여주는 것이"[24]었기 때문이다.

3. '영상시대'와 뉴웨이브를 잇는 미적 사건성

1980년대 전후 시기 한국영화계에서 일어난 일련의 행위를 뉴웨이브라고 부르고자 하는 경우 대상(작품, 사건)의 선정과 미적(양식*, 가치) 규정이 병행되어야 한다. 우선 대상의 선정에서 고려할 것은 작품과 사건이 벌어진 세계가 상호 영향을 미치는 초영토적이라는 점을 환기할 필요가 있다.** 그리고 대상과 미학은 별개로 존재할 수도 있으며, 부분을 공유하는 교집합을 이루는 부분이기도 하다. 대상의 측면에서는,

---

*   여기에서 양식이란 영화 스타일로 한정되는 것이 아닌, 내러티브와 스타일의 측면에서 일정한 흐름을 유지한 것을 말한다.

**   『코리안 뉴웨이브』에서 거칠게 나눈 3단계 즉 1980년대 전중반의 이장호, 배창호, 임권택 등을 주요 대상으로 삼은 시기, 1987년 이후부터 대기업의 영화계 진출과 기획영화의 출현 전까지 시기, 이후 1990년대 중반 다양한 신진 감독들이 등장한 시기 등은 그 시기를 개괄하여 이해하고자 하는 이들에게는 전사transcripion된 기록으로 남겨둬도 될 것이다.

1970년대의 '영상시대'라는 '사건'으로 거슬러 올라가서 하길종와 이장호의 몇몇 작품을 포함한다. 이 '사건'은 질식할 정도의 억압이 있었던 유신 정권 하에서 자신의 '공간'을 확보하려는 주체가 저항이라는 '영혼을 지닌 시간적 세계'를 구현하며 어떤 '통일된 세계'를 구축하였다는 것을 지시한다.[*] 물론 이 통일적 세계란 높은 완성도를 지녔다는 의미의 차원이 아니라 종결불가능하며, 다성성(겹목소리, polyphony, 多聲性) 성격을 지녔다는 맥락에 놓인 것이다. 이는 1980년대의 몇몇 영화로 전승된다.

이런 차원에서 보자면, 〈바보들의 행진〉(하길종, 1975), 〈그래 그래 오늘은 안녕〉(이장호, 1976) 그리고 〈어디서 무엇이 되어 다시 만나리〉(홍파, 1977) 등을 우선 예로 들 수 있다. 이 세 작품의 미학은 탈관습적인 내러티브와 스타일(양식) 그리고 근대적 불안과 전근대적 회귀 의지(가치)로 요약할 수 있다. 하지만 이 대상들의 미학은 '양식화'된 것이 아니라서 특정 양식으로 굳어져 후대에 계승되지 않았다. 바흐친은 저자와 청자와의 관계 위에서 발화되는 말(담론 유형들)을 네 가지로 분류하고 있다.[25] ① 직접적이며 무매개적인 담론인 홑목소리(단일성 말), ② (재현된 인물의) 객체화된 담론인 홑목소리, ③ 수동적인 단일 방향적이거나 다중방향적인 겹목소리(다성성), ④ 능동적인 겹목소리.

---

[*]　바흐친은 저자의 임무를 세 가지 속성을 지니는 구체적인 세계를 조직하는 것으로 보았다. "가치를 발생시키는 중심으로서 살아있는 육체를 지닌 공간적 세계, 그 세계의 중심으로서 영혼을 지닌 시간적 세계, 그리고 육체와 영혼의 통일이라는 의미가 부여된 세계가 그것이다." 미하일 바흐친, 「심리적 행위에 있어서 저자와 주인공」, 『바흐친 선집』 1979년 러시아판, p.165. 게리 솔 모슨·캐릴 에머슨, 『바흐친의 산문학, 책세상, 2006』, 156쪽 재인용.

이를 영화에 대입할 경우는 다음과 같이 설명할 수 있다. ① 말하고자 하는 바를 직접적으로 전달하는 경우. 뉴스릴, 조악한 선전선동 영화 등, ② 장르의 고답적인 주제, 형식, 스타일을 인지하지 못하면서 관습적으로 만든 영화, ③ 장르 등의 관습화된 양식을 의식적으로 답습한 단일방향의 스타일 영화 혹은 의식적으로 비튼 다중방향의 패러디 영화, ④ 장르 등의 관습화된 양식을 의식적으로 탈피한 능동적이며 열린 형식의 영화.

앞에서 예로 든 세 편 작품 중 다큐멘터리같은 스타일과 근대적 불안을 담은 〈그래 그래 오늘은 안녕〉은 '양식화'된 수동적인 겹목소리(③)와 미숙하게 관습적으로 만든 객체화된 담론인 홑목소리(②) 가운데 쯤에 놓인 것으로 볼 수 있다. 〈어디서 무엇이 되어 다시 만나리〉는 불분명하지만 주제를 직접적으로 표현하려고 하는 점에서 직접적이며 무매개적인 담론인 홑목소리(①)라고 볼 수 있지만 실험영화의 양식을 적극적으로 도입한 점에서는 능동적인 겹목소리(④)의 요소도 조금 지니고 있다. 〈바보들의 행진〉의 도전적인 스토리와 탈관습적 스타일 등은 '양식화'된 수동적인 겹목소리(③)와 관습성을 능동적으로 탈피한 능동적인 겹목소리(④) 성격을 동시에 지니고 있다. 표현의 자유가 극도로 위축된 1970년대 한국영화들 대부분이 주체가 말하고자 하는 바를 직접적으로 전달하는 조악한 선전선동 영화(①)나 장르의 고답적인 주제, 형식, 스타일을 인지하지 못하면서 관습적으로 만든 영화(②)였다는 점을 감안한다면 이 영화들은 주목하기에 부족함이 없다. 이것은 ①과 ② 유형 영화들의 제작 경향을 비판하는 것은 물론 주류적 세계관과 타협하지 않으려는 몸부림이기도 했다.

따라서 '영상시대'라는 사건은 당시의 영화양식 혹은 담론과의 투쟁을 선언했다는 점에서 '사건성'을 지닐 수 있는 것이었지만, 그들의 영화들은 단지 몇 편만 제한적으로 미학적 의미를 획득할 수 있었다. 이런 미적 의미를 지닌 특징들은 1980년대의 영화들에서도 발견할 수 있다. 물론 이런 점이 양식화를 의미하는 것은 아니었다. 삭막한 도시 인심을 다큐멘터리 터치 스타일로 그린 〈그래 그래 오늘은 안녕〉은 같은 감독의 〈그들은 태양을 쏘았다〉(1982)와 〈과부춤〉(1983)으로 이어졌으며, 홍파의 〈어디서 무엇이 되어 다시 만나리〉의 민족지적ethnography 신비주의와 실험영화 스타일은 이장호의 〈나그네는 길에서도 쉬지 않는다〉(1987)에서 차용되었다. 〈바보들의 행진〉의 저항성과 탈관습적 스타일은 〈바보선언〉(1983)에서 더 확장되고 파격적으로 이어졌다. 이 중 민족지적 신비주의는 1970년대와 80년대 청년문화의 한 갈래를 형성하는 것이었다. 이것은, 1970년대에는 통기타문화로 상징되는 서구식 청년문화와 대립하는 형태의 소수 엘리트문화의 모습으로 존재했고, 80년대에는 대학문화 특유의 저항성과 민족주의적 성향을 지닌 엘리트문화의 모습으로 존재했다. 이러한 민족지적 신비주의는 1990년대 이후 한국영화에서는 거의 소멸되었다고 볼 수 있다. 탈관습적 스타일의 경우 그 후속적인 전개 양상은 다양하다. 다큐멘터리 터치 방식으로 촬영 편집된 부분은 몽타주를 의식하고 만든 것인 것으로 보이는데, 이는 스토리 환경의 정서를 드러내거나 시네포엠cine-poem의 형태로 구성되었다. 〈어디서 무엇이 되어 만나리〉의 이러한 스타일은 1970년대의 유현목 감독, 영상연구회(1972)와 카이두 실험영화그룹(1974) 등의 작업과 연관있는 것으로 추측할 수 있다. 이런 스타일은 〈바보들의 행진〉에서는 검열을 피하기 위해서 시도된 것으로 보이지만 어쩌면 검열의 가위질에 의해 역설적으로 남은 결과물인지도 모른다. 하지만 이 영화 오프닝의 익스트림 클로즈업들로 구성된 장면은 억압적인 사회 분위기를 드러내는 의도적인 것이었으며, 후반부의 바닷가 장면은 의식적으로 만든 시네포엠으로 보인다. 이러한 스타일은 〈바보선언〉에서 극단적으로 강화되는데, 이는 검열에 의한 자포자기식 연출의 결과*이기도 하지만 선행된 '영상시대'의 연장선에 놓인 것이라고 볼 수도 있다. 이후 〈바보선언〉의 스타일은 자취를 감추게 되는데, 1980년대에 정착되기 시작한 할리우드 관습적 영화 제작 방식에 밀려난 것으로 보인다.

4. 뉴웨이브, 비판적 리얼리즘

1980년대와 90년대 한국의 비판적 리얼리즘 영화를 보는 눈은 다양할 수 있다. 〈오발탄〉(유현목, 1961)을 두고 생각하면 〈바람 불어 좋은 날〉은 박정희 군사정권에 의해 끊긴 리얼리즘이 되살아난 것이라고 볼 수 있다. 또 한국 근대사의 암흑기가 언제나 한국영화역사의 암흑기를 초래하였으므로 시대를 반영하는 리얼리즘 영화는 단지 사회적

---

*   이효인 · 이정하 엮음, 『한국영화 씻김』, 열린책들, 1995, 63 ~ 64쪽. 한국영화사에 관한 다큐멘터리 〈길 위의 영화 : 씻김〉(장선우)에서, 이장호 감독은 영화제작 신고를 할 때 허가 관청인 문공부에서 〈어둠의 자식들 2〉를 쓰지 못하게 하는 등 제재를 당하자 자포자기의 심정으로 이 영화를 만들었다고 밝히고 있다.

종속 변수의 결과라고 볼 수도 있다. 하지만 이는 이론주의적 오류, 즉 '사건'을 추상화시킴으로써 '사건성'을 휘발시키는 태도라고 생각한다. 〈바람불어 좋은 날〉이 마주한 것은 80년대의 상황이며, 그 캐릭터들은 각 상황의 순간마다 윤리적 판단 위에서 행위하는 인간이다. 따라서 이장호가 의식 혹은 무의식적으로 〈오발탄〉을 참고하지 않은 이상 〈바람 불어 좋은 날〉을 〈오발탄〉의 맥락 혹은 연장선상에서 보는 것은 불가역적인 것을 무리하게 연관 짓는 것으로 보인다. 또 〈바람불어 좋은 날〉의 촌뜨기 세 청년의 표정 쇼트는 그 하나하나가 고유한 의미를 지니는 것이다. 그런데도 리얼리즘을 사회적 종속 변수의 결과로 간단히 취급하는 것은 작품의 이해에 아무런 도움이 되지 못한다.[26]

　　리얼리즘에서 '비판적'이라는 수식어를 붙이는 것은 수많은 다른 리얼리즘과 구분하고자 하기 때문이다. 보다 구체적으로는 스크린의 현실을 실제 현실로 착각하게끔 하는 관습적 내러티브와 스타일로 구사된 영화 즉 형식론적이며 환원론적인 리얼리즘과 구분하기 위한 것이었다. 하지만 더 중요한 의미는 '비판'이라는 단어 그 자체에 들어있다. 그 시대가 절실하게 요구했던 것이 바로 사회에 대한 비판이었기 때문이다. (전두환 군부 정권이 전방위에 걸쳐 사회를 탄압할 때 내세운 국정지표가 '정의사회 구현'이었는데, 이에 가장 강력하게 저항했던 것이 천주교 '정의구현' 사제단이었다.) 이처럼 80년대 상황에서 '비판'이란 고발이나 투쟁이라는 자신만의 어감을 가진 것이었다. 이는 이 영화를 만든 자(화자)와 관객(청자) 사이에서 특별한 의미로 통용되는 방언 같은 것이었다. 다른 사회 혹은 현재의 관객이 〈바보들의 행진〉, 〈바람불어 좋은 날〉, 〈바보선언〉을 본다면 주제와 언어를 자신들의 경험에 빗대어 이해할 뿐, 결코 그 시대의 관객들처럼 수용하는 것은 아닌 것이다. 이 영화들은 대체로 거친 내러티브와 성긴 스타일을 지녔는데, 거칠고 성긴 것 자체가 그 시대의 미학이기도 하였다. 영화 속 인물들은 영화로서는 낯설지만 현실적으로는 친근했고, 그들이 처한 환경과 사건은 영혼으로 교감할 수 있는 것이었다. 그것은 시간과 공간의 특수한 맥락에 놓여있는, 즉 크로노토프chronotope (time-space, 시간-공간)*의 맥락에서 이해해야 하는 것이다. 그 시대 극장에는 그 시대 고유의 '불규칙적인 물결'과 '비균질적인 기운'의 크로노토프가 있었던 것이다. 그것을 한국 뉴웨이브라고 부르고자 하는 것이다.

　　1980년 민주화의 봄, 광주민주화운동 과정의 처참한 살육, 1987년 대통령 직선제 요구와 공권력에 의한 이한열·박종철 등의 피살, 미대사관 점거 사건, 지속적인 민주화 저항, 88 올림픽과 경제 성장 등에서 파생된 당시의 사회문화적 환경은 다음과 같이 요약할 수 있다. 민주화를 요구하는 저항과 체제 수호의 대립, 반미의식의 확산, 개인 간의 경제적 경쟁의 일상화, 문화의 이데올로기성 강화, 공개적인 성적 표현 영역 확대 등. 이러한 배경은 한국영화장場의 변화를 불러왔는데 이것을 열거하자면 다음과 같다. 민주화 운동에 부응하는 영화운동의 전개, 외국 영화운동의 소개와 서구 영화이론의 본격 유입, 검열의 부분적 완화, 영화법의 긍정적 개선으로 인한 새로운 인력

＊　게리 솔 모슨·캐릴 에머슨, 앞의 책, 622쪽. "우선 크로노토프는 경험을 이해하는 방식을 의미한다. 그것은 사건과 행위의 본성을 이해할 수 있게 해주는 특수한 형식 창조적 이데올로기이다. (중략) 행위는 반드시 특수한 맥락에서 수행된다. 크로노토프는 맥락을 이해하는 방식에 따라, 그리고 행위와 사건이 맥락과 맺는 관계를 이해하는 방식에 따라 구별된다."

의 총무로 진입 등.

　이러한 변화는 다음과 같은 예로써 좀 더 구체화할 수 있다. 대마초 사건으로 강제 휴지기(1976~1979)를 가진 이장호 감독은 어머니와 술집을 운영하며 민주화 운동 경향을 지닌 문화예술인들과 교류를 가졌다. 이후 소설가 최일남 원작으로 〈바람 불어 좋은 날〉을 만들었으며, 그가 차린 판영화사에는 서울대 영화 서클 얄라셩 출신의 박광수, 김홍준 등의 조감독, 조감독 선우완(장선우 감독과 공동 연출작을 만든), 김명곤(민족극 계열의 배우) 등이 모였다. 박광수는 초기 서울영화집단의 리더였고, 장선우는 민족문화운동과 깊은 관계가 있었으며, 김명곤은 민족연극운동에 깊숙이 관여하고 있었다. 박광수 등은 독일문화원과 프랑스문화원의 영화 마니아들과도 관계를 맺고 있었으며, 각 대학의 영화 서클 구성원과 영화학과 학생들 또한 서울영화집단, 『열린영화』 편집진 등과 관계를 맺고 있었다. 그들은 제각각 다양한 입장의 영화관을 가지고 있었지만, 민주화 운동에 우호적이었으며, 홑목소리의 정치적 담론과 영화적 인식에 반대하는 점에서 공통성을 지니고 있었다. 하지만 이들 사이에서도 영화적 인식과 영화적 실천의 차이가 있었다. 『열린영화』는 작가영화와 탈관습적인 영화를 지지하였지만, 아마추어 수준의 16밀리 영화로 전국을 뒤흔든 〈파업전야〉는 관습적인 내러티브와 스타일을 지닌 영화였다. 영화 청년들 간의 이러한 비균질성은 그 자체로 그 시대의 뉴웨이브 영화를 형성하는 기운이었다. 주목해야 할 점은 〈파업전야〉가 처한 '특수한 맥락' 즉 1987년 민주화 운동이 노동 현장의 민주화 요구로 확산되면서 파업과 공권력의 무자비한 탄압이 수없이 일어났던 상황 속에서 제작되었다는 점이다. 즉 크로노토프 차원에서 이를 이해해야 하는 것이다. 이는, 노동자를 포함한 대중 즉 시네마 리터러시cinema literacy가 결핍된 관객들에게 탈관습적인 〈바보선언〉과 관습적인 〈파업전야〉 중 어느 것이 옳으냐는, 수용미학을 따지는 차원을 넘어서는 것이었다.

〈바보선언〉과 〈파업전야〉는 스타일의 현격한 차이에도 불구하고 비판적 리얼리즘이라는 범주로 묶을 수 있는 것이었다. 이 범주는 임권택의 보수적인 영화마저도 껴안는 것이기도 했다. 대종상 반공영화상을 받은 〈짝코〉(1980)*는 망실공비에 대한 이야기이다.('망실'이란 사물에 쓰는 말이지 인간에게 쓰는 말이 아니다. 하지만 한국전쟁 후 잡히지 않은 빨치산을 '망실공비'라고 불렀다.) 이 기이한 표현이 포함된 〈짝코〉는 이념 전쟁이 개인의 삶을 어떻게 좌우하는가를 잘 보여주고 있다. 갱생원에서 운명처럼 만난 빨치산 대장 짝코와 그를 놓친 후 삼십 년을 쫓느라 삶을 탕진한 토벌대원 송기열, 세월이 너무 지나 사람들은 그들의 다툼에 아무런 관심이 없지만 송기열은 끝까지 그를 고향으로 끌고 가 사형대에 세우려고 한다. 갱생원을 탈출한 둘은 겨우 기차에 올랐지만 짝코는 쓰러진다. 쓰러지면서 그가 한 말은 '사람이 죄 짓고는 못살며, 고향에 가고 싶지만 염치가 없어서 못간다'는 것이었다. 임권택은 마지막에 '빨치산=죄인'이라는 공식을 확실히 말함으로써 반공주의를 확인시켰다. 하지만 그럼에도 불구하고 눈에 보이지 않는 잔상, 이야기의 울림은 반공주의를 뛰어넘는다. 짝코와 송기열 모두 전쟁의 피

---

*　　2010년 한국영상자료원에서 열린 임권택 특별회고전에서 임권택은 자신의 영화 5편을 다음과 같이 뽑았다. 〈두만강아 잘 있거라〉, 〈만다라〉, 〈티켓〉, 〈짝코〉, 〈황야의 독수리〉.

해자였으며 이념투쟁의 희생자였다는 것을 알려주는 것만으로도 이 영화는 충분히 비판적이었다. 토벌대원의 우스꽝스럽고 아이러니컬한 행동과 망실공비의 후일담을 보는 것만으로도 당시의 레드 콤플렉스를 완화시키는 것이었기 때문이다.

〈아제 아제 바라아제〉(임권택, 1989)는 교사와의 사적 관계를 의심받은 여고생 순녀가 출가한 후 절에서의 생활을 다루고 있다. 여기에는 교사의 아내가 1980년 광주에서 8개월 임신한 몸으로 총살되었다는 스토리 정보가 들어있는데, 이것만을 이유로 이 영화를 비판적 리얼리즘 영화라고 분류할 수 있는 것은 아니다. 당시로서는 승려 사회에서 내면의 수행과 외부의 실천 사이의 갈등을 제기한 것만으로도 비판적 리얼리즘이 될 수 있었다. 그 시대에 절실했던 종교의 사회적 실천 문제를 이렇듯 설득력 있게 다룬 영화는 없었다. 〈짝코〉와 〈아제 아제 바라아제〉의 엔딩 쇼트는 각각 짝코가 쓰러진 쇼트에 이어서 달리는 기차의 뒷모습을 잡은 풀 쇼트와 순녀가 절을 떠나 시장의 인파 속을 헤치듯 걸어가는 부감 롱 쇼트로 구성되어 있다. 이 쇼트들은 스토리가 담은 메시지 혹은 질문의 여운을 길게 남기고 있다. 임권택의 다른 영화 즉 〈만다라〉와 〈길소뜸〉의 마지막 쇼트는 걷거나 차를 몰며 길을 떠나는 것인데 이 역시 그러한 느낌을 조성하는 특유의 장면이다. 스토리 정보의 여운을 남기는 이 장면들은 영화에서 드러난 문제에 대해 계속 질문하는, 열려있는 능동적인 겹목소리라고 볼 수 있다. 비판적 리얼리즘 차원에서 임권택을 다룰 때 빼놓을 수 없는 요소는 미장센인데, 이러한 '길'의 이미지는 1980년대 상황을 비판적으로 반추하게 하는 것이다. 이는 그 시대의 의미에만 갇힌 것이 아닌 시대를 거듭하면서 더욱 더 휴머니즘에 대한 종결불가능한 문답을 유도하는 것이라고 할 수 있다.

이장호의 〈바람불어 좋은 날〉(1980), 〈어둠의 자식들〉(1981), 〈바보선언〉(1983), 〈과부춤〉(1983), 이원세의 〈난장이가 쏘아올린 작은 공〉(1981), 배창호의 〈꼬방동네 사람들〉(1982), 〈깊고 푸른 밤〉(1985) 등은 각자의 시각으로 그 시대의 목소리를 담은 영화들이다. 임권택의 〈짝코〉(1980), 〈길소뜸〉(1985)은 짐짓 반공적이거나 지레 통일 후유증을 염려하고 이념을 회의하는 것으로 보이지만, 그 회색주의는 사회학적 토론을 넘어선, 인간 삶의 총체성에 대한 상념을 이끌어내는 것이다. 여기에서 언급된 영화들은 물론 언급되지 않았지만 여기에 포함할 수 있는 영화들은 비균질적이며, 불규칙적인 형태이지만 제각각 1980년대 뉴웨이브의 근저를 이루는 비판적 리얼리즘 영화의 범주에 속하게 되는 것이다.

5. 뉴웨이브, 코리안 컨벤션의 탈피

임권택, 이장호, 배창호 등의 활동과 80년대 후반에 등장한 정지영, 장길수, 신승수, 곽지균 등 신인 감독들의 흥행 성공만을 기억한다면 그 시대 한국영화산업은 풍성했다는 인상을 주지만 실제로는 그렇지 않았다. 1979년(6,551만)보다 1,200만 명이나 관객이 줄어든 것이 1980년(5,377만) 한국영화계의 실정이었다. 1984년에는 81편이 제작되어 개봉관에서는 58편이 상영되었고, 관객 수는 4,291만 명으로 줄어 들었으며, 이 중 한국영화 관객 수는 1,753만 명에 불과했다.[*] 예술미학적 차원에서 뉴웨이브를 다루기에 앞서, 언급된 감독들이 관객들을 한국영화로 불러들였다는 점을 먼저 상기할 필요가 있다. 배창호 감독은 그런 점에서 맨 앞자리에 놓여도 무방할 것이다. 당시 집계는 서울 개봉관 기준으로 이루어졌는데, 입장 관객 수가 3만 명 이상이면 무난했고, 5만 명 이상이면 성공이었으며, 10만 명을 넘으면 대성공이었다. 배창호 영화의 흥행실적은 〈꼬방동네 사람들〉(10만),[27] 〈적도의 꽃〉(15만), 〈고래사냥〉(43만), 〈그해 겨울은 따뜻했네〉(13만), 〈깊고 푸른 밤〉(50만), 〈고래사냥 2〉(14만), 〈황진이〉(9만), 〈기쁜 우리 젊은 날〉(19만), 〈안녕하세요 하나님〉(3만) 등으로 거의 모든 영화가 대성공이었다. 이장호 또한 절반 이상은 흥행에 대성공했던 감독이었던 것을 상기하면, 1980년대 후반의 신인 감독들이 나오기 전까지는 배창호와 이장호는 작가 감독이자 대중적인 감독이었다. 비판적 리얼리즘을 주로 구사한 이장호와는 달리, 물론 이장호의 대성공 작품들은 〈어우동〉이나 〈무릎과 무릎 사이〉 등이었지만, 배창호는 한국영화의 산업적 가능성과 질적 변화의 전망을 제시한 점에서 그만의 지대한 역할이 있

---

[*]   영화진흥위원회, 『2017년 한국영화산업 결산』, 20쪽. 2017년 전체 극장 관객 수는 2억 1,987만 명으로 전년 대비 1.3% 증가했다. 5년 연속 증가세를 보이던 전체 극장 관객 수가 2016년 소폭 감소했다가 2017년 들어 역대 최다 관객 수를 경신했다. 전체 극장 매출액은 1조 7,566억 원으로 전년 대비 0.8% 증가해 역대 최대치를 기록했다. 한국영화 관객 수는 전년 대비 2.3% 감소한 1억 1,390만 명을 기록하면서 2012년 이후 6년 연속 1억 관객을 돌파했다.
   http://www.kofic.or.kr/kofic/business/board/selectBoardDetail.do?boardNumber=2#none(2018.8.11. 검색)

었다.* 그것은 한국영화의 관습적 특징을 탈피하고, 동류의 주제와 소재를 두고서 다른 방식으로 이야기할 수 있다는 전망을 제시한 점이라고 할 수 있다.

배창호가 벗어나고자 했던 한국영화의 관습적 특징(코리안 컨벤션 Korean Convention)이란 장황한 엔딩, 정교하지 못한 선형적 내러티브, 완성도가 부족한 핍진성 그리고 관습적으로 행해지는 불가시 편집의 비숙련성, 몽타주의 편의적 사용 등이라고 할 수 있다. 스타일리스트로서의 배창호 영화 언어의 특징을 제외한다면, 그의 영화는 내러티브의 선형성을 단일축으로 능숙하게 구축하며 그 속에서 스토리 정보 또한 정교하게 분배하고 있다. 스타일 또한 특징적인 몇몇 장면들을 제외하면 내러티브 정보 전달과 조화를 이루는 방식으로 간결하고 정확하게 구사하고 있다. 사실 배창호 영화가 한국 뉴웨이브의 초석이 될 수 있었던 데에는 그가 할리우드 혹은 세계적 차원의 관습적 내러티브와 스타일을 처음으로 정교하게 구사했기 때문일 것이다.

1980년대를 기준으로 할 때, 코리안 컨벤션 즉 한국영화의 관습적 특징 중 장황한 엔딩의 예를 든다면 비교적 완성도 높은 영화 가운데에서도 〈만다라〉(임권택, 1981)를 들 수 있다. 승려 지산이 동사하자 그를 화장한 승려 법운은 지산과 관계가 깊었던 성매매 여성을 찾아가서 그의 부고를 전한다. 이 씬에서 그 여성은 지산이 평소 읊었던 시를 처량하게 읊는다.(1:43:00~1:45:25) 이후 법운은 속세 어머니에게

---

* 　이효인, 『한국의 영화감독 13인』, 열린책들, 1994. 170쪽. 인터뷰에서 그는 "80년대 흥행에 성공해서 시장을 활성화하는 데 일조했을 것이고, 또 나의 개인적인 이력이 영화를 꿈꾸는 젊은이들에게 많은 용기를 줬을" 것이라고 밝혔다.

전화를 걸어 만난 후 헤어지는데, 이 부분은 전화거는 부분과 제과점에서 만나 헤어지는 두 개의 씬으로 구성되어 있다.(~1:48:30) 그 다음 엔딩 쇼트는 크레딧 타이틀과 함께 이어지는 5분가량의 롱쇼트 롱테이크로서 법운이 길을 걸어가는 장면을 담고 있다. 감독은 스토리 정보 제공이 미진하다고 여겼거나 여운을 길게 남기려는 의도에서 이런 장면들을 설정한 것이라고 볼 수 있다. 하지만 지산의 삶을 반추하고 슬픔을 강화하려는 목적으로 설정된 성매매 여성을 만나는 씬과 어머니를 만나는 장면은 다른 곳에 배치되거나 다른 방식으로 충분히 처리할 수 있는 장면으로 판단된다. 대조적인 배창호의 예로는, 인물의 죽음을 다루는 〈황진이〉(1986)를 들 수 있다. 이 영화의 엔딩은 황진이가 남사당패를 따라 가다 죽는 것으로 끝을 맺는, 대사가 없는 6개의 쇼트로 구성되어 있다.(1:54:43~1:59:10) 선비 이생을 위해 그녀는 기꺼이 남사당패에게 자신의 몸값을 남겨두고 떠나는데, 흥정을 하거나 돈을 주고받는 정보는 제대로 제시되지 않으며, 일행을 제대로 따라가지 못하는 그녀를 두고 타박을 할 법한 상황도 전혀 담겨있지 않다. 짐작가능한 상황과 감성을 다루는 장면에서 배창호는 구태여 특정한 행동이나 대사를 넣는 대신 단지 이미지만을 통하여 정보를 전달하고 있다. 죽음을 다룬 배창호의 또 다른 영화 〈기쁜 우리 젊은 날〉(1987)의 엔딩 장면은 다음과 같다. 조명 효과로 시간의 경과를 알려줄 뿐 아무런 대사가 없는 사별의 병실 씬(1:56:03~2:00:14)에 이어 영민과 딸의 공원에서의 행복한 만남을 보여주는 씬(~2:02:34)은 정지화면(~2:05:08)으로 끝을 맺는다. 죽음의 순간을 장황하게 표현하지 않았음은 물론 공원 씬은 부녀의 행복한 모습을 통하여 엄마 혜린의 부재를 떠올리게 하는 간접적 정보 제공의 형식을 취하고 있다. 또한 3분 가까운 정지화면은 주제가인 엔리코 토셀리Enrico Toselli의 세레나데를 재즈로 편곡한 음악만으로 혜린과 영민의 사랑과 아픔이 영원할 것이라는 것을 무겁지 않게 전달하고 있다.

1980년대 한국영화의 관습적 내러티브 특징으로는 '정교하지 못한 선형적 내러티브'와 '완성도가 부족한 핍진성' 등을 들 수 있다. '정교하지 못한 선형적 내러티브'는 단일한 플롯 축으로 내러티브를 구성하지 않고, 인물들에 얽힌 사연을 에피소드 형식으로 산만하게 제시하는 것을 말한다. 물론 의도적으로 탈관습적인 내러티브를 사용한 〈바보선언〉 등과 하나의 플롯으로 내러티브를 끌어나간 〈짝코〉(임권택, 1980) 등은 예외로 하더라도, 비교적 관습적 내러티브 구성에 익숙해진 이장호의 80년대 중반 영화에서도 그런 예를 찾을 수 있다. 〈무릎과 무릎 사이〉(1984)에는 첼리스트 자영과 그의 애인인 국악음악가 조빈 그리고 자영의 이복동생인 보영이 주요 인물로 등장하며, 그 외 자영의 부모, 보영의 모, 보영 모를 연모하는 벙어리 남성 그리고 자영을 둘러싼 여러 남자들이 등장한다. 자영의 충동적인 성충동을 주제로 다룬 이 영화에서 보영 모의 재혼이라든가 조빈이 어머니와 국악에 심취해 있는 장면 등은 사실 플롯의 전개에서 필수적인 것은 아니었다. 자영과 조빈를 둘러싼 사건으로 단일한 플롯 축을 형성하지 않고 여러 다양한 에피소드들을 배치한 것은 정교한 선형적 내러티브 구성에 미숙했던 당시 한국영화계의 서사적 특징 혹은 한계로 보인다. 배창호 영화에서 이런 점은 거의 자취를 감추게 되는데, 이는 그의 외국 선진영화에 대한 학습의 성과일 것이다.* 또 '완성도가 부족한 핍진성'

은 평균적 가정 출신 남자와 성매매 여성과의 사랑, 호화로운 실내, 과장되고 억지스런 상황 등으로 요약할 수 있다.[**] 여러 인물들의 플롯을 정교하게 엮어낸 〈바람 불어 좋은 날〉에서조차 덕배가 나이트클럽에서 탈춤을 추는 장면은 그런 예에 해당된다. 덕배가 춤을 추는 설정까지는 수용할 수 있으나 클럽의 고객들이 모두 그의 춤에 넋을 잃고 바라보는 설정은 비현실적이 설정이라고 할 수 있다. 이런 점은 배창호 영화에서는 제거된다. 신분을 초월한 사랑은 남녀의 해피엔딩으로까지는 이어지지 않으며(〈고래사냥〉, 〈적도의 꽃〉), 비현실적인 설정은 깔끔히 제거되어 있고, 비록 포장된 미장센이지만 비현실적인 공간이 설정되지 않는 점 등에서 차별성을 지닌다고 할 수 있다.

　　1980년대 한국영화의 관습적 스타일은 할리우드 관습적 스타일과 마찬가지로 불가시 편집을 추구하지만 숙련되지 못한 경우가 적지 않았다. 또 내러티브 정보 전달이 힘들 경우 몽타주를 편의적으로 사용하는 경향을 가지고 있었다. 몽타주의 편의적 사용은 〈바람불어 좋은 날〉에서 미스 유가 사장과 동침하는 장면에서 그녀의 시점으로 불우한 가족사가 제시되는 것을 들 수 있다. 이 몽타주 회상 씬은 감성적인 음악을 배경으로 이중노출로 구성되어 있는데 스토리 정보 제

----

*　　이효인, 『한국의 영화감독 13인』, 열린책들, 1994. 159쪽. "- 특별히 책과 테이프를 통하여 공부하기도 했는지? 배창호 : 많이 했습니다. 물론 그 전에도 많이 했지만요. 한 작품을 할 때 상대적인 아이디어를 얻기 위해 다른 영화를 많이 보는 편입니다. 마치 스필버그가 〈죠스〉를 만들기 전에 모든 해양 영화를 다 보았듯이"

**　　이효인, 『한국의 영화감독 13인』, 열린책들, 1994. 162쪽. "배창호 : 우리는 영화를 찍으면서 참 많은 거짓말을 하죠. 없는 상황, 없는 인물, 없는 이야기 등을 영화에 등장시킵니다. 그러나 현실에서 있을 수 없는 인간을 그리는 것만 피한다면 우리들의 노력 부족이라든가 현장 환경의 열악함에도 불구하고 영화는 어떤 것을 제대로 담을 수 있을 겁니다."

시 방법으로는 부적절하며 감성의 강요라는 점에서도 거친 방법이라고 할 수 있다. 이와는 대조적으로 배창호의 몽타주는 미적 목표가 분명하며 그 방식 또한 세련되어 있다. 〈황진이〉에서 황진이가 벽계수를 기다리는 장면은 '호롱불-끓는 찻물-찻물에 일렁이는 얼굴-댓돌 위에 놓인 여자의 신발-차를 마시는 황진이의 얼굴-종소리- 열려있는 대문' 등으로 이루어져 있다. 그의 스타일은 '미리 픽스fix나 롱테이크를 결정하는 것이 아닌' "그 장면에 맞게 그 장면이 가는 대로 내버려" 두는 방식이었다. 그는 극장에서 수준 이상으로 환대받는 "B급 미국영화에 대한 울분" 위에서 경쟁적으로 완성도 높은 영화를 추구했던 것이다.[28]

1980년대 배창호 영화의 스타일에 대한 초유의 진지한 평가는 「배창호의 연출 스타일 연구」[29]라는 글에서 이루어졌다. 이후 배창호 스타일에 대한 비평은 주로 『영화언어』 필진들에 의해 이루어졌는데, 그 필자들에 의해 이름 붙여진 '낭만적 탐색자'와 '작가적 스타일'의 작품들은 비판적 리얼리즘 계열의 데뷔작 〈꼬방동네 사람들〉(1982)에서 〈안녕하세요 하나님〉(1987)까지 걸쳐있다. '낭만적 탐색자'는 「낭만적 탐색자-배창호 감독론-」[30]에서 따온 것인데, 이 글에서 배창호는 무엇인가를 찾아서 떠나는 인물을 중심에 둔 플롯을 지속적으로 표현하는 감독으로 묘사된다. 또 세트/조명, 롱테이크, 카메라 이동 등이 새로운 시도였다고 필자는 주장한다. 하지만 아무래도 배창호 영화의 스타일에 대한 본격적인 비평은 「작가론과 텍스트의 대화-〈안녕하세요 하나님〉의 장면화 분석을 중심으로」[31]를 들 수 있을 것이다. 비평을 통하여 작가정책을 옹호했던 이용관은 미장센 중심으로 영화를 집중 분석함으로써 배창호를 작가의 지위로 격상시켰다. 하지만 한국 뉴웨이브 영화의 맥락에서 볼 때 배창호는 한국영화를 긍정적 의미의 관습적 내러티브와 스타일을 완성시킨 감독으로 자리매김하는 것이 더 정확할 듯하다. 배창호의 가장 중요한 업적은 세계적 수준에서 통용될 수 있는 영화제작 방법론을 한국영화계에 정착시킨 것이라고 할 수 있기 때문이다. 즉 '코리안 컨벤션'을 '글로벌 스탠다드 컨벤션'으로 탈바꿈시키는데 결정적인 역할을 한 것이었다. 그 외의 성과 즉 영화 언어(스타일)에 대한 배창호의 인식은 관습성에 대한 깊은 이해를 바탕으로 했기 때문에 가능했던 것이며, 그것은 80년대 뉴웨이브 영화의 또 다른 성과라고 기록할 수 있을 것이다.

6. 뉴웨이브의 변모

코리안 뉴웨이브는 일부 영화인들이 해당 시기의 영화 제작과 관람 태도에 정신적 영향을 끼친 문화적 활동과 무/의식적, 직/간접적 그리고 조직적/정신적 연대를 하면서 이뤄낸 미학적 결과물로 구성된다고 볼 수 있다. 다시 말하지만, 운동으로서의 뉴웨이브(뉴웨이브 운동)와 미학으로서의 뉴웨이브(뉴웨이브 작품)로 구분할 필요가 있다. 즉 운동은 성취의 과정이며, 미학은 성취된 결과인 셈이다. 둘은 전혀 관련 없어 보이기도 하며 실제로 증언이나 문서가 없는 가운데 둘 사이의 정신적 영향을 증명하기란 쉽지 않다. 클로드 샤브롤이나 에릭 로메르가 『카이에 뒤 시네마』 그룹에 속한다고 해서 그들을 후기 누벨바그 그룹에 위치시키는 것이 정당하지 못한 것처럼 한국 뉴웨이브 감독들로 선택된 그들의 운동적, 미학적 성향의 공통성을 해명해야만 하는 것은 아니다. 기존 영화를 거부하며 새로운 미학을 추구했던 전기 누벨바그의 경우 거의 '작가'와 스타일 그리고 모더니즘 표현에 매진했다. 이러한 그들의 태도는, 정치적인 것이라고 보다는 영화 자체에 대한 (무정부주의적인) 급진적 태도라고 볼 수 있다. 하지만 후기 누벨바그 즉 고다르 등의 급진적인 정치미학은 영화뿐만 아니라 현실 정치적 태도로서도 무정부주의적 태도를 드러낸다. 비록 사료로 증명할 수는 없지만, 영화적 급진성이 정치적 급진성에 직접적 영향을 미치지는 못했을지라도 적어도 그 토대가 되었을 것이라고 생각한다.

〈바보선언〉을 제외하면 한국의 뉴웨이브 프리퀄 영화들은 급진적인 영화 미학을 지니거나 추구한 것이 아니지만, 임권택, 이장호, 배창호의 작품들이 지닌 뉴웨이브 미학적 요소를 뉴웨이브 운동과의 관계 속에서도 볼 필요가 있다. 임권택의 〈짝코〉(1980), 〈아제 아제 바라아제〉(1989), 〈개벽〉(1991) 등은 당시 민주화운동 담론과 겹쳐지는 부분이 있지만 임권택만의 독자적인 시선이 존재하는 작품이다. 이념 투쟁의 덧없음을 말하는 〈짝코〉, 내면의 성찰보다 현실 실천을 우위에 두는 것처럼 보이지만 종교 담론이 두드러진 〈아제 아제 바라아제〉, 군중들의 시위가 잦았던 1980년대 후반 상황에서 비폭력 사상을 강조한 〈개벽〉 등은 탈이념적이거나 성찰적인 작품으로서 뉴웨이브 운동과의 직접적 관련성을 찾기는 어렵다. 배창호의 영화 또한 데뷔작 〈꼬방동네 사람들〉(1982)을 제외하고는 마찬가지이다. 오히려 〈만다라〉, 〈길소뜸〉, 〈깊고 푸른 밤〉, 〈기쁜 우리 젊은 날〉 등을 통하여 영화 청년들에게 한국영화의 예술적 가능성을 제시하는, 간접적 영향력을 끼쳤다고 볼 수 있다. 비판적 리얼리즘 영화를 지향하는 청년들에게 직접적인 영향을 끼친 것은 이장호의 〈바람 불어 좋은 날〉, 〈어둠의 자식들〉, 〈과부춤〉, 〈바보선언〉 등이었다. 추상적 차원이었지만 통일이라는 화두와 삶의 불가해성을 제시한 〈나그네는 길에서도 쉬지 않는다〉와 함께 앞에서 언급한 이장호의 영화들은 뉴웨이브 영화에 직접적인 영향을 끼친 것이었다. 비록 이장호의 영화들은 내러티브와 스타일의 측면에서 코리안 컨벤션으로부터 크게 벗어나지 못했지만, 주제를 향한 이장호의 시선은 당시 기준으로는 급진적이며 비판적 리얼리즘을 띄고 있었다고 볼 수 있다.

하지만 이러한 급진성은 뉴웨이브 운동과 연계할 만한 성격의 것이 아니었다. 1980년대 후반 직접적인 비판의 태도를 취하거나 거친 스타일의 극영화와 다큐멘터리/교육용 영상물을 만든 서울영상집단, 장산곶매, 민족영화연구소, 노동자뉴스제작단, 김동원〈상계동 올림픽〉 등의 영화와는 비교불가능한 것이었기 때문이다. 이처럼 1980년대 한국 뉴웨이브는 누벨바그의 경우처럼 미학과 운동이 함께 진행된 것이 아니었다. 하지만 영화 청년(뉴웨이브 운동)들이, 이장호로부터 비판적 리얼리즘 표현의 대중적 가능성을, 배창호 영화로부터 완성된 대중예술의 가능성과 작가적 스타일의 전범을, 임권택으로부터 인문적 영상 미학 구축 사례를 배운 것은 부인할 수 없는 사실이다. 그 결과 일부 영화 청년들은 그들 감독들의 휘하로 들어갔고, 일부는 제도권 바깥에서 프로덕션 형태의 운동집단을 조직하여 활동하였다. 이후 1988년을 전후하여 영화 청년들은 다시 헤쳐모여서 뉴웨이브 영화의 새로운 도약을 준비하였다. 뉴웨이브 영화 진영에 속했던 장선우, 박광수, 김홍준, 장길수, 박종원, 황규덕, 송능한 등은 충무로 감독으로 진출하였고, 그 진영에 속하지는 않았던 이명세, 정지영, 신승수, 곽지균 등은 충무로의 새로운 감독으로 등장하였다. 충무로 바깥에서는 장산곶매, 민족영화연구소 등이 비제도권 차원의 영화 작업을 하였으며, 비평 작업의 결집체인 『영화언어』도 이러한 큰 흐름에 합류하였다.

이 시기 즉 1980년대 후반 무렵 소수의 인적 네트워크 속에서 제도권 뉴웨이브와 비제도권 영화운동은 서로 영향을 주고받거나 때로는 갈등하였다. 이러한 관계는 사회주의권 붕괴와 김영삼 문민정부의 수립 그리고 대기업의 영화계 진출 상황에 맞닥뜨리자 일대 변화를 겪었다. 대부분의 비제도권 뉴웨이브 활동가들은 제도권으로 들어가는 것으로 전략을 수정하였으며 그 지향점 또한 모호해졌다. 이후 〈파업전야〉같은 직접적 투쟁을 다루는 노동영화는 다큐멘터리 분야에서나 만들어졌고, 그 대신 검열 수난 과정에서 순화되기는 했지만 노동영화 〈구로 아리랑〉(박종원, 1989)이 제도권 속에서 제작되었다. 영화법 5차 개정(1985) 시행에 의해 자유로운 영화제작사 설립이 가능해지자 * 〈꼴찌부터 일등까지 우리 반을 찾습니다〉(황규덕, 1990) 등 사회문제를 다룬 영화들의 제작이 이루어지기도 하였다. 하지만 이 시기 가장 큰 변화는 임권택, 이장호, 배창호 등이 추구했던 뉴웨이브 미학이 뉴웨이브 운동 논리와 결합하면서 제 3의 형태의 영화들이 제작된 점이

---

* 1985년 개정되고 1986년에 시행된 5차 영화업 개정은 제작업과 수입업을 분리하고, 독립 영화제작을 허용하였다. 그 결과 100 여개의 영화사가 설립되었다. 이는 저예산 독립영화의 제작을 가능케 했지만 자본의 분산으로 인한 영화제작사 영세화 현상을 낳았다.

다. 이러한 '새로운 영화'들은 앞에서 언급한 신진 감독들의 손에 의해서 만들어졌다. 그럼으로써 한국 뉴웨이브는 본격적이며 새로운 단계로 접어들게 되었다.

2장
뉴웨이브 프리퀄

영화사에서 '뉴웨이브'라는 명명은 스스로 혹은 타인에 의하거나 운동의 진행 도중 혹은 사후에 이름 붙여진 것들이다. 또는 일본의 쇼치쿠 누벨바그처럼 영화제작사의 엉뚱한 기획에 의해 붙여졌다가 시간이 흐르자 살부殺父의 칼날이 되어버리는 경우도 있다. 뉴웨이브는 대체로 미학적 목표가 비슷하거나 균질성을 지니고 있거나 사후에 비평가에 의해 다소 무리하게 조합되는 경우도 있다. 하지만 코리안 뉴웨이브처럼 특정 지역의 영화 역사 속에서 커다란 '사건성'을 지니는 것으로 그 존재를 인정받는 경우도 있다. 서구 중심의 경제사 즉 봉건적 생산양식에서 자본주의적 생산양식으로 이전하는 패턴을 비서구 지역 생산양식의 변화과정에 직접 적용할 수 없는 것과 마찬가지로 한국사회와 영화 역사의 특수성을 고려하지 않을 수 없기 때문이다. 반공 이데올로기와 국가주의에 의해 표현의 자유가 근원적으로 봉쇄된 사회에서 미학적 상상력을 발휘해야 한다는 '자각'과 '인정 투쟁'이 있는 것만으로도 그것은 '새로운 것'일 수 있기 때문이다.

따라서 그 '사건성'의 역사적 맥락과 해석을 위한 탐구는 뉴웨이브라는 호칭 부여를 위한 사후의 승인 과정이기도 하다. 이런 맥락에서 1980년대 영화를 재조명하면 이장호, 배창호, 임권택이라는 세 거목과 필연적으로 마주치게 된다. 망실된 필름 〈잡초〉(1973)의 전설은 차치하더라도 〈왕십리〉(1976)에서 임권택이 보여준 도시 주변의 황량한 풍경과 엔딩 장면의 광장은 이장호의 〈바람 불어 좋은 날〉과 〈바보선언〉 그리고 배창호의 〈꼬방동네 사람들〉에서도 우연처럼 제시되고 있다. 하지만 그것은 우연히 이루어진 것이 아닐 것이다. 각자 다른 세계관을 가졌음에도 불구하고 적극적이며 구체적으로 시대를 그릴 수 없었던 상황에서 그들 모두가 지녔던 비판적 에피스테메episteme의 이미지였던 것으로 보인다. 그런 점에서, 많은 편차가 있음에도 불구하고, 세 감독 모두는 비판적 리얼리스트였다고 할 수 있다. 이런 시대적 공감대가 1990년 전후 등장한 적지 않은 코리안 뉴웨이브의 토양이지 않았을까?

임권택이 〈짝코〉, 〈만다라〉 등의 신중한 행보로 한국영화사에 소중한 족적을 남기다가 〈서편제〉(1993)의 흥행 대성공으로 한국영화산업의 약진을 이끄는 거장으로 발걸음을 옮겼다면, 배창호는 한국영화의 오래된 관습을 깨고 글로벌 수준의 관습적 영화로 안착시키는데 결정적인 역할을 하였다. 그는 〈황진이〉, 〈기쁜 우리 젊은 날〉을 통하여 한국적 스타일 관습을 비판적으로 되돌아볼 수 있게 하였다. 반면 훗날의 뉴웨이브를 고무하고 유인하는데 가장 직접적 관련을 가진 이장호는 임권택과 배창호보다는 영화적 사유에 둔감한 편이었다. 하지만 그는 한국 사회와 제작 시스템의 현실을 인지하고 그 한계를 돌파하는 영화적 실천에는 민감했다. 그러한 민감한 실천 배경에는, 강제 휴지기 시절 자각한 민중의식에서 비롯된 시대적 부채감과 '영상시대'적 자존의식 또한 없지 않았을 것이다. 그래서 이장호라는 역사적 요소는 '사건성'의 측면에서는 임권택과 배창호에 비해서 압도적이었다. 〈바람불어 좋은 날〉, 〈어둠의 자식들〉, 〈과부춤〉, 〈바보선언〉 그리고 〈나그네는 길에서도 쉬지 않는다〉 등은 당시 영화 청년들의 교본이자 극복해야 할 거대한 벽이었다. 인맥으로도 이장호는 열거할 수 없을 정도의 많은 청년들과 직간접적으로 연결되어 있었으며, 때로는 지나치게 감성적이고 좌충우돌하는 내러티브와 스타일은 후대 뉴웨이브들을 자극하는 것이었다.[32]

1. 임권택, 고정된 이념적 중립

1936년생, 1962년 〈두만강아 잘 있거라〉로 데뷔, 51번째 작품 〈잡초〉(1973)가 진정한 첫 작품이라고 스스로 밝힘으로써 자신의 품위를 방어한 감독 임권택. 그럼으로써 그는 마구잡이로 찍은 과거의 영화를 지우는 것이 아니라 오히려 살려냈다. 의도하지 않았던 역설의 결과였다. 평론가 정성일은 〈잡초〉 이전과 이후의 구분에 의해 두 명의 임권택으로 오해해서는 안된다고 강조한다. "그의 영화는 언제나 그 이전 영화가 이후를 설명하고, 이후 영화는 이전 영화 없이 성립되지 않는다"[33]고 한다. 50년을 넘는 임권택의 필모그라피 속에 일관된 주제의식과 스타일이 있다고 주장하는 것이 아니라, 예컨대 심금을 울리는 장면이 있다면 "그 장면 자체가 만들어내는 것이 아니라 그 장면이 만들어지는 영화의 안과 바깥 사이에서 (달리 말할 길 없이) 형상과 세상의 마주함을 중재하는 그의 자리 때문"이라는 것이다. 역사와 삶 그리고 장면 등 모든 부분에 걸쳐 "눈에 보이지 않는 구조 안"에 임권택 영화가 들어있다는 것이다. 정성일이 하고자 했던 것은, 작가주의를 내세우지 않으면서도 임권택을 작가로 이해시키는 것, 임권택 스타일의 무궁무진한 세계를 드러내 보이는 것 그리고 그의 작업과 정치적 태도에 대한 변호로 보인다. 그 변호는, 임권택 작품의 모호한 측면과 비판가능한 부분에 대한 질문조차 "항상 한국이라는 영토에서 살아가는 그 역사의 켜켜이 쌓인 삶의 태도 안에서만 대답될 수 있기 때문"[34]에 무력화시킨다. 그래서인지 이념과 연관된 스토리 정보의 배분 문제나 인물 행위 등에 대한 정성일의 질문에 대해 임권택은 애매하게 동어반복과 회피로 일관한다. 그럼에도 불구하고 정성일은 더 질문하는 대신 새롭게 이해하고자만 한다.[*] 예컨대 〈태백산맥〉의 좌우익 인물들의 반성에 대해 말하면서 우익들의 결코 반성하지 않는 '이데올로기적인 비대칭'에 대한 질문에서, 임권택은 이데올로기의 광기에 대해 설명하는 것으로 대신하는데, 더 이상 질문은 이어지지 않는다.[35] 이 말은 인터뷰어가 비판적 질문을 하지 않았다는 말은 아니다. 임권택 영화만이 아니라 한국영화를 이해하는 데 무엇보다 중요한 이 책에서 '충실한' 비판이 빠진 것은 임권택의 사상과 미학이 지닌 '고정성'에서 비롯된 것이 아닐까 한다.

인간 사고의 편협성과 주관성은 어쩔 수 없는 것이지만 그것의 고착은 더욱 난감한 일이다. 강인하고 고집스러운 점에서는 비슷한 괴테와 임권택을 단순 비교하는 것은 어색한 일이지만, 삶과 예술에 대한 태도 특히 정치적 태도는 인물의 경중, 분야, 시대를 초월해서 비교할 만한 것이다. 니체가 '존재하는 독일 최고의 책'으로 극찬한 『괴테와의 대화』를 쓴 요한 페터 에커만Johann Peter Eckermann, 1792~1854은 거의 10년 동안 괴테를 천 번 이상 만났다. 그는 충실한 전달자로 자신의 역할을 제한했지만 충실한 비판자이기도 했다. 괴테로서는 야심작이었지만 많은 비판을 받은 『색채론』(요한 볼프강 폰 괴테, 1810)에 대

---

[*] 정성일 대담, 『임권택이 임권택을 말하다 2』, 현실문화연구, 2003, 221 ~ 222쪽. 임권택의 가장 중요한 영화가 될 뻔했던 〈개벽〉의 내러티브는 "드라마라기보다는 에피소드들의 연속"으로 구성되었는데, 감독은 드라마의 인위적인 성격에 대한 혐오증에 의해 그랬다고 답하며, 인터뷰어는 "가장 놀라운 것은 무엇보다 새로운 형식미"라고 비평한다. 그런 맥락에서 긴 인터뷰의 말미는 '가장 나이가 많지만 가장 새로운 영화를 만드는 감독'으로 헌사된다.

해 에커만이 사실 관계를 전달하며 지적하자 괴테는 이를 수용하였다. 그는 심지어 면전에서 이런 질문도 던졌다. "세상 사람들이 선생님을 비난했습니다. 저 위급한 때에 선생님이 무기를 들지도 않았으며 최소한 시인으로서도 대중들에게 아무런 영향도 미치지 않았다고 말입니다."[36] 그러자 괴테는 자신의 나이가 이십대가 아닌 육십대이며 작가로서는 역할을 하고 있다고 응수한다. 한국인이 겪은 동학농민전쟁과 6·25 전쟁에 대해 임권택이 한결같이 인본주의적 입장에서 혁명(무력 항쟁)에 대해 우려하는 것과 비슷하게 괴테 또한 "어떠한 혁명에서도 극단적인 상황은 불가피한 거네. 정치적 혁명에 있어서도 보통 처음에는 온갖 폐단을 제거하는 것 외에 더 이상은 바라지 않지. 그러나 예기치 않게 어느새 잔혹한 유혈 사태로 깊숙이 빠져 들어가는 법이네."[37] 이어 괴테는 "여론을 쫓다보면 너무도 쉽게 그릇된 입장에 빠지고 만단 말이야! …이제 와서 내가 결코 민중의 벗이 아니라는 말을 들어야 하다니. 물론 나는 혁명을 내세우는 천민의 벗은 아니야."[38]라고 했다. 하지만 그는 군주제와 공화제 모두를 상황에 따라 지지했으며, 프랑스 혁명에 부정적이면서도 혁명 그 자체의 유익성을 외면하지는 않았다.* 임권택의 '고정성'에 비해 괴테는 '생성적'이었던

---

* 요한 페터 에커만, 장희창 옮김, 『괴테와의 대화 2』, 민음사, 2008, 392〜393쪽. 재인용. 무려 200여 년 전에 괴테는 "사실을 말하자면 나는 혁명의 친구가 될 수 없었네. 혁명의 무자비한 공포가 너무 절절하게 느껴졌고 시시각각 나를 격분시켰기 때문일세. 반면에 혁명의 유익한 결과에 대해서 나는 당시로서는 알아차릴 수 없었던 거네. 또한 내가 참을 수 없었던 것은 사람들이 독일에서도 인위적인 방식으로 유사한 장면들을 초래하려고 했던 점이네. …… 자기 나라의 깊은 본질에 뿌리박고 있지 않은 경우라면 이러한 종류의 모든 의도적인 혁명은 성공을 거두지 못할 테지."

것이다.

임권택의 고정성은 그가 이념 문제를 다룰 때 특히 두드러진다. 〈깃발 없는 기수〉(1979)와 〈짝코〉(1980)가 발표되었을 때는 좌익 인물이 악마로 묘사되지 않은 점만으로도 감독의 정치적 올바름은 존중받을 수 있었다. '우리의 전쟁과 분단은 강대국들의 대리전에 의한 것이었다'는 논지의 상황 설정과 대사가 비록 검열에 의해 빠져 있더라도 당시의 관객들은 냉전의식에서 벗어난 스크린에 희열하였다. 그 희열은 1987년 민주화대투쟁과 동구권의 몰락 그리고 30년 만에 맞은 문민정권의 수립을 거치면서, 뉴웨이브의 동력인 동시에 반면교사로도 전이되었다. 하지만 널리 알려졌다시피 사촌 형제들이 무고하게 밤에 끌려 나가 국군으로부터 당한 경험 등 좌익 가족으로서 겪은 개인적 피해가 시대의 흐름에도 불구하고 고정되어 있는 점은 문제적이다. 〈개벽〉(1991)에서 묘사된 1892년 교주 신원운동 과정의 전봉준과 최시형의 대립 관계는 역사적 사실의 오류이다. 영화는 최시형이 김개남과 전봉준을 비판하는 것으로 묘사되었지만, 실제 최시형은 여기에 적극적으로 참여하였다.[39] 하지만 감독은 동학농민전쟁이 아니라 동학사상 즉 '사람이 하늘'인 인본주의를 그린 것이라고 여러 자리에서 말하였다. 동학농민전쟁의 전략적 기조와 동학사상은 당연히 같은 것이 아니지만 그렇다고 둘은 분리할 수 있는 것도 아니다. 바로이 지점에서 역사적 사실과 감독은 불화하게 되는 것이다. 이념적 집단행동에 대한 그의 부정적 묘사는 개인적 경험과 내면 깊숙이 자리잡은 레드 콤플렉스에서 비롯된 것으로 보인다. 전봉준과 김 구를 존경 혹은 존중하지 않는 것은 아니지만, 사실 여부를 떠나 그는 "전봉준 장군이 대단한 몰이꾼이었던 것 같"다고 판단하거나, 김 구 등에 대해서도 "정권을 잡으면 무슨 엄청난 독선을 부릴지 알 수 없는 사람들"[40]이라고 추리하기도 한다. 그의 심연에 도사리고 있는 것은 권력에 대한 의심과 염증인데, 그것이 비록 신중한 것이라고 하더라도 역사를 매개로 사회적 발언을 하는 사람의 태도로는 무책임한 중립적 입장으로 보인다.* 여하간 이러한 반권력적 태도는 인본주의를 고양하는 동력으로 보인다. 하지만 이 인본주의는 자주 구체성을 상실한 채 대화를 거부하는 닫힌 홀목소리로 그친다. 좌익 행동가가 도덕적 우월감에 빠져서 스스로 휴머니스트라고 착각하는 것과 마찬가지 이치이다. 그는 산업화 시대 노동자의 묘사에 대해서는 '재벌들의 특혜와 노동 착취에도 불구하고 국가 기여도, 해외 인지도 등을 고려할 때 과도기적 현상으로 이해할 수 있으며, 그것을 그리는 것은 젊은 감독들의 몫'[41]이라는 취지의 발언을 남기기도 한다. 이념적 목표를 가진 행동에 대한 원천적 부정과는 대조적인 이 대목에서 그의 인본주의는 공평을 잃고 만다. 임권택이 보기에 〈태백산맥〉의 원작자 조정래는 좌편향이며 "소설은 이상"[42]에 불과한 것이었는지도 모른다. 〈개벽〉과 〈태백산맥〉의 문제는 중립적이기 때문이 아니라 제대로 중립적 태도를 취하지 못했을 뿐만 아니라 거칠게 조립된 서사구조에 있다고 생각한다. 하지만 오히려 그는 '1980년 〈짝코〉 때부터 화해를 주장했지만 1994년 〈태백산맥〉 때까지 사람들이 좌우 흑백논리에 갇혀서 영

---

* 정성일 대담, 『임권택이 임권택을 말하다 2』, 현실문화연구, 2003, 219쪽. 물론 그는 엄혹한 시기에 이루어진 (학생)운동에 부정적인 것은 아니었다. "운동권들이 그 엄혹한 시대에 그러한 용기를 가지고 그렇게 치열하게 산다는 것이 좋았던 것"이라고 말한다.

화를 외면할 줄 몰랐다'[43]고 탄식한다. 제작을 둘러싼 우익들의 압박과 개봉 이후 좌우익 모두로부터 외면 받았기 때문이었다. 하지만 그보다 4년 앞서 제작된 정지영의 〈남부군〉(1990)이 우익으로부터 비난을 받기는 했지만 양식적인 관객으로부터는 대체로 수용되었다는 사실을 상기할 필요가 있다. 뉴웨이브의 토양이 될 수 있었던, 신중한 이념적 중립의 태도를 취한 〈깃발없는 기수〉와 〈짝코〉의 시대가 지났다는 것을 그는 외면하고 있었던 것이다.

2. 임권택, 민족지 예술영화ethnographic art film

임권택의 민족예술영화 3부작인 〈서편제〉(1993), 〈춘향뎐〉(2000), 〈취화선〉(2002)은 한국 전통 예술을 현대적 영상으로 옮긴 기념비적인 작품이라고 할 수 있다. 한국영화산업의 극적인 도약이 이루어진 1990년대 전반기는 우루과이라운드 협정에 의한 한국 농업의 위기 등 민족 생존의식이 공감대를 형성하고 있을 때이기도 하였다. 또 후반기에는 거품경제가 꺼지면서 국제통화기금으로부터 구호를 받아야 하는 처지로 전락하였다. 하지만 한국의 지적 경향과 문화 흐름은 포스트모더니즘을 적극적으로 수용할 정도로 탈지역화, 탈민족화를 지향하던 시기였다. 이런 배경을 고려하면 〈서편제〉가 관객과 행복하게 만났던 것과 〈춘향뎐〉과 〈취화선〉이 생경한 영화적 이슈로 취급되었던 것은 수긍이 간다. 임권택으로서는 오랫동안 숙원처럼 추구해 온 자신의 땅에 두 발을 딛고 만든 작품이었지만, 관객들은 향수가 짙게 배인 시선으로 합류하거나(〈서편제〉), 잊어버린 고향 사진을 보듯 복잡하면서도 낯선 감정 속에서 이를 대하였다(〈춘향뎐〉, 〈취화선〉). 일련의 임권택 영화에 대해서는, 대체로 동의하기 어려운, 이런 견해도 있다. 임권택 영화는 1970년대의 국책영화 정책에 따른 작품에 기반하여 "보수적이고 계몽적이면서도 엄정한 리얼리티의 세계를 보여주며 충무로에서 1980년대 한국의 당면 문제를 다루는 영화로서의 위상을 구축"한 이후 〈서편제〉, 〈취화선〉 등에서는 "과거를 노스탤지어화한 상상계로 후퇴하면서 '전통 예술'과 '한국인 고유의 정서'라는 명분으로 가부장의 폭력과 여성수난을 합리화하면서 얻어낸 결과"라는 것이다. 또 "〈취화선〉이 구현하는 (민족)예술가의 고뇌와 한국을 대표한다는 예술 세계가 1970년대 독재체제의 기반이 되었던 가부장의 전횡을 바탕으로 하고 있다"[44]는 것이다. 1970년대 관제 우수영화 선정 과정에서 혜택을 입었다는 사실은 작품 이해의 한 요인일 수는 있지만 그것을 넘어서서 다른 작품의 해석에까지 영향을 미쳐서는 안될 것이다. 또 임권택 영화의 정전화는 1980년대 그의 영화에 대한 새로운 비평문화에 의한 인준과 〈서편제〉에 대한 다수 관객의 지지가 있었기 때문에 가능한 것이었다. 그리고 그 지지가 그쳤을 때 도래한 칸국제영화제의 인준은 그 생명력을 연장시켰다. 공시성synchronicity을 고려하지 않은 통시적diachronicity 고찰은 문화연구로서나 비평으로서나 동의하기 힘들기 때문이다.

그의 치열한 예술적 성취와는 별개로, 민족예술영화 3부작에는 오리엔탈리즘이 옅게 배어 있었는데, 동양 원주민 예술가의 민족지적 소재의 작품은 필연적으로 그것을 동반하지 않을 수 없다는 점에서 숙명적인 것이기도 했다. 감독은 오리엔탈리즘을 "스스로 경계"*하면서 〈춘향뎐〉에서는 필사적으로 자신의 영화들로부터 달라지려고 했다.** 판소리 사운드와 프레임의 조화, 인물들의 움직임과 카메라 움직임 등 모든 면에서 모험을 시도하였다. 하지만 이런 양식화는 동시대 한국인에게도 익숙한 것이 아니라서 결과적으로 '자기 이국화'self-exoticism 의 경향을 지닌 것이기도 했다. 이러한 경향은, 다른 문화의 영향이 어떤 문화에 주어졌을 때 다른 문화로의 전환 이상의 것으로 재구성되는 통문화transculturation적 경향, 예컨대 셰익스피어의 『리어왕』을 일본식으로 옮긴 구로사와 아키라의 〈난 Ran〉(1985)처럼 세계적 유통을 의식한 것과는 다른 것이다. 이 경향은 "지역적인 토착문화를 국제무대에서 재현하는 것은 양가감정과 거부의 감정을 수반할 수밖에 없는 아주 복잡한"[45] 것인데, 임권택의 경우 변화하는 문화 장場에 역류하는 것이기도 했다. 그 무/의식적 역류는 〈개벽〉에서 시작하여 〈취화선〉에서 절정을 이룬다. 그것은 두 가지 차원에서 전개된 것인데, 하나는 〈개벽〉에서부터 시작된 내러티브의 논리적 구축에 대한 탈

---

* 「인터뷰: 임권택과의 대화」, 김경현, 데이비드 제임스, 앞의 책, 347쪽. 하지만 임권택이 오리엔탈리즘을 경계하면서도 1980년대 후반에 만든 사극들을 두고 "한국적 개성이 물씬 담길 수 있는 영화를 만들어 해외 영화제에 출품해보려는 욕구가 왕성"했다는 본인의 말과 함께 고려할 필요가 있다. (정성일 대담, 『임권택이 임권택을 말하다 2』, 현실문화연구, 2003, 111쪽)

** 정성일 대담, 『임권택이 임권택을 말하다 2』, 현실 문화연구, 2003, 417쪽. 정성일은 〈춘향뎐〉은 한국의 위대한 유산을 담기 위해 영화라는 서구의 기계장치를 자유자재로 창의적으로 활용하여 "비로소 영화라는 서구 근대와 처음으로 조화를 얻어내고 화해"한 것이라고 평한다.

선이며,* 다른 하나는 노스탤지어를 통한 탈영토화deterritorialization 작업이다. 노스탤지어는 "산업화로 파괴된 아주 가까운 과거에 대한 갈망을 내포하는 현대적 감정을 표현하기 위해 주조"[46]된 것이기는 하지만 그것은 단지 그런 감정을 표현하는데 그치는 것이 아니다. 임권택의 노스탤지어를 통한 탈영토화 작업은 현실에 대한 깊은 실망**에서 비롯된 것으로 보이는데, 전통 예술(가)을 그린 임권택의 민족예술영화 3부작은 매체로서의 영화, 현실 그리고 제작방식production code에 대한 질문이자 도전이다. 그런 점에서 노스탤지어 소재는 적당한 것이었다. 향수 가득한 전통 예술(가)을 끌어들인 것은 영화 매체에 대한 새로운 도전(〈춘향뎐〉)이었고, 잃어버린 소중한 것에 대한 소환과 현실비판(〈서편제〉)이었으며, 궁극의 미를 추구하는 도약(〈취화선〉)의 시도였다. 하지만 시대 조류와 공감했던 〈서편제〉가 동시대 영화 경향에 균열을 내면서 노스탤지어를 현실로 소환하여 유력한 상품 요소로 탈영토화시킨 것은 짧은 기간에서만 가능한 것이었다. 〈쉬리〉의 성공으로 (강제규, 1999) 상징되는 영화장의 변화에도 불구하고 〈춘향뎐〉과 〈취화선〉은 탈영토화를 시도했지만 실패하고 그 대신 '예술적 도약'을 남겼

---

*   정성일 대담, 『임권택이 임권택을 말하다 2』, 현실문화연구, 2003, 229쪽. 시퀀스 개념이 사라지게 된 것은 〈개벽〉에서 처음이었고, 이런 경향은 80년대 임권택 영화에서도 부분적으로 드러나고 있다고 설명되고 있다. 하지만 〈개벽〉에서 사라진 것은 시퀀스 개념만이 아니라 역사적 소재 혹은 주제의 성숙한 소화가 안 되었을 경우 나타나는 내러티브의 논리적 붕괴도 동반한 것으로 보인다.

**   정성일 대담, 『임권택이 임권택을 말하다 2』, 현실문화연구, 2003, 497. 인터뷰어가 1990년대 이후 〈축제〉를 제외하고는 현재를 그린 영화가 없다고 질문하자 그는 '현재에 대해 흥미를 잃었으며, 현재는 사랑을 가지고 들여다볼 만한 그런 것이 없는 실망스러운 것'이라고 대답한다.

다. 그 도약은 예술의 영상화라는 작업에서 전통 예술의 고전적 리듬과 정서를 기계 장치를 통한 재현에 성공한 것이었다. 민족지 영화로서의 가치는 물론 판소리의 리듬과 카메라의 리듬을 일치시키려는 시도(〈춘향뎐〉), 쇼트를 한국화처럼 구성하려는 시도(〈취화선〉) 등은 한국 영화사에 중요하게 기록될 것이다.[47] 이런 도약은 이 3부작에서 처음 시도된 것은 아니다. 스타일에 대한 이러한 시도는 이미 〈만다라〉 등에서 싹을 보이고 있으며, 주제 측면에서는 연장선상에 있기도 하다.

3. 임권택, 주체 미학

〈만다라〉에서 가장 인상적인 장면은 '길'이다. 여기에서 길은 시퀀스를 나누는 표시이기도 하고, 주제를 끊임없이 상기시키는 이미지이며, 절망적인 현재와 불안으로 가득 찬 미래에 대한 메타포이기도 하다. 하이 앵글 롱테이크로 잡은 길로 버스가 들어오는 쇼트로 시작하는 도입부는 검문소에서 봉변을 치른 지산과 법운이 다시 길을 떠나는 것으로 이루어져 있다. 이후 둘은 겨울의 갈림길에서 헤어지고 늦봄에 어느 절에서 만난 후 다시 벚꽃이 만발한 길을 같이 걸으며 플래쉬 백이 시작된다. 〈춘향뎐〉에서 판소리 사운드와 쇼트가 테이크의 장단, 움직임과 리듬을 맞추는 것처럼 '길'의 쇼트는 불가와 속세의 사연을 전달하는 스토리 정보에 의해 장단이 결정되는데 정보의 성격에 따라 테이크 길이는 조절된다.

　1980년대 한국영화가 새로운 길을 찾을 무렵, 훗날 뉴웨이브의 대열에 합류한 영화 청년들은 임권택의 이런 스타일에서 희망을 발견하였다. 하지만 그 시절을 공유하지 못한 사람들에게는 그런 점들이 단지 '향수를 기반으로 하는 미적 형식'으로만 보였을 수 있다.[*] 일리가 없는 것은 아니지만 이 주장은, (1990년에 제작된 〈장군의 아들〉 이전의 작품들만 놓고 보노라면)임권택 미학이 처한 현실과 내면에 존재하는 예술적 욕동trieb, drive을 간과하고 있다. 프로이트가 개발한 욕동이라는 개념은 육체와 정신의 경계선에 도사리고 있는 어떤 본능, 추동 등을 일컫는다. 이를 예술적 욕동으로 치환하자면 현실적 생존 욕구와 내면의 열정의 경계선에 도사리고 있는 어떤 추동으로 치환할 수 있다. 1970년대 중반 하길종과 이장호로 대표되는 '영상시대'를 향한 열패감, 어린 시절 겪은 살육이 다시 반복된 1980년 상황, '자기의 이상 세계를 향한 치열한 삶에 대한 동경'[**] 등이 탈이념적인 예술적 욕동의 동기로 작용한 것으로 보인다. 그 예술적 욕동은 인간에 대한 연

---

[*] 김경현, 「한국영화와 임권택 : 개관」, 김경현, 데이비드 제임스, 김학진 옮김, 『임권택, 민족영화 만들기』, 한울, 2005, 49쪽. 그 시대의 공시적 분위기를 공유하지 못한 김경현은 "그의 세계관(전망)은 향수를 기반으로 하는 미적 형식에 의존하고 있었던 것이다. 게다가 그는 멜로드라마의 영화언어를 고집스럽게 간직하고 있었다. 결국 그는 상업적 영화감독으로서 영화를 '공적인' 기획이나 '정치적' 무기로 이해하는 데에 이르지 못한"것이라고 평가하고 있다.

[**] 정성일 대담, 『임권택이 임권택을 말하다 2』, 현실문화연구, 2003, 457쪽. 임권택은 소설 『만다라』에서 치열한 삶의 아름다움을 발견하고 그것을 영화로 옮겼다고 말한다. 그러한 치열한 태도는 1980년대 이후 나온 작품 대부분에서 발견된다. 물론 〈아벤고 공수군단〉(1982), 〈오염된 자식들〉(1982), 〈장군의 아들〉(1990) 등은 예외이다. 그는 이런 예외적인 작품들에 대해서는 "나는 다시 말하지만 프로 감독이오. 영화로 살아남아야 하고, 이게 직업인 사람이오. 직장에서 하고 싶은 일만 할 수는 없는 게요."(같은 책, 475쪽)라고 간단히 말한다.

민과 인간성의 복합성, 영화언어에 대한 도전적 자존심으로 표현되었다. 80년대 영화 청년들이 임권택에게서 본 것은 바로 그런 것이었다. 당시 그들이 가야할 길은 너무나 멀었다. 그들에게는 장 뤽 고다르로 대표되는 진보적 영화 코드, 안드레이 타르코프스키로 대표되는 숭고한 스타일, 제3세계 영화의 전투성, 뉴 아메리칸 시네마의 자유와 반항 등에 대한 숭상과 그만큼의 열등감이 있었다. 또 그들은 10년 내내 지속된 민주화투쟁 열풍에 심리적으로 지배당하고 있었다. 그들에게 〈만다라〉의 주제와 소재 그리고 스타일은 영화적 지름길처럼 보였으며, 외부의 영화정신적 영향을 벗어난 제 3의 길처럼 보였다. 또 〈길소뜸〉은 통일지상주의에 찬물을 끼얹는, 앞질러 회의하는 임권택 특유의 인간관을 통하여 현실의 쟁점을 교묘하게 피해 갈 수 있는 샛길을 보여 주었다.(마치 그는 독일통일의 단기적 혼란과 모순을 미리 알고 있었던 듯하다.) 또한 공교롭게도 공산권 붕괴의 전초인 1989년 폴란드 공산정권의 붕괴가 일어난 해에 〈아제 아제 바라아제〉(1989)가 개봉되었다. 이 영화는 불교의 방법론 논쟁인 동시에 민주화 투쟁에 직접 가담하지 않더라도 정치적으로 올바를 수 있는 영화적 방법론으로 인식되었다.

1980년대 영화 청년들에게 한국영화의 가능성을 제시한 임권택 영화의 이러한 사회문화적 영향은 뉴웨이브의 초석이었을 것이다. 이런 표현이 허용된다면, 임권택 영화 미학은 평범하면서도 독보적이라는, 형용모순oxymoron으로 표현할 수밖에 없다. 이것은 북한의 그것과는 다른 '주체 미학'이라고 불러도 될 만한 것이었다. 1980년대에 신진 비평가들에 의해 이루어진 임권택 영화의 스타일 비평은 롱테이크, 미장센, 카메라 움직임 등을 중심으로 이루어졌는데 이러한 각별한 검토는 전례없는 것이었다.[48] 어떤 특별한 이론이나 미학적 방침을 가진 것이 아닌, 스토리 정보와 정서를 전달하기에 가장 적합한 형용적 미장센으로 구성하는 방식은 한 쇼트의 구성에서 요구되는 노고를 가장 잘 드러내는 표본이었다. 물론 〈만다라〉의 도입부에서 멀리 있는 산을 잡은 쇼트가 줌 인하면서 사찰 풍경으로 이동하는, 70년대 한국 영화에서 흔히 발견할 수 있는 줌zoom의 남용을 벗어나지 못한 쇼트가 없는 것은 아니지만, 주로 고정 쇼트로 이루어진 풍경은 인물과 대사 없이도 주제를 전달하는 역할을 하였다.

특히 정일성 촬영감독과 함께 만들어낸 프레임은 진경산수처럼 보인다. 물론 엄밀한 의미에서 진경眞景, 실경實景 산수화의 구분은 쉽지 않은 논쟁적인 것이다. 태생적으로 카메라 렌즈는 실경산수에 가까운 것이지만, 임권택이 추구한 테마를 동반한 풍경 쇼트는 해석이 가미된 관념산수로 해석할 수도 있을 것이다. 〈취화선〉에서 추구한 동양화 같은 쇼트는 〈만다라〉 이전과 이후에도 계속 시도되었던 것이다. 〈왕십리〉(1976)에서 첫사랑 준태(신성일)의 선의를 배반하고 지갑을 훔쳐 달아났던 정희(김영애)가 같이 음모를 꾸몄던 충근(백일섭)과 광장의 바리케이트 앞에서 다투는 처절한 씬의 마지막 쇼트는 하이 앵글 고정 롱 쇼트로 잡혀 있다. 정희가 의외로 사납게 핸드백으로 충근을 때리는 쇼트 다음에 오는 이 쇼트는 정희의 자신에 대한 혐오감, 충근과의 관계를 단절하려는 의지, 최소한의 윤리적 각오를 느끼게끔 하는 쇼트이다. 푸른 새벽의 넓은 광장을 잡은 롱 쇼트라서 표정이 잡히지 않았지만 등 돌리고 걷는 정희의 뒷모습만으로도 그 정서는 충분히 전달되었다. 이런 쇼트는 예컨대 〈길소뜸〉에서 친자를 만나고도 헤어지기를 결정한 화영(김지미)이 차를 몰고 가는 엔딩 쇼트, 〈만다라〉의 무수한 길 장면 등 열거하기 힘들 정도이다.

그렇지만 80년대 청년들이 임권택으로부터 배운 가장 중요한 것은, 스타일만큼이나 평범하면서도 독보적인 인물들의 다성성多聲性, polyphony이 아닐까 한다. 첫사랑의 호의를 야비하게 배신한 〈왕십리〉의 정희, 세간의 욕망을 넘나드는 〈만다라〉의 지산, 〈아제 아제 바라아제〉의 고집스럽게 소승 수행의 길을 가는 완고한 비구니 진성의 오만함과 대비되는 순녀의 열린 수행. 〈아제 아제 바라아제〉의 마지막 쇼트는 순녀가 시장 속 인파를 헤치고 걸어가는 롱쇼트인데 이 쇼트는 순녀의 파란만장한 삶과 힘겨운 득도의 길을 암시한다. 하지만 감독은 비록 대승수행을 지지했지만, 이 영화에서 더 인상적인 것은 완고한 진성이라는 캐릭터가 아닐까? 진성의 내면에는 완고함만이 아니라 그것을 유지하려고 애쓰는 간절함이 숨어 있기 때문이다. 또 다른 예. 〈길소뜸〉에서 친자를 발견하고도 그 비루한 삶에 질려 연을 끊어버리는 화영과 소양호에서 시체를 건지는 것으로 생활을 유지하는 친자 석철 등이 지닌 캐릭터의 복합성, 〈티켓〉의 여주인공 지숙의 돌발적인 살인 행위 등 임권택 영화의 인물들은 당대 문학을 포함한 한국 서사에서 보기 힘든 복합적인 인물들이었다. 인물들은 영화 속에 설정된 이념이나 가치를 위해 독백에 가까운 단선적인 목소리를 내는 인물이 아니라 다성성을 지닌 인물들이다. 이러한 인물 설정은 저자의 관점 부재 혹은 표현 능력의 부족에서 비롯된 것이 아니라 '더 높은 차원의 통일성'을 요구하는 전략이라고 볼 수 있다.[49] 인물의 복합성에서 비롯된 다성적 겹목소리는 주제를 환기, 강화시키며 그 주제를 쉽사리 종결하는 대신 대화를 여는 촉매로 작용한다. 그럼으로써 그 대화가 열리는 시간과 공간은 스토리가 진행되는 시간과 공간이 제각각 노는 일시적인 시공간이 아니라, 시간과 공간이 총체적으로 결합하여 인물, 행위, 사건 등 모든 것에 의미를 부여하고 아우라를 풍기는 것이다. 이는 플롯의 모티브로 작용하는 것으로서 장르 관습적 상황이기도 하지만 궁극적으로는 이념성과 역사성을 갖는 대화적인 것인데, 이를 바흐친은 '크로노토프'chronotope, timespace라고 개념지었다.

임권택 영화뿐만 아니라 당시 대부분의 한국영화에는 개연성 없는 섹스 장면, 여성을 향한 가부장적 전횡 장면이 나온다. 당시 공개적으로 성 유희적 표현이 금지되었던 상황을 고려하면, 그 섹스 장면들은 어쩌면 '제작자-감독-관객'들의 이른바 '장르적 공모'였던 것일 수도 있다. 문제는 그러한 섹스 장면이 가부장적 남성 전횡의 형태와 결합할 때 발생했는데, 그러한 폭력성은 건강한 젠더 의식에 역행하는 것이자 영화의 오점이었다.[*] 하지만 그런 이유로 임권택 영화의 주제 의식과 인물이 지닌 다성성이 훼손되는 것은 아니라고 본다. 또한 임권택을 포함한 당시 대부분의 한국영화가 멜로 드라마적 공식을 취하

---

[*]   데이비드 제임스, 「한국 민족영화와 불교」, 김경현, 데이비드 제임스 편, 김학진 옮김, 『임권택, 민족영화 만들기』, 한울, 2005, 68쪽. 데이비드는 〈아다다〉의 강간 장면을 예로 들면서 "프롤레타리아 여성에 대한 착취를 정당화하는 이데올로기적 조건을 재생산한다는 것은 엄연한 사실"이라고 지적한다. 이 외에도 〈만다라〉의 성매매촌 풍경이라든가, 지산과 옥순의 성관계, 법운이 마지막 길을 떠나면서 자신을 버린 어머니를 만났을 때 그녀가 "그때는 피가 너무 뜨거웠다"라고 말하는 장면 등은 모골이 송연한 장면이라고 하지 않을 수 없다.

거나 컨벤션을 작품 속에 내재하고 있었지만, 당시 할리우드 장르의 관행이 정착되지 않았던 것을 상기한다면, 그것은 그 시대의 특징이었다고 할 수 있다. 관건은 그러한 장르적 관습 외의 것들을 발견하는 일이었다. 그러한 부정적이며 누추한 장면이 불편하더라도, 당시 영화청년들에게 임권택의 다성적 캐릭터와 평범해 보이지만 사실은 독보적인 스타일 등은 한국영화의 주체적 미학으로 수용되었던 것이다.

4. 이장호, '영상시대'에서 뉴웨이브까지[50]

감독 이장호(1945~)의 작품은 크게 두 가지 성향으로 나눌 수 있다. 〈바람불어 좋은 날〉처럼 사회적 소재를 다룬 리얼리즘 계열 작품과 〈어우동〉처럼 노골적인 대중흥행용 작품이 바로 그것이다. 또 이장호의 작품 활동 시기는 크게 네 단계로 나눌 수 있다. 데뷔작 〈별들의 고향〉(1974)부터 감독 활동이 강제로 중지되기 전까지 시기, 사회성 영화의 물꼬를 튼 〈바람 불어 좋은 날〉(1980)부터 〈과부춤〉(1984)까지, 본격적인 대중흥행용 영화 〈무릎과 무릎 사이〉(1984)부터 〈미스 코뿔소미스터 코란도〉(1989)까지 그리고 〈명자 아끼꼬 소냐〉(1992)부터 현재까지로 나눌 수 있다. 〈나그네는 길에서도 쉬지 않는다〉(1987)는 세 번째 단계에 애매하게 끼어 있다. 이장호의 작품 세계에는, 〈낮은 데로임하소서〉(1982)와 같은 간절한 종교영화가 있는가 하면, 시대의 억압을 뚫고 거칠게 반항하면서 그 자체가 미학이 되어버린 〈바보선언〉(1983) 등이 있고, 사극 에로물의 전범이 되어 전국 유흥가에까지 영향을 끼친 〈어우동〉(1985) 등이 공존하고 있다. 〈무릎과 무릎사이〉가 '한 여성을 통하여 문화적 강간을 당한 시대를 표현'[51] 한 것이라는 감독의 주장을 수용하더라도 이 영화가 유사 포르노그라피 시장의 상품이었다는 것을 부인하기는 어려울 것이다. 이런 점은 이장호의 예술적 창의성 즉 세상을 향한 폭넓은 개방성과 이질적인 것들을 하나로 묶는 연상종합능력에서 비롯된 것이겠지만, 다른 한편으로는 진정성이 없다는 의심을 불러일으키기도 한다. 또한 그러한 극단적 다중성은 한 시대의 문화 수준과 정치적 억압에 종속변수로서 대응 혹은 순응할 수밖에 없었던 1980년대 한국영화계의 풍경을 보여주는 것이기도 하다.

이장호가 한국영화사에서 반드시 언급되는 순간은 '영상시대'와 '뉴웨이브'라는 맥락에 놓일 때이다. 한국영화계의 극적 생존에 기여한 〈별들의 고향〉의 성공, 이어진 '영상시대' 활동, 그리고 그가 초석을 놓은 한국 뉴웨이브라는 사건은 한국영화사의 나이테이기도 하다. '영상시대' 활동은 1975년 7월부터 1978년 6월까지 약 삼 년간 진행되었다. 극심한 불황 속에서 일시에 흥행작을 내놓은 신인 감독 하길종, 이장호, 김호선, 하길종 등이 이원세, 홍파 그리고 평론가 변인식과 함께 결성한 것이 '영상시대' 동인 그룹이었다. 그들은 당시의 한국영화를 방향을 상실한 '비키니 섬의 거북이'에 비유했다. 비록 미학적 목표가 불분명했고 동인마다 지향점이 다르기는 했지만 '영상시대' 동인들의 선언적인 개혁 의지와 실험 정신 그리고 다큐멘터리 터치의 촬영과 편집은 훗날에도 영향을 끼쳤다. 홍파의 미숙하지만 실험 정신 가득한 〈어디서 무엇이 되어 다시 만나리〉와 하길종의 〈바보들의 행진〉

에 나오는 시네포엠, 몽타주 등은 1980년대에 와서 검열에 막히거나 상상력이 한계에 달할 때 곧잘 호출되곤 했다. 특히 다큐멘터리 터치로 잡힌 〈그래 그래 오늘은 안녕〉(이장호, 1976)의 을씨년스런 서민아파트 풍경은 암담한 미래라는 주제와 인물들의 절망적인 내면을 보여주는 것인데, 이는 앞서 말한 홍파와 하길종의 화법과 연대하여 〈바보선언〉(1983)에서 절정에 이르고 있다.

1945년 해방되던 해 태어난 이장호 감독은 1965년 신상옥 감독의 신필림에 들어가서 〈별들의 고향〉으로 데뷔하였다. 그는 이 영화를 "단지 신상옥 감독이 없으니까 내가 지시를 한다는 것뿐이지, 내가 영화를 만든다는 의식은 전혀 없었"[52]다고 말한다. 만 스물아홉 살에 만든 데뷔작은 공전의 성공을 거두었다. 그래서 〈바람 불어 좋은 날〉은 이장호의 재기작再起作이라고 할 수 있다. 초기 황금기에 만든 〈별들의 고향〉(1974), 〈어제 내린 비〉(1974), 〈너 또한 별이 되어〉(1975), 〈그래 그래 오늘은 안녕〉(1976) 이후 휴지 기간을 거친 후 나온 작품이기 때문이다. 이 재기작은 1980년 초겨울에 개봉되었는데, 박정희 정권이 막을 내린 지 일 년, 광주민주화운동이 강제 진압되고 시정과 대학가가 꽁꽁 얼어붙었을 때였다. 감독 스스로 여러 인터뷰에서 밝혔듯이 대마초 사건으로 감독을 못하게 되었을 때, 그는 어머니와 술집을 운영하였으며 많은 문인들과 사귀었다. 자신의 불행과 시대의 불행이 겹치던 중 재기의 출구가 생기자 그는 과거와의 절연을 공언하듯 사회성 짙은 작품을 꺼내들었다. 그래서 도입부는 마치 하늘에서 뿌려진 민주화 유인물처럼 보인다. 시골에서 상경하는 세 청년이 웅달진 곳에서 힘겹게 일하는 몽타주에 입혀진 "불어라 불어 불어 불어"라는 가사의 음악으로 시작하는 이 도입부는 바로 억압된 현실과 겹쳐 보인다. 이런 풍경 묘사는 80년대의 독립영화들 예컨대 〈강의 남쪽〉(장길수, 1980), 〈그 여름〉(서울영화집단, 1984) 등과 공유하는 시대정신의 표현이기도 하지만, 특유의 돌파력(정지화면)과 유머(익살스런 표정)는 이장호만의 좌충우돌 낙관성에서 비롯된 것으로 보인다. 후자의 이런 점은 메인 내러티브와 논리적으로 연결되지 않으면서도 의미있는 작용을 하는 프로토내러티브protonarrative[53]로 작용하거나 혹은 작품의 진정성을 떨어트리는 요소로 작용하기도 한다.

〈바람 불어 좋은 날〉의 도입부 몽타주 이후 영화의 전반부는 덕배와 서울 여자 명희, 춘식과 미스 유, 길남과 진옥 사이에서 제각각 벌어지는 사건들을 설명하는데 주력한다. 여기에 이장호 특유의 유머는 빠지지 않는데, 이러한 유머는 평범한 사건들에 활력을 불어넣지만 그만큼 진지함과는 멀어진다. 예컨대 중국집 요리사가 떠날 때 노래 「나그네 설움」이, 명희가 등장할 때마다 서툰 피아노 연주소리가, 춘식과 길남이 싸우는 장면에서 개싸움 소리가, 길남이 진옥에게 키스를 하려다 거부당한 이후의 입석상 클로즈업 쇼트 등이 나오는 장면 등이 그러하다. 이러한 유머들은 불필요할 정도로 많은 쇼트로 구성된 명희가 덕배를 농락하는 장면이나 핍진성이 결여된 과장된 클럽 장면 등과 어울리면서 영화의 진정성을 반감시키고 있다. 이러한 유머의 근원이 전래 서사문학 혹은 민중문학의 낙관성에 있는 것인지는 모르지만, 문맥상 적절하지 않은 것을 감안하면 이는 이장호 특유의 '어떤 태도'와 연관된 것으로 보인다. 그는 "지금까지 만든 작품 중 영화 속에 당신의 삶을 진지하게 반영시킨 작품이 무엇인가"라는 질문에 다음과 같이 답한다. "그게 늘 내가 영화를 만들면서 만족치 않게 여겨지고, 내 영화가 가짜라는 느낌이 드는 이유일 겁니다. 허우샤오시엔侯孝賢의 영화를 보면서 느낀 점이 많은데 내 영화 속에 내 이야기를 담아내지 못하고 있다는 점입니다. 나는 감성적이고 감각적으로만 영화에 정열을 쏟았지, 내 삶을 반영한 작품을 만들어내지는 못했어요." 또 "나는 흥행 콤플렉스를 가지고 있는 사람"이라고 고백하기도 한다.[54] 어쩌면 이러한 '어떤 태도'가 〈어우동〉, 〈이장호의 외인구단〉 등의 작업과 관련된 것인지도 모른다. 이런 점은 '영상시대' 시절 하길종, 홍파, 이장호 등이 공유한 것인 동시에 1990년대 후반 뉴웨이브 영화 즉 〈성공시대〉(장선우, 1988), 〈개그맨〉(이명세, 1989) 등에서도 발견할 수 있다.

5. 이장호, 프로토내러티브의 불연속 전이성

〈별들의 고향〉(1974)이, 다른 호스티스 영화와 질적으로 다르지만, 호스티스 영화 붐을 일으켰다는 사실관계가 정확하지 않은 견해는 1970년대 한국영화를 다룬 많은 글에서 자주 만날 수 있다. 물론 〈어우동〉(1985)이 과거 배경의 에로티시즘 영화 붐을 일으킨 것은 부정하기 힘들다. 여하튼 1970년대와 80년대가 한국영화산업의 쇠락 기간이었다는 것을 고려한다면, 이장호는 영화산업을 지탱하는 중요한 역할을 한 셈이었다. 영화산업의 번창과 양질의 작품 출현이 대체로 비례적이라는 것을 감안하면, 이장호는 자신의 흥행 성공 사례만으로도 동시대 영화산업에 긍정적인 영향을 끼친 것이었다. 어떤 한 작품이 모방을 유인할 정도가 된다는 것은 그 자체로도 의미 있는 일이지만, 그것을 의식한 실패한 아류 작품에 원작은 아무런 책임이 없다. 반대로 원작에서 비롯된 청출어람靑出於藍 작품이 나온다면 원작은 역으로 역사적 장으로 소환되곤 한다.

〈별들의 고향〉에는, 최인호 원작의 스토리를 옮긴 것이기는 했으나, 이장호 특유의 과잉과 비약이 군데군데 녹아있다. 이 영화는 문호(신성일)가 경아(안인숙)의 유골함을 들고 눈밭을 걷는 장면에서 시작하여 그가 뼈를 강에 뿌리는 장면으로 끝을 맺는다. 〈별들의 고향〉의 첫 장면에는 감정과잉의 노래「어제 내린 비」와「한 소녀가 울고 있네」가 연속으로 삽입되어 있으며, 엔딩 역시「어제 내린 비」로 장식된다. 〈나그네는 길에서도 쉬지 않는다〉(1987)에서도 첫 쇼트는 주인공 석순(김명곤)이 아내와 닮은 간호사(이보희)와 얼어붙은 강변의 눈밭을 걷는 장면이다. 그의 가방에는 3년 전에 죽은 아내(이보희)의 유골이 들어있는데, 간호사와 저녁 식사를 한 후에야 비로소 여관 마당에 뼈를 뿌린다. (원작에서는 뼈를 처리하는 내용이 없다) 〈나그네는 길에서도 쉬지 않는다〉에서 효과음은 전통 음악이 목소리나 악기를 통하여 가끔 나올 뿐 거의 미미한데, 마지막 장면에 가서야 오구굿 사운드가 울러 퍼진다. 13년의 격차를 두고 만들어진 이 두 영화는 각각 과잉/절제의 내러티브, 관습/탈관습의 스타일이라는 점에서 대조적이다. 하지만 원작자 최인호와 이제하의 스토리를 취하면서도 이장호가 가미한 특유의 공통점을 발견할 수 있다. 그것은 '거친 통속적 감수성'으로 표현할 수 있는 것이다.

〈바람 불어 좋은 날〉(1980) 도입부의 몽타주와 음악 그리고 나이트클럽에서 탈춤을 추어 좌중을 제압하는 덕배(안성기)의 이미지는 거칠고 생경하다. 〈바보선언〉(1983)은 분식집 간판의 세로 글씨를 가로로 보여주는 등 숱한 점프 컷 이미지들로 일관하다가 엔딩은 국회 의사당을 배경으로 춤추는 두 남자의 모습으로 끝을 맺는다. 〈과부춤〉(1983)의 교회 부흥회 장면은 과다한 클로즈 업 쇼트와 과장된 행위로 일관하며, 임산부의 산통을 외면하는 부자들의 모습을 보여주다가 곧이어 과부들의 도움으로 무사히 출산하는 것으로 끝을 맺는다. 이 마지막 장면은 기독교 성가와 종소리 그리고 애절한 퉁소 소리가 혼재된 음악으로 가득하다. 여기에는 큰 고드름이 주렁주렁 달린 처마, 흩날리는 눈, 낡아빠진 주택가, 달동네의 롱쇼트 등 이미지 쇼트들도 포함되어 있다. 이장호는 서사로 다 말하지 못한 소외된 사람들을 향한 동정심을 이미지와 사운드로 강조하면서 관객들로 하여금 그 동정어린 자각의 자리에 동참할 것을 요구한다. 배우들의 연기 특히 감정 표현은 노골적이며 그것을 받는 리액션은 대체로 연극적이다. 이장호 영화에 숱하게 등장하는 안성기과 김명곤의 무성영화 배우 표정 같은 과장, 눈빛 연기 그리고 무표정은, 배우의 역량을 논외로 하더라도, 감독이 선택한 직접적인 소통의 연출로 보인다. 그것은 대체로 지나치게 거칠어서 오히려 매끄럽게 연결된 동시대의 다른 한국영화에 비해 가공되지 않은 진실된 것으로 보이기도 하였다. 이러한 연기 연출은 윤리적 감정을 유인하는 선악 구분의 상황 설정과 여기에서 비롯된 과잉된 페이소스 등의 스토리 정보와 결합하면서 시대가 용인하지 않는 직접적 표현을 대신하는 것으로 받아들여졌기 때문이었다. 이런 점들은 생경하기는 해도 매혹적인데 그 까닭은 이런 장면들이 '거친 통속적 감수성'을 지니고 있기 때문일 것이다.

심지어 개인 내면의 문제를 환상적 리얼리즘 방식으로 쓴 원작을 토대로 만든 〈나그네는 길에서도 쉬지 않는다〉에서도 이런 점은 발견할 수 있다. 이장호는 이 영화와 〈바보선언〉이 "가장 유치한 즉 필터를 거치지 않은 … 정상적인 궤도를 벗어난 실험적인 작품이 내 모습 그대로를 표현한 영화"라고 말한다.[*] 〈나그네는 길에서도 쉬지 않는다〉는, 사회비판적이며 민중문화적 색채를 지닌 〈바람 불어 좋은 날〉, 〈어둠의 자식들〉, 〈과부춤〉, 〈바보선언〉 등과는 궤를 달리하는 작품이다. 비록 분단 문제를 포함하고 있기는 하지만, 이 영화는 개인의 운명, 무속적 경험 등에 관한 영화라고 할 수 있다. 더 구체적으로 말하자면, 원작은 삶에 관한 몽롱한 질문을 던진 후 시대에 속박될 수밖에 없으면서도 끝없이 부유하는 실존에 대해 말하고 있다. 이 영화에서 감독은 원작 플롯을 대체로 따랐지만, 붉은 모노톤으로 처리된 화면을 자주 사용하거나, 영화 매체 특유의 스타일 변용(쇼트 사이즈의 변화, 편집, 사운드의 활용)을 통하여 주제를 극대화시켜서 독자적인 아우라aura를 만들어낸다. 여기에는 이장호 특유의 즉흥적 감각이 발휘되는데, 이런 쇼트들은 그 전후에 배치된 자연스럽게 받아들일 수 있는 핍진성있는 화면조차 생경하게 만든다. 원작에는 포함되지 않은 장면

---

[*] 이효인, 「이장호 인터뷰」, 『한국의 영화감독 13인』, 열린책들, 1994, 77쪽. 이 두 작품은 현장에서 시나리오를 무시하고 그냥 찍어대는 스타일로 만든 것이라고 한다. 그 다음으로는, 신상옥 감독의 영향 아래 약간 필터를 거친 멜로드라마가 자신의 내면과 어느 정도 닮아 있다고 말한다.

들, 예컨대 주인공 시점의 을씨년스런 풍경과 6·25 전쟁 기록화면의 이중인화 쇼트, 남녀 주인공이 인제 뱃머리로 향할 때 북을 들고 탈을 쓴 채 따라오는 아이들 무리, 해변 도로에서 주인공에게 다가와 느닷없이 "김일성은 죽어야 해"라고 소리치는 정체불명의 사내가 나오는 장면 그리고 하늘에 손바닥이 떠오르는 마지막 쇼트 등이 바로 그런 것들이다.

이런 요소들은, 이야기와 이미지를 봉합함으로써 이야기가 흐르는 시공간을 자연스럽게 봉합하는 관습적 내러티브와 불가시편집 즉 영화의 관습성을 의도적으로 혹은 거의 완벽하게 깨는 '탈관습성'과는 다른 성격의 것이다. 그 장면의 전후에 쓰인 화면들의 핍진성조차 생경하게 만들어버리는 것이다. 관객은 핍진성으로 충만한 영화의 계곡을 따라 내려가다가 느닷없이 낯선 풍경이 펼쳐진 봉우리에 오른 듯한 느낌을 받는다. 이런 요소들은 메인 내러티브와는 동떨어진 프로토내러티브protonarrative이거나 독자적인 스타일 요소라고 할 수 있다. 창의적인 정보 전달을 하는 '짧은 스토리'를 의미하는 프로토내러티브 혹은 개별적인 이미지, 사운드 등이 정서적 환기 작용을 일으켜 작품 전체와 긴밀한 정서적 및 논리적 '관계'를 맺고 작용할 때 우리는 이것을 불연속 전이성discontinuous transition*으로 이해할 수 있다. 불연속 전이성은 인물의 외부로부터 관찰하는 외적 초점화external focalization 차

---

* 물리학에서 불연속 상전이(相轉移) 현상 즉 물질의 상태가 온도, 압력, 외부 자기장 등 일정한 외적 조건에 따라 한 형태에서 다른 형태로 바뀌는 현상과 비슷한 이치로 이해한 것이다.

원의 서술과 인물의 인식에서 비롯되는 내적 초점화internal focalization* 차원의 서술이 관계 맺는 과정에서 또 다른 미적 논리와 정서가 발생하는 것을 말한다.[55] 이는 "내부(텍스트)와 외부(비텍스트) 사이에 위치시킴으로써 전환과 교류의 공간을 만들어내는"[56] 범텍스트성paratextuality과 메타텍스트성metatextuality과 비슷하지만, 미하엘 바흐친이 말하는 대화적 차원의 운동이 일어나는 현상으로 볼 수 있다. 앞에서 예시한, 디제시스diegesis 내에서 핍진성을 상실했거나, 지나치게 과장되거나, 혹은 사소해 보이는 엉뚱한 요소들은 비디제시스적non-diegesis인 요소 즉 명시된 사건으로 충분하게 설명되지 못한 주제를 환기해서 불러온다. "논평된 텍스트를 직접 인용하건 암묵적으로 연상시키건 상관이 없"**이 디제시스 내의 인물과 사건을 재해석하게 하는 것이다.

'불연속 전이성을 일으키는 이러한 요소들은 '탈관습성'이라기보다는 '탈핍진성'이라는 용어가 더 적절할 듯하다. 영화의 핍진성을 느닷없이 훼손하는 이런 장면들은 임권택과 배창호라면 결코 쓰지 않았을 것이다. 하지만 이런 특징은 나름의 계보에 속해 있다. 스즈키 세

---

* 한국문학평론가협회, 『문학비평용어사전』, 국학자료원, 2006. 제라르 주네트 Gerad Genette는 전지적인 정보 제공의 서술을 '비초점 혹은 제로 초점화' 서술, 그리고 인물 내적 인식과 연관된 '내적 초점화', 인물의 내적 인식과 관계없이 외부에서 관찰된 정보와 연관된 '외적 초점화' 서술 등으로 구분하였다.

** 로버트 스탬 저, 김병철 역, 『영화이론』, k-books, 2012, 245〜247쪽. 제라르 주네트는 초텍스트성 transtextuality 으로 통칭하면서 이를 다음의 5가지로 세분한다. 상호텍스트성 intertextuality(두 텍스트 간의 인용, 표절 혹은 암시의 형태), 범텍스트성 paratextuality(텍스트와 서문, 헌사, 삽화 혹은 표지 디자인 등의 부가 메시지와의 관련성), 메타텍스트성 metatextuality, 원형텍스트성 architextuality(텍스트의 제목이나 부제가 그 장르를 암시하거나 부정), 하이퍼텍스트성 hypertextuality(앞선 텍스트나 그것의 변형, 정교화 혹은 확장인 '하이포텍스트 hypotext'와 맺는 관계).

이준鈴木清順이 이 계보에 속하고 그보다는 덜하지만 김기영과 이마무라 쇼헤이今村昌平 또한 이 계보에 속한다. 이마무라 쇼헤이의 설명하기 힘든 인물의 내면과 행위의 동기 예컨대 〈복수는 나의 것〉(1979)(에노키즈는 자신을 숨겨준 여자를 목 졸라 죽인다 등), 〈붉은 다리 아래 따뜻한 물〉(2001)(분수처럼 치솟는 여인의 오줌, 아프리카에서 일본으로 마라톤 유학을 온 흑인 학생의 해프닝) 등은 언어로 표현하기 힘들지만 작품 전체와 불연속적으로 전이된 의식과 정서를 불러일으킨다.

1980년대 한국영화는 글로벌 수준의 내러티브와 스타일을 아직은 구사하지 않았(못했)다. 글로벌 내러티브와 스타일이란 현실적으로는 관습적 영화의 동의어일 수 있지만, 그렇다고 해서 그 결까지 같다고 할 수는 없을 것이다. 관습적 영화는 영화의 통용되는 체계를 일컫고, 글로벌 영화는 세계적으로 통용되는 질적인 함의를 의미하기 때문이다. 하지만 이 글로벌 수준의 영화는 일반 관객이나 까다로운 시네필 관객에게도 무리없이 수용된다. 이런 점에서 〈바보선언〉과 〈나그네는 길에서도 쉬지 않는다〉는 표현의 자유가 통제되는 가운데에서도 선진 영화를 향한 열등감을 극복하고자 했던 1970년대 '영상시대'의 시도와 맥이 닿아있다고 볼 수 있다. 관습적 영화의 통용이 대중적으로 확고하게 자리 잡은 현재로서는 그러한 시도들이 단지 생경하거나 엉성한 나머지 함량 미달로 보일 수도 있지만, 당대의 수준과 시선으로 본다면 그것들은 획기적인 글로벌 수준의 영화로 평가받아야 마땅할 것이다. 2000년대 이후 김기덕의 초기 영화가 이런 부류에 속했다. 데뷔작 〈악어〉(1996)와 〈야생동물 보호구역〉(1997)의 구멍 숭숭 뚫린 플롯과 (초현실적이 아니라)비현실적 설정, 인물의 돌발적인 행동 그리고 실패한 점프 컷들이 그러했다. 이런 점들은 1990년대 후반 한국 영화 제작 기준에서는 함량 미달로 보이는 것들이었다. 물론 〈파란 대문〉(1998)을 거치면서 김기덕의 작품은 조금씩 안정된 내러티브와 스타일을 구사하기 시작하는데, 그의 인지 여부와는 관계없이, 김기덕은 혼자 1970년대의 한국영화에 젖줄을 대고 있었던 것이다. 이장호의 영화들이 주어진 상황 속에서 자신 만의 궤적을 밟아왔던 것에 비해 김기덕의 영화는 이장호의 '거친 통속적 감수성'에 특유의 위악을 가미하여 이장호를 다시 반복하고 있는 것처럼 보인다. 물론 세상과 인간을 보는 시선에서 두 감독은 다르지만.

6. 이장호, 민중주의와 기독교

1980년대 대부분의 한국영화들은 "정형화된 섹스 신을 의무라도 되는 듯 영화에 집어넣으며 당국의 인내심을 시험했고 항상 이전에 개봉된 영화보다 더 음탕해 보이려고 애를 썼다."[57] 이장호와 임권택도 예외가 아니었다. 이런 영화에서 그 장면들은 자주 메인 내러티브로부터 벗어나 헤매거나, 마치 라이트모티브Leitmotiv처럼 작용하기도 하였다. 공적 공간에서 포르노그라피가 금지된 상황에서 성적 노출은 박스 오피스에 영향을 끼쳤기 때문이었다. 이런 장면에서 여성은 관음증의 대상이 되었을 뿐만 아니라 주체적 인물이 아니라 타율적이거나 객체로 존재했다. 이러한 한국영화의 오래된 남성주의적 경향은 그 시대의 평균적 젠더 의식을 반영하는 것이었다. 그럼에도 불구하고 이장호의 몇몇 영화는 여성주의적 시각을 유지했는데, 이에 대한 평가 역시 다양하게 이루어질 수 있을 것이다. 〈어둠의 자식들〉과 〈과부춤〉에서 볼 수 있는 여성들의 연대에 긍정적 시선으로 주목할 수도 있고, 그들의 반복되는 무기력한 불행의 이미지 자체를 두고 부정적 시선을 둘 수도 있을 것이다.[58] 실제로 사회비판적 멜로드라마로 분류할 수 있는 〈바람 불어 좋은 날〉에서 미스 유는 가난 때문에 사랑을 저버리고 부자 남자 첩의 지위를 수용하며, 진옥은 남동생의 학비 조달을 위해 애인이 '인종차별 없는 평등한 웰컴호텔을 짓기' 위해 맡겨둔 돈을 들고 도망간다. 〈바보선언〉에서 성노동자 혜영은 장애인 동철, 일용노동자 육덕과 연대하지만 결국 처절하게 파괴되고 만다. 하지만 소외되고 호명에서 제외된 여성들의 무기력한 패배가 그러한 현실의 비판성을 내포하고 있다면 그것은 외적 초점화external focalization 차원에서 조망되어 내적 초점화internal focalization 층위와 관련 맺으면서 또 다른 미적 논리와 정서가 발생할 수 있다는 점을 상기할 필요가 있다. 즉 수동적으로 위치 지워진 여성에 대한 묘사는 사회적 차원에서 비판적 맥락에 놓이는 것이다. 그러한 묘사가 정당하다는 것이 아니라, 그 시대 관객의 사회문화적 감각을 고려할 필요 또한 있기 때문이다.

1980년대 한국영화의 사회비판성과 민중성은 통제가 허용하는 범위 내에서 이루어졌으며, 그 표현에 대한 판단은 대체로 진보적 리얼리즘의 기준에 따른 것이었다. 거칠게 정의하자면, 진보적 리얼리즘이란 당시 운동권의 테제였던 '민주, 민족, 민중주의'의 이념적 목표에 따른 사실주의를 가리키는 것이었다. 하지만 넓게는 마당극의 과장된 연희 행태 등도 포함하는, 정교한 미학적 개념이라기보다는 사실상 예술운동적 태도를 말하는 것이었다. 그것은 사회적이며 집단적인 예술언어였으므로 고유한 관습을 가지고 있었으며, 그 속에는 극복하지 못한 구시대의 관습도 들어있었다. 예컨대 한국 멜로드라마가 오랫동안 내장한 신파적 경향, 가부장적 여성관에 따른 여성 묘사, 상업적 의도를 지닌 섹스 장면 등의 부정적인 것도 포함되어 있는 것이다. 태도로서의 리얼리즘 차원에서 보자면 이장호의 사회비판적 작품들 예컨대 〈바람 불어 좋은 날〉, 〈어둠의 자식들〉, 〈과부춤〉, 〈바보선언〉 등에서 날카로운 비판적 묘사는 찾아보기 힘들다. 하지만 주어진 조건에서나마 현실의 어두운 측면을 드러낸다는 의미의, 가장 낮은 차원의 리얼리즘 차원에서 나름의 비판적 묘사를 하였다고 볼 수 있다. 그것은 근본적으로 검열 때문이지만, 미학적 방법론의 한계 또한 그 이유 중의 하나가 될 것이다.

　하지만 이장호 영화 혹은 1980년대 사회비판적 영화에서 예리한 비판적 묘사의 부재를 리얼리즘의 차원에서 논할 때는 그 시대의 텍스트성을 염두에 두고 말해야 할 것이다. "리얼리즘 텍스트는 사물들이 실제로 어떻게 정립해 있는가를 이야기하면서 진리주장을 내놓기 때문에, 그리고 진리주장은 그것들을 만드는 텍스트에 의해서 확립될 수 있는 것이 아니라 무언가 다른 것과 관련해서만 진리일 수 있기 때문에, 리얼리즘의 분석은 텍스트 너머에 있는 것에 대한 참조를 수반"[59]하기 때문이다. 즉 그 시대의 상황을 고려하지 않을 수 없는 것이다. 상호텍스트intertextuality적 맥락을 놓치거나 작품에 대한 관객 인지의 외적 초점화와 내적 초점화의 관계에서 발생하는 의미화 작용을 간과할 때 우리는 자주 '텍스트 너머에 있는 것에 대한 참조'를 놓치게 된다. 이장호의 멜로드라마가 억압적 사회의 폭력성을 드러내면서도 해결에서는 퇴행적 정서를 가진 것이라고 비판하는 것은 그 예가 된다. 그 비판은 〈바람 불어 좋은 날〉의 긍정적 평가 즉 해학적 인간관이 도입되고 낙관적 전망을 제시했다는 평가에 대한 반론인 셈이다. 또 〈어둠의 자식들〉과 〈바보선언〉에서 인물들은 낙관적 전망을 포기하여 다시 퇴행적인 인간관으로 회귀하고 있으며 결국 낙관적 전망 대신에 기독교적 구원관을 제시하는 것은 한국형 멜로드라마에 내장된 퇴행적 정서와 일치하는 것[60]이라는 비판도 있다. 이러한 비판은, 〈바람 불어 좋은 날〉의 인물 덕배 등과 〈어둠의 자식들〉, 〈바보선언〉의 패배한 인물들의 미래는 어둡지만, 그렇기 때문에 함께 연대해야만 한다는 '텍스트 밖의 목소리'를 도외시하고 있다. 더 나아가 이 영화들에 나오는 기독교적 설정은 한국 기독교에 대한 강한 비판을 담고 있으며, 이장호의 '민중적 기독교'는 당시의 진보적 리얼리즘의 태도와 궤를 같이 하는 것이었다.* 따라서 미적 방법론의 한계에 의한 불충분한 비판적 묘사를 비판하는 만큼 텍스트 너머에 있는 것들 즉 시대적 상황도 고려되어야 한는 것이다.

　이장호 영화를 비롯한 1980년대 한국영화에는 섹스 장면 다음으로 자주 등장하는 설정과 장면이 있다. 〈고래사냥〉(배창호, 1984)에서 쫓겨난 학생운동가 출신으로 짐작되는 거지 행세하는 민우는 각설이 타

---

*　유신시대와 1980년대에 초반까지 운동권 노래로 자주 불린 기독교 성가들도 결코 종교적 구원관의 맥락에서 쓰이지 않았다.

령을 부르며, 〈겨울 나그네〉(곽지균, 1986)에서 스쳐가는 대학생들은 탈춤을 추고, 심지어 〈앵무새 몸으로 울었다〉(정진우, 1981)에서도 철도 노동자였던 인물(황해)은 노동민요를 부른다.[61] 인물들의 이러한 몸짓과 노래는 당시 한국영화가 제한된 가운데서나마 민중문화운동의 자장 내에 있었음을 보여준다. 이러한 예술운동적 경향(태도)은 다른 부정적인 관습들과 함께 80년대 한국영화 내에 깊숙이 자리 잡은 관습이었다고 볼 수 있다.

　어떤 핵심적 개념이 작품 내에 존재하는 다른 미적 요소들까지 집어삼키는 것은 부적절한 일이지만, 그럼에도 불구하고 이장호 영화의 핵심 개념은 '민중주의', '기독교' 그리고 '섹슈얼리티'라고 할 수 있다. '프로토내러티브의 활용'과 '거친 통속적 감수성'이 연출 방법론이었다면 이 핵심 개념이란 '미적 태도'를 일컫는다. 윤리적 태도로서의 리얼리즘에 대한 인식과 1970년대 후반 강제된 휴지기에 영향 받은 한국문학예술의 리얼리즘[62]만이 이장호의 리얼리즘을 규정할 수 있는 것은 아니다. 그것은 혼종적인 것인데, 앞의 것들을 포함하여 그것은 '민중주의 우파'와 '기독교 좌파'로 정의할 수 있다. 민중주의 우파적 요소는 지배 이데올로기와 기성세대에 대한 저항으로서의 1970년대 청년문화에 기원을 둔 것으로서 80년대에는 자유와 인권 수호를 지향하는 개인주의적 표현으로 나타났다. 기독교 좌파적 요소는 성스러움을 지향하면서도 평등 문제는 간과하는 제도로서의 종교에 저항하는 집단주의적 행동으로 나타났다. 그 결과 80년대 한국문학의 리얼리즘과는 달리 이장호 영화는 불균질의 혼종성으로 가득 차 있다. 그것을 채운 요소들 즉 민중주의 우파, 기독교 좌파, '영상시대'로부터 이어져

온 개인주의적 저항 그리고 섹슈얼리티는 서로 섞이거나 교배하는 형태로 영화에 녹아 있다. 〈무릎과 무릎 사이〉와 〈어우동〉의 경우처럼 섹슈얼리티 요소가 많은 경우 다른 요소들은 빛이 바래졌다. 반면 〈과부춤〉이나 〈어둠의 자식들〉처럼 기독교 좌파적 요소가 강할 경우 이는 민중주의 우파적 요소와 상승 작용을 일으키면서 그 특징이 더 잘 부각되곤 했다. 노골적인 성적 노출이 통제되던 1980년대 한국영화계에서 섹슈얼리티의 표현은 상업적 성과를 위한 '계륵'과도 같은 것이었다. 한국영화사를 관통하며 계륵처럼 존재하는 성적 표현은, 국가주의와 반공주의라는 정치적 탄압에 의한 정신적 임포턴스impotence를 극복하기 위한 상상계의 집단적 행위로 보인다.

하지만 민중주의 우파가 지닌 개인주의적 성향과 기독교 좌파의 집단주의적 성향은 가끔 충돌하여 총체적인 사회구조의 묘사에서 실패하기도 한다. 〈바람 불어 좋은 날〉에서 주인공 인물들은 각각 부당한 대우를 당하지만 아무런 해결책은 제시되지 않고 집단주의적 전망만으로 막연히 끝을 맺는다. 〈과부춤〉과 〈어둠의 자식들〉에서 여성들은 처절한 상황에 처하지만 영화는 사회구조의 총체적 묘사에는 다다르지 못하고 기독교 좌파의 집단주의적 전망 속에서 봉합되는 것으로 끝을 맺는다. 물론 '프로토내러티브의 활용'과 '거친 통속적 감수성'은 민중주의 우파와 기독교 좌파 사이에 숭숭 뚫린 구멍을 메우고 있지만, 〈바보선언〉에서 보듯, 검열에 의한 표현의 제약을 인정하더라도, 엔딩은 국회 의사당 이미지와 기독교 성가 사운드를 배경으로 격렬한 춤을 추는 것으로 봉합된다. 반면 기독교적 요소 대신에 무속 신앙적 요소가 큰 비중을 차지하는 〈나그네는 길에서도 쉬지 않는다〉의 경우에는, 이장호 영화의 특징들이 거의 보이지 않는 생경한 영화가 되고 만다. 아내의 죽음과 여관에서 만난 알 수 없는 여성들의 죽음 그리고 아내와 닮은 기구한 운명을 지닌 간호사 -그는 점쟁이로부터 '관 세 개를 짊어진 사내와 만나 결혼한다'는 말을 들은 적이 있다-와의 조우, 그는 아우라지 강변의 아버지를 만난 후 사내와 다시 만나기로 약속했는데 헤어지는 순간 느닷없이 신내림을 받는다. 이 장면을 막 출발하는 뱃전에서 보던 사내는 공중에 떠오른 커다란 손바닥을 본다. 인과관계가 불분명한 플롯과 초현실주의적 설정을 특징으로 하는 이 영화에서 무속 신앙적 요소는 논리적으로는 그의 기독교와 상충하는 것으로 해석될 수 있지만, 영적 세계에 대한 경외감의 표출이라는 점에서는 연관성이 없지는 않다.

더 나아가, 이장호의 기독교 좌파적 성향은 한국 교회의 보수적인 강고한 복음주의와 위선을 비판한다는 점에서 민중주의적 입장과 궤를 같이한다고 볼 수 있다. 실제 〈어둠의 자식들〉을 만들 당시 그의 신앙은 민중신학 목회자와의 관계에서 형성된 것이다. 또 그의 무속관은 한국 기독교가 배척한 전통 문화(신앙)에 대한 관심에서 비롯된 것으로 보인다. 〈과부춤〉의 무당은 그가 보기에 가장 소외된 문화를 상징하는 것이며, 〈나그네는 길에서도 쉬지 않는다〉는 어떤 역사성을 지닌 무속을 보려주려고 했던 것이라고 그는 밝히고 있다.[63] 이장호가 뉴웨이브 감독들 즉 장선우, 박광수 등과 교류하며 서로 영향을 주고받았던 점과 많은 영화 청년들에게는 비판적 지지의 대상이었던 것을 고려할 때, 이장호와 후배들이 만났던 지점은 바로 우파 민중주의와 좌파 기독교적 요소였다는 점을 확인하기는 어려운 일이 아니다. 역설적이게도 그렇기 때문에 이장호는 질투와 극복의 대상이기도 했다. 하지만 '거친 대중적 통속성'의 매혹은 프랑스 누벨바그처럼 멀리 있는 것이 아니라 '그 때 그 곳'에 있었던 관계로 대안인 동시에 극복의 대상으로 흠모될 수밖에 없었다. 또한 그의 생경한 실험이었던 〈나그네는 길에서도 쉬지 않는다〉를 통하여 후학들은 '한국적 예술영화의 가능성'을 발견할 수 있었을 것이다.

7. 배창호, 관습과 클리세cliché의 현대화

1980년대에 만든 배창호(1953~) 감독의 영화 대부분은 그 해 한국영화 흥행 베스트 5 안에 모두 포함되었다. 데뷔작 〈꼬방동네 사람들〉(1982, 4위), 〈적도의 꽃〉(1983, 2위), 〈고래사냥〉(1984, 1위), 〈그해 겨울은 따뜻했네〉(1984, 4위), 〈깊고 푸른 밤〉(1985, 1위), 〈고래사냥 2〉(1986, 5위), 〈기쁜 우리 젊은 날〉(1987, 2위) 등이었다. 10위 안에 들지 못한 영화는 〈황진이〉(1986), 〈안녕하세요 하나님〉(1987) 뿐이었다. 1988년부터 미국에서 생활하다가 〈꿈〉(1990)으로 다시 감독으로 복귀한 후부터 그는 대중영화 감독으로서는 서서히 잊혀졌다. 적어도 1980년대에 그는 영화계에서 보기 드문 명문대(연세대 경영학과)와 대기업(현대종합상사) 출신이라는 이유로 주목받았고, 대중성있는 영화들로 한국영화에 대한 대중적 인식을 바꾸었다.[64] 특히 1984년에 〈고래사냥〉(서울 1개 개봉관 42만명)과 〈그해 겨울은 따뜻했네〉는 이장호의 〈무릎과 무릎사이〉(1984, 2위), 〈바보선언〉(6위)과 함께 흥행에 크게 성공함으로써 아사 직전에 놓인 한국영화의 회생 가능성을 촉발하였다. 물론, 그 스스로 말했듯 예술가적 가능성으로 주목받은 것은 〈황진이〉 때부터였는데, 이때부터 비평가와 청년 영화인들로부터 작가author 감독으로 인지되면서 주목을 받았다.[65]

배창호는 어떤 인터뷰에서도 자기 영화의 주제는 '사랑'이라고 말하는 만큼 그의 영화관은 종교처럼 단순하지만 깊은 울림을 지향했던 것으로 보인다.* 하지만 초년 감독 시절 그에게 다급한 과제는 관객들을 극장으로 불러오는 일이었다. 대중 감독으로서의 배창호는 〈고래사냥〉과 〈깊고 푸른 밤〉에 의해 주로 인지되었는데, 스스로는 "영화관이 정립되어 있는 상태에서 만들어진 것이 아"닌 작품이며, "한국영화에 대한 관객들의 철저한 불신, 즉 재미없다는 인식을 깨고자 하는" 생각에서 만든 작품이라고 자평하고 있다. 그러다가 〈황진이〉부터 영화에 대한 근본적인 질문, 자신의 창작 동기 그리고 존재 자체에 대한 회의적 질문을 하기 시작하였다. 스스로 그는 "성취욕과 오만 등으로 들떠 있었"다고 한다.[66] 사실 현재의 시선에서 〈고래사냥〉과 〈고래사냥 2〉를 보노라면, 이 영화들은 로드 무비 형식의 멜로드라마에 활극적 요소(스펙터클)를 가미한 대단히 관습적인 것이다. 게다가 여기에는 군데군데 우스꽝스러운 장면이 적지 않게 들어 있는데, 당대의 관객들에게는 이런 것들조차 매력적이었던 것으로 보인다. 한국의 극장

---

* 　배창호, 『기쁜 우리 젊은 날』, 우석출판사, 1992, 43쪽. 152～3쪽. 배창호는 "내 영화의 주제는 사랑입니다. 인터뷰할 때면 입버릇처럼 내뱉는"다고 밝히고 있다. 그가 가장 좋아하는 영화는 프랭크 카프라의 〈이 아름다운 인생 It's a wonderful life〉(1947)인데, 그 이유는 카프라의 영화에 천재적인 기법이나 특별한 표현은 발견할 수는 없지만 "인간과 인생에 대한 깊은 사랑과 믿음은 늘 화면에 가득"하기 때문이라고 한다.

에서 활개 치는 미국 B급 영화에 대한 울분[67]을 가지고 있었던 그의 영화에서 이러한 관습과 우스꽝스러운 설정이 태연하게 들어앉아 있다는 점은 우리를 당황스럽게 하는 것이었다. 그는 기존의 한국영화를 현대화시키는 데에는 성공했지만 한국영화의 관습과 클리셰를 원용하고 있었다. 하지만 다행히도 그가 원용한 '한국영화'는 제한적이었다.

〈고래사냥〉의 주인공 이름은 병태인데, 그 이름은 '영상시대' 리더 하길종이 만든 〈바보들의 행진〉(1975, 최인호 각본)에 나오는 주인공 이름이다. 이장호가 80년대 들어서는 최인호 작품과는 멀어졌던 것과는 대조적으로, 배창호는 최인호와 함께 많은 작품을 만들었다. 〈고래사냥〉 1,2편은 모두 최인호가 각본을 썼는데, 그는 자신의 소설과는 달리 영화에서는 희노애락이 맺히는 코드를 낮은 수준에서 설정하고 있다. 그것은, 흥행에 성공한 작품 주인공 이름인 병태를 노골적으로 차용할 만큼, 배창호가 의도했던 것으로 보인다.[*] 1편은 성매매촌에 구금된 벙어리 춘자(이미숙)를 병태(김수철)가 왕초(안성기)와 함께 구출하여 고향 우도까지 데려가는 플롯이며, 2편은 폭력조직 집단에 잡혀서 강제로 소매치기를 하는 기억상실증에 걸린 영희(강수연)를 병태(손창민)와 왕초(안성기)가 구출하여 그녀의 어머니를 찾아가는 플롯으로 구성되어 있다. 두 편 모두 범죄 조직 혹은 성매매촌에 갇힌 장애를 가진 천사를 구출하는 백마 탄 왕자가 등장하는 이 플롯은 「잠자는 숲 속의 미녀」를 비롯한 오래된 익숙한 플롯이기도 하다. (하지만 영

---

[*]　배창호, 『기쁜 우리 젊은 날』, 우석출판사, 1992, 42쪽. 배창호는 단성사에서 〈적도의 꽃〉을 상영할 당시 맞은 편의 피카디리 극장에서 〈부시맨〉이 크게 성공하는 것을 보고 "관객이 무엇을 원하는지 알 것 같았다"고 말한다.

화의 엔딩에서 춘자와 병태는 몸을 나눈 사이임에도 불구하고 다음을 기약하며 헤어지는 점에서 다르다. 이런 점은 (성)범죄에 몸담은 여성과 부유층 남성이 맺어지는 것을 터부시하는 그 시대 이데올로기의 반영으로 보인다.) 다른 점은, 현실에 절망한 시대의 희생양으로 은근히 묘사되는 거지 행세를 하는 왕초의 등장이다. 그는 수상한 시대를 해학적으로 응대하면서 거의 모든 위기를 극복하는 주동 인물이다. 관객들은, '보호받아야 할 천사'와 '일시적으로 불우한 왕자'의 욕망이 이루어지길 바라는 한편 왕초의 행동에서 저항의 쾌감을 대리만족할 수 있었다. 〈고래사냥〉의 흥행 성공은 흥미로운 플롯 위에 스타들이 출연했다는 점과 함께 기존 한국영화와는 달리 현대적 감각으로 만들어졌기 때문에 가능한 것이었다.* 또 여기에 나운규 시절부터 이어 내려온 추격과 탈주의 스펙터클 장면의 역할 또한 언급되어야 한다.** 성매매촌 풍경을 보여주는 등의 고질적인 관습의 차용, 〈바보들의 행진〉에서 빌려온 대학생들의 우스꽝스러운 행사 장면(보디 빌더 대회, 고래사냥을 꿈꾸는 병태, 엉터리 영어 등)의 차용 등은 오히려 관객들과 공감대를 나누는 지점이 되었다. 당시 신문기사는 이 영화의 흥행 성공 원인을 빠른 템포, 꿈과 모험, 청순한 연애 감정에서 찾았다.[68] 극장가를 둘러싼 이러한 여론은 배창호는 물론 신진 감독들의 연이은 흥행작 탄생에 흥분하면서 한국영화의 불황 탈출

---

*   〈고래사냥2〉는 서울 개봉관에서 전작의 1/10에 불과한, 5만 명도 안 되는 저조한 흥행 실적을 거두었다. 〈고래사냥〉의 성공에 고무된 나머지 관습적인 클리셰가 지나치게 많았기 때문이었던 것으로 보인다.

** 이효인, 『한국 근대영화의 기원』, 박이정, 2017, 73 ~ 80쪽. 민족영화의 전범으로 알려진 나운규의 〈아리랑〉(1926)은 당시 관객들이 환호했던 외화 〈폭풍의 고아들 Orphans of the Storm〉(D.W. 그리피스, 1921) 등의 활극 장면 등에 많은 영향을 받았다.

을 예고하였으며, 이는 엘리트들이 한국영화산업을 새롭게 보도록 만들었다.

> 우리는 영화를 찍으면서 참 많은 거짓말을 하죠. 없는 상황, 없는 인물, 없는 이야기 등을 영화에 등장시킵니다. 그러나 현실에서 있을 수 없는 인간을 그리는 것만 피한다면 우리들의 노력 부족이라든가 현장 환경의 열악함에도 불구하고 영화는 어떤 것을 제대로 담을 수 있을 것입니다.[69]

이런 지적에 〈고래사냥〉도 포함되는지는 불분명하지만, 이 영화에도 그러한 '거짓말'이 적지 않게 들어 있다. 하지만 적어도 그는 이 영화에서 '현실에서 있을 수 없는 인간'을 그리지 않았다고 믿는 듯 했고 '인간의 진실과 연기자의 진실한 연기'[70]를 담으려고 노력했던 것으로 보인다. 이 영화의 엔딩에서 악한들에게 폭행을 당하는 병태를 향해 비로소 말을 못하던 춘자가 비로소 말을 하는 장면이 있다. 이를 본 악한은 폭력을 멈추고 그냥 돌아가자고 부하들에게 말한다. 그가 말하는 '진실한 감동'이 있는 장면은 이런 것인 듯하다. 악한에게도 남아 있는 마지막 인간애, 〈고래사냥〉은 이 장면 하나만으로도 배창호의 주제인 '사랑'과 '용서'[71]를 전했던 것이다.

8. 배창호, 적절한 도착

배창호의 데뷔작 〈꼬방동네 사람들〉은 제작 신고 단계에서부터 검열에 시달렸다. 그런 상황에서 그는 "아부도 싫고 고발도 싫다, 내가 이 작품을 통해서 얘기하려는 것은 작은 사랑에 관한 것이라는 결론에 도달"[*]했다고 밝히고 있다. 하지만 그가 말하는 사랑이 무엇을 가리키는지는 분명치 않다. 오히려 데뷔작에서 치른 혹독한 검열 탓에 그는 사회적 주제와 소재로 부터 멀어진 것처럼 보인다. 할리우드 B급 영화에 대한 대항 차원에서 아메리칸 드림의 허상을 주제로 만든 〈깊고 푸른 밤〉(최인호 원작), 이산가족이 된 자매의 이야기를 용서와 화해의 관점에서 풀어놓은 〈그해 겨울은 따뜻했네〉(박완서 원작)조차 1980년대의 절실하고 예민한 관심사와는 조금 거리가 있는 것이었다. 오히려 그는 승부사로서 흥행의 매력에 매진한 것으로 보인다. 관음적 시선과 사랑을 받아주길 바라는 마음에서 한 여성을 집요하게 추적하다가 결국 그 여성의 윤리적 문제를 제기하면서 파멸로 끝을 맺는 인물을 다룬 〈적도의 꽃〉과 〈고래사냥〉 1,2편 등을 거치면서 그는 결국 "극심한 정신적 방황을"[**] 하게 된다. 이후 그는 〈황진이〉, 〈기쁜 우리 젊은 날〉, 〈안녕하세요 하나님〉 등을 만들고 미국 산호세 주립대학에서

[*] 이효인, 「배창호 인터뷰」, 『한국의 영화감독 13인』, 158쪽. 이 영화의 제작 신고 단계에서 문화공보부는 67개 군데의 삭제 혹은 변경을 요구했는데, '요강을 방 안에 두지 마라', '머리채를 잡아끌지 마라', '폭언을 하지 마라' 등 상상 외의 압박이 있었던 것으로 보인다.

[**] 배창호, 『기쁜 우리 젊은 날』, 우석출판사, 43쪽. 〈고래사냥 2〉의 개봉 시 어느 여 중학생으로부터 들은 "감독님, 열심히 하셔야겠어요"라는 말에 그는 말할 수 없는 창피함을 느끼고 밤새 술을 마셨다고 술회한다. 이후 영화의 존재론, 자신의 존재론적 성찰을 거듭하게 된다.

한 학기 동안 영화연출과 아시아영화에 대한 강의를 한 후 몇 년 간의 휴식기를 가진 후 1990년대를 맞으면서 뉴웨이브 감독들에게 자리를 내주게 된다.

데뷔작 〈꼬방동네 사람들〉에서는 두 명의 귀환한 탕아가 한 여자를 두고 줄다리기를 벌인다. 팍팍한 삶을 살아가는 그들은 의도치 않게 큰 실수를 저지르거나 운명의 장난에 놀아난다. 현실과는 동떨어진 호화로운 파티 장면, 화려한 실내에서 벌어지는 생뚱맞은 애정 행각 그것도 아니면 비현실적 설정과 사건 등에 지친 한국 관객들에게 이 영화는, 꼬방동네 사람들의 삶은 제대로 표현되지 못하고 있지만, '새로운 영화'였다. 또 당시 기준으로는, 할리우드 관습 영화만큼이나 메인 플롯은 선형적이며 복선과 반전 또한 탄탄하게 준비되어 있는 영화였다. 여기에 점점 사라져가고 있던 공동체 의식을 환기하는 장면과 민속 예술의 삽입 그리고 메시지(목사의 교화)까지 곁들여져 있다. 엔딩은 태섭(김희라)이 주석(안성기)에게 검은 장갑 명숙(김보연)과 아이를 맡기는 윤리적 감동을 주는 것으로 끝을 맺는데, 명숙이 몇 번이나 거부함으로써 그 윤리적 정당성은 확보된다. 배창호는 〈꼬방동네 사람들〉의 제작 과정이 순탄하였다고 하더라도 계속 사회성 영화를 만들었을 것 같지는 않다. 이 영화를 스스로 '작은 사랑 이야기'라고 규정한 것도 그렇거니와 부당하고 엄혹한 검열과 싸우느라 시간을 보내기에는 이미 그는 너무 많은 영화를 보았기 때문이었다.

"어두컴컴한 고성(古城) 안으로 들어서는 여자, 흑백의 음영이 뚜렷한 긴 복도, 이상한 모습의 아이들 …… 방 안, 바보아이의 미소,

여인, 아이들, 창문 사이의 햇살 ⋯⋯"72

　여섯 살 때 본 페데리코 펠리니의 〈길〉의 이미지가 아직 남아 있었던 그에게 영화는 '스크린과 그것을 응시하는 자신'을 다시 응시하는 거울 단계의 나르시시즘 같은 것이었다. 따라서 그가 말하는 사랑 혹은 용서는 외부를 향한 것만이 아닌, 자신을 향한 것으로도 보인다. 그가 말하는 사랑은 운명에 짓눌려 있으면서도 인간애를 잃지 않는 스크린의 주인공에 투영된 자기 자신에 대한 사랑이었던 것이다. 이러한 자기애는 사회적 문제의 회피 혹은 정치적 무감각과 어울려서 그의 영화 전체를 관통하는 것이었는데, 그것은 그 시대의 한국영화에 필요했던 다양성의 토대이기도 했다. 여하튼 계속 영화를 하기 위해서는 그는 일단 성공해야 했고, 그 성공 비결을 어처구니없게도 앞서 말했듯 〈부시맨〉(제이미 유이스, 1980)에서 발견하였다. 아프리카 사막에서 원시적으로 살아가는 종족 부시맨에게 주어진 코믹한 설정과 모험의 여정 그리고 해피엔딩을 담은 이 영화에서 그가 배운 것이 무엇인지는 구체적으로 알 수 없지만 〈고래사냥〉의 플롯과 인물에 주목한다면 짐작 불가능한 것은 아니다.

　1980년대 전반, 배창호 영화에 대한 일반적 인식은 흥행에 성공한 완성도 높은 영화well-made film라는 것이었다. 이는 한국영화의 회생과 재능 있는 청년들의 영화계 유입을 촉진하는 결과로 이어졌다. 하지만 뉴웨이브 맥락에서는 80년대 후반에 나온 영화가 더 눈길을 끈다. 이는 〈깊고 푸른 밤〉(1984)의 미장센에서 이미 그 싹을 보여주었다. 미국 영주권을 얻기 위해 계약 결혼을 한 백호빈과 제인의 황량한 심리는 점퍼와 청바지 그리고 화려한 버버리 코트 등을 통하여 표현된다. 〈택시 드라이버〉(마틴 스콜세즈, 1976)의 점퍼와 청바지 차림의 트래비스가 사회적 위치를 표현했다면, 백호빈의 청바지와 흰 양복, 근육, 헤어스타일은 개인적 욕망과 허세를 나타내는 것이었다. 또 제인의 선글라스, 화려한 의상은 떳떳하지 못한 내면과 상처를 은폐하는 것이었다. 광대한 사막, 빨간 스포츠카, 크리스마스이브 식탁의 영롱하게 빛나는 촛불, 두 번이나 360도 회전하는 패닝 쇼트로 찍힌 해변의 키스 장면은 아메리칸 드림의 허실과 그 속을 헤매는 부유하는 코리안을 대조적으로 나타내는 것이기도 하다. (물론 360도 패닝 쇼트는 수다스러운 것이었지만). 그러나 이 모든 것보다 더 주목할 것은 거울 이미지를 활용했다는 점이다. 거실 유리창에 비친 술잔을 들고 밖을 바라보는 제인을 응시하는 카메라, 영주권 인터뷰를 준비하는 백호빈이 비치는 화장실 거울을 응시하는 카메라, 그리고 두 사람의 이미지가 비치는 풀장 물을 응시하는 카메라는 캐릭터가 처한 상황과 내면을 표현하는 방법에 대한, 즉 자기 언어에 대한 자각을 보여주는 것이라고 하지 않을 수 없다. 질 들뢰즈 식으로 말하자면, 이 거울 이미지는 "더 이상 존재하지 않는 즉각적인 과거와 아직 도래하지 않은 즉각적인 미래 사이에서 부유하며 포착할 수 없는 경계인 시간의 작용을 나타"[73]내는 것이다. 들뢰즈의 화려한 해석에 감독이 동의할 지는 모르지만, 그럼에도 제인의 거실 유리창 쇼트는 분명 과거와 미래 사이에 놓인 불안한 존재가 감수하는 시간성을 나타내고 있다. 또 다른 두 쇼트역시 쇼트와 쇼트의 인과관계를 넘어선 이미지의 환기 작용을 한다고볼 수 있다.

이런 점은 〈황진이〉, 〈기쁜 우리 젊은 날〉, 〈안녕하세요 하나님〉에서 보다 의식적으로 수행된다. 이 세 작품은 공통적으로 전작들에 비해 쇼트 수가 절반 이하이며, 이동 쇼트가 줄어들고 평균 4배 이상의 롱테이크 쇼트가 들어있다.[74] 쇼트의 편집은 시간과 공간의 봉합인데, 쇼트가 줄었다는 것은 그만큼 시공간을 편집으로 봉합하지 않았다는 말이다. 상황이 전개되는 실제적인 시공간의 보존은 인과 논리의 결합보다는 즉자적인 정서 반응을 유도하는 심리적인 것이다. 그런 쇼트에서는 자연스럽게 미장센이 돋보이게 되고 그것은 다시 인물과 관객의 내면들을 엮는 작용을 한다. 예를 들자면, 쇼트/역전 쇼트로 이루어지는 대부분의 대화 장면에 비해, 두 인물을 한 쇼트에 넣은 〈기쁜 우리 젊은 날〉에서의 영민과 혜린의 첫 데이트 장면이나 덕수궁 벤치 장면을 들 수 있다. 또 영민이 미국에서 돌아와 번역 일을 하는 혜린을 기다리는 장면에서도 두 인물의 쇼트/역전 쇼트는 볼 수 없다. 밖에는 비가 오고, 어두운 실내에 탁상 등을 하나씩 혜린이 켜자 실내는 모습을 드러내는데 이는 '거절'이라는 감정이 조금씩 열리는 것으로 해석된다. 결국 혜린은 밖으로 나간다. 빗속에서 기다리는 영민에게 다가서는 장면은 카메라가 달리 아웃dolly-out하면서 인물을 포착하는 방식인데, 이어진 실내 쇼트 역시 젖은 옷을 너는 혜린을 따라 카메라가 움직이며 둘이 앉아 말을 나누는 하나의 쇼트로 구성되어 있다. 하지만 그렇다고 해서 배창호가 필요한 클로즈업을 포기한 것은 아니었다. 영민의 전화를 끊은 후 시간의 경과와 혜린의 난감한 마음을 드러내는 씬에서 혜린이 구두를 벗는 장면과 연필이 떨어지는 장면은 클로즈업 쇼트로 구성되어 있다. 이러한 클로즈업은 그 자체로 관객의 심리를 건드리거나 어떤 심리적 변화와 행동의 원인이나 설명으로 작용한다. 이 시퀀스에서 혜린이 영민에게 결혼하겠느냐고 묻자 영민은 재채기를 하고 혜린은 웃음을 터트린다. 그러고는 바로 결혼 시퀀스로 넘어간다. 〈황진이〉 이후 많은 장면에서 그랬듯, 이 시퀀스의 첫 쇼트 역시 상황설정 쇼트 대신에 영민의 미디엄 쇼트에서 시작한다.

이러한 배창호의 스타일은 확실히 1980년대 한국영화의 관습을 넘어서는 획기적인 것이었다. 이런 예는 임권택과 이장호에게도 없는 것은 아니다. 길 이미지로 대표되는 임권택의 장중한 스타일, 쇼트들의 비논리적 편집이 오히려 행위의 논리적 설명을 뒷받침하는 이장호의 〈바보선언〉이 그러하다. 하지만 배창호의 스타일은 질과 양 모두에서 압도적이었다. 그것의 가장 큰 특징은 시간성에 대한 것이다. 정서 보존과 심리 전달을 위해 쇼트 하나하나에 쏟은 배창호의 노력은 시간 흐름을 자유자재로 정지시키거나 확장시키며 때로는 단축시키기 때문이다. 〈황진이〉는 널리 알려진 기생 황진이의 파격적인 언행을 토대로 만든 이야기를 영상화한 것이다. 배창호는 전래 이야기를, 혼례 전날 자신을 짝사랑하던 갓바치의 자살을 위로하다가 파혼을 당한 후 기생으로 살다가 비극적으로 삶을 마감하는 이야기로 재구성하였다. 십여 년에 이르는 스토리 시간은 삼사년의 플롯 시간으로 압축되었는데, 스크린 시간의 절반 이상을 차지하고 있으며 가장 눈길을 끄는 부분은 무기력한 선비 이생과 동행하는 부분이다. 불우한 아픔을 지니고 있는 이생에게 쏟는 황진이의 동정심은 운명적인 것으로 영화 초반에 설정되어 있다. 무기력하지만 숭고한 사랑을 말하는 이 영화에서 거의 모든 쇼트는 세심하게 배치된 미장센과 시간을 집어 삼키고도 남을 만큼의 느린 동작들로 채워져 있다. 플롯은 선형성에 무관심하고, 인물들의 행위는 드라마틱한 지점을 비껴간다. 러닝타임 2시간의 서사에 들어 있는 사건들은 황진이의 내면을 말하는데 온통 쓰이고 풍경 이미지는 과거 그 순간으로 박제된다. 마지막 쇼트인 황혼녘 바닷가에 쓰러진 황진이의 풀쇼트는 삶의 스산한 허무와 함께 깊은 슬픔을 전한다. 하지만 주제, 스토리, 스타일이 지닌 모든 허무함 속에서도 〈황진이〉는, 인과관계에 얽힌 행위의 미학에만 매몰되어 있던 80년대 한국영화를 향하여, 영화는 이미지의 예술이라는 것을 말하고 있다. 배창호는 아주 적절한 시점에 자신의 화두를 들고 도착했던 것이다. 그 쇼트 하나하나가 이후 한국영화 스크린에서 볼 수 있는 매끈한 쇼트의 밑거름이었다는 것을 부인하기는 힘들 것이다. 사회주의적 주제 전달을 위해 발명된 에이젠쉬테인의 몽타주가 가장 상업적인 광고영상의 밑거름이 되었던 것처럼.

3장
한국 뉴웨이브 영화

1990년대 한국영화 도약은 뉴웨이브라고 불리는 일군의 감독들에 의해 주도되었다. 1980년대 후반에 등장한 작가주의적 경향의 감독들은 새로운 한국영화의 신호탄을 쏘아 올렸고, 이후 새롭게 형성된 영화산업 자본과 손잡은 일군의 대중영화 감독들은 마술사처럼 한국영화계를 부흥시키는 기수가 되었다. 하지만 정확한 맥락의 뉴웨이브 영화는 저자의 뉴웨이브 작품으로 제한된다. 1980년 뉴웨이브의 전조로 출발한 〈바람불어 좋은 날〉에서 장선우의 〈너에게 나를 보낸다〉(1994) 혹은 1996년 부산국제영화제 창설까지 이어진 뉴웨이브는 기존 한국영화 구체제와 새로운 시도와의 상호 영향과 협력, 경쟁과 투쟁의 결과물이었다.

이 시기에도 기존 한국영화의 제작 이념과 관습은 온존했는데, 뉴웨이브는 이들과 경쟁하는 가운데 성취된 이른바 공진화coevolution,

共進化의 결과라고 할 수 있다. 사실 한국 뉴웨이브의 역사는 작가주의적 경향의 감독들이 만든 영화 즉 뉴웨이브 미학과 영화운동 그룹의 활동 즉 뉴웨이브 운동이 합쳐져서 그 내용을 채우고 있다. 뉴웨이브 운동과 뉴웨이브 미학은 이 책에서 따로 서술되어 있다. 두 영역의 내용을 종합적으로 이해하는 것은 역사적 상상력을 필요로 한다. 뉴웨이브 미학의 대표적인 감독으로 박광수, 이명세, 장선우, 정지영 등을 들 수 있는데, 그들과 그 작품들은 어느 날 갑자기 생긴 것이 아니라는 것을 이해하는 것이 필요하다. 이 역시 사회역사적 산물이며, 영화사적으로는 전사前史를 갖는다. 그 전사는 1970년대의 하길종 감독을 중심으로 진행된 ‘영상시대’와 배창호, 이장호, 임권택으로 대표되는 뉴웨이브 프리퀄로 구성되어 있다. 또한 뉴웨이브 영화의 미학은 기존 한국영화들의 관습과의 경쟁 속에서 이루어진 공진화의 결과물이라는 것도 강조될 필요가 있다.

1990년대 초반 기간 한국영화계에는 1970년대 중반 무렵 유행한 호스티스 영화와 오락영화로 통칭할 수 있는, 가장 강력하고 오래된 문화적 유전자(밈, meme), ‘영상시대’와 뉴웨이브 프리퀄로 명명된 신주류적 밈, 뉴웨이브 계열에 속한 새로운 밈 등이 있었다. 이 뉴웨이브는 세 개의 하부 단위의 밈을 지녔다. 1) 사회적 리얼리즘[75] : 박광수의 현실반영적 리얼리즘, 초기 장선우의 비판적이면서도 통속적인 리얼리즘, 정지영의 역사 복원의 리얼리즘. 2) 포스트모더니즘 : 주로 장선우에 의해 시도된 포스트모던한 시각으로 사회를 조망한 경향. 3) 영화언어의 자각 : 배창호의 〈황진이〉, 〈기쁜 우리 젊은 날〉의 영화언어의 자각, 이를 잇는 동시에 한국영화사 최초의 ‘영화에 대한 영화’인

이명세의 〈개그맨〉.

여태 뉴웨이브 영화의 밈은 주로 사회적 리얼리즘만 부각되는 경향이 있었고 또 90년대 후반까지 이러한 밈이 주로 변주되었다고 볼 수 있다. 이는 박광수의 지속적인 작업과 좀 늦게 합류한 정지영의 작품 등인데 정지영의 〈부러진 화살〉(2012), 〈남영동1985〉(2012) 등은 2010년대에도 그 밈이 미약하게나마 살아있다는 것을 보여준다. 또한 홍기선의 〈가슴에 돋는 칼로 슬픔을 자르고〉(1992)와 〈이태원 살인 사건〉(2006)이 가장 원본에 가까운 밈을 이어받았다면, 〈내일로 흐르는 강〉(박재호, 1996)은 가장 변형된 예가 될 것이다. 이 영화는 6·25전쟁, 월남전, 박정희 사망, 1987년 항쟁 등을 환기시키면서 봉건적 가부장제의 억압이 가져온 개인적 불행을 말하는 동시에 〈화분〉(하길종, 1972) 이후 처음으로 동성애를 극장 스크린에 드러낸 것이었다.

그 외에도 사회적 리얼리즘으로서의 밈은 다양한 모습들로 나타났는데, 그 과정에는 뉴웨이브의 포스트모던한 밈 또한 적게나마 결합된 것으로 보인다. 〈세상 밖으로〉(여균동, 1994), 〈넘버 3〉(송능한, 1997), 〈개 같은 날의 오후〉(이민용, 1995), 〈무소의 뿔처럼 혼자서 가라〉(오병철, 1995) 등이 그러하다. 또한 전혀 다른 방식 즉 뉴웨이브 경향이지만 예술영화의 밈을 결합한 〈아름다운 시절〉(이광모, 1998)과 〈박하사탕〉(이창동, 2000) 그리고 장르영화 공식을 지키면서도 사회구조적 문제를 가미한 〈초록 물고기〉(이창동, 1997) 등도 뉴웨이브에 포함시킬 수 있다.

반면 뉴웨이브의 포스트모던한 밈은 주로 장선우의 작품들에서 계속 변모, 진화하였고, 이는 뉴웨이브의 인력引力, attractive force 이 90년대 한국영화 장에서 독자적으로 작동하였음을 보여준다. 90년대 중반 이후 〈꽃잎〉(1996)을 제외한 장선우의 작품들 즉 〈너에게 나를 보낸다〉(1994), 〈나쁜 영화〉(1997), 〈거짓말〉(2000) 등은 뉴웨이브의 본성 중 하나인 '파괴와 재구축'이라는 영화적 밈을 가장 잘 보여주고 있다. 이 세 편의 영화는 〈경마장 가는 길〉(1991)의 연작처럼 보이기도 한다. 장선우가 독립적인 주체와 근대의 계몽을 회의한 것은 1990년 독일 통일이 상징하는 사회주의권의 몰락에서 비롯된 것이었다. 〈경마장 가는 길〉에서 '저자의 고유성'을 둘러싼 남녀의 지루한 다툼은 〈너에게 나를 보낸다〉에서 '더 이상 쓰지 않겠다'는 노골적인 선언으로 이어지고, 이는 〈나쁜 영화〉에서 다수가 카메라를 잡거나 출연 청소년들이 영화에 개입하는 것으로까지 이어진다. 마지막으로 장선우는 〈거짓말〉에서 주체에 대한 그런 고민조차 사치스럽다는 듯 설명되지 않은 충동과 방랑의 자기 연민으로 귀결한다. 장선우의 이러한 변화에는 국가부도사태를 맞은 문민정부와 민주화 세력에 대한 불신이 이중 작용한 듯하다. 이런 점은 뉴웨이브에 속하지 않는 영화들 예컨대 〈노랑머리〉(김유민, 1999), 김기덕의 〈악어〉(1996), 〈야생동물 보호구역〉(1997), 〈파란 대문〉(1998) 등이 지닌 파괴적 미학과 부분적으로 공유하는 밈이었다고 볼 수도 있다. 장선우와 김기덕에 의해 배양된 이러한 극단적이며 파괴적 표현의 밈은 2000년대 한국영화의 주류인 범죄(조폭)영화의 잔인한 표현으로 변형, 유전된 것이 아닌가 생각한다.

마지막으로, 뉴웨이브 중 가장 특이한 밈을 지닌 이명세는 90년대에 특유의 감상주의를 과잉된 스타일로 표현한 새로운 대중영화들을 실험하였다. 즉 〈첫사랑〉(1993), 〈지독한 사랑〉(1996), 〈인정사정 볼 것 없다〉(1999) 등은 짧게 생존했던 돌연변이 밈이었다. 흥행에 성공한 〈나의 사랑 나의 신부〉(1990)의 풋풋한 신혼부부 이야기의 전편처럼 보이는 〈첫사랑〉은 이명세가 집착하는 영화 세계 즉 모조된 현실의 구현이자 잊어버린 과거를 향한 노스탤지어이기도 했다.

이상에서 보았듯, 1990년대 뉴웨이브 영화의 밈은 포스트 뉴웨이브의 밈과 경쟁하면서 생존하였다. 비록 〈칠수와 만수〉와 〈거짓말〉의 거리가 멀다고 하더라도, 그 영화들의 밈은 동시대에서는 상호 작용하는 인력을 발휘했던 것으로 보인다. 크게 세 종류로 분류한 그 밈들은 자기 복제를 통하여 유전하거나, 다른 성향으로 변모하는 동시에 다른 영화 개체들에게도 영향력을 행사하였다. 이 뉴웨이브들이 공유한 공간성(주제, 소재, 사건성)의 시간은 적어도 2000년 전까지는 연속적이었다고 볼 수 있다. 1980년대 후반부터 시작된 뉴웨이브의 크로노토프는 1990년대에서는 포스트 뉴웨이브 영화들에 비한다면 인력이 약한 것이었다. 둘은 거리를 유지하면서 서로 밈을 주고받았다. 2000년 이후 포스트 뉴웨이브는 가장 강력한 밈이 되었고, 사회적 리얼리즘은 정지영의 예에서 보듯 시퀄sequel(〈남영동 1985〉)처럼 시대적 요구에 의해 등멸하였다.[76]

1. 박광수, 낯선 충무로 영화

감독 박광수(1955~)의 〈칠수와 만수〉(1988)가 공개되었을 때 한 신문 기사는 '〈오발탄〉(1961) 이래의 수작', '신선한 충격'이라는 표현을 쓰고 있다. 또 1987년 이후 완화된 검열 제도 덕분에 개봉될 수 있었던 〈독재자〉(찰리 채플린, 1940)와 함께 '햇빛'이라는 단어를 쓰며 소개한다.[77] 제 42회 로카르노국제영화제에서 〈달마가 동쪽으로 간 까닭은〉(배용균, 1989)이 최우수상을 받았을 때 〈칠수와 만수〉는 청년비평가상을 받았다. 국제영화제에 유독 목을 매던 당시로서는 그야말로 '쾌거'였는데, 둘 다 충무로 영화계의 적자가 아니라는 점 또한 충격이었다. 1980년대 한국영화사에서 중요한 역할을 했지만 이제는 대중들로부터 잊혀진 감독 곽지균, 신승수, 장길수, 박철수의 영화처럼 흥행작이 아닌데도, 박광수는 데뷔작 단 한편으로 충무로를 흔들었던 것이다. 내러티브와 스타일에서 기존 영화들보다 그다지 돋보이는 특징이 없음에도 불구하고 〈칠수와 만수〉가 이런 주목을 받은 이유는, 작품과 관객들의 분위기가 1987년 민주화대투쟁의 기운 가운데 있었기 때문이었다. 또 적어도 충무로 영화의 관행을 되풀이하기 하지 않았기 때문일 것이다. 불필요하게 긴 나이트클럽 장면을 제외하면, 이 영화에서는 붉은 조명 아래의 정사 씬이라든가 절시증을 자극하는 페티시즘의 스펙터클 대신 그 시대의 '낡은 친숙함'을 미장센에 담고 있다.

이러한 '충무로 거리두기'는 의식적인 것인 동시에 '뿌리의 모호함'에서 비롯된 것으로 보인다. 그는 〈이장호의 외인구단〉에서 조감독을 한 적이 있지만 이장호 감독의 계보에 편성되는 것을 단호하게 거부한다. 한국영화계의 작업 방식을 알아보기 위해 조감독을 했을 뿐이며 영화를 하는 이유나 방식이 이장호의 그것과는 전혀 다른 것이라고 힘주어 말한다. '1970년대 이후 한국영화의 부정적인 모습과 파행적인 구조를 극복하는 것이 대학 영화'이며 자신의 작업을 그 연장선상에 위치시킨다. 그는 네 번째 작품인 〈그 섬에 가고 싶다〉의 제작 직전에 이뤄진 인터뷰에서조차 "지금도 나는 스스로를 충무로 사람이라고 생각해 본 적이 없"다고 말한다.[78] 뿐만 아니라 그를 중심으로 혹은 지렛대로 삼아 성장한 감독들인 황규덕, 이현승, 허진호, 김성수, 이창동, 오승욱, 장문일 등은 새로운 감독으로 인식되었다. 그가 뿌리를 두고 있는 것은 대학영화 좀 더 구체적으로는 서울영화집단이라고 볼 수 있는데, 그 전에 그는 극단 연우무대에 적을 두었고 또 그 전에는 미술을 전공하였다. 소비에트 몽타주의 대표주자인 세르게이 에이젠슈테인과 일제 강점 시기 카프영화운동에 매진했던 강호처럼. 하지만 서울영화집단을 박광수로 대표되는 전기 서울영화집단과 홍기선으로 대표되는 후기 서울영화집단으로 구분한다면, 전기 서울영화집단은 연우무대의 인식이나 실천 방식과 닮은 것이었다. 그의 영화에 원작을 제공하거나 시나리오 작업을 공유한 이창동과 임철우 그리고 최인석 등은 『문학과 지성』과 친연성이 있으며 연우무대 또한 그러한 범주로 구분할 수 있다.

　　박광수가 의식적으로 충무로와 거리를 둔 것은 청년(대학) 문화운동의 지향점이 충무로의 구태의연한 제작 체계나 미학과는 본질적으로 다르기 때문이기도 하지만 그의 기질과도 연관된 것으로 보인다. 사실 그는 어디에도 속하지 않았고 또 그러려고 했는지 모른다. 평안

남도 용강 출신인 실향민 부모를 따라 속초에서 15년을 살았고 이후 부산에서 살다가 서울 미술대 입학 후 서울 생활을 한 그로서는 남한의 모든 곳이 낯선 곳 혹은 임시로 사는 곳이었던 것으로 보인다. 비록 실향민 의식이나 남다른 분단의식을 가지지는 않았다고 하지만, 늦깎이 진학[79]과 문화적 이질감 그리고 기존 이데올로기에 대한 반감에서 비롯된 자발적 소외는 당시 운동권의 이념과 논리와도 거리를 두는 것으로 이어졌다. 이는 박광수 만의 특징이 아니라, 데모하고 수배되고 구속되는 것을 능사로만 여기지 않는, 운동적 자의식을 가진 예술인들 예컨대 이상우로 대표되는 연우무대 구성원들이 공유하고 있었던 것이었다. 『창작과 비평』으로 대표되는 민족문학운동과 일정한 거리를 두었던 『문학과 지성』이 문학적 실천을 우위에 두었던 것처럼 연우무대 또한 그러했다. 훗날 『문학과 지성』 그룹이 상대적으로 안정된 직업이라고 할 수 있는 언론인, 교수를 택했던 것처럼 연우무대 구성원들 예컨대 이상우, 김석만, 김광림, 박광수 등은 김영삼 문민정부 수립 후 한국예술종합학교의 교수로 부임하였다. 여하튼 연우무대가 '대극장-번역극'이라는 한국연극 풍토에 '소극장-창작극'이라는 방식을 택했던 것처럼, 박광수 또한 대안적 영화의 길을 모색했던 것이다. 또 연우무대가 당시의 법적 검열 절차를 거치는 합법적인 방법을 택했던 것처럼 박광수 또한 반-합법적 혹은 전투적 영화를 지향하지는 않았다.* 이러한 성향 탓에 박광수 영화는 사회적 주제를 다루면

---

* 연우무대 연극 「칠수와 만수」의 대성공과 87년 민주화대투쟁 덕택에 영화 〈칠수와 만수〉는 한국 굴지의 영화사였던 동아수출공사에서 제작될 수 있었다.

서도 위험한 선을 넘지는 않았으며, 충무로 제작 시스템 속에서도 낮선 충무로 영화가 될 수 있었다.

2. 박광수, 생소한 상황과 모티프

〈칠수와 만수〉에는 장기수로 복역 중인 만수(안성기)의 아버지가 대사로만 언급된다. 오매불망 기다리던 만수의 해외 파견은 아버지 때문에 좌절되고, 그래서 만수는 사회를 탓하는 대신 아버지를 탓하며 세상에 냉소적인 태도를 취한다. 칠수(박중훈)는 동두천에서 하우스 보이로 평생을 산 아버지와 미군과 미국으로 건너가서 소식이 없는 누나를 두고 있다. 정치범 장기수와 연좌제의 공포 및 분단의 산물인 미군기지 안의 주변부 삶, 이것은 한국 사회에 새겨진 문신과도 같은 것이었다. 이 문신 무늬에 의해 한국인의 사고와 행동이 제약된 것은 주지의 사실이다. 삼차원 세계에 살고 있으면서도 한국인들의 인식 지평은 이차원 평면에 머물렀으며, 그것들은 사차원의 시간까지도 집어삼키며 사람들을 언제나 과거에 머물도록 하였다. 임권택의 〈짝코〉 역시 이념 투쟁에 희생된 가여운 두 사람을 다룬 점에서는 유사하지만, 〈칠수와 만수〉는 과거 이야기가 아닌 현재진행형이라는 점에서 차별성을 갖는다. 아버지의 정치적 신념에 대한 판단은 유보한 채 그로 인한 아들 만수의 불행과 냉소를 보여주는 것, 최저 주변부 출신이면서도 최고 중심부를 해바라기하는 칠수의 허세를 보여주는 것, 이 상황 설정만으로도 이 영화는 독보적인 것이 될 수 있었다. 이 상황은 그 자체로 서사의 동기가 되고 반복됨으로써 주제를 담은 모티프가 된 것이었다.

〈그들도 우리처럼〉(1990)은 운동의 좌절(아마도 1987년 대통령 선거 패배)을 극복하고 새롭게 출발하기 위해 탄광촌으로 들어온 기영(문성근)이 그 곳을 빠져나오는 순간까지를 플롯 시간으로 설정하고 있다. 그는 다방 여급 영숙(심혜진)과 설익은 연애를 한 것 외에는 아무 것도 하지 못한 채 도망치듯 그 곳을 벗어날 뿐이었다. 메인 플롯은 악성 소자본가 아버지를 둔 전처 출생 성철(박중훈), 성철이 학대하는 영숙, 영숙을 동정하다가 감정을 교류하게 된 기영 등이 삼각관계를 이루는, 많이 보아온 것이다. 이런 점은 개봉 시기 "신물이 날 정도로 보아온 얘기"[80]라는 상투적 설정에 대한 비판과 함께 캐릭터 설정과 행위의 모호성에 대한 적지 않은 비판을 불러 일으켰다.[81] 하지만 노드롭 프라이를 인용하지 않더라도 삶의 조건과 시대성을 반영한 모티프는 자연스러운 것이다. 끊임없이 반복되는 신데렐라 모티프와 공동체를 구하는 영웅 모티프처럼 전근대와 근대가 교착하는 시대에 발생한 자본과 성의 불균등 교환, 돈과 사랑의 경쟁 모티프를 이유로 작품 전체를 평가 절하할 필요는 없을 듯하다. 물론 이 영화에서 큰 비중을 차지하는 삼각관계 서사는 그 자체가 문제이지는 않지만 좀 상투적이라는 점에서 '대안적 서사'에 대한 박광수의 무감각을 반증하는 것이며, 이는 독립영화를 포함한 80년대 뉴웨이브 영화의 한계이기도 했다. 이는 실제 뉴웨이브의 미학적 진화의 걸림돌이기도 했는데, 그것은 뉴웨이브 영화 속에서도 기존 한국영화의 관습이 존재했다는 것을 말해 주고 있다. 이를 유일하게 뛰어넘고자 한 것은 장선우였다. 하지만 비평의 상투성 또한 자주 기교나 스타일에 주목하느라 모티프가 환기하는 주제 의식에 눈을 감곤 하는데, 작품 모티프를 생활(삶의 조건과 시대성)에서 찾지 않고 앞선 작품에서 찾는 일만큼 우매한 것은 없다고 지적한 괴테의 말을 상기할 필요가 있다.[82] 〈그들도 우리처럼〉에서의 설정 즉 국가 권력과 자본의 결탁 속에서 스러져가는 개인들이라는 상황의 모티프는 삶의 조건과 시대성을 갖는 것이며 이것의 환기는 주제와 연관된 것이기 때문이다.

〈칠수와 만수〉에서 냉소적이며 무기력한 만수와 우스꽝스런 허세로서 자기기만에 빠진 칠수는 엔딩에 가서야 비로소 세상과 정면으로 대면한다. 하지만 그것조차 자신들을 위한 변호와 답답함에서 비롯된 분노 사이를 오갈 뿐이다. 만수는 결국 옥상 간판에서 뛰어내리는 것으로 삶을 마감하고, 성찰과 지혜가 없기는 마찬가지인 칠수 역시 끌려 내려온다. 만수는 앰뷸런스에 실려 가고, 호송차를 타고 가는 도중 얼핏 군중 속에 있는 진아(배종옥)를 발견한다. 이 엔딩 쇼트는 작열하는 카메라 플래시에 놀란 칠수가 진아를 발견하고는 다시 놀라는 이중 감정을 담은 클로즈 업 정지화면이다. 이 엔딩 씬은 그 시대 장삼이사들의 숱하게 할퀴진 내면과 주눅 들린 삶을 압축하여 보여주는 것이었다. 〈그들도 우리처럼〉의 엔딩 씬에서도 성철을 칼로 찌른 영숙이 검은 지프차를 타고 가면서 기영이 기다리고 있을 역을 황망한 눈으로 보면서 지나치는 장면이 있다. '이동하는 차 안 인물 쇼트 - 차안 인물 시점 쇼트'라는 관습적인 봉합 쇼트는 많은 다른 영화에서도 볼 수 있는 것인데, 이것들은 그 장면 전후의 서사 정보와 함축된 정서 그리고 이미지 성향에 따라 각자의 미적 효과를 발휘한다. 〈그들도 우리처럼〉의 경우 기차가 역으로 들어오자 영숙을 기다리지 않고 떠나는 기영의 장면이 앞뒤로 배치되어 있다. 그 숨막히는 짧은 시간은 멜로드라마의 시간이기도 하지만 냉정한 실존의 시간이기도 했다. 새로운 출발을 위하여 탄광촌에 들어온 기영은 우연히 마음을 주고받은 영숙을 위해 결코 위험을 무릅쓰지 않았다. 또 기영이 탄광촌에 첫 발을 딛는 장면은 탄광촌 파업 주동으로 수감 중인 아버지를 둔 대식의 시점 쇼트로 제시되는데, 기영이 그 곳을 떠날 때 배웅하는 것도 대식이다. 즉 지식인은 현장 노동자의 삶과 끝까지 함께 할 수 없으며, 명분과 실존은 별개의 문제인 것이었다. 비록 엔딩에서 "찬란한 내일을 꿈꾸는 사람들은 오늘의 어둠을 희망이라 부른다"는 독백을 들려준다고 하더라도, '그들'이 '우리'와 같을 수는 없을 것이다. 이러한 설정은 당시로서는 '비판받을 수 있는 것'*이었는데, 감독은 프랑스 68혁명을 배신한 공산당 및 노조 지도부에 대한 비판적 인식을 한국 상황에 적용하고 있었던 것이다. 이러한 낯선 설정 즉 진보 세력까지 포함한 모든 권력과 개인(기층 민중)간의 관계를 대립적으로 설정한 것은 〈칠수와 만수〉보다는 정치적으로 더 나아간 것이었다.

박광수가 상황 설정을 통하여 주제를 드러내는 방식은 〈베를린 리포트〉(1991)에서는 지나치게 극단적으로 흐른 나머지 도식적 배치

---

* 이효인, 「초라한 현실과 슬픈 비상」, 『한길영화』 창간호, 1991, 봄, 한길사, 77쪽. "비관적 전망을 유포하는 것은 사실 그(박광수 감독)가 비관적 전망을 갖고 있는 한 비관적 전망을 얘기하는 것을 나무랄 수만은 없다. 다만 자제하도록 부탁할 수 있을 뿐이다" 당시 나는 그의 비관적 전망 속에 내재된 어떤 것을 읽을 수 없었다. 박광수는 68혁명을 민중과 청년학생들을 배신했던 것으로 기억하는 장 뤽 고다르의 〈만사형통 Tout va bien〉(1972)과 궤를 같이 하고 있는 것처럼 보인다.

라는 실패를 겪기도 하였다. "내 작품의 주제는 '한국 사회의 현실'입니다. 그러다보니 자꾸 분단 문제가 거론될 뿐"이라는 발언에서 볼 수 있는 이 영화는 감독 스스로 말했듯 "이 영화의 문성근과 강수연은 인간이라기보다는 개념에 불과했어요. 두 사람이 아무리 허황된 인물이라 하더라도 안성기만 살아나면 된다고 생각했는데 그것이 잘 안 되었던 것"[83]이었다. 성적 학대를 당하던 프랑스 입양아 마리엘렌(영희, 강수연)과 역시 입양되었지만 동독으로 망명하여 공산주의자가 된 영철(문성근)은 남과 북을 상징하며, 이 사이에서 파리 특파원 성민(안성기)이 플롯의 매듭을 풀어가는 역할을 한다. 이러한 설정은 주제를 분명히 드러내는 것이기는 했지만 미하엘 바흐친이 말하는 전형적인 '홑목소리'에 해당하는 것이었다. 그가 생각하는 한국 사회의 현실 묘사는 자주 개인의 실존 문제로 귀착되는데 그러면서도 개인의 내면 묘사가 충실하지 않은 것은 이해하기 힘든 부분이다. 이런 점은 〈이재수의 난〉(1999)에서도 반복되었다. 제주 섬을 배경으로 외세 문제와 근대와 전근대의 갈등 을 다룬 이 영화에서도 이재수의 내면은 거의 드러나지 않으며, 오직 피지배계층인 이재수의 희생이 유독 강조된다. 어쩌면 박광수에게 전두환은 현재의 나쁜 지배자이며, 김대중은 덜 나쁜 지배자였으며, 김근태는 미래의 덜 나쁜 지배자로 인식되었는지도 모른다. 이런 점은 그가 한국 사회에 대한 가치 판단을 자신의 실존 조건으로만 연관 지어 판단한 것이 아닌가라는 의문을 품게 한다. 혹은 근대적 인식에 대한 근본적인 결핍을 보여주는 것인지도 모른다. (예컨대, 진보적 개혁 의식과 더불어, 자신까지 파괴하며 세계를 부정한 다자이 오사무(太宰 治, 1909~1948)류의 반(反)근대-이성주의적 정서가 박광수를 포함한 당시의 진보적 영화(운동) 그룹에게 있었더라면 뉴웨이브 영화는 생명력을 더 연장할 수 있었을 것이다.) 그럼에도 불구하고 당시 한국영화의 사정을 환기한다면, 또 관습적인 내러티브 속의 관음적 스펙터클과 현실도피적 희망의 세례에 젖은 나머지 이념의 내밀한 결들을 상세히 헤아리지 못하던 한국 관객들에게 박광수의 이러한 '지배-피지배 설정'은 충격적이며 새로운 것이었다.

박광수의 이러한 실존적 불만(저항)에 의한 도식적 대립 구도는 〈그 섬에 가고 싶다〉(1993)와 〈아름다운 청년 전태일〉(1995)에서 둔화된다. 그러한 경향이 한결 둔화될 뿐 아니라 때로는 화해와 희망의 모습을 보여주기도 하였다. 하지만 그렇다고 해서 그의 주제의식이 빛을 잃은 것은 아니었다. 〈그 섬에 가고 싶다〉에서 고향 섬에 묻히기를 원하는 문덕배의 상여는 마을 사람들의 반대에 부딪혀 결국 배 위에서 불타고 마는데, 그 순간 시인 김철(안성기)은 밤하늘의 무수한 별들을 배경으로 마을사람들이 화해의 춤을 추는 환상을 본다(다소 불분명한 엔딩 장면은 상여가 마을 사람들에 의해 옮겨지는 것으로 추측된다). 이념적 갈등이 아니라 공동체적 윤리 기준에 의한 다툼이 좌우 갈등의 참혹한 비극을 낳았으며 그 갈등은 오십년이 지난 현재에도 계속 된다는 것이 그 영화가 말하고자 했던 것이다. 이러한 서발턴subaltern 내부의 갈등을 그리는 이 영화에서 문덕배 아들 문재구(문성근)와 마을 사람들의 심정과 행동은 모두 정당하다. 감독은 각자가 정당하지만 갈등할 수밖에 없는 상황을 만들어놓은 후 어느 한쪽의 편을 들지 않고 마술적 환상을 통하여 봉합하는데, 이 대목에서 어린 시절 자신이 혼절했을 때 젖을 물려준 정신지체장애자 옥님이 부각된다. 그 환상의 밤하늘에는 문덕배와 그가 구박한 아내, 옥님뿐만 아니라 딸이 죽자 정신이 나가 남편에게 버림받는 친구 재구의 어머니 넙도댁, 동네 아낙들의 질시를 받은 벌떡녀, 무녀가 된 업순네를 비롯한 마을 사람들 모두가 등장한다. 특히 엄마를 일찍 여읜 김철에게 그녀들은 '모성'의 상징으로 해석되는데, 여기에서 모성이란 최하위 서발턴subaltern이 기댈 수 있는 유일한 최후의 대안처럼 보인다. 이념 전쟁의 폐해를 설득력 있는 설정으로 제시했으면서도 그것을 모성으로 봉합하는 박광수의 태도는 뿌리 깊은 반反-권력적인 태도에서 비롯된 것으로 보인다. 이러한 태도는 임권택의 반反 이념주의와 마찬가지로 생산적 담론 생성에는 미치지 못하는 것이었다.

〈아름다운 청년 전태일〉의 엔딩 장면은 수배 생활을 벗어난 영수(문성근, 실제 조영래 변호사)가 전태일이 분신했던 평화시장에서 자신이 쓴 『전태일의 삶과 죽음』이라는 책을 들고 걸어가는 청년을 보는 쇼트로 되어 있다. 그 청년은 길을 걷다가 문득 무슨 생각이 난 듯 걸음을 멈추고는 뒤를 돌아보는데, 그 정지된 화면 속의 인물은 미소를 머금은 풀쇼트로 잡힌 전태일이다. 누구나 느낄 수 있듯, 전태일은 비록 죽었지만 그의 정신은 이어지고 있다는 암시였다. 1970년 '내 죽음을 헛되이 하지 말라'고 절규하며 분신한 전태일 사건은 1973년 10월 선포된 유신헌법에 대한 지식 청년들의 저항과 민청학련 사건 등과 동시대에 진행된 것이었다. 이 영화는 〈그들도 우리처럼〉과는 달리 노동자에게 필요한 지식인의 역할을 긍정적으로 묘사하고 있다. 노동자 여성과 혼인한 영수는 서울대 출신의 운동가로서 수배중인데, 전태일의 삶을 글로 기록한다. 영수의 숨 막히는 수배 생활이 메인 플롯이며 영수의 회고 방식으로 전태일의 활동은 묘사된다. 그럼으로써 두 화자는 계급적 연대를 이루고 현재는 과거를 소환한다. 하지만 1970년대 사건들 위주로 구성된 탓에 1980년대 중반 이후로 짐작되는 엔딩 장면의 현재성은 크게 부각되지 못한다. 웅장한 서사를 지닌 영웅과는 달리 '초라한 신분의 열사'라는 실존 인물의 유지(遺志)와 사실성을 유지하는 선에서 만들어진 서사는 태생적 한계가 있었던 것이었다.* 그럼에도 불구하고 〈그 섬에 가고 싶다〉와 함께 〈아름다운 청년 전태일〉은 대립과 갈등의 현실을 환기하는데 성공했으며, 화해의 전망을 제시한 영화라고 할 수 있을 것이다. 1990년대에 이루어진 소비에트와 동구권의 몰락을 보고 김영삼 문민정부의 수립을 맞은 박광수는 과거의 논리적인 설정과 도식적인 대립구도로부터 벗어나 작업을 했던 것이다.

---

* 시나리오 작성에는 이창동, 김정환, 이효인, 허진호, 박광수 등 무려 다섯 명이 참가하였다. 나는 전태일기념사업회의 영화화 승낙을 위한 다소 전기적인 초고를 썼으며, 실제 영화의 서사는 훨씬 더 대중적인 형태로 변화된 것이다. 시대의 이야기꾼인 이창동과 허진호마저도 실존 인물의 사실적 묘사라는 장벽은 넘기 힘든 것이었던 것으로 추측된다. 여하튼 서울 개봉관에서 23만 명 이상의 관객이 이 영화를 보았으니 전태일 영화화에 대한 영화운동권의 오래된 숙제는 해결된 셈이었다. 영화계 또한 여러 영화제에서 상을 부여하는 방식으로 지지를 표시하였다.

3. 박광수, 낯선 미장센과 전형성

〈박하사탕〉(이창동, 2000)에서 영호(설경구)는 야학 소풍을 간 강변에 누워 하늘을 보며 느닷없이 눈물을 짓는다. 인물의 감정에 대한 궁금증을 불러일으키면서 그 시절 생활문화가 물씬 풍긴다. 반면 〈꼬방동네 사람들〉(배창호, 1982)의 주 무대는 서울 변두리 천변 판자촌 동네인데, 그 풍경은 인물들의 정해진 역할을 충실히 담느라 맥락 있는 미장센으로서의 기능은 하지 못하고 있다. 물론 배창호 영화의 이 미장센은 당시 한국영화의 화려한 커튼, 치장된 헤어스타일과 의상, 주황 전화기, 장미꽃, 피아노와 턴테이블 등으로 구성된, 그런 위조된 미장센과는 차원을 달리하는 것이다. 하지만 배창호의 꼬방동네 미장센이 현실 환기력이 약한 것은, 익숙한 풍경의 생경함은 사물 그 자체에서 비롯되는 것이 아니라 관점과 맥락에서 비롯되기 때문이다. 〈칠수와 만수〉의 첫 장면은 민방위 훈련 사이렌이 울리자 버스가 멈추고 모든 이들이 어디론가 몸을 숨기는 것으로 시작된다. 텅 빈 광화문 사거리, 너무나도 익숙한 그 풍경은 낯설기만 하다. 칠수와 만수가 옥상에서 작업을 하다 비가 오자 일을 중단하고 내려와서는 이인용 자전거를 타고 가다 넘어진다. 그 부감 쇼트는 이상할 정도로 낯익지만 스크린 위에서는 클로즈 업 하나 없이도 그들의 생활과 내면을 보여주는 생생한 풍경으로 보인다. 텅 빈 광화문은 독재정권의 권능을, 넘어진 두 청년이 포함된 비 내린 서울 거리는 그들의 권태와 무기력 그리고 좌절감과 짜증을 보여준다.

후기로 갈수록 점점 약화되기는 하지만 박광수 영화의 미장센은 그 자체로 말을 걸고 있다. 사실 이런 풍경은 내러티브 설정과 긴밀한 것이다. 보편적인 멜로드라마에서 청춘 남녀의 만남을 민방위훈련이 이루어지는 시공간으로 설정하는 것은 드문 일이기 때문이다. 〈칠수와 만수〉는 대만 작가 황천밍黃春明, 1935 ~ 의 소설 「두 페인트 공 兩個油漆匠」(1971)을 원작으로 한 연극 「칠수와 만수」를 시나리오로 옮긴 것이다. 극적 반전은 두 인물의 막연한 푸념어린 행동이 오해되는 것에서 비롯된다. 칠수의 시시한 사랑타령에는 약간의 서글픔이 묻어 있고, 만수의 냉소적 단절감은 동정심을 불러일으킨다. 하지만 이 요소들은 비극적 엔딩과 더불어 몇몇 미장센과 결합할 때야 논리적으로 해석된다. 앞서 말한 장면들과 더불어 동두천 칠수의 집, 아무렇게나 이층까지 방을 들여놓은 조잡한 양공주 집에서는 과거와 현재의 인물들이 툭툭 튀어나오고 있다. 1980년대 도시 어느 곳에서나 볼 수 있었던 이 공간은 스크린 속에서 묘할 정도로 낯설다. 그 낯선 미장센은 원작을 넘어서서 현실을 환기시킨다. 그 단순한 미메시스(모방)는 리얼리즘을 향하는데, 그 속에는 즐거움과 긴장감이 공존하고 있다. 아마도 즐거움은 낯익은 풍경을 보는 절시증에서 비롯된 것일 것이고, 긴장감은 그것이 불현듯 낯설게 환기시키는 현실감 때문일 것이다. 그 긴장감은 때로는 불편한 감정으로 바뀌는데, 그 불편함이 불쾌감으로 변하기 전에 주제와 연관된 무엇인가를 찾도록 만든다. 〈그들도 우리처럼〉에 자주 등장하는 탄광촌 풍경, 탄재가 가득한 길을 트럭이 지나가는 장면에서 우리는 마치 실제 탄재를 마주한 것처럼 긴장한다. 그리고는 불편하거나 불쾌해지는 자신을 본다. 물론 미장센의 리얼리즘 효과로 플롯 인과관계의 정치적 약점을 방어하는 것은 불가능하다. 하지만 기영이 묵는 연탄공장 숙직실 풍경, 영숙이 배회하는 불 꺼진 다방과 어항, 성철이 오토바이를 타고 질주하는 탄광마을 등은 잊고 있었던 혹은 잊고 싶었던 공간을 환기시킨다. 공간 선택과 프레이밍 즉 미장센은 부지불식간에 감독의 내면을 담는다. 그 내면은 독백일 수도 있고 대화적일 수도 있는데 그 차이는 소통의 간절함과 진성성에서 비롯되는 것이 아닐까 한다.

박광수 스스로 밝히고 있듯 그의 리얼리즘은 "김홍도의 풍속화 가운데 고양이는 닭을 물고 도망가는데 병아리는 삐약거리고, 영감은 맨발로 담뱃대를 들고 섬돌을 뛰어내리는 그림이 있습니다. 전범으로 삼고 싶은 한국적인 화면은 이런 평이한"[84] 것이다. 이것은 단지 평이한 것이 아니라, 미장센으로 하여금 서사를 진행시키는 것이다. 이런 미장센은 가끔 롱테이크를 통하여 표현되기도 한다. 예를 들어, 〈그섬에 가고 싶다〉에는 뭍에서 배를 끌어내고, 다른 배를 육지로 끌어올리는 장면이 있다. 동네사람들이 수군거리는 것을 뒤로 하고 문덕배는 뱃전으로 나아가고, 배에서 내린 풍물장수를 옥님을 비롯한 아이들을 웃으며 뒤따르며, 마을 사람들은 선주의 채근에 못 이겨 배를 육지로 끌어올리고 있다. 롱테이크로 구성된 이 쇼트는 문덕배, 선주, 약간 저항적인 사내들, 아이들 그리고 아낙네들의 면면을 소개하는 한편 그들의 얽히고설킨 관계와 미래의 갈등을 예고하고 있다. 박광수 영화의 서사는 핍진성을 상실한 설정, 극단적인 반전 그리고 감정 과잉을 배제하고 반드시 필요한 경우가 아니면 시간순서대로 최대한 사실적인 설정과 행위로 구성되어 있다. 그러다보니 반복이나 강조는 스타일을 통하여 이루어질 수밖에 없었는데, 그 스타일 또한 인물 전형성 유지라는 틀을 벗어나지 않는다. 따라서 그에게 미장센은 리얼리즘을 구가하는 중요한 수단이자 주제와 연관된 자신의 내면을 보여주는 것이기도 하다. 다른 한국영화들에서 볼 수 있었던 정교한 황금분할, 화려하고 조화로운 색채 대신에 익숙하지만 스크린 위에 나타날 때는 생경한, 주제 밑에 깔린 파토스pathos(페이소스, 열정)를 드러내는 것이기도 하다. 박광수는, 당시의 독립영화들 예컨대 〈파랑새〉, 〈파업전야〉, 〈닫힌 교문을 열며〉 등에서 볼 수 있었던, 주변에 흔히 볼 수 있는 것이지만 스크린에서는 낯선 이미지들을 충무로 영화에 옮겨온 것이었다.

　　이 시대 최고의 리얼리스트 켄 로치Ken Loach, 1936 ~ 가 만든 대부분의 영화는 이야기와 캐릭터의 힘에 의지할 뿐 스타일에는 무심한 편이다. 대신 이야기와 캐릭터가 지닌 파토스는 엄청난 것이어서 미장센은 후경으로 물러서고 만다. 리얼리즘과 마술적 리얼리즘을 혼용하는 이마무라 쇼헤이今村昌平, 1926 ~ 2006 의 거칠고 사나운-후기에 가서는 따뜻한 관조의 태도를 보이기는 했지만- 영화들은 켄 로치 영화에 비해서는 미장센이 이야기를 하는 편이다. 반면 박광수 영화의 인물은 주어진 역할만 하느라 파토스가 덜 한 편이다. 주제만큼 인물의 내면이 풍부하게 드러나는 켄 로치의 인물이나 다소 과장될 때도 있지만 대체로 독특한 인물의 내면이 잘 드러나는 이마무라 쇼헤이의 사실적인 인물과 비교하면 그렇다는 말이다. 하지만 박광수 영화는 가끔씩 각별한 미장센을 통하여 인물의 건조함을 보충하곤 한다. 그것은 그 시대의 정치적 감각을 공유한 사람들에게는 더 잘 보이는 것들이었다.

박광수의 인물은 제한된 시공간 속에서 효율적으로 행동하고 의중을 드러내는 것에 그치는 탓에 인물 자체로부터 풍부한 매혹을 느끼기 데는 한계가 있다. 말하자면 전형성에서 출발해서 전형성에 갇혀버린 것이다. 임권택 영화의 인물들이 지닌 다성성多聲性 -이것은 그래서 대화적이다- 과는 달리 박광수의 인물들은 자신들의 역할만 충실히 수행한다. 미장센이 불러일으키는 시대 환기력을 충분히 살리지 못한 채 인물은 다소 기계적으로 역할하고 만다. 그러다보니 주제 관련성이 적은 멜로드라마적 요소가 거의 등장하지 않는 켄 로치나 이마무라 쇼헤이의 영화와는 달리 쉽사리 그러한 요소를 끌어들인 것으로 보인다. 〈칠수와 만수〉에서의 칠수와 진아의 관계, 〈그들도 우리처럼〉에서의 기영-성철-영숙의 삼각관계(특히 성철과 영숙의 거친 섹스 장면), 〈아름다운 청년 전태일〉에서의 영수와 아내의 설정은 주제에 비추어 필수적이거나 인물을 풍부하게 만드는 긍정적 역할을 했다고 보기는 어렵다. 다소 도식적이기도 한 이러한 전형적 인물 설정 경향은 1980년대 민족 · 민중이라는 수식어와 함께 한 대부분의 문학, 연극, 미술, 영화 작품에서 볼 수 있는 것이었다. (이러한 특성을 영화 분야에서 뛰어넘은 것은 〈세상 밖으로〉(여균동, 1994), 〈넘버 3〉(송능한, 1997)에서 부터라고 볼 수 있다. 여균동은 연극과 사진운동 출신이며 송능한은 서울영화집단 출신이다.)

그래서 〈칠수와 만수〉에서의 '차 안의 성철 – 성철의 시점 쇼트로 본 외부', 〈그들도 우리처럼〉에서의 '잡혀가는 영숙의 시점으로 본 외부 쇼트 – 차 안의 영숙', 〈아름다운 청년 전태일〉에서의 '전철 안의 영수 – 영수의 시점 쇼트로 잡힌 만삭의 아내', 〈그 섬에 가고 싶다〉에서의 '불타는 상여 배를 망연자실 보다가 하늘을 보는 김철 – 김철의 환상 시점 쇼트로 보이는 함께 춤을 추는 마을 사람들'로 구성되는 각 결말부의 장면들은 시사하는 바가 있다. 즉 이런 방식이 인물 전형성의 건조함을 극복하는 하나의 관습이었다는 사실과 영화의 판독에서 '시각적 매개 style'가 섬세하게 고려되어야 한다는 점이다. 주제, 인물, 사건을 살피는 것에 그치지 않고, 시선의 주체가 누구이며, 그것이 갖는 정치적 함의를 밝히는 것까지 나아가야 하는 것이다. 칠수와 영숙 그리고 영수의 아내는 그 장면의 전후 관계에서 한정적 시선의 주체로 설정되어 있지만 실제 그들은 비춰지는 객체이다. 그들을 보는 시선의 주체는 힘 있는 주체 혹은 관객이다. 〈그 섬에 가고 싶다〉를 제외한다면, 세 편에서 시선의 대상이 된 인물들은 자신에게 주어진 상황에 당황하면서 불안에 떠는 인물들이다. 이런 '쇼트/역전 쇼트 s/r.s.'는 관습처럼 쓰이기도 하지만, 주제와 인물의 발화 그리고 이미지의 성격에 따라 정치적 함의를 갖게 되는 것이다. 그 정치적 함의는 지배와 피지배에 관한 언설인데, 구체적으로는 인물들이 처한 구체적인 현실과 관련 있으며 더 나아가 영화에 등장하는 텔레비전 뉴스와도 연관된다. 즉 〈칠수와 만수〉에서의 대통령 유세 장면 뉴스, 〈그들도 우리처럼〉에서의 전국노동조합협의회(전노협) 관련 뉴스, 〈아름다운 청년 전태일〉에서의 유신 반대 시위 장면 등과도 관련 맺는 것이다. 이 뉴스 장면들에 대해 감독은 "언제 만들었다는 기록적인 의미"[85]가 있다고 말하지만, 그것은 인물들이 처한 삶의 정치적 조건에 대해 에둘러 말하는 것이기 때문이다. 물론 이러한 보충적 해석이 대부분의 관객들에게 온전히 받아들여졌을 리는 없을 것이다. 하지만 관습적 내러티브로서는 미진한 완성도임에도 불구하고 주제 관련 상황을 제시하는 것만으로도 그것은 탈관습적인 미학을 지향하는 것으로 인식될 수 있었다. 이는 당시 뉴웨이브(독립영화)의 수준이기도 하였다.

4. 정지영, 새로운 상징계 주변에서

임권택 감독은, 〈만다라〉 등을 통하여 자신의 존재와 한국영화의 가능성을 제고할 무렵, 자신의 과거 작품 대다수를 부정하였다. 신고의 제작 환경을 익히 알고 있던 사람들은 그 발언의 진솔함에 동의하였고, 이후 나온 〈장군의 아들〉(1990), 〈창〉(1997)에 대해서도 너그럽게 받아들였다. 반면 〈남영동 1985〉(2012), 〈부러진 화살〉(2012)와 〈남부군〉(1989), 〈하얀전쟁〉(1992) 등이 대표작으로 대중들에게 각인된 정지영(1946~) 감독은, 임권택의 고백 같은 과정을 거치지 않고, 사회성 짙은 작품과 더불어 한국영화계 현안 해결에 주도적인 역할을 하는 인물로 인식되고 있다. 그는, 김수용의 〈산불〉(1967) 등 10여 편에서 조감독을 하다가 서른다섯 살이 되어서야 〈안개는 여자처럼 속삭인다〉(1982)로 데뷔를 하였다. 많은 이들은 그의 데뷔작은 물론 〈거리의 악사〉(1987), 〈여자가 숨는 숲〉(1988), 〈산산이 부서진 이름이여〉(1991), 〈블랙잭〉(1997) 등은 기억하지 못하는데, 대표작의 지명도와 선명한 영화계 민주화 활동에 그것들이 가려졌기 때문일 것이다. 임권택과는 달리 정지영은 그 작품들에 대해 "변호 이상의 집착을 갖고 있"는데, 그는 구태여 작가가 되기보다는 대중적인 감독 그 중에서도 〈사이코〉를 만든 알프레드 히치콕을 사사했기 때문인 것으로 보인다. 감독 지망생이었을 때는 미켈란젤로 안토니오니의 〈정사〉 등에 매료되어 그런 영화를 지향했지만 시간이 흐를수록 "안토니오니, 베르히만, 파졸리니, 고다르 같은 사람들을 천재라고 한다면 난 보통 감독이 돼야겠구나"라고 생각한 것이었다.

이정하의 표현을 빌자면 "미스테리는 그의 영화의 출발이자 방법이고 플롯"인 것이었다.[86] 그가 비록 주로 김수용의 조감독을 오랜 기간 했다고는 하지만 대다수의 한국 감독들이 사사받은 감독의 색채를 이어받지 않은 것처럼 그 또한 그러했다. 김수용의 색채 즉 서민적 묘사, 문학적 취향 그리고 모더니즘 방식 대신에 그는 가끔 미스테리 내러티브-〈안개는 여자처럼 속삭인다〉, 〈여자가 숨는 숲〉 그리고 〈하얀 전쟁〉의 일부분-에 대한 선호를 드러내기는 했지만 대부분은 자신 만의 특징적인 내러티브나 스타일을 구사하는 감독은 아니었다. 이정하는 「정지영 감독론」의 첫 장 제목을 '정지영 감독론의 어려움'으로 붙인 후 〈남부군〉, 〈하얀 전쟁〉과 호평을 받지 못한 미스테리 영화들의 공존을 난감한 어투로 지적한다. 그런 후 정지영의 특징을 나열한다. 자그마치 여덟 개로 정리한 정지영의 특징은 심리 스릴러와 미스테리에 대한 선호, 실존주의 문학과 『사상계』 등의 사회의식 영향, 대중적 성공에 대한 부담, 반골적 정의감, 가부장적 의식 등으로 요약할 수 있다.

이런 점은 정지영이 신인으로 활발하게 활동했던 당시 역시 신인으로 대중적 인지도가 높았던 장길수(1955~, 〈밤의 열기 속으로〉 1985 데뷔), 곽지균(1954~2010, 〈겨울 나그네〉 1986 데뷔), 신승수(1954~, 〈장사의 꿈〉 1985 데뷔), 박철수(1948~2013, 〈골목대장〉 1978 데뷔, 〈에미〉 1985 출세작) 등도 공유하고 있었던 것이기도 했다. 이들은 각자 모두 80년대 사회적 공기를 공유하면서 흥행에도 일정한 성공을 거둔 새로운 한국영화의 주자였음에도 불구하고, 배창호의 세련미와 대중적 인기, 이장호의 사회성과 대중적 인기, 임권택의 예술적 지명도에 가려져 있었다. 1987년 전두환의 호헌 선언이 있었을 때 영화계에서도 정지영이 주도하여 97명이 시국 성명을 발표하며 철폐 요구 의사를 표명하였다. 이 중 감독은 23인이었는데 정지영, 장길수, 곽지균, 신승수, 박철수, 장선우, 박광수 등이었다. 반면 임권택, 이장호, 배창호는 참가하지 않았다.* 장선우, 박광수가 운동권 문화와 직간접적 교류를 하였던 것과 달리 정지영 등은 일시적이나마 그야말로 '자생적 민주화 활동'을 하였으며, 여전히 충무로 감독들의 생존 관습을 답습하기는 하였으나, 충무로 내의 개혁을 꿈꾸었던 인물들이었다. 1960, 70년대 한국 문학과 실존주의 문학의 세례를 받는 동시에 간헐적으로 서구 영화로부터 자극을 받은 이들은 1970년대 충무로의 짙은 어둠 속에서 조감독을 거쳤다. 제유적 표현인 '충무로'는 고유명사로서는 서울 한복판에 위치했지만, 1970년대 충무로 영화인들은 '영상시대'가 정확하게 표현했듯이 핵실험을 당한 '비키니 섬의 거북이'같았다. 1980년대 중반에 다들 감독이 되었지만 그들에게는 '살부殺父 의식'을 치를 만한 미적 전략이 결핍되어 있었다. 시국과 관객의 이데올로기가 소환하는 개념에 명확하게 부응하지 못한 그들은 영화 속에 시위 장면이나 탈춤 장

---

* 이들 이름의 끝자에 '수'가 유달리 많아서 "충무로의 '수' 빨갱이"라는 말을 나는 직접 들은 적이 있다.

면을 넣는 것으로 대응했다. 충무로 스크린이라는 상상계를 완전히 벗어나지 못한 채 새로운 상징계 주변을 서성거렸던 것이다.

5. 정지영, 역사의 소환

정지영은 〈남부군〉(1989)과 〈하얀 전쟁〉(1992)을 만든 것이 1987년 호헌철폐 운동의 연장선 혹은 부담에서 비롯된 것은 아니라고 말했다. "'그런 데에 앞장섰으니까 이제 작품을 신중하게 선택해야 한다', '이제부터 달라져야 한다' 이런 식으로 의도적으로"만든 것이 아니며, "많은 사람들이 내가 작가적 지향을 찾은 것으로 보고, 또 그것으로 나를 규정하려고 합니다만 그것 것만을 추구하기에는 창작 현실이 너무 벅찹니다. 동시에 내가 추구하는 영화라는 것은 다른 방식, 다른 내용, 다른 소재로도 할 수 있다"[87] 고 말했다. 사실 이 작품들 사이에는 불교영화 〈산산이 부서진 이름이여〉(1991)가 들어 있고, 이후에는 〈할리우드 키드의 생애〉(1994)라는 자기반영성 영화를 만들기도 하였다. 그럼에도 불구하고, 뉴웨이브의 맥락에서 보자면 정지영은 〈남부군〉과 〈하얀 전쟁〉을 통하여야만 대화가 이루어질 수 있다.

　〈남부군〉은 휴전 이후 나온 숱한 반공 전쟁영화와는 비교조차 할 수 없으며, 시대적 한계를 고려하더라도 〈피아골〉(이강천, 1955)의 이념적 지평을 훌쩍 뛰어넘은 작품이라고 할 수 있다. 이념 갈등의 폐해를 말한다는 점에서 〈남부군〉은 임권택의 〈깃발 없는 기수〉(1979), 〈짝코〉(1980), 〈태백산맥〉(1994)과 비슷하지만, 임권택이 이념추종에 의한 비극성을 강조하는 반면 정지영은 실존적 차원의 인간의 한계를 다루고 있다. 또 임권택의 인물들이 이념의 명령과 인도주의적 내면의 울림 사이의 갈등을 다루면서 다성적 목소리를 내는 것에 비해 정지영의 인물들은 집단 의지의 완강함과 개인 혹은 환경의 무기력함 사이에서 빚어지는 비극성에 초점을 맞추고 있다. 정지영 스스로 밝혔듯 자신의 활동이 "출발했던 것 자체가 검열 문제였고, 거기서부터 영화 제도와 정책 전반으로 안목을 넓혀나가"[88]는 과정이 있었던 것처럼, 〈남부군〉의 제작은 원작 소설이 지닌 시대적 공감대에서 비롯된 것으로 보인다. 임권택 영화가 개인사적 경험과 이념중립주의 위에서 이루어진 것과는 다른 성격을 지닌 것이었다. 임권택의 이념중립주의가 세상을 내 생각과 의지대로 바꾸려고 하는 '실존적 결단'이 빠진 것이라면, 정지영은 이데올로기를 삶에 필수적인 것으로 적극 받아들인다.[*] 즉 임권택의 그 영화들이 '수정주의적 역사관'에 냉랭한 태도를 보이는 것과는 달리 〈남부군〉은 공개적 토론이 금기시되어 온 전쟁 기간 빨치산 활동의 속살을 드러내 보여주고 있다. 원작 『남부군』(1988)의 수기 형식을 장선우가 각색한 이 영화의 플롯은 원작의 사건을 충실하게 따르느라, 비록 정치요원들의 회의적인 난상토론이 짧게 포함되어 있고 시인 김영의 회의적 시선이 등장하기는 하지만, 역사적 환경과 개인 내면의 갈등에 대해서는 말하지 않는다. 이 무렵 전개된 수정주의 역사학의 논쟁 – 일제 강점기 민족해방 투쟁에서의 적자 논쟁, 6·25

---

[*]   이정하, 「정지영 인터뷰」, 『한국의 영화감독 13인』, 1994, 열린책들, 128쪽. "이데올로기 그것은 인간에게 필요하기도 해요, 왜냐하면 구심점이나 이상이 없으면 삶의 가치가 혼돈에 빠지기 때문"이라는 것이 정지영의 생각이다.

전쟁의 배경 논쟁, 남북한 정권의 성립 배경과 민주주의 성격 논쟁 등 - 이 학계의 논쟁이었다면『남부군』은 휴전 이후 처음으로 제기된 수정주의 역사관의 대중적 발언이었다고 할 수 있다. 그럼으로써 이 영화는 이념과 남북대립에 대한 이성적인 토론이 불가능한 상황 속에서 논쟁의 물꼬를 튼 셈이었다. 다시 말하자면 1989년에는 〈남부군〉 하나만으로도 충분했다. 하지만 이 영화가 나올 무렵을 전후하여 사회주의권이 붕괴되면서 수정주의적 시각은 대중적 관심권으로부터 멀어져갔다.

영민하게 남보다 먼저 세상의 변화를 읽은 장선우가 〈경마장 가는 길〉(1991)을 통하여 훗날을 도모한 것과는 달리 〈하얀 전쟁〉은 좀 늦게 도착하였다. 한국영화사에서 염전영화 혹은 반전영화로서 최고의 작품으로 꼽을 수 있는 이 영화의 평범한 흥행 실적은 그 누구의 탓도 아니다. 오히려 〈하얀 전쟁〉은 베트남전쟁을 반성적으로 다룬 유일한 작품으로서 더욱 더 기억되어야 한다. 1992년 베트남 수교가 화제가 될 때 서점가에서는 박영한의『머나먼 쏭바강』, 황석영의『무기의 그늘』이 재출간되면서 주목을 끌었다. 할리우드에서 〈지옥의 묵시록〉(프랜시스 코폴라, 1979)과 〈플래툰〉(올리버 스톤, 1986)이 미국 애국주의에 찬물을 끼얹었던 것처럼 한국의 월남전 파병에 대해서도 대중적 논쟁이 필요한 시기였다. 하지만 대중의 호응은 그다지 뜨겁지 않았다. 동경국제영화제에서 최우수작품상을 받으며 월남 파병과 참전 군인들의 고통에 대해 사회적 관심이 일기는 했으나, 극장가의 반응은 시들했다. 이 시기 극장가는 이미 이념논쟁을 기피하며 성장한 경제 발전에 맞는 탈이념적 오락영화 혹은 예술영화로 분류할 수 있는 작품을 원하는 관객들의 공간으로 변해 있었기 때문이었다. 1992년에 〈결혼 이야기〉는 3개월 동안 서울 개봉관에서 50만 명 이상의 관객을 불러 모았고, 극장가의 한 구석에서는 안드레이 타르코프스키의 〈희생〉으로 대표되는 예술영화 붐이 일어나고 있었다.

〈하얀 전쟁〉은 전쟁영화의 스펙터클보다는 1980년 현재와 베트남전 당시의 상황을 교차시키며 심리를 연결시키는 것에 집중한 작품이다. 이 영화는, 사실상 용병이었던 한국 파병군의 처지를 부각시키고, 한국군의 베트남 민간인 살해는 그동안 정면으로 대면하지 못했던 집단적 원죄 같은 것이라고 말하는 듯하다. 가해자가 가해자인 것을 공개적으로 인정하고 사회적 차원의 치유 작업이 병행될 때 그 상처의 회복은 시작될 수 있다. 하지만 현실은 그러질 못했다. 국가는 국가대로 개인은 개인대로 자유민주주의 수호를 위해서 불가피하게 전쟁에 참여했다는 주장을 고수했다. 그 역사적 허위를 믿거나 애써 무시한 참전 군인들의 내면은 반공의식으로 더 강고해진 반면 회의하거나 상처를 견디지 못한 참전 군인들은 서서히 무너졌다. 따라서 〈하얀 전쟁〉에서 가장 중요한 점은 전쟁 후유증(Post Traumatic Stress Disorder, 외상 후 스트레스 장애)을 앓는 변진수(이경영)의 내면이 파괴되어 가는 과정이다. 〈남부군〉에서 주연이자 내레이터였던 안성기는 〈하얀 전쟁〉에서도 주연이자 내레이터를 맡음으로써, 마치 배우 안성기는 비-디제시스 영역에 존재하는 듯한 느낌을 준다. 〈남부군〉에서의 치명적 건조함 즉 사건 배경과 동기 그리고 인물 내면 정보에 대한 불친절한 제시는 〈하얀 전쟁〉에서는 좀 더 친절해졌다. 또 엔딩 부분은 이 영화의 백미인데, 정지영의 열린 태도가 잘 드러나는 부분이다. 촬영감독 유영길의 유려한 핸드헬드 카메라가 성당 아래의 무덤들과 마당의 결혼식 하객 모습을 훑으며 느린 화면으로 흐르는 가운데 그 인파 속에서 한기주는 변진수를 향해 총을 쏜다, 그리고는 그를 껴안고 "이제 소설을 써야겠다"고 독백하는 것으로 영화는 끝을 맺는다. 이러한 다양한 해석이 가능한 열린 결말은 그 자체로 미덕인 동시에, 비록 검열을 의식하고 자기 검열을 할 수밖에 없는 처지였다고 하더라도, 역사적 사안과 개인의 실존에 대한 판단 유보로 보여진다. 역사적 판단이 시대적 요구에 부응한다고 해서 항상 옳은 것은 아니라는 것을 상기한다면, 역사적 사안과 개인에 대한 정지영의 이런 태도는 미덕이라고 생각한다. 이러한 종결불가능적 태도를 취하는 정지영이었기에 20년이 지나서도 그는 〈부러진 화살〉(2011), 〈남영동1985〉(2012)을 만들 수 있었을 것이다. 그 당시 기준으로는, 〈하얀 전쟁〉은 좀 늦게 온 것이 사실이지만, 스크린 속으로 '역사를 소환'한 정지영이 있었기에 뉴웨이브는 좀더 다양하고 떳떳할 수 있었다.

6. 이명세, 꿈의 공장

〈개그맨〉(1989)의 영화 속 촬영장에 몰래 들어간 이종세(안성기)는 화장실까지 따라가서 감독(전무송)에게 묻는다, '감독님 영화의 테마가 너무 낡은 것 아니냐'고. 무심결에 감독 이명세는 영화 속 인물인 이종세의 입을 빌려 하고 싶었던 얘기를 한다. 그것은 '새로운 영화'에 대한 것이었다. 영화 속 설정과 문맥이 다른 것이기는 하지만, 그의 잠재된 의식이 이렇게 표현된 것이 아닐까 생각한다. 실제 그는 인터뷰에서 "나는 영화의 이전 역사는 선배들의 여러 가지 실험이고 그 축적물이고 이제 영화는 비로소 태어났다고 생각합니다"*라고 말하기도 하였다. 이 발언이 품고 있는 영화 인식론과 야망을 유일하게 높이 평가한 평론가는 강한섭이었다.** 그를 제외한 나머지 평론가들은 이명세를 '영화와 사회와의 관계에 대해 무심하지만 독특하고 재능 있는 감독' 정도로만 여겼다. 1989년이면 영화계와 아무런 인맥을 가지지 않았던 배용균 감독이 〈달마가 동쪽으로 간 까닭은〉으로 로카르노국제영화제에서 최우수작품상을 받았던 해이며, 1987년의 민주화 열풍이 거세게 몰아치던 때였다. 임권택은 〈아제 아제 바라아제〉(1989)로 개인적 구도와 사회적 실천에 대해 질문했으며, 정지영은 〈남부군〉(1989)으로 금지된 역사를 파헤쳤고, 〈칠수와 만수〉(박광수, 1988)와 〈성공시대〉(장선우, 1988)가 이제 새로운 한국영화의 이정표로 받아들여지던 시기였다.

따라서 1989년 시점에서는, 〈개그맨〉이 찰리 채플린의 영화와 스타 시스템을 활용한 재기발랄한 영화로만 인식되는 것이 이상한 일은 아니었다. 삼류 카바레 무대에서 채플린의 외양을 모사한 채 낡고 낡은 멘트를 하는 개그맨 이종세가 덜떨어진 이발사 문도석(배창호), 꽃

---

* 이효인, 「이명세 인터뷰」, 『한국의 영화감독 13인』, 앞의 책, 286쪽. 인터뷰를 했을 25년 전에, 나는 이명세 감독의 이 발언을 치기어린 선언 정도로만 받아들인 나머지 그가 생각하는 새로운 영화의 내용과 형식에 대한 질문을 이어가지 못했다.

** 「한국영화 베스트 10」, 『영화언어』 4, 1989 겨울호. 이 기사에서 유일하게 강한섭만 〈개그맨〉을 1위로 선정하였다.

뱀 오선영(황신혜)과 함께 영화 제작비 마련을 위해 강도 행각을 하는 〈개그맨〉은 로드 무비 장르 틀에 초현실적 도상icon과 코미디 컨벤션을 들어앉힌 영화였다. 〈기쁜 우리 젊은 날〉의 주인공 영민(안성기)의 우스꽝스러움이 더 확장된 남철·남성남의 스탠드업 코미디 풍의 연기는 비현실적인 설정과 맞물리면서 그야말로 극장 밖 현실을 까마득히 잊게 하는 것이었다. 이러한 강렬한 특징 탓에 이명세의 발언 즉 "나의 작품 어느 부분이 누구와 비슷하다는 말조차도 싫어하는 편이고 그러면 피해가는 편"[89]이라는 주장과 〈개그맨〉을 등치시키는 것은 쉽지 않은 일이었다. 남철·남성남의 스탠드업 코미디 풍의 연기가 한국영화의 재발견과 연관되어 있으며, 로드 무비 강도 행각 설정이 세계영화사에 대한 아련한 오마주라는 것을 알아채는 것은 쉬운 일이 아니었다. 뿐만 아니라 여전히 문화 엄숙주의가 지배적이던 최루탄 흩날리던 시절에 대중문화가 지닌 통속성이야말로 삶의 진정성과 맞닿아 있다는 주장은 받아들여지기 어려웠다.

하지만 그 모든 것은 공식적이며 표면적인 반응이었을 뿐 실제 이명세의 그러한 태도는 한국 문화 저변을 흐르는 기운과 맞닿아 있는 것이었다. 〈나의 사랑 나의 신부〉(1991)가 로맨틱 코미디 〈결혼 이야기〉(김의석, 1992)와 〈미스터 맘마〉(강우석, 1982)와 직접 관련이 없다고 하더라도, 그 동일한 성향은 부인하기 힘들 것이기 때문이다. 이명세는 늪과 같이 질척거리는 1970년대와 80년대 한국영화의 미학을 맨 처음 빠져나온 아방가르드였다. 로맨틱 코미디의 성공과 한국영화산업의 부흥에 대한 평가는 논외로 하더라도, 그가 한국영화의 질긴 관습을 존중하면서도 풍자하는 이중 전략으로 끊어내지 않았더라면, 로맨틱 코미디의 부흥은 좀 더 미뤄졌을지도 모른다. 문도석과 이종세가 읊조리는 '상하이 박 그리고 사나이 의리' 타령, 그가 사사한 김수용의 작품 〈저 하늘에도 슬픔이〉(1965)와 〈벤허〉, 〈바람과 함께 사라지다〉를 함께 명작의 반열에 올리는 대사, 임 창의 만화 『땡이와 영화 감독』을 거론하며 대중문화가 지닌 꿈과 희망을 상기시키는 대사를 통하여 그는 한국영화를 환기시킨다. 이러한 대중 지향적 태도는 "필요에 의해 타르코프스키를 볼 수도 있지만 일반적으로 사람들의 관극 형태는 오락적인 영화를 먼저 보고 나서 그것을 보는" 경향이 있다고 보기 때문인 듯하다. 그것은 그 통속성 속에 깃든 삶의 소중한 애처로움을 '편하게'* 말하는 영화적 표현이기도 한데, 한편으로는 자신의 영화가 한국영화의 관습 속에서 출발하지만 그것을 뛰어 넘을 수 있다는 자신감을 보여주는 것이기도 하다. 그는 영화 속에서 한 개인이나 집단의 특수한 경험 등을 중요하게 다루지 않는데 "시간과 역사적 상황을 가능하면 배제"시켜서 "100년이 지나더라도 살아 움직이는 매개로서 존재하게 하고 싶"[90]기 때문이라고 한다. 어쩌면 그의 영화의 고향은, 대중가요 노랫말에도 나올 정도로 유명했던, 평론가 정영일의 해설이 곁들여진 MBC 텔레비전의 '주말의 명화'와 가까운 곳에 있는 것인지도 모른다. 영화는 현실과 관련 맺지만 그럼에도 불구하고 또 다른 우주라는 것을 기꺼이 받아들이는 사람들에게 영화는 위로의 안식처이자 꿈의 공장일 수밖에 없다. '주말의 영화'의 시그널 음악 〈엑

---

*   이효인, 「이명세 인터뷰」, 『한국의 영화감독 13인』, 1994, 열린책들, 289쪽. 이명세는 자신의 영화가 가벼워 보이는 것은 "편안하게 얘기하고 싶"어서 그런 형식을 취하기 때문이라고 밝히고 있다.

소더스〉의 주제곡이 울려 퍼지면 세속적 긴장으로부터 벗어날 수 있었던 경험을 소중하게 간직하고 있는 사람들에게 영화는 '꿈의 공장'이 된다. 물론 영화가 '또 다른 우주'이자 '꿈의 공장'인 그에게 할리우드를 대상으로 했던 비판을 반복해서 들려줄 수는 있다. 하지만 영화적 방법론 즉 내러티브와 스타일에 대한 근본적 회의와 고민이 부족했던 그 시대에, 이명세의 실험은 정말 혁신적인 것이었다.

7. 이명세, 길 위에서 길을 찾다

〈개그맨〉은 1972년에 있었던 '카빈강도 사건'*을 토대로 하고 있으며, "코미디언 남성남과 남철을 염두에 뒀는데, 소품을 구하다 어떻게 하다 보니 채플린 류로 분류가 되어"[91] 버린 것이다. 하지만 이종세와 문도석이라는 인물은 의인화된 한국영화처럼 보이기도 한다. 즉 자기 반영성의 변형태라고 할 수 있을 것이다. 영화감독이 되겠다는 황당한 꿈을 안고 살아가는 비현실적 인물인 이종세, 영화의 아련한 추억과 낡은 통속적 감성 속에서 '아무 것도 넣지 않은 라면'을 최고로 치는 문도석, 이 두 인물은 충무로에 거주하는 낡은 영화인들의 교집합을 버무려 만든 캐릭터로 보인다. 탈영병으로부터 얻은 M16 총은 그들이 감당할 수 없는 '무거운 갑옷'같은 것이었다. 그들이 거행하는 영화제작의 꿈, 은행 강도, 상점털이는 당시 한국영화의 제작 과정만큼

---

*   이 사건의 실제 인물 이름은 이종대와 문도석이다.

이나 비합리적이며 비현실적인 설정이다. 말하자면 〈개그맨〉의 주인공은 '한국영화'인 셈이다. 당시 충무로 제작 환경은 그들의 탈취 행위를 둘러싼 악조건만큼이나 열악하고, 낡은 녹색 벨벳 의자가 놓인 완행열차 속의 결투만큼이나 우스꽝스러웠다. 비겁하게도 문도석은 열을 다 세기도 전에 이종세의 등에 총을 쏘지만 그 또한 자살한다. 한국영화계의 낡은 관행이 결국 공멸을 불러올 것이라는 것을 말하는 셈이다. 그러나 이 모든 것은 꿈이었다. 햇빛이 따스하게 들어선 오래된 이발소 의자에서 이종세는 깨어나고, 문도석은 '이 놈의 파리'하며 파리채를 휘두르다가, 프랑스 파리에서 '일신상의 문제로' 경비행기로 관제탑을 향해 돌진하겠다는 사람의 얘기를 한다. 그러고는 "참..세상엔 별놈 다 많죠?"라고 말하자 화면은 정지된다. 파리를 잡다가 파리 얘기로 옮겨간 것도 그렇지만 주목할 부분은 '일신상의 문제로 남들이 이해할 수 없는 일을 하는 별 놈이 많다'는 것이다. 도도한 애국주의와 집단주의 속의 개인, 타인은 이해할 수 없는 자아실현에 대해 감독은 에둘러 말하고 있는 듯하다.

하지만 의인화된 한국영화를 둘러싼 영화적 장치는 할리우드 영화를 포함한 '영화 그 자체'같은 것이었다. 「새드 무비」와 코메디언 이주일의 「수지큐」가 흘러나오고, 배우 데뷔를 위해 쌍꺼풀 수술을 한 문도석의 입을 빌린 명작 타령, 잭 니콜슨 찬양, 영화 〈007〉 이야기 등이 이어진다. 숱한 할리우드 영화에 나오는 몽환적인 해변같은 〈개그맨〉의 해변은 연인들의 사랑이 이루어지는 곳이었다. 몽환적 필터를 사용한 이 해변에서 이종세는 오선영이 이미 의자에서 일어나 푸른 바다로 가버렸는데도 제작할 영화의 첫 장면에 대해 말하며 크게 웃는다. 도망치는 그들의 행로는 장르로서의 로드 무비 혹은 갱스터의 하위 장르 중 하나인 헤이스트heist 필름의 공식을 따르지만 관습과 도상은 초라한 패러디이거나 자주 본 한국영화의 한 장면이다. 여장한 문도석과 휠체어에 탄 아기 이종세 이미지는 자주 본 스파이영화의 장면 혹은 〈전함 포템킨〉 오데사 계단의 패러디이다. 문도석에게 '포위망을 뚫고 제3부두에서 22시에서 만나자'고 말하는 설정 또한 한국 갱스터 영화의 패러디이다. 마지막 시퀀스에서 경찰과 대치하고 있는 열차 장면은 영화 원년에 만들어진 〈기차의 도착〉(뤼미에르 형제, 1895)과 서부극과 갱스터의 원조 〈대열차 강도〉(에드윈 포터, 1903)부터 시작한 갱스터 영화의 관습적 공간인 동시에 근대의 상징 공간이다. 〈개그맨〉에서 설정된 시공간과 플롯은 '영화라는 생물'이 내포하고 있는 이미지의 환영, 그 환영이 불러오는 감성에 관한 것이었다. 또 장르영화의 오래된 공식, 관습, 도상들에 관한 것이었다. 이 영화에서 말하고자 했던 것에 대해 이명세는 '다 만들어놓고 보니 자신도 잘 모르는 것'[92]이 되었다고 말하지만, 〈개그맨〉은 이명세의 '영화에 관한 영화'였던 것이다.

〈개그맨〉의 마지막 열차 시퀀스에서, 이제야 현실 감각을 되찾은 문도석은 이종세에게 "다 너 때문이야"라고 소리친다. 이인동체二人同體로 의인화된 한국영화가 분열하는 순간이었다. 상상계의 저수지에서 헤쳐 나온 자아는 결국 동반자살로 끝을 맺지만, 영화는 그것이 꿈이었다는 것으로 갈등을 봉합한다. 이해받을 수 없지만 그럼에도 불구하고 '별놈'이 되어 자신의 길을 가는 것으로 마침표를 찍은 것이었다. 〈나의 사랑 나의 신부〉(1991)는 이런 마침표 뒤에 나온 것이었다.

사랑의 세속성과 권태와 미련이 뒤섞인 생활을 테마로 다룬 이 영화는 감독의 말대로 '낡은 것'이었다. 영화 속 대사 '사랑이 아직 무엇인지 알 수 없지만 어린 날 허공을 향해 쏜 화살이 오랜 후에 친구의 마음속에서 찾을 수 있게 되기를' 바라는 그는 삶의 세속성과 공허감을 느끼지만 그럼에도 불구하고 살아가야만 하는 소시민의 삶과 사랑에 대해 말할 뿐이다. 그는 "장편영화의 시대가 끝나고 단편의 시대가 왔다"[93]고 자신 있게 말하는데 그것은 내러티브보다는 스타일을 더 중시하는 시대가 왔다는 주장이거나 모든 플롯의 반복성과 그 덧없음에 대한 잠언으로 들린다. 그래서 그런지, 플롯을 친절하게 선형적으로 엮는 내레이팅에는 선천적 장애 혹은 거부감을 갖고 있는 듯한 이명세는 그 낡은 주제를 7개의 시퀀스로 나눠서 에피소드 결집 방식의 플롯을 짠다. 만남과 고백, 신혼 첫 날밤의 추억, 헌신과 오해, 상투성과 개별적 감성, 덧없는 사랑 등에 대해 〈나의 사랑 나의 신부〉는 이야기하고 있지만, 주목해야 할 것은 스타일이다.

이명세는 "영화의 미장센조차 삶에 대한 이해에서 비롯된다고 생각하고 있고, 어떤 영화든지 연기자의 움직임 하나, 카메라 하나, 대사 한마디만 좋아도 나는 그 영화가 좋은 영화라고 생각"[94]한다. 그가 스타일에 집착하는 이유는, 창의적 열정에 의한 것이기도 하지만, "시간이 지나면 또 사라져 버릴 것이 아닌가 하는 안타까움"[95]에서 붙들어 두고자 하기 때문이다. 사물의 이미지와 사운드를 보존하고자 하는 의지는 영화를 비롯한 모든 시각 예술의 원초적인 오랜 열망에서 비롯된 것이다. 그런 점에서 이명세는 즉물적 원시인이자 현대 예술의 아방가르드이기도 하다. 오선영이 이종세의 아파트에서 첫 밤을 보내던 날 그들의 대화 중 들려오는 큰길의 차 지나가는 소리를 기억한다면, 1989년 이전에 나온 한국영화 중에서 이러한 미세한 사운드가 활용된 예가 있는지 점검해 볼 일이다. 화면 프레임에 들어온 이상 그 디제시스 내의 이미지와 사운드를 현실적으로 살려내거나 감정을 극대화시킴으로써 그것을 생물처럼 만드는 것이 이명세 영화의 출발점이자 종착점인 것이다. 그래서 그는 세트를 선호하며 '모든 것은 창조되어야 하는 것'*이라고 주장한다.

〈나의 사랑 나의 신부〉에서 신혼부부 방의 창은 바깥에서도 들여다보이는데 항상 빛이 새어나오는 그 방의 유리창 언저리에는 성에가 끼어있으며, 한가롭고 아늑한 사무실에는 따스한 대화가 오간다. 부부가 다투고는 곧잘 화해하는 그 집의 고즈넉한 골목 하수구에는 어느 집에선가 버린 더운 물이 김을 피워낸다. 핍진하게verisimilar 모조된 미장센의 리얼리티는 내러티브가 설정한 달콤한 시공간으로 이끌면서 각박한 현실을 잊게 하는 탈현실적인 시공간이다. 비가 내리다 그칠 때 들리는 투둑투둑 떨어지는 빗소리, 개가 짖는 소리 등 사운드 또한 노스탤지어 가득한 이미지와 함께 스타일을 빛나게 한다. 그래서 그 시대의 관객들은 위로받을 수 있었다. 〈나의 사랑 나의 신부〉의 남녀들의 삶에는 아무런 정치, 경제, 젠더 등의 사회적 쟁점이 개입하지 않았을 뿐 아니라 삼각관계라는 멜로 플롯의 갈등조차 들어있지 않다.

---

* 이효인, 「이명세 인터뷰」, 『한국의 영화감독 13인』, 1994, 열린책들, 290쪽. "그것 때문에 사운드 담당자와 부딪히기도 하는데, 난 비록 실제의 음이 있더라도 효과를 더 높이거나 특별한 경우에는 그것이 영화에 더 들어맞도록 창조되어야 한다고 생각"한다고 밝히고 있다.

이런 내러티브는, 〈개그맨〉의 이종세가 극중 감독에게 '테마가 너무 낡은 것 아니냐'고 질문했던 것에 대한 대안처럼, 한국 멜로드라마로서는 초유의 것이었다. 무척 낯익은 팝진한 설정이지만, 영화 스크린에서는 무척 낯선 드라마였던 것이다. 이 영화의 흥행 성공은 단지 탁월한 스타일에만 있는 것이 아니라 시대가 원했던 새로운 내러티브에서도 찾을 수 있는 것이었다. 이명세는 〈나의 사랑 나의 신부〉에서 이미 길을 발견하였던 것이다. 이명세는 1970, 80년대 한국영화 스크린의 상상계를 비로소 벗어나 새로운 상상계를 개척한 것이었다.

〈첫사랑〉(1993)에서 이명세는 이미 발견한 길 위에서 다시 길을 찾았다. 센티멘탈리즘으로 가득한 이 영화의 공간은 '〈황진이〉이후부터 시작한 세트화된 공간(인조공간)의 일종이며 일본영화 예컨대 오즈 야스지로의 〈가을 오후〉의 흔적을 발견'할 수 있다는 비판으로까지 이어졌다.[96] 정성일은 이 영화가 1970년대적 요소들-베트남 전쟁, 위문 엽서 보내기, 유신정권, 박정희 사진 등-은 제거한 채 사랑의 감정에 대해서만 말하며, 첫사랑에 대해서도 일정한 거리를 두는 장점에도 불구하고 환상적인 수법으로 주관화시킴으로써 내용과 기법, 소재와 소재를 다루는 스타일에서 불협화음을 일으키고 있다고 지적하였다. 또한 〈나의 사랑 나의 신부〉에서 장점으로 작용한, 인서트처럼 제시된 서브타이틀이 이 영화에서는 과도한 자막으로 남용되어 관객의 감정을 혼란스럽게 한다고 보았다. 김종원 또한 흔해빠진 첫사랑 이야기를 공통된 향수의 공감대가 아닌 자기도취적인 방식으로 전개된 점을 지적하였다. 초청한 연극반 연출가 강창욱(송영창)을 짝사랑하는 박영신(김혜수)이 사랑의 열병을 앓다가 결국 그가 유부남이라는 것을 알고 돌아선다는 단출한 플롯의 〈첫사랑〉에는 윤형주, 이장희, 송창식 등의 70년대 포크송이 수시로 흘러나온다. 그의 세심한 사운드는 과잉 사용되었고, 지나치게 잦은 감성적 자막과 애니메이션을 활용한 감상적 미장센의 출현은 〈나의 사랑 나의 신부〉에서 발견한 '새로운 길'을 지나치게 확신하면서 다시 또 다른 길을 찾았던 결과로 보인다. 〈바보들의 행진〉 포스터가 지시하듯 영화의 배경은 1970년대 후반인데 그의 내면에 각인된 과거란 어떤 것이었을까?

이명세는 〈나의 사랑 나의 신부〉에서 버거운 현재의 삶을 모조 설정으로 위로했으며, 〈개그맨〉에서는 꿈 혹은 초현실적 설정으로 현재를 비꼬았다. 하지만 〈첫사랑〉에서는 과거 자체로 넘어가 버렸다. 현재로부터 탈주하고자 하는 그에게 미래는 '과거의 기억'이라는 무기가 없이는 조우하기 힘든 것이 아닐까 싶다. 그런 감성을 지니지 않았던 1993년의 관객들은, 그가 그러한 과거에 매달릴수록 이 영화에서 멀어진 것으로 보인다. 일상의 소중함, 유한한 시간의 중요성 등에 얘기하는 한편 열린 연극을 지향하는 연극 「우리 읍내」가 하고자 하는 말과 〈첫사랑〉은 유사하다. 잦은 인서트 자막이 그러하고, 영신이 정면을 보며 얘기하는 것도 그러하다. 연극 무대처럼 화면 또한 그러하다. 하지만 「우리 읍내」가 인물들의 12년에 걸친 삶을 보여주는 반면 〈첫사랑〉은 과거 한 순간만을 보여준다. 연극 연습 장면과 강창욱을 생각하는 혜수의 방안 장면 그리고 의자와 주전자 그리고 인물마저 사라지는 마지막 씬은[*] 에밀 쿠스트리차Emir Kusturica, 1954 ~ 의 초현실

[*]　『영화』 147호, 영화진흥공사, 1993.3.1. 〈첫사랑〉에 대해 김종원, 정성일, 이은주의 대담.

주의 장면이 재현되는 듯하다. 이어지는 디졸브와 롱테이크로 구성된 에필로그는 첫사랑의 아름답고 아픈 기억을 가진 영신의 삶이 지속되리라는 것을 암시하는 장면이다. 아이스케익을 파는 소년이 골목을 드나들고 아이가 좁은 공터를 자전거로 빙빙도는 장면은 나루세 미키오成瀬巳喜男, 1905~1969의 〈부운〉의 한 장면을 보는 듯하다. 이어진 겨울은 설빔을 입은 사람들이 영신의 집을 드나들고, 아이들이 폭음탄을 터트리는 장면으로 구성되고, 봄이 오자 아낙이 가게를 열고 사내는 줄넘기를 하고 있다. 줄넘기 소리는 윙윙거리며 마지막까지 관객을 붙들고 있는데, 이것은 관객이 영화의 시공간을 기억하는 것이 아니라 마치 그 시공간의 사물들이 우리를 기억하고 있는 듯한 느낌을 준다. 그러니까 〈첫사랑〉은 사물의 기억에 대한 영화라고도 할 수 있다.* 동시에 이명세가 길 위에서 길을 찾다가 길을 잃어버린 영화이기도 하다. 이후 이명세는 〈인정사정 볼 것 없다〉(1999)로 완벽한 성공을 거둠으로써 다시 자신의 길을 회복한다. (이후 〈M〉(2007) 등 관객과의 대화에서 실패하는 경우는 길 위에서 다시 길을 찾았기 때문인 것 같다.) 한국영화 최초의 자기반영성 영화인 〈개그맨〉, 스타일과 신세대 문화에 대해 새로운 장을 연 〈나의 사랑 나의 신부〉, 대체로 실패했지만 초현실주의적 실험과 미장센의 힘을 보여준 〈첫사랑〉만으로도 한국 뉴웨이브는 풍성

이 대담에서 정성일은 이 장면을 '그저 텅 빈 가짜 공간'으로 보았으며, 이어지는 "디졸브와 롱테이크로 제시되는 일상성을 그리는 사계절 씬은 어떤 감동의 영역 속에도 관객을 영입시키지 못"하고 있다고 평가한다.

* 『영화』147호, 영화진흥공사, 1993.3.1. 이 대담에서 김종원은 이 영화의 향수를 불러일으키는 풍경의 재현을 '영화작가로서의 능력'이라고 평가하며, "기억 속에서 죽어버린 사물들에게 생명감을 주는" 것이라고 보았다.

해질 수 있었던 것이다.

8. 장선우, 시대의 감각

〈너에게 나를 보낸다〉(1994)의 마지막 장면에서 '바지입은 여자'(정선경)가 '나'(문성근)에게 공간과 시간을 줄테니 소설을 써보라고 하자 '나'는 책을 차창 밖으로 던져버린다. 버려진 책은 길가에서 나뒹굴고 '나'는 웃으며 "더 이상 꿈꾸고 싶지 않거든요"라고 말한다. 그 책은 친구 은행원이 자신들 세 사람의 이야기를 써서 베스트셀러가 된 소설인데, 은행원의 표현을 빌자면 "소설이 아니라 읽을거리"에 불과한 것이었다. 감독 장선우(1952~)는, 이 영화에서 어떤 가치와 신념을 지키거나 따른다는 것의 허망함을 크게 느끼면서, 그런 분위기의 사회와 그런 분위기에 빠져있었던 자신에 대한 반성 혹은 분노를 드러내는 것처럼 보인다. 물론 원작자 장정일의 창의적 표현에 예민하게 동의한 선택의 결과였다. 지배 권력과 이에 저항하는 또 다른 권력 모두에게 펜을 겨눈 장정일의 이야기를 장선우가 받아들인 것이었다. 원작의 주제와 태도에 대한 장선우의 흔쾌한 동의는 '저주와 오만'이라는 인물의 인용에서 확실해 보인다. ('저주와 오만'이라는 인물은 여공 출신 '바지입은 여자'를 정신적으로 지배하면서, 이렇게까지 표현할 필요가 있었는지 의문이 들지만, 시위 도중 쫓겨 숨어들어간 곳에서 '파쇼를 죽음으로'라는 구호를 외치며 섹스를 한다.) 장정일은 1990년대 한국 사회와 문단에 파열음을 일으킨 대표적인 작가로서 그의 주제는 전방위적이었다. 교양, 통찰력, 표현력, 무정부주의적인 태도 모두에서 천재성을 드러낸 장정일은, 가끔 그 천재성을 낭비하기는 했지만, 〈너에게 나를 보낸다〉 외에도 〈301 302〉(박철수, 1995), 〈너희가 재즈를 믿느냐〉(오일환, 1996), 〈거짓말〉(장선우, 1999) 등에 추상적인 이데올로기적 영감과 구체적인 플롯을 제공하였다. 만약 그가 없었더라면 그 시기 한국영화사는 훨씬 평온했을 것이다.

〈너에게 나를 보낸다〉를 통하여 기존의 모든 관계와의 단절을 선언한 장선우는 이미 〈경마장 가는 길〉(1991)에서 그 전조를 드러내 보였다. 이 영화에서 주인공 R(문성근)은 지속적인 관계와 섹스 요구를 J(강수연)가 들어주지 않자 3천만 원의 보상금을 요구한다. 박사논문을 대신 써주면서 3년 반 동안 동거를 했고, 그에 대한 보답으로 섹스 혹은 돈을 요구하는 둘의 관계는 '교환'에 대한 정치경제학적 언설인 동시에 자본주의 사회의 인간관계에 대한 냉소를 담고 있다. 이 작품은 하일지의 화제작을 원작으로 삼고 있는데 원작 역시 끝까지 이러한 입장과 태도를 밀고 나가는 것은 아니다. 결국 뒤에 가서는 인문적 내면의 신중한 세계로 돌아온다. (말미에 J의 아버지가 일이 커지는 것을 막기 위해서 대구에 사는 R의 부친에게 돈을 싸들고 가지만 그 부친은 돈 받기를 거부한다. 이 일을 전화를 통해 들은 R은 버스를 타고 가며 소설을 쓰기 시작한다)

〈경마장 가는 길〉은 그의 실질적인 데뷔작 〈성공시대〉(1988)와는 확연히 다른 것이었다.* 물론 이 사이에 박영한 원작의 〈우묵배미의

---

* 조재홍, 「장선우 인터뷰」, 『한국의 영화감독 13인』, 1994, 열린책들, 206쪽. 1987년 민주화 대투쟁 시절 장선우는 도정환의 시 「접시꽃 당신」의 영화화 작업을 하다가 시국이 바뀌자 〈성공시대〉로 방향을 바꾸었다. 그 대신 박철수 감독의 〈접시꽃 당신〉(1988)이 나왔고 흥행에 성공하였다. 이후 〈남영동 1985〉(정지영, 2012)와 비슷한 소재를 다루고자 한 〈붉은

사랑〉(1990)이 있었다. 트로트 음악이 넘쳐나는 가운데 액션은 지나칠
정도로 과도하며 인물들은 하나같이 어리석지만 진실하고 아련한 존
재들이었다. 하지만 장선우 영화 중 가장 특징 없는 영화이자 대중적
인 이 영화 속에 들어 있는 것은 자기 삶의 변명 같은, 내면의 문학적
표현이었다. 자본주의의 근본적 문제점에 대해 말하는 것조차 금기시
되던 시기에, 이윤 획득만을 목적으로 삼는 냉혹한 자본주의 시스템
을 직간접적으로 또 우화적으로 표현한 〈성공시대〉의 후속작으로서
는 의외의 작품이었다. 〈성공시대〉 이후 3년 만에 〈경마장 가는 길〉로
의 방향전환이 이루어진 것은 동구권의 몰락과 이데올로기의 혼란 그
리고 이 와중에 적절하게 파고든 포스트모더니즘적 세계관의 영향 때
문이었다고 볼 수 있다. 이 시기 한국사회는 1960, 70년대에 생겨난
서구의 포스트모더니즘의 특정한 측면을 지나치게 환영하며 받아들
였다. 데리다, 리오타르, 보드리야르, 들뢰즈 등으로 대표되는 이들의
철학은 근대적 계몽주의와 이성적 합리주의에 '부분적'으로 의문을 제
기하며 다른 측면의 주제를 생산해낸 것이었다. 하지만 장선우는, 이
성적 합리주의와 예술의 창의적 고유성을 공격하는 '근본적 부정'의
측면에만 매료된, '뒤늦게 도착한' 일군의 한국 포스트모더니스트들과
보조를 맞춘 것으로 보인다. 〈경마장 가는 길〉의 흥행 성공은, 스토리
의 고유한 장점과 스타 여배우의 엉뚱하고 노골적이며 음란한 섹슈얼
리티의 매혹 외에도, 동구권의 몰락이 야기한 이데올로기적 혼돈 상

방〉은 정치적 압력에 의해, 〈남한강〉은 배우와 제작비 문제로, 윤정모의 소설 〈님〉은 시나
리오 문제 등으로 제작이 이루어지지 못했다. 사회적 성격이 강한 이런 작품의 연이은 불
발과 함께 동구 사회주의권의 몰락을 목도하면서 새로운 길을 찾았던 것으로 보인다.

황과 관련 있는 것이라고 볼 수 있다.

〈경마장 가는 길〉이 나왔을 무렵, 정지영은 〈남부군〉(1990), 〈하얀 전쟁〉(1992)을, 박광수는 〈그들도 우리처럼〉(1990), 〈그 섬에 가고 싶다〉(1993)를, 이명세는 〈나의 사랑 나의 신부〉(1991)를 만들었으며, 〈결혼 이야기〉(김의석, 1992)와 〈서편제〉(임권택, 1993)가 충무로 전체를 집어삼키고 있었다. 〈경마장 가는 길〉 이후 장선우는 다시 불교 구도의 길을 다룬 〈화엄경〉(1993)도 만드는데, '경마장 가는 길'에서 잃어버린 길을 찾는 과정이었던 것으로 보인다. 또 80년대 임권택의 불교영화 〈만다라〉, 〈아제아제 바라아제〉, 로카르노국제영화제 최우수작품상을 받은 〈달마가 동쪽으로 간 까닭은〉(배용균, 1989), 정지영의 〈산산이 부서진 이름이여〉(1991)의 연장선상에 있는 것이기도 하다. 한국 영화감독들에게는 불교영화 제작에 대한 태생적 친근성, 의무적 강박, 경쟁심, 콤플렉스가 있는 것으로 보인다. 〈경마장 가는 길〉에서 2년 만에 다시 다른 길로 들어선 장선우의 길은 경쟁자들과의 차별심리도 적게나마 작용하였으며 원작의 인기도 판단에 영향을 끼쳤을 것이다.*

하지만 〈화엄경〉의 우화적 해석은 관객과 행복하게 만나지 못하였다. 이후 그는 〈너에게 나를 보낸다〉를 만들었는데, 이 우울한 냉소의 세계는 소프트 포르노그라피 풍의 화면과 겹치면서 한국 사회를 강타하였다. 그는 마치 예술가로서의 삶을 다 산 듯한 표정을 짓고 있었지만 흥행에서는 대성공을 거두었다. 이후 그는 웬일인지 다시 한

---

* 고은 소설 『화엄경』은 출간 한 달 만에 5쇄를 찍었으며, 당시 『소설 동의보감』(이은성)이 베스트셀러였던 때였다.

국 근대사로 돌아왔다. 〈꽃잎〉(1996)이 바로 그것이다. 최윤의 소설 「저기 소리 없이 한 점 꽃잎이 지고」(1988)를 원작으로 삼은 이 영화는, 에두르는 듯하면서도 5월 광주 참상의 심장을 향해 날카롭게 파고들었다. 그럼으로써 1980년 5월을 거친, 시대의 부채의식을 지닌 사람들에게는 은산철벽과 같은 과제는 덜어질 수 있었다. 이 영화는 〈아름다운 청년 전태일〉(박광수, 1995), 〈이재수의 난〉(박광수, 1999)과 함께 사회성 경향의 마지막 뉴웨이브 작품이기도 했다. 이후 장선우는 〈나쁜 영화〉(1997)라는 파격적인 실험을 한 후 다시 장정일 원작의 〈거짓말〉(1999)로 사회적 파문을 일으켰다. 그리고 〈성냥팔이 소녀의 재림〉(2002)으로 16년에 걸친 감독 생활을 마감한다. 〈거짓말〉이 〈너에게 나를 보낸다〉를 한 차원 높여서 밀고 나간 것이라면, 〈나쁜 영화〉는 그가 15년 전에 주장한 '열린 영화'와 '신명의 카메라'가 실험된 작품이라고 볼 수 있다.

장선우 영화 속에서 일관된 주제의식을 발견하는 것은 대단히 어려운 일이다. 또한 감독으로 입문하기 전 개진한 그의 영화론은 실제 영화 속에서 구체적으로 거의 관철되지 못하였다. 하지만 그가 '꽹과리와 북 그리고 신명의 춤을 통하여 가장 생명력 짙은 것으로 남기고자 했던 의도'[97]만큼은 어느 정도 관철되었다고 볼 수 있을 것이다. 한국 사회의 고정된 생각이나 숨죽인 질서에 대해 끊임없이 문제 제기하였기 때문이다. 하지만 그것들은 거의 모두 그와 비슷한 생각을 가진 문학적 성과에 기댄 것이기도 하였다. 그럼에도 불구하고 장선우의 현란한 철학적 변신 혹은 변덕은 시대정신의 반영이었다. 1990년대 한국사회는 물욕과 혁명 정신이 공존했던 혼종사회였으며, 그만큼 장선우의 스크린을 통한 주장 또한 '밤에는 비즈니스와 클래식 음악에 몰두하다가 낮에는 민중의 너절한 궁핍 속으로 기꺼이 들어가는' 혼종적[98]인 것이었기 때문이다.

9. 장선우, '열려진 영화'의 내면

장선우의 1980년대 학생운동과 마당극 활동은 그의 영화의 출발점이었다. 한마디로 압축한다면 장선우 영화의 출발은 '민중'에서 비롯되었다. 이 민중이란 말에는 '행동하는 공동체'라는 어감이 들어있고, 더구나 80년대에는 '혁명성'을 내장하고 있다. 그의 영화론 또한 그런 연장선상에서 이해할 필요가 있다. 대학 시절 그는 내내 학생운동권의 일원으로 활동하다가 1980년 5월에 잡혀가서 6개월 동안 구속된 후부터 '아들이 태어났고 지긋지긋한 징역살이와 생활의 불안정에서 벗어나 합법적이고 생활이 되는 예술 활동을 하고 싶어서 영화'*를 하게 되었다. 이것을 첫 번째 변화라고 한다면 두 번째 변화는 사회주의적 전망의 상실**과 연관된 것이다. 이 두 변곡점을 고려할 때 장선우 영

---

*   이효인, 「장선우 연보」, 『한국의 영화 감독 13인』, 열린책들, 1994, 233쪽. 1987년 무렵 장선우는 민중문화운동연합 기관지의 영화평 의뢰를 나에게 넘겼으며, 이한열 열사의 기록 영상물 제작을 나에게 의뢰하였다. 당시로서나 지금으로나 고마운 의뢰였다고 생각하지만, 그가 위험한 관계나 일과는 거리를 두려고 했기 때문일 것이다.

**   정성일, 허문영 인터뷰, 「구도의 카메라 꿈꾸는 장선우 그는 누구인가」,《씨네 21》797호, 2011.4.5. https://seojae.com/web/2014/cine21_797.htm 이 인터뷰에서 정성일이 〈우묵배미의 사랑〉과 〈경마장 가는 길〉 사이에 무슨 일이 있었느냐고 묻자, 장선우는 '동구권 붕괴와 베를린 장벽의 철거를 보면서 사적 유물론과 변증법적 유물론의 부정합성에 대해 감지

화는 보다 온전하게 드러날 수 있으며, 장선우 영화에 씌워진 오해도 걷혀질 수 있을 것이다. 즉 1983년에 쓴 장선우의 영화론 속에 민중이라는 단어가 자주 들어가 있더라도, 그것은 1980년대 문화운동론과는 다른 성격의 것이라는 점을 이해할 필요가 있다. 사회적 실천이나 혁명성과는 거리를 두고 있는 글인데도 운동 경력과 글의 제목(「새로운 삶, 새로운 영화」, 「열려진 영화를 위하여」)[99]만을 보고 당시의 '투쟁적' 문화운동론의 하나로 이해되어서는 안될 것이다.

이 두 글은 문화운동의 실천적 차원에서 판단될 것이 아니라, 미학적으로 혹은 의도적으로 오독을 허용했다는 점에서 윤리적 차원에서 판단될 수 있는 것이다. 「열려진 영화를 위하여」는 한국영화의 현실 진단, 몽타주 등을 중심으로 이미지와 데쿠파주decoupage에 대한 자신의 생각, 열려진 영화를 위한 시론 등 3개의 장으로 구성되어 있다. 두 글에서는 영화 이미지와 편집 미학에 대한 얕지 않은 고뇌를 엿볼 수 있으며, 열려있는 마당극의 원리가 작동하는 영화미학에 대한 고민 또한 드러나 있다. 물론 마당극 원리의 영화적 적용이란 매체의 특성 탓에 내러티브와 스타일 모두에서 불가능한 것이 대부분이었다. 하지만 풀쇼트-롱테이크 쇼트로 찍는 카메라와 피사체의 관계를 카메라와 관객이 한데 어울릴 수 있는 '신명의 카메라'[100]라는 본것은 장선우 영화론의 신선한 핵심이기도 했다.* 그는 내러티브에 대해서는

하였으며 이후 "극사실적 묘사를 한 포스트모던을 발견"하였으며 〈경마장 가는 길〉은 그러한 표현의 적용사례'라고 밝히고 있다. 이 긴 대담은, 나의 생각과 불일치하는 부분도 적지 않지만, 장선우 영화에 대해 어느 정도 이해가 있는 이들에게는 퍽 유익한 인터뷰이다.

* 사실상 매체 특성상 실현하기 힘든 것이거나, 부분적으로만 동의 가능한 앙드레 바쟁의

중심 플롯과 주변 플롯을 수시로 역할 전환하거나, 운문과 산문의 통일적 운용을 통하여 "스스로 갈등하며 함께 연동할 때만이 시간 · 공간에 제한받지 않고 끈질긴 전승력을 갖게 된다"[101]고 보았다. 대안적 내러티브alternative narrative라는 개념 사용이 흔치 않을 때 이미 그는 열려진 영화에서는 '고전적 극적 구성은 필연적 해체'를 겪는다고 보았다.[102]

　　여하튼 민중적 마당극의 영화적 구현의 차원에서 이루어진 이론적 탐색을 논외로 하고 '민중'과의 관련 속에서만 본 장선우 영화실천론의 핵심은 사실상 "상업적이라든가 대중적이라는 것이 그 자체만으로 한계를 긋는 뜻만은 아니"[103]며, 오히려 민중주의에 대해 경계하고,* "대중적인 것의 아름다움"**을 애써 찬양하는 것으로 요약할 수 있다. 이 외 다른 많은 인터뷰에서도 그는 이 당연한 주장을 유사한 어투로 '생경하게' 반복한다. 생경하다는 것은, 이런 사정을 모르는 대부분의 인터뷰어들에게 힘주어 강조하기 때문이다. 장선우의 이러한 영

　　롱테이크 예찬과 크게 다르지 않은 것이었다.

* 　　장선우, 「새로운 삶, 새로운 영화」, 서울영화집단 편, 『새로운 영화를 위하여』, 학민사, 1983, 15쪽. 그는 민중에 대한 관념적 절대시, 민중을 운동하는 조직 대상으로만 보는 태도, 민중만이 최고로 치는 기계론적 사고방식을 경계하며 특히 모험주의는 민중적 삶과 거리가 멀다고 주장한다. 그리고 소비에트나 서구유럽의 영화들이 자신이 지향하는 영화의 모델이 될 수 없으며, 볼리비아의 우카마우 집단, 브라질의 시네마노보 같은 3세계 영화운동의 경우도 구체적 적합성을 따져보아야 한다고 보았다. 결국 꽹과리와 북으로 대표되는 신명이 필요하다는 추상적 봉합의 표현에서 대안을 찾는다.

** 　　정성일, 허문영 인터뷰, 「구도의 카메라 꿈꾸는 장선우 그는 누구인가」,《씨네 21》797호, 2011.4.5. https://seojae.com/web/2014/cine21_797.htm 김지하와 하길종 사이에서 오간 편지에서 발견한 이 구절은 장선우 활동의 근간이 되었던 것으로 판단할 정도로 강조되고 있다.

화론은 현실적이며 합리적인 실천론으로 보이지만, 1980년대식 '민중' 혹은 '운동론' 차원에서 주장하기 위해서는 '열려진', '새로운', '신명' 등의 단어들 대신 다른 단어(개념)을 개발했어야 했다. 사실 그는 에둘러 자타 모두에게 자신의 전향을 실토했지만 아무도 그것을 눈치 채지 못했거나 모른 척 했는지도 모른다.[*]

　지식인 혹은 예민한 윤리감각을 가진 사람에게 가장 중요한 것은 그 지식과 윤리의 근거지로부터 인정받는 것이 아닐까? 비록 그 근거지에 아무도 남아있지 않더라도 그 곳에서 처음으로 삶의 가치와 목표를 발견했던 자들에게는 존재의 근거가 되기 때문이다. 그래서 그런지 세속적으로는 절반의 성공을 거두었고 고향에서는 걱정 어린 비판을 받은 〈성공시대〉같은 작품은 더 이상 실험되지 않았다. 〈성공시대〉는 "성공한 자만이 자유롭다, 아니다. 리얼리즘만이 영원히 위대하다, 아니다"라는 자막으로 시작한다. 이 자막은, 이 영화가 우화적 과장이 있는 마당극 형식을 차용하고 있다는 것을 미리 밝히는 동시에 민중문화운동권의 리얼리스트들을 향한 선포 같기도 하다. 〈바람 불어 좋은 날〉의 배경과 〈바보선언〉의 블랙 코미디를 연상시키는 이 영화의 내러티브는 치밀하진 않지만 관습적인 형식을 취하고 있다. 인물의 욕망이 영화를 끌어가고, 선형적인 메인 플롯이 영화의 축이기 때문이다. 중심과 주변의 내러티브가 한데 어우러진 그런 것이 아니었다. 하지만 인물 전형성과 말투는 마당극의 형식을 최대한 취하려

---

[*]　吉本隆明,『藝術的 抵抗と挫折』, 東京: 未來社, 1985, 175쪽. 그의 태도는 요시모토 다카아기(吉本隆明)의 분류에 따르면 '불가피하게 새로운 투쟁을 위한 전향'과 '전향을 거부했지만 전향의 심리가 배태되었을 지도 모르는 경우' 둘 중의 하나일 것이다.

고 한 것으로 보인다. 김판촉, 성소비라는 이름 또한 (현대) 마당극의 이름붙이기 방식이며, 김판촉이 호의를 베풀자 성소비는 "멋있어요 금전적으로다"라고 마당극 대사하듯 말한다. 감독은 자본주의 신화에 대해 김판촉과 성소비의 뒷모습을 롱쇼트-롱테이크로 잡은 해변 씬에서 김판촉의 입을 빌려 장황하게 설명한다. 스타일에서는 '열려진 영화'의 시도였다고 볼 수 있으나, 안이한 전달 방식으로 느껴지기에 충분했다. 엔딩 시퀀스에서, 지방으로 좌천된 김판촉은 경쟁사를 이길 조미료의 컨셉을 '천연적인 것'에서 찾는다. 지금도 이 방식은 자본주의와 개발지상주의에 대한 근본적인 비판이며, 자주 시도되었지만 한 번도 성공한 적이 없는 계몽의 프로젝트이기도 하다. 영화는 김판촉의 제안이 가차 없이 무시당하는 것으로 끝을 맺는데, 만약 그 제안이 수용되었다면 성공할 수 있었을까? 감독은 이 부분은 전혀 고려하지 않은 듯하다. 주제가 성공만을 추구한 자의 몰락이었기 때문이기도 했지만, 감독 또한 현실적으로 그렇게 판단했기 때문일 것이다. 이는 해묵은 '낙관적 전망의 미덕'을 지지하는 차원에서 비판적으로 하는 말이 아니라, 장선우 뉴웨이브 영화의 첫 작품의 내면이 그랬다는 것을 밝혀두기 위해서이다.

10. 장선우, 뉴웨이브 시작과 끝

한국 뉴웨이브 작품들은 크게 세 범주로 나눌 수 있다. 〈성공시대〉, 〈칠수와 만수〉, 〈남부군〉으로 대표되는 사회/역사성 작품, 〈개그맨〉,

〈나의 사랑 나의 신부〉로 대표되는 자기반영적이거나 영화 언어에 대한 자각이 있는 작품, 이데올로기의 영화적 전복이라고 부를 수 있는 시대감각이 있는 작품. 첫째는 영화의 사회적 가치를 제고하였고, 둘째는 영화의 쾌락을 상기시켰으며, 셋째는 니체 식의 표현을 빌자면 '망치로 영화하기'였다. 이 마지막 성향은 전적으로 장선우로부터 시작되었으며 이후 장선우 영화보다는 가볍고 다양한 형태로 나타났다. 예컨대 〈결혼은 미친 짓이다〉(유하, 2002, 이만교 원작), 〈이상한 가족〉(김태용, 2006, 성기영·김태용 극본) 등이다.(홍상수 영화는 비슷한 성향을 지니기는 했지만 어느 한 요소로 규정할 수 없는 다양한 측면을 지니고 있다.) 장선우의 '망치로 하는 영화'는 내러티브와 스타일 양 측면에서 진행되었는데 내러티브에서는 〈경마장 가는 길〉, 〈너에게 나를 보낸다〉, 〈거짓말〉로, 스타일에서는 〈나쁜 영화〉, 〈성냥팔이 소녀의 재림〉으로 전개되었다. 그러니까 한국 뉴웨이브 영화의 시작은 1988년에 시작해서 〈거짓말〉(1999)에서 끝난 것으로 볼 수 있다. 따라서 1990년대는 뉴웨이브와 포스트 뉴웨이브 영화가 공존했던 시기로서 양자 간의 교류와 경쟁이 벌어진 과도기였다.

포스트모더니즘이 1990년대에 뒤늦게 한국에서 유행한 것은 압도적인 우파 이데올로기의 득세와 함께 저항성을 지닌 좌파 이데올로기의 합리성이 와해되었기 때문이었다. 68혁명 이후 이성중심주의 서구 철학이 붕괴된 것과 비슷한 현상이었다. 그것은 철학만이 아니라, 창작자의 독창성 문제, 일부일처제 등 기존 이데올로기 전반에 대해 도전적 질문을 던지는 것이었다. 이러 시기에 나온 〈경마장 가는 길〉(1991)은 이를 여실히 보여주는 작품이다. 이 영화에서 주인공 R은 가족을 벗어나고자 하지만 그것이 가능하다고 하더라도 J와의 법적인 결합을 지향하는 것은 아니었다. 하지만 J가 섹스를 거부하자 R은 J에게 해외로 떠날 것을 제안한다. 물론 해외에서 그들은 동거인 관계로만 지낼 수 있겠지만, 선택의 여지가 거의 없는 R은 일부일처제의 형태를 취할 것이다. 근본적으로 필요한 것은 직업이지만, 당장 R에게는 섹스로 상징되는 외로움으로부터 벗어나는 일이 중요하고, J 역시 다른 남자와의 결혼을 추진하는 난감한 상황이 영화 내러티브의 주를 이루고 있다. 원작자 하일지는 이 소설에서 인물들의 밀고 당기는 대사를 통하여 말의 무의미와 소통 불가능성을 말하는데 그것은 삶의 가벼움, 불가해성을 뜻하는 것이기도 하다. "너의 그런 행동의 이데올로기가 뭐냐?"고 묻는 것은 말의 기의에 대한 질문이지만 한편으로는 이성적 계몽주의을 향한 반문이다. 이러한 행위나 대사가 유의미한 것은 한국 사회가 포스트모던 사회가 되었기 때문이었다. 그것은 거부할 수 없는 시대적 조류 즉 후기 자본주의 사회의 역사적 조건인데, 이론과 사상으로서의 포스트모더니즘과는 구분할 필요가 있다. 즉 거대 서사(계몽)에 대한 의심, 주체의 죽음, 차이에 대한 관심으로 요약할 수 있는 포스트모더니즘의 전략이 포스트모던 사회의 부정성을 변화시킬 수 있는 것은 아니기 때문이다. 장선우 역시 합리주의·계몽주의의 대한 회의와 실망으로 인하여 포스트모더니즘 전략를 취하고 있지만 그것조차 포스트모던 사회의 부정성을 극복할 수 있는 실천적 대안은 아니었다. 하지만 예술적 발언이란 현실적 대안이라는 잣대로 가둘 수 있는 것이 아닌, 윤리적-지적인 혼란을 일으키는 것만으로도 의미있는 것이다.

장선우는 〈경마장 가는 길〉에서 원작자의 한국 사회 진단에 동의하고 있으며 내러티브 또한 거의 그대로 따르고 있다. 하지만 스타일의 변화가 두드러지는데 예컨대 대화 장면에서 쇼트-역전 쇼트 편집 대신에 2인 쇼트의 롱테이크로 구성하거나, 빈 프레임에 인물이 들어오는 방식을 자주 취하고 있다.(홍상수 영화의 대화 장면에서 자주 볼 수 있는 스타일이기도 하다) 또 R과 J가 차안에서 실랑이를 벌일 때 카메라는 차 외부를 훑으며 취객 두 사람의 모습을 담는데 이는 「열려진 영화를 위하여」에서 제기한 주객관 통일의 카메라가 시도된 것이라고 볼 수 있다. 하지만 이 스타일은 의도성에 비해 효력이 크지 않아 보인다. 오히려 후반부의 한 정사씬은 장선우의 난데없는 모더니즘 성향의 실험을 보여준다. R과 J는 낮에 여관방에서 섹스를 하는데 중간에 테니스를 치는 장면이 불쑥 끼어든다. 다시 카메라가 방으로 들어와서도 공 소리는 계속 들리는데, 이것은 작정하고 〈블로우 업 Blow-Up〉(미켈란젤로 안토니오니, 1966)을 인용한 것이다. 전반부 차안에서 실랑이를 벌이는 씬에 나오는 카페 이름도 안토니오니이다. 모더니즘 영화의 대표작 장면을 여기에 끌어온 것은, 모더니즘 영화와 포스트모더니즘 예술 전략의 공통분모가 있기 때문이었을 것이다.

이 장면에서 시간이 경과한 후 나오는 또 다른 정사 씬은 문제적이다. 5분에 가까운 이 장면에서 J는 일시적 흥분에 빠져서 이제 괴롭히지 않겠다며 방을 나가려다 오럴 섹스를 해준다. 제작자 주문 시퀀스로 짐작되는 이 장면은 포스트모더니즘으로 무장한 서사와 내러티브 전략을 일시에 무너뜨린다. 논디제시스 사운드non-diegetic sound (주제 음악)까지 삽입된 통속적 낭만이 짙게 배인 이 장면과 앞의 안토니오니를 인용한 모더니즘 쇼트의 조합을 합리적으로 결속시키는 것은 난감하다. 하지만 마지막 버스 씬에서 이런 부조화는 극복된다. 이 엔딩 씬에서 R의 주관적 시점에 의한 반복적 발화로 가득했던 서사가 효과적으로 끝을 맺었기에 이 영화는 성공할 수 있었다. 이 씬은 다음과 같이 이루어져 있다. R이 버스에서 우유를 마시다가 쏟는 순간 차창 밖으로 두 명의 여성이 보이는 쇼트, 입국 첫날 공항 입국장 모습 쇼트, 그리고 이어 나타나는 들판과 버스 사이를 위태롭게 지나는 한 명의 시골 아낙을 잡은 1인 쇼트, R이 소설을 쓰기 시작하는 쇼트 등으로 구성되어 있다. R이 차창 밖 풍경에서 무엇을 느꼈는지 알 수 없지만, 그가 '글을 쓸 수 있게 된 것'은 어떤 찰나의 깨달음이 있었기 때문일 것이다. 그것은 미미한 존재로서의 농촌 아낙 각자가 지녔을 구체적인 삶에 대한 자각이라고 해도 좋을 것이다. 그것은 지리멸렬한 삶이 예정된 자신의 입국 모습과 아낙의 모습이 한데 어우러진 것이다. 그 각자의 삶은 어떤 이념에 의한 것이 아니라 '그냥 실존'하는 것이라고 R이 자각함으로써 소설을 쓸 수 있었던 것으로 해석된다.

R이 묻는다 "서울와서 사니 이렇게 됐니? 가짜로 어떻게 살아가려고?" J가 대답한다. "나보고 어쩌란 말이예요?" 이 대사는 원작자와 감독의 심정을 대변하는 것처럼 들린다. 이러한 서사와 스타일을 구사하면서 장선우는 포스트모더니즘을 실행하였다. 한국사회가 포스트모던 사회로 진입한 것을 모르는 구태의연한 사람들, 숨죽이며 질서를 지켜온 사람들, 또 다른 이데올로기에 불과한 윤리에 얽매여있는 사람들을 향하여 〈경마장 가는 길〉은 각자 자유롭게, 주변적인 것에 관심을 가지라고 말을 걸고 있다. 그 전에 장선우는 〈우묵배미의

사랑〉에서 자신을 대입시킨 듯한 배일도라는 인물을 통하여, 자신의 생존적/심리적 근거지를 낮고 천박한 곳으로 의도적으로 몰아가서는 과거의 근거지를 벗어나려고 했다. 하지만 이러한(반이데올로기적인) 삶의 통속성에 대한 발화는 블랙 코미디 같은 설정과 애절한 낭만성에 가려 주목받지 못하였다. 하지만 〈경마장 가는 길〉에서 그는 스스로 길을 찾은 듯하다. 그 길은 포스트모던한 방식의 문제 제기였으며, 지식과 윤리의 근거지였던 곳과 처음으로 삶의 가치와 목표를 함께 발견했던 친구들을 부인하는 길이기도 했다.

　〈너에게 나를 보낸다〉는 〈경마장 가는 길〉의 인물들이 지닌 위악적 태도와 윤리조차 냉소적으로 극복한 작품이라고 할 수 있다. 자본주의만큼이나 익숙한 환경이 된 포스트모던 사회를 인지하지 못하고 살아가는 사람들에게 이 영화는 포스트모더니즘 전략을 노골적으로 드러낸다. '소설이 아니라 읽을거리'라는 것은 주체의 죽음을 말하는 것인데, 이는 '은행원'이 '바지입은 여자'와 '나'로부터 들은 이야기를 자신의 이야기와 합쳐서 만든 소설이 베스트셀러가 되는 것으로 구체화된다. 그 소설 아니 읽을거리는 바로 이 영화의 줄거리 대부분을 차지하는 동시에 혼성모방의 실례가 되기도 한다. '바지입은 여자'가 '나'에게 미래를 준비한 인터뷰를 훈련시키면서 "당신에게 문학이란 무엇인가?"라고 묻는다. 이 질문은 영화 전편을 흐르는 질문이며, 그 시대를 살아가는 사람들에게 자신의 삶을 되돌아보게 하는 질문이기도 하다. 이 영화는 창작 주체의 죽음을 주장하는 포스트모더니즘 작품답게 〈경마장 가는 길〉에서 보였던 스타일에 대한 고민은 찾을 수 없다. 그 대신 삶의 비루함이 거침없이 드러나고, 저항 이념과 계몽적 이성주의는 한껏 조롱받는다. '나'가 쓴 것으로 짐작되는 야설 『주체사상을 대신하여, 불타는 침대』는 가판대에서 팔리고 있고, '나'는 돈만 된다면 무엇이든 쓴다. 또 '바지입은 여자'와 만난 이후로 '나'는 섹스에 매료되어 종속적인 위치를 기꺼이 받아들인다. 가치와 희망이 사라진 시대에 남는 것은 섹스와 돈 뿐인데, 이것들은 상호 교환가치를 지닌 것이다. 제대로 웃는 모습을 한 번도 보여주지 않는 '나'는 시대의 우울을 대변하며, 발기불능의 '은행원'은 정신적/신체적 임포 상태에 처한 현대인들을 대변한다. 둘의 공통점은 무능하다는 점인데, 그것은 그들이 여전히 과거 즉 사랑이나 문학의 가치를 완전히 내치지 못했기 때문이다. 반면 '바지입은 여자'는 일찌감치 그러한 것들을 버렸기 때문에 낙관적일 수 있었다. 하지만 이 영화 또한 끝까지 냉소와 무례로 일관하지는 않는다. 삶의 허구성과 통속성을 강화하는 장치로 쓰인 〈우리에게 내일은 없다 Bonnie & Clyde〉(게리 호프만, 1992)의 인용과 음악 「디 엔드 The End」(비틀즈, 1969)을 들려주면서 세기말적 분위기 즉 진지한 분위기를 완전히 벗어나지는 않는다. 이런 요소는 영화 전편에 깔린 냉소와 패러디와는 부조화스럽다. 마지막 장면에서 '나'는 '더 이상 꿈꾸지 않겠다'고 말하며 밝게 웃는다. 하지만 이 쇼트는 오히려 섬칫한 느낌을 주는데 그것은 감독의 정색한 표정을 대변하기 때문이다. 이 영화의 주제이며 백미였던 것이다.

〈너에게 나를 보낸다〉에서 '너'는 '나'의 가없는 사랑의 대상이 아니라 자포자기한 '나'가 '너'에게 자기 존재를 신탁(信託)한다는 것을 의미한다. 하지만 그 '너'란 존재가 인간이라면 역시 불완전한 인간이기에 불안할 것이다. 만약 '너'가 세상을 의미한다면 세상이 흐르는 대로 살겠다는 자포자기인 셈이다. 이 역시 포스트모더니즘 예술적 전략일 수는 있지만 포스트모던 사회의 부정성을 극복하는 유력한 대안은 되지 못한다. 〈너에게 나를 보낸다〉가 그리는 세상이 어느 정도라도 현실적이라면 아마도 이 영화는 1990년대에 창궐했던 에로비디오 제작자와 변화한 세상에 속수무책인 사람에게 큰 영감을 줄 수 있었을 것이다. 하지만 포스트모더니즘 전략은 포스트모던 사회에 일정한 치유력을 행사하지 못했다. 유행처럼 지나가버린 그 유산을 되돌아보면, 〈너에게 나를 보낸다〉는 너무 일찍 왔다가 너무 멀리 가버린 것이 되고 말았다. 〈우묵배미의 사랑〉의 마지막 장면에서 공례가 '몇 번이나 비닐 하우스를 찾아왔는데 당신은 오지 않았고, 우리가 말했던 샛길은 엉터리였다'고 말할 때 배일도는 무심하게 빈손을 쥐고 있을 뿐이었다. 장선우의 내면은 공례처럼 간절하지 않고 배일도의 그것과 닮았는데, 다른 점이 있다면 배일도의 무심함과는 달리 예민한 윤리감각을 지니고 있다는 것이었다. 그 윤리감각에 의한 자책은 아나키즘과 닮은 것이었다.

〈너에게 나를 보낸다〉 이후 장선우는 다시 정색을 하고 〈꽃잎〉(1996)으로 1980년 5월 광주를 상기시키고는, 다시 자신의 길인 아나키스트의 길로 들어선다. 〈나쁜 영화〉(1997)에서 가출 청소년이라고 불러도 될 비전문 배우들에게조차 카메라를 맡기는 실험을 강행하면서 '열려진 영화'를 실험한다. 이어서 〈너에게 나를 보낸다〉에 그나마 남아있던 우화적 요소라는 따뜻함조차 내팽개치고 〈거짓말〉(1999)을 세상에 던져 놓는다. 이 영화는 너무 삭막한 나머지 자기파괴적으로 보였다. 김대중 정권 시절이었지만 그가 보기에 세상은 더 나빠졌던 모양이다. 아니면 가족과 연관된 제도와 윤리의 부정적 본질을 더 각별하게 깊숙이 보았던 것 같다. 원작자 장정일은 감옥에 끌려갔고, 영화는 파문을 일으켰다. 〈거짓말〉을 예술적 발언으로 보지 못하도록 사회 구성원들은 윤리적 그루밍grooming에 포획되어 있었다. 그래서인지 그는 더 큰 실험(〈성냥팔이 소녀의 재림〉)으로 승부수를 던졌다.

2부

1장
영상시대

1. 영화운동과 선언

1925년 보성고보를 졸업한 인텔리 청년 김유영은 이후 1930년 전후 전개된 카프영화운동의 대표적 감독으로 성장하였다. 1907년생이었던 그는 만 스물두 살이 되었을 때 이렇게 선언한다.

> 우리의 두뇌는 푸레쉬적으로 (약) 신영화예술이론을 정열적으로 구도하고 있다. 왜 기를 쓰고 구도(構圖)하느냐? 그것은 기성 영화예술이 필연적으로 몰락과정을 과정(過程)함에 따라 변증법적으로 우리들의 예술시대는 장쾌한 심포니, 생명력, 강력, 용기, 명화, 동철같은 신경, 대항성, 리듬, 스타일, 인내 등이 추체화되어서 '패스트 페이든인'이 되고 있는 까닭이다.[1]

당시 김유영은 러시아 미래파가 아니라, 전통적인 것에 얽매이지 않으면서 소비에트의 시월 혁명의 요구에 근접한 이탈리아 미래파의 거두 마리네티Filippo Tommaso Marinetti, 1876 ~ 1944에 매료되었던 것으로 보인다. 그는 별 근거도 없이 자유주의와 모더니즘은 파탄 났다고 보았으며, 유물론적 철학에 따른 새로운 세상이 올 것이라고 보았다. 김유영의 이러한 선언적 발언은, 당시 섣부른 인텔리들의 유행이기도 했지만, 내면의 요동에서 비롯된 것이었다. 그것은 현재의 상황과 "'서구'와의 명백한 역사적 차이에도 불구하고 '서구'와 동등하게 공존하는 것으로 여겨지길 바라"[2]는 갈망 사이의 불일치에서 오는 것이었다. 하지만 그 두 개의 항은 단절되거나 이질적인 것이 아닌, 서로 어긋나거나 하나가 하나 위를 미끄러지는 것이기 때문에 '요동'이라고 표현할 수 있다. 식민지 인텔리 청년 김유영(들)의 그러한 요동은 시간 의식의 부재에서 비롯된 것으로 보인다. 그들에게 현재는 너무나 절박한 것이라서 과거는 없는 것과 마찬가지였다. 물론 여기에서 '과거'란 개항 이후부터 그 시점까지를 아우르는 것이긴 하지만 그들에게 현재 또한 서구 혹은 일본의 현재인 것으로 보인다. "조선이 일제에 강점되면서 조선인 중심의 흥행업은 재조선일본인들에게 완벽히 장악 당하였다. 이로써 조선의 영화산업은 재조선일본인들에 의해 일본의 메이저 회사들이 주도하던 일본영화산업과 연동하여 움직이게 된다."[3] 따라서 식민지시기 끊임없이 반복된 조선영화의 산업적·예술적 실패는 그러한 '과거'에 대한 인식의 부재에서 비롯된 것이라고 볼 수 있다. 유물론적 철학을 말하는 김유영에게 과거를 포함한 현재적 자각은 부재했던 것이다. 이 년 후인 1931년에 김유영은 노동자와 농민을 주요 관객으로 설정하여 그들에게 맞는 영화를 제작하는 한편 그들 또한 이동영사대에 포함시키는 획기적인 운동론[4]을 제안하였지만, 이 또한 일본 프로키노의 지도자 사사겐주佐々元十의 주장을 번역한 것에 가까웠다.

어떤 운동이든 그 선언은 다소 맹랑하다. 1848년의 공산주의 선언은 "프롤레타리아가 잃을 것이라곤 족쇄뿐이고 그들이 얻을 것은 전 세계다. 전 세계의 프롤레타리아여 단결하라!"라고 했다. 독일의 뉴 저먼 시네마 그룹은 1962년에 "낡은 영화는 죽었다. 우리는 새로운 영화를 신봉한다"고 소리쳤다. 라스 폰 트리에Lars von Trier 감독으로 대표되는 '도그마 95'그룹은 순수하지만 실현하기도 어렵고 실익이 별로 없는 열 가지의 선언*을 1995년에 도그마 헌장이라는 이름으로 발표하였다. 하지만 영화운동 과정에 자연스럽게 이름 붙여진 네오리얼리즘이나 누벨바그 구성원들이 도그마 그룹보다 오히려 더 미적 동질성이나 작품의 성취도에서 풍부했다. 어쩌면 모든 운동 주체와 그 선언은 희생적인 동시에 자기기만적이며, 정열적이지만 성찰에는 무능한지 모른다. 그 까닭은, 자신들의 시도가 강고한 현실 속에서 굴절되거나 좌절될 위험을 알면서도 선언한 것이기 때문이다.

우리는 아직껏 이 땅에 영화는 있었어도 영화예술은 부재했음을 알고 있다. 우리는 이 책임의 소재를 아무에게도 묻는 것이 아니다.

---

* 대표적인 조항으로 들자면, 음향은 반드시 현장의 음향만을 사용하고, 감독의 이름을 타이틀에 올려서는 안되며 감독의 취향을 반영해서 안된다는 것이다.

(중략) '세 세대가 만든 새 영화' 이것은 구각(舊殼)을 깨는 신선한 바람, 즉 회칠한 무덤같은 권위주의를 향한 예리한 투창이어야 한다. 과연 이 땅에서 단 한번의 '누벨바그'나 '뉴 시네마' 운동이 전개된 적이 있었는가?[5]

'영상시대'의 활동은 1975년 7월 18일부터 1978년 6월까지 약 삼 년간 진행된 영화운동이다. 극심한 불황에 빠졌던 1970년대 한국 영화계에 일시에 흥행 성공작을 터트린 신인 감독 이장호, 김호선, 하길종 등이 감독 이원세, 홍파 그리고 평론가 변인식과 함께, 새로운 한국영화를 예고하면서 결성한 것이 '영상시대' 동인 그룹이었다. 칠팔 년 가량 진행된 일제 강점기 카프영화운동이 정치적 목적와 미적 과제를 함께 가진 것이었던 반면 해방 후 약 일 년 정도 전개된 조선영화동맹 중심의 영화운동은 정치적 목적에 집중했던 운동이었다. 이에 반해 '영상시대'는 미적 목적에 집중했던 운동이었다고 볼 수 있다. 하지만 그 목적조차 동인마다 지향점이 다르거나 모호한 것이었다. 카프영화인들이 상용했던 '맑스주의적 입장, 에이젠쉬테인 몽타주, 프롤레타리아 미학'처럼 '영상시대' 동인들도 '영화 예술, 뉴 아메리칸 시네마, 새 영화, 세계적인 영화언어'[6] 등의 단어를 상용하였다. 두 운동의 전개 시점이 사십 년이나 차이가 나는 것임에도 불구하고 선진 미학에 대한 추앙과 정련되지 못한 미적 언어의 사용이라는 점은 유사한 것이었다. 또한 산업적 생존과 미적 성취 그리고 궁극적으로 겨냥한 정치적 발언은 어느 것 하나 실행하기 난감하다는 점에서도 비슷하였다.

영상시대 동인들이 한국영화를 방향을 상실한 '비키니 섬의 거북이'처럼 보았던 1975년은 박정희 정권의 유신헌법과 긴급조치에 의해 표현의 자유가 극도로 위축된 시기였다. 또한 텔레비전의 등장과 관객들로부터 외면당하는 우수영화(국책영화) 정책에 의해 한국영화산업은 내리막길을 걷고 있을 때였다. 1961년 군사 쿠데타 이후 십년 이상 지속된 탄압은 어렵게 쌓아올린 한국영화사를 내면으로부터 무너뜨렸다. 그 결과 1960년대를 대표하던 감독들은 일찍 조로(早老)의 길로 들어서거나 동어반복하는 작품들을 양산하는데 그쳤다. 또한 신예들의 진입 또한 드문 편이었는데, 한국영화계를 지탱하던 대회사였던 신필림의 신상옥과 개별 감독들 예컨대 김기영, 유현목, 이만희, 김수용 등의 조감독 출신인 이장호(신상옥), 김호선(유현목), 이원세(김수용) 등이 그나마 1970년대 중반 이후 두각을 나타냈다. 이들은 동인회 '영상시대'가 발족한 1975년 7월 이전에 제각각 〈별들의 고향〉(1974.4), 〈영자의 전성시대〉(1975.2), 〈특별수사본부 김수임의 일생〉(1975.5) 등으로 대중적 성공을 거두었다. 하지만 '회칠한 무덤 같은 권위주의를 향한 예리한 투창'도 아니었고, '새로운 그 무엇'도 아니었다. 오히려 70년대 한국영화의 퇴행적 징후들 예컨대 관제영화(우수영화), 청소년영화(얄개 시리즈), 호스티스영화 등에 속한다고 볼 수도 있다. 이 영화들의 상업적 성공은 적지 않은 유사 작품들의 제작 동기로 작용하였고, 1980년대를 관통하면서 〈매춘〉(유진선, 1988)에 이르러 대단원에 이르게 된다. 물론 영상시대 동인들이 만든 〈별들의 고향〉, 〈영자의 전성시대〉 그리고 〈여자들만 사는 거리〉(김호선, 1976), 〈겨울 여자〉(김호선, 1977), 〈속 별들의 고향〉(하길종, 1978) 등을 호스티스 영화의 범주에서

만 보는 것은 합리적이지 않다. 〈겨울 여자〉는 다른 성격의 작품이었으며, 〈별들의 고향〉 등은 이를 모방한 다른 호스티스 영화들과도 차별성을 갖는다. 여성을 스크린 위에서 단지 성적 도구로 드러내는 것만을 목표로 한 영화와 적어도 무의식적인 상태에서나마 불리한 위치에 처한 여성을 가학하고 있다는 사회윤리적 감각을 드러낸 영화를 같이 다룰 수는 없기 때문이다.

2. 영상시대의 여러 측면

〈별들의 고향〉이 개봉된 1974년은 민청학련 사건, 동아일보 광고 말살 사건, 인혁당 관련자 사형 집행, 서울대 김상진 학생의 할복자살 사건, 장준하 의문사 사건 등이 일어난 해였다. 이는 유독 그 해에만 일어난 사건들이 아니라 1972년 유신헌법 공포 이후 아니 그 이전부터 지속적으로 일어나던 일련의 징후들이었다. 이런 사회적 분위기 속에서 대중가요계는 「거짓말이야」(김추자,1971), 「그건 너」(이장희, 1973), 「미인」(신중현, 1974), 「왜 불러」(송창식, 1975) 등을 불렀고 대중들은 환호했다. 이 환호는 통기타, 장발, 생맥주, 청바지 등과 함께 하였는데 그것은 미국문화의 모방적 수용에 단순히 그치는 것이 아니라 정치 혹은 생활에서 순응을 거부하는 정서와 맞닿아 있는 것이었다. 이러한 생활문화와 대중음악들의 창작 배경에 의식적인 정치성이 있었을 가능성은 희박하지만, 대중적 환호는 권력자들을 근심하게끔 하였다. '영상시대' 동인들의 결성 전후 작품들은 이러한 대중문화와 손잡는 한

편 서사의 자양분은 문학에서 가져왔다. 그 영화들은 칠팔십 년대 국민교양의 원천이었던 문학 작품을 원작으로 삼았는데, 다양한 문학적 경향들 예컨대 역사와 분단문제, 산업화와 소외문제, 근대적 자유와 실존 문제 중 주로 산업화와 소외문제에 착안하였다. '영상시대' 결성 전 제작된 영화 중 하길종의 영화와 일종의 반공 스릴러인 〈특별수사본부 김수임의 일생〉을 제외한 나머지 두 편은 산업화와 소외문제를 다룬 영화이다. 〈별들의 고향〉과 〈영자의 전성시대〉는 산업화와 소외문제를 다룬 범주의 하위 범주라고 할 수 있는 '젊은 여성들의 도시 생존기'였다. 구체적으로는 산업사회 속에서 성이 소비되는 모습과 무정한 사회를 대비시키는 것이었다. 〈별들의 고향〉(최인호 원작)에서 주인공 경아의 성적 자유와 불행은 여성관객들에게 욕망의 대리 실현인 동시에 동병상련의 계제였다. 반면 정치적 탄압과 사회적 불평등에 무기력했던 남성관객들은 경아라는 캐릭터에게 관음적 쾌락을 느끼는 동시에 집단적으로 가학함으로써 열등감을 만회하려고 하였다. 〈영자의 전성시대〉(조선작 원작)는 상경한 여성의 전형적인 도시 생존기인데, 주인공 영자는 시골에서 상경한 후 식모, 공장 노동자, 빠걸 등을 거쳐 버스 안내원을 하다 팔을 잃고 성매매를 하게 된다. 이런 류의 영화들과 다른 점이 있다면, 영자와 한때 같이 일했던 하층계급의 남성(창수)이 월남전 참전 후 그녀를 만나 친절을 베푼다는 것이다. 하지만 이런 동정적 인물의 등장은 영자의 불행을 관음적 시선으로 즐겼던 남성관객에게 심리적 면책을 주는 것에 불과했는지 모른다. 이후 '영상시대' 동인들은 물론 다른 감독들에 의해서도 '젊은 여성들의 도시 생존기'류의 영화들이 계속 나오면서 '영상시대' 영화들에는 호스티스 영화라는 인식이 씌워졌다. 하지만 그것은 부차적인 이미지에 불과했다. (사실 젊은 여성의 성적 피착취나 방종을 다룬 영화들은 셀 수 없을 만큼 많다.) '영상시대'의 역사적 이미지는, 운동으로서의 미적 성취에 이르지는 못했으나, 시대의 한계를 돌파하기 위한 시도를 했던 것으로 인식되어야 할 것이다.

'영상시대'의 활동은 대체로 하길종을 중심으로 이해되는데 그것은 그가 가장 정열적으로 앞섰으며 요절로 인하여 후대에 더 큰 상상을 불러일으켰기 때문일 것이다.[7] 감독 하길종河吉種, 1941~1979은 미국 유학을 마친 후 귀국한 지 2년 만에 〈화분〉(1972)을 발표하였다. 이효석의 동명소설을 원작으로 삼은 이 영화는 청룡영화제 심사 과정에서 〈테오라마 Teorema〉(피에르 파올로 파졸리니, 1968)를 표절했다는 논란에 휩싸였다.[8] 표절여부와는 별개로, 하길종이 자신의 말대로 첫 장편영화를 '대중오락의 수단으로만 수용되고 있는 한국영화를 사회, 인류문명의식과 영화 미디어 자체에 대한 의식의 개발을 통해 보다 본질적인 차원에서 인간의 문제를 규명하려는 작가의식의 차원에서[9] 시도했다고 추론하는 것은 무리가 아닐 것이다. 사장과 그의 동성 애인인 비서, 사장의 첩과 그녀의 여동생 그리고 하녀 등 다섯 명이 각각 짝을 지어 외딴 푸른집에서 벌이는 욕망의 분출은, 이데올로기적으로는 기존의 윤리의식을 벗어난, 본질적 인간 문제를 다룬 것으로 보기에 충분한 것이었다. 변인식은, 하길종이 〈화분〉을 자신의 대표작으로 생각했다고 말하며, 자신 또한 암울한 사회적 묘사와 음산한 분위기를 조성한 스타일을 예로 들며 하길종의 말에 동의하고 있다.[10]

하지만 〈화분〉보다는 하길종과 '영상시대'를 동시에 아우르는 대표적인 작품은 〈바보들의 행진〉(1975)이라고 볼 수 있다. 흥행에 성공했고 동인 작품들과의 유사성 때문이다. 하길종의 세 번째 장편인 이 작품은 흥행에 크게 성공하면서 '병태 신드롬'을 일으켰을 정도였으며 비평적으로도 큰 찬사를 받았다.[11] 하지만 '본질적 차원에서 인간의 문제를 규명'하기보다는 '대중오락의 수단'처럼 보이는 것을 부인하기는 힘들다. 영상시대 동인이었던 변인식은 "과연 새 세대가 만든 영화들이 종래에 있어 왔던 영화들보다 전연 새로웠었나 하는 의문"[12]을 제기하였으며, 이영일은 "뉴아메리칸 시네마에 나오는 달리는 청년류를 보여주는 것이지만 미완성의 작품"[13]이라고 평했다. 심지어 '영상시대'의 일원이었던 이장호 감독은, 자신들의 영화들에 대해 "짜릿한 말초 감각을 좇아 마치 유행하는 팝송처럼 반짝이긴 했으나, 눈에 띌 만하게 진지한 작업이나 의미 있는 추적을 한 문제작은 없었"으며 "한결같이 매끄럽고 달콤한 감각적 생활방식의 풍속을 친근감 있게 묘사"* 한 것이라고 혹평한다. 이러한 상반된 평가는 '영상시대' 동인 활동에 대해서도 적용되고 있다.

'영상시대' 동인 감독들이 만든 영화와 그들이 지향했던 비평은 동류의 것도 아니었고, 비슷한 수준의 것도 아니었다. 또한 〈아리랑〉(1926), 〈임자 없는 나룻배〉(1932), 〈오발탄〉(1961), 〈사랑방 손님과 어머니〉(1961) 등과 종횡으로 연대하고자 한다는 주장[14]과 '완전히 차원

---

* 　이장호, 「감각만 좋은 낙오자」, 『바보처럼 나그네처럼』, 산하, 1987, 137쪽. 1979년 말 무렵인 이 글을 쓸 당시 이장호는 대마초 사건에 의해 활동이 금지된 상태에서 민중문학 성향의 문인 등과 잦은 교류를 하고 있었다. 자학적인 혹은 냉철한 이 평가는 이런 점이 감안되어야 할 것이다.

을 달리하는 새 세대의 영화'를 지향하는 주장[15] 등 서로 상반된 지향점이 혼재된 것이었다. 영상시대(운동)에 대한 평가는 "'성공'의 측면에 주어진 '개인적 지평'과, '시대적 지평'으로 환원된 '실패'의 측면이 독립적으로 양단해온 이분적 구도 속에 〈영상시대〉를 정리하는 방식"으로 이루어졌는데, 영상시대(운동)는 자신들 속에 내재된 다양한 논리를 균질화하면서 새로운 자기 논리를 구축하는데 까지는 나아가지 못하였다.[16] 하지만 '새로운 자기 논리'를 구축하지 못한 것은 당시 한국영화문화의 척박함을 상기하면 자연스러운 것이라고 할 수 있다. 오히려 다양한 발언들을 통하여 당시의 문제의식을 파악하는 한편 '영상시대' 활동 기간의 작품들에 대해 면밀하게 검토할 필요가 있다. 이 시기 발표된 작품은 총 8편인데, '모더니즘 영화의 수용', '민족지적 문화 추구', '대중소설의 영화화 : 청년문화와의 연대'라는 차원에서 나눠서 볼 필요가 있다는 말이다. 따라서 영화 속에 애니메이션으로 표현된 소설이 들어있는 〈장군의 수염〉(이성구, 1968), 은유적 플래시백과 환유적 몽타주로 구성된 〈안개〉(김수용, 1967) 등 이미 발표된 모더니즘 영화의 맥락에서 이 영화(〈숲과 늪〉, 〈어디서 무엇이 되어 다시 만나리〉, 〈꽃과 뱀〉)들을 볼 필요도 있다. 또한 '민족지적 문화 추구'라는 특징은 우수영화에 외화수입 쿼터를 부여한 제4차 영화법(1973)과의 관계 속에서 검토할 필요가 있다. 그리고 이 정책의 다른 결과물 예컨대 〈이어도〉(김기영, 1977) 등과 함께 언급함으로써 '영상시대'의 작품들이 그 열정만큼이나 당대의 모순 또한 수용하고 있었다는 것을 서술할 필요가 있다.

3. 상반된 내부 평가

〈별들의 고향〉(1974)부터 하길종의 유작 〈병태와 영자〉(1979) 까지 총 5년 동안 동인들에 의해 만들어진 작품들로 넓혀서 보더라도 3년 동안 제작된 작품들과 차별성을 찾기는 쉽지 않다. 문제는 "성공"의 측면에 주어진 '개인적 지평'과, '시대적 지평'으로 환원된 '실패'의 측면이 독립적으로 양단해온 이분적 구도'를 넘어서서 작품을 들여다보는 것인데, 난감한 것은 내부의 평가 기준조차 가변적이라는 점이다.

> 최근 상당한 관객을 동원하여 화제가 되어 온 〈별들의 고향〉, 〈영자의 전성시대〉, 〈겨울 여자〉 또는 〈바보들의 행진〉류가 영화란 말인가. 단연코 아니다. 단지 영화에 접근하려는 노력에 불과하다.[17]

〈바보들의 행진〉에 대한 하길종 스스로 내린 평가 근거는 "영화의 본질은 리얼리즘에로 접근"하는 것인데, "작가의식을 가지고 현실을 투시하는 안목과 현실의 내면을 투시할 수 있는 시혼이 깃든 보는 자로서의 냉철함"이 빠져있으며 "코스모폴리탄적 질서를 이루는 데 성공"하고 있지 못했기 때문이었다.[18] 하지만 그는 3년 후인 1978년에는 앞의 글에서 평가한 같은 영화들에 대해 다른 평가를 내린다.

> 이들 영화의 특징은 정부 당국이 획책하는 이른바 목적영화와 진부한 드라마투르기에 의존했던 기존 영화와는 전혀 다른 새롭고 싱싱한 감각적인 영상과 빠른 템포, 생생한 다이얼로그로 이제껏 방화

의 스크리닝에서 볼 수 없었던 영상을 구축하였다.[19]

앞의 글에서 내린 평가는 그 글 속에 언급된 세계적인 감독들인 페데리코 펠리니, 장 뤽 고다르, 구로자와 아키라, 코스타 가브라스, 잉그마르 베르히만 등과 비교하여 이루어진 것이었다. 즉 절대적인 기준으로 평가한 것이었다. 반면 뒤의 글은 한국영화의 흐름 속에서 과거 한국영화들과 비교하면서 내린 상대적 평가였다. 여기에서 주목할 점은 '감각적인 영상과 빠른 템포, 생생한 다이얼로그'라는 말인데, 〈바보들의 행진〉만을 놓고 보자면, 감각적인 영상은 그로테스크 이미지들과 더불어 마지막 시퀀스 즉 병태와 영철이 동해 바닷가를 거니는 불연속적인 이미지들을 꼽을 수 있으며, 빠른 템포는 타이틀 시퀀스에 나오는 쇼트들, 인물들이 거리를 오가는 장면 등을 들 수 있다. 그리고 생생한 다이얼로그는 당시 한국영화들에 비해 더 구어체로 이루어진 대사와 단발마적인 우스꽝스러운 대사들을 말하는 것으로 보인다. 현실을 있는 그대로 묘사하는 것이 불가능했던 당시에 하길종이 선택한 것은 위와 같은 것들이었는데, 이는 "새로운 이야기와 스타, 그리고 새로운 영상을 보고 싶어하는 관객들의 욕망에 부응하면서도, 여기에 덧붙여 보기 불가능한 것들을 보고 싶어하는 욕망 또한 부추기"는 것이다. "이러한 전략은 검열과 보상이라는 한국영화의 간극을 문제시하고 그것을 표상하는 새로운 스타일의 발견과 실험이라는 점에서 의미가 있는 후대의 평가는 참조할 만 하다."[20]

이장호는 '영상시대' 활동에 대해 "뜻이 뭉쳤다기보다는 인기를 합쳐본 것에 지나지 않았던 것"[21]이라고 썼다. 뿐만 아니라 "산업화 사회가 안고 있는 구조적인 문제를 파악하여 방향을 제시"하기보다는 "소비성향이 짙은 감각적 생활방식만을 찍어내"었기 때문에 "불황을 겪었다는 것은 차라리 당연한 일"이라고 표현하였다.[22] "인기소설들을 영화화한" 영화들이 "예술적인 성과와 관련 없이 영화사상 최악의 불황시대에 이룰 수 있었던 흥행에서의 성공은 겉보기엔 우연인 듯하지만 실상은 필연성이 내재되어 있음을 쉽게 짐작"하게 하며, '영상시대'가 몇 번의 흥행 실패 등으로 쉽사리 해산한 것은 "70년대 특유의 정신적 불안과 정서적 빈곤을 말해주는 것과 같은 해석일 수 있다"[23]고 썼다. 여기에서 '필연성'과 '70년대 특유의 정신적 불안과 정서적 빈곤' 등에 주목할 필요가 있다. '필연성'이란 아주 낙후된 영화 제작 풍토와 한국 관객들의 서구지향성 등을 고려할 때 청년 문화의 통속성을 적당히 조합한 영화 정도라도 환대받을 수 있다는 진단 아래 쓰인 표현으로 보인다. 즉 '정신적 불안과 정서적 빈곤'이란 한계인 동시에 세상과 만날 수 있는 자산인 셈이었다. '70년대 특유의 정신적 불안과 정서적 빈곤'에 대한 구체적 내용은 그의 다른 글에서 유추할 수 있다.

> 나는 1945년 해방둥이다. 얼핏 보면 조금도 일제의 식민사관이나 정책에 직접적인 희생을 당하지 않고 새로 도입한 민주교육을 받고 최초의 한글세대이며 도시의 중류 가정에서 평범하고 안이하게 키워져 …(중략)… '별들의 고향' '어제 내린 비' '너 또한 별이 되어' '그래 그래 오늘은 안녕' 등의 팝송 같은 영화를 만들 수 있었던 것은 지극히 당연했다. …(중략)… 나는 그렇다고 믿지 않았음에도 어느새 일제식민지의 폐허에 방치된 상태에서 자라왔고 미국식 문

화가 변질 급조된 AFKN문화에 마취되었고 유럽의 고전 정신과 교양 속에 뿌리를 내리지 못해 안달하는 반생을 살아왔던 것이다. 이 모든 것은 애초의 내 의지와 상관없이 이루어진 시대적 오염이며 우리 세대가 당한 교육공해였다고 본다.[24]

이장호가 '영상시대' 동인의 의미를 '인기를 합쳐본 것'이라고 말한 것은, 물론 이것은 감독 활동을 강제로 하지 못했던 시기에 흡수한 민중민족적 의식에서 비롯된 것으로 보이는데, 겸손도, 냉소도 아닌 자신만의 문제의식에서 비롯된 주관적 평가라고 보인다. 그것은 그가 자신 세대의 정신적 허약함과 열등감을 냉철하게 볼 수 있었고 자신의 인기 영화가 팝송처럼 낭만적인 것이라고 여겼기 때문이었다. 이는 하길종이 동인들의 인기 영화가 '영화에 접근하려는 노력에 불과'하다고 본 것과 같은 성격의 평가이기도 하다. 하길종의 미국 유학 경력과 그가 제시한 숱한 영화 담론 예컨대 '뉴 아메리카 시네마' 역시 깊이 뿌리를 내리지 못한 서구적 교양으로서 예술적 실천을 자극하는 요인 중의 하나인 동시에 절대적 기준에서 자신들의 영화를 비판하는 양날의 칼 같은 것이었던 셈이다.

한마디로 말해서, 내가 생각하는 영화(그것은 훗날 언젠가 밝혀지겠지만)를 만드는 것이 정책적으로 허용이 안 되며, 내가 배워 온 영화 기술을 이식하기에는 이곳의 시설은 너무나 전근대적 설비를 갖추고 있는 것이다. …(중략)… 어느 시나리오 작가의 울분에 젖은 비통한 탄식을 나는 아직도 기억한다. …(중략)… "적어도 지금

이 자리에서의 한국영화의 적은, 돈도 시간도 텔레비전도 아닌 바로 당신의 비어 있는 머리와 모자라는 재주이며, 파졸리니, 고다르, 펠리니이며, 가지가지 이름이며, 천재들의 개성임을 어째서 모른단 말인가" … (중략)… 나는 한국영화가 꼭 예술성을 띈 순수 작품이어야 한다고 고집하는 것은 아니다. 그렇다고 해서 현대 세계영화 조류를 따라 사회 항의나 부조리에 대한 고발 수단으로서 영화가 발전해 가야 한다는 분수에 넘치는 주장을 하기에는 우리가 겪고 있는 국제정치상의 문제점을 알고 있다. …(중략)… 영화의 예술성 보다는 오락성에 더 비중을 두는 사람이 있다면, 좌우지간 사이비가 아닌 상품이라도 만들려고 노력하는 길에서 점차 영화예술의 본령에 접근해 갈 수 있지 않느냐 하는 점이다.[25]

'훗날 언젠가 밝혀질' 하길종의 영화는 구체적으로 알 수 없으나 그의 첫 작품 〈화분〉(1972)이 〈테오라마 Teorema〉(피에르 파울 파졸리니, 1968)의 영향을 받았다는 것을 상기한다면 아마도 유럽 작가영화나 뉴 아메리칸 시네마의 영화들을 떠올려도 무방할 듯하다. 유학 시절 그에게 중요한 참고물은 《필름 코멘트 Film Comment》, 《사이트 앤 사운드 SIGHT & SOUND》, 《카이에 뒤 시네마 Cahier du Cinema》 등 이었을 것이며, 이장호 식으로 말하자면, 그 잡지들이 다루는 세계에 "뿌리를 내리지 못해 안달"했을지 모른다. 하지만 1975년 5월에 〈바보들의 행진〉을 개봉하여 성공을 거둔 지 5개월 후에 쓴 이 글에서는 점차 현실을 인정하면서 한국에 뿌리를 내리고자 하는 의지를 엿볼 수 있다. 홍파로 짐작되는 '어느 시나리오 작가'의 냉혹한 비판을 수용하면서도 그는 현실과 타협하면서 길을 찾고자 한다. 따라서 하길종은 이장호가 말하는 '70년대 특유의 정신적 불안과 정서적 빈곤'을 인정하는 순간 도약의 발판을 마련한 것으로 보인다. 그래서인지 3년 후인 1978년에 하길종은 자신들의 영화가 "기존 영화와는 전혀 다른 새롭고 싱싱한 감각적인 영상과 빠른 템포, 생생한 다이얼로그로 이제껏 방화의 스크리닝에서 볼 수 없었던 영상을 구축하였다"고 자평한다. 반면 1979년 대마초 사건으로 활동이 정지된 상태였던 이장호는 그 영화들을 하향평준화된 한국영화 상황에서 정신적으로 허약하고 불안한 신인 감독들이 운 좋게, 그의 표현을 빌자면 필연적으로, 만난 것으로 보고 있다. 하길종이 한국영화계에 대한 통렬한 비판에서 현실타협적 위치로 옮겨온 것에 비해 이장호는 그 반대의 길을 걸었던 것이다. '영상시대'의 대표적인 두 감독의 이러한 차이점은 바로 '영상시대'의 실상을 단적으로 보여주는 것이기도 하다. 따라서 운동으로서의 '영상시대'는 몰락해가던 1970년대 한국영화에 문제제기를 한 것 이상의 의미를 지닐 수는 없을 것이다. '집단적 운동'으로서 '영상시대'를 바라보는 순간 우리는 알게 모르게 집단적 맥락으로 개념화하려는 유혹에 시달린다. 따라서 그들의 작품 역시 동인 활동의 측면에서 보기보다는 한국영화사의 매 시기마다 존재했던 특정 감독의 미적 특징이라는 맥락에서 살피는 것이 필요하다고 본다. 그런 이후 그 작품들의 공통적 특징을 다시 논구함으로써 그 시대 혹은 영화사적 맥락에서 당대의 에피스테메episteme 혹은 그것의 '의식적인 파괴'를 발견할 수 있으리라 기대한다.

4. 영상시대 작품 일람

1968년	변인식(1938) 서울신문 신춘문예 영화평론 당선, 이원세(1940) 〈수전지대〉 동아일보 시나리오 신춘문예 입선
1970년	하길종(1941) 귀국, 홍파(1942) 〈몸 전체로 사랑을〉 서울신문 시나리오 신춘문예 당선
1971년	이원세 〈잃어버린 계절〉 데뷔, 홍파 「영화를 보는 눈」 영화평론 신춘문예 당선
1972년	이원세 〈나와 나〉, 〈기로〉, **하길종 〈화분〉 데뷔**, 홍파 〈사람을 찾습니다〉 동아일보 시나리오 신춘문예 당선
1973년	이원세 〈특별수사본부 배태옥 사건〉, 〈방년 18세〉, 〈석양에 떠나라〉, 하길종 〈수절〉, **홍파 〈몸 전체로 사랑을〉 데뷔**
1974년	**김호선(1941) 〈환녀〉 데뷔, 이장호 〈별들의 고향〉 데뷔**, 〈어제 내린 비〉, 이원세 〈빨간에 산다〉, 〈특별수사본부 김수임의 일생〉, 〈만나야 할 사람〉, 〈아빠하고 나하고〉, 홍파 〈묘녀〉
1975년	7월 18일 '영상시대' 결성, 김호선 〈영자의 전성시대〉, **이원세 〈꽃과 뱀〉**, 〈특별수사본부 외팔이 김종원〉, 〈인간단지〉, 이장호 〈 너 또한 별이 되어〉, 하길종 〈바보들의 행진〉, 〈여자를 찾습니다〉, **홍파 〈숲과 늪〉**, 이원세 '영상시대' 탈퇴
1976년	**김호선 〈여자들만 사는 거리〉**, 이원세 〈목마와 숙녀〉, 〈광화문통 아이〉, 이장호 **〈그래 그래 오늘은 안녕〉** 이후 활동 정지(대마초 사건), **하길종 〈여자를 찾습니다〉**
1977년	**김호선 〈겨울여자〉**, 이원세 〈악어의 공포〉, 〈엄마없는 하늘아래〉, 〈엄마없는 하늘아래 (속)〉, **하길종 〈한네의 승천〉, 홍파 〈어디서 무엇이 되어 다시 만나리〉**, 계간 「영상시대」 (여름) 창간, 홍 파 '영상시대' 활동 중단[26]
1978년	이원세 〈엄마없는 하늘아래 (병아리들의 잔칫날)〉, 〈철새들의 축제〉, 하길종 〈별들의 고향 (속)〉, 홍파 〈불〉, **6월 30일 계간 「영상시대」 2호 발간 및 '영상시대' 해산**
1979년	김호선 〈죽음보다 깊은 잠〉, 이원세 〈태양을 훔친 여자〉, 〈전우가 남긴 한마디〉, 〈땅콩껍질 속의 연가〉, 〈돛대도 아니달고〉, **하길종 〈병태와 영자〉**
1980년	이원세 〈매일 죽는 남자〉, 〈하늘이 부를 때까지〉, **이장호 〈바람불어 좋은 날〉**
1981년	**김호선 〈세 번은 짧게 세 번은 길게〉, 이원세 〈난장이가 쏘아올린 작은 공〉**

'영상시대'의 결성은 "연달아 일어난 흥행적 성공들을 그냥 지나쳐버리기 보다 한데 모여 의논하고 힘을 모으자는" 하길종의 제안에 따라 이루어졌다고 한다.[27] 하길종이 〈바보들의 행진〉으로 첫 흥행 성공을 거둔 이후였다. 동인들의 미학적 지향점은, 그들이 발간한 『영상시대』 등의 글과 활동 그리고 작품들을 통하여서는 일관되거나 집단적 공통성을 발견하기 어렵다.* 동인들은, 유현목·김수용·신상옥 감독 아래에서 각각 조감독 생활을 한 김호선·이원세·이장호 감독, 시나리오와 평론으로 영화계에 들어온 후 자작 시나리오로 감독 데뷔한 홍파, 미국 유학 후 평론가로도 활동하면서 감독 데뷔한 하길종 그리고 평론가 변인식 등 여섯 명으로 구성되었다. 이원세의 경우 '영상시대' 결성 이전부터 한 해에 4편의 영화를 연출할 정도로 충무로 세계에 익숙하며 다양한 성향을 작품을 내놓았다. 더구나 이원세는 지방 활동을 이유로 동인 활동 참여에 소극적이었으며 결성한 지 5개월 만에 탈퇴한 사실을 고려하면 '영상시대' 논의에서 제외하는 것이 나을 것이다. 그런데도 이원세가 '영상시대'의 맥락에서 소환되는 것은 그가 〈난장이가 쏘아올린 작은 공〉(1981)으로 1980년대 한국 리얼리즘 영화의 복구에 기여했기 때문일 것이다. 따라서 '영상시대'에 대한 담론은, 1975년 7월 결성 이후 발표된 작품이 여덟 편임에도 불구하고 하길종의 데뷔작 〈화분〉(1972)부터 이장호의 재기작이자 80년대 한국 리얼리즘 영화의 포문을 연 〈바람불어 좋은 날〉(1980)까지 확장되어

---

*   '영상시대'에 대한 기존의 연구들은 대체로 한계와 의미를 열거하고 재규정하고 있다. 이러한 관점은 뒤에 언급하고 의견을 밝힐 것이다.

인식되고 있다. 이러한 의도된 역사적 착오는, 숫자에만 집착하지 않는다면, '영상시대'를 이후 한국영화의 긍정적 변화의 모태로 삼고자 하는 열망과 역사적 맥락 속에서 충분히 수용할 수 있는 것이다. 물론 동인 활동 중에 제작된 작품만을 놓고 본다면, 그들은 '여성 숭배 의식', '전통적 소재의 추구', '낭만성과 퇴폐성'이라는 점에서 공통점을 가지고 있다. 하지만 '영상시대'라는 동인 활동이 규정짓는 시공간에 구애받지 말고 작품 내부와 작품을 둘러싼 사건성의 맥락을 파악하고자 할 때 우리는 좀 더 그 본질에 다가설 수 있을 것이라고 생각한다.

5. 영상시대의 자극과 하길종 영화

1970년대 초반 한국영화계에는 전후 최초의 소형영화 운동이 벌어졌으며, 신상옥, 유현목, 김기영, 김수용, 임권택 등 사십대의 중견 감독들이 여전히 존재했다. '영상시대' 결성 전 유현목 감독을 중심으로 하길종, 박상호, 정일성 등이 결성한 한국소형영화동호회(1970)는 충무로 상업영화가 아닌 '다른 어떤' 영화를 지향하는 최초의 움직임을 상징하였다. 이후 아마추어 영화인들의 모임 '영상연구회'(1971)는 16밀리 영화의 제작과 시네클럽 운동을 전개하였다. 이후 최초의 여성 실험영화 집단인 '카이두 클럽'(1974)은 실험적인 영화 제작을 시도하였다. 이러한 현상은, 1970년대 경제 수준의 향상과 서구문화의 유입에 따른 청년문화의 발흥과 발맞추어 충무로 제작자와 지방 흥행업자의 지배 아래 놓인 영화제작 시스템과는 별개의 예술적 목적을 가진 '영화적 의식'이 생성되었음을 의미한다. 이런 환경 속에서 결성된 '영상시대'의 의미는, 새로운 영화문화를 추구하는 이념적 지향과 막 스타덤에 오른 30대 젊은 감독들의 영화계 헤게모니 쟁탈이라는 맥락에 놓인다. 이 시기 1960년대 한국영화 시스템을 지배하다시피 했던 거장 신상옥 감독은 거의 몰락하였고, 유현목, 김수용, 김기영 조차 태작을 남발하고 있었다. '영상시대'의 출현은 청년문화가 시대의 주류 문화로 진입했다는 것을 의미하는 동시에 기성 감독들의 예술적 생존권을 위협하는 신호이기도 했는데, 그래서인지 유현목 등이 긴 슬럼프를 극복하고 새 작품들을 내놓았다. 임권택은 황석영 원작의 〈왕십리〉(1976), 〈족보〉(1978) 등을 내놓은 다음 박정희 사망 이후에는 〈짝코〉(1980), 〈만다라〉(1981)를 통하여 그의 새로운 탄생을 알렸다. 유현목은 우수영화 외화 수입 쿼터제에 힘입어 〈옛날 옛적에 훠어이 훠이〉(1978), 〈장마〉(1979) 등에 이어 그의 새로운 대표작 〈사람의 아들〉(1980)을 내놓으며 재기를 선언했다. 김기영은 여전히 그만의 독특한 영상 발언을 이어갔는데 〈파계〉(1974), 〈이어도〉(1977) 등이 그러했다. 또한 다작 감독 김수용은 우수영화 선정용이자 신진 감독들과 경쟁하는 듯한 〈토지〉(1974), 〈웃음소리〉(1978) 등을 내놓았다. 이렇게 볼 때 '영상시대'의 탄생은, 그 동인들의 의식적 노력을 인정하더라도, 70년대 중반 한국영화사의 산물이었다. 또한 무/의식적으로 그 시대의 영화적 패권을 차지하고자 했던 야심찬 기획이었다고 볼 수 있다. 하지만 그들이 패권을 차지하지 못했던 것은 야심의 크기에 따르지 못했던 역량 때문이었다. '영상시대'의 공식 활동 기간에 만들어진 영화는 엄격하게 따지면 여덟 편이다. 〈꽃과 뱀〉(이원세, 1975), 〈숲과 늪〉(홍

파, 1975), 〈여자들만 사는 거리〉(김호선, 1976), 〈그래 그래 오늘은 안녕〉
(이장호, 1976), 〈여자를 찾습니다〉(하길종, 1976), 〈겨울여자〉(김호선, 1977),
〈한네의 승천〉(하길종, 1977), 〈어디서 무엇이 되어 다시 만나리〉(홍파,
1977).

하길종의 〈화분〉(1972)은 작품에 드리운 〈테오라마 Teorema〉의
흔적에도 불구하고 특이하고 도발적이었다. 김기영의 〈하녀〉가 개인
의 집요한 욕망의 파괴성을 소름끼치게 설파한 것에 비해 하길종은
한국의 근대라는 체제를 공격한 것이었다. 당시 대중과의 소통에 무
관심한 듯한 이런 태도는 〈바보들의 행진〉에서는, 검열에 많은 부분
이 잘려나갔지만, 어릿광대의 태도로 관객과의 화해를 모색하게 된다.
이런 흐름을 고려할 때, 하길종이 〈수절〉(1973)을 만든 것은 처절해 보
인다. 한사군 시절 중국 오랑캐와 싸워 승리하고 돌아온 장군은 자신
의 처자가 겁탈당한 채 죽은 것을 알게 되고 복수를 한다. 즉 이 영화
는 70년대 유행했던 괴기영화와 무협영화 장르의 초라한 혼합물이었
다. 이 혼합 장르의 중심을 꿰뚫고 지나가는 것은 순결한 여성에 대한
판타지와 나르시시즘으로 보인다. 한국 사회는 오랜 유학 생활을 마
치고 돌아온 그와 그의 영화를, 마치 장군을 사람들이 제대로 알아주
지 않는 것처럼, 제대로 수용해주지 않았다. 하지만 그는 제작 환경을
탓할 뿐 전작 〈화분〉의 도발적인 주제와 거친 리듬을 잊은 듯 했다.
그가 어느 정도 세계의 영화를 섭렵했는지는 알 수 없지만 그 흔적을
이 영화에서는 발견하기 힘들다. 그 대신 그는 자기 연민의 세계로 심
리적 도피를 한 것으로 보인다. 결국 그가 선택한 것은 장르적 관습을
최대한 수용하면서 순결한 여성의 능욕이라는 관습적인 관음적 플롯

을 배치한 것이었다.

하지만 초기 하길종의 한국영화계에서의 좌절은 곧 회복되는데 그것은 이장호와 김호선 그리고 자신의 작품 〈별들의 고향〉, 〈영자의 전성시대〉, 〈바보들의 행진〉 등이 나란히 흥행에 크게 성공했기 때문이었다. 그런데 하길종이 다음 작품으로 선택한 것은 놀랍게도 〈여자를 찾습니다〉였다. 시골에서 상경한 주인공 나팔수가 서울 여자와 결혼하기 위해 젊은 여자들이 사는 하숙집에 들어가서 실컷 이용만 당하다가 결국 아버지가 점지해 준 고향 여자와 '새마을 형 농부'가 되어 행복하게 사는 것으로 끝을 맺는 이 영화는 하길종이 만든 것처럼 보이지 않는다. 상경한 시골 청년이 직장과 하숙집에서 겪는 나열식 실패 플롯들은 도시적 삶을 평가 절하하면서도 근대적 계몽을 요구하는 당시의 '새마을 영화' 범주에 집어넣어도 무방할 정도이다. 이후 하길종은, 물론 우수영화 선정을 목표한 것이었지만, 〈한네의 승천〉으로 다시 초기의 세계로 어느 정도는 돌아온다. 마을 공동체의 제사를 앞두고 모두가 조심할 때 한네가 폭포 아래 선녀당에서 마을의 외톨이 만명에게 구출된 후 벌어지는 일을 다룬 이 영화에서 마을은 그들만의 신념으로 똘똘 뭉친 폐쇄적 공간으로 묘사된다. 한네는, 이십 년 전 마을 제주와 정을 통해 낳은 만명을 몰래 키우던 만명의 어머니가 제사 전 날 사라진 후 환생한 인물이었다. 이 영화에서 마을신인 고목을 섬기는 신앙과 인물들의 끈적끈적한 육욕과 터부 의식 등은 샤머니즘과 토테미즘 사이를 오가는 의식 세계를 보여준다. 1970년대 근대적 발전의 후유증을 비판하면서 자기 위무 혹은 집단적 자존감 고양의 수단으로 사용된 이러한 전래 의식의 영화적 재현은 사실상 퇴행 혹은 정신적 후퇴라고 볼 수 있다. 〈화분〉에서 푸른 집은 파괴되고 인물들은 제각각 욕망의 화신으로 활약하지만, 〈한네의 승천〉의 공동체는 불안하지만 온존되고 인물들은 운명에 복종한다. 〈수절〉에서 파괴된 공동체는 장군에 의해 구출되지만 그 역시 눈과 팔을 잃는 것에 반해 〈한네의 승천〉에서는 한네가 폭포로 떨어지고 만명이 따라 죽는 것이 암시됨으로서 공동체의 질서는 힘겹게 봉합된다. 퇴행이라고 표현한 이유는, 〈화분〉과 〈수절〉에서 공동체가 붕괴되거나 불안정하게 유지되는 것에 비해 〈한네의 승천〉에서는 한네와 만명을 재물로 삼음으로써 공동체가 유지되기 때문이었다. 하길종의 이 작품들을 은유적으로 이해하는 것이 허락된다면, 1970년대 사회 체제에 대해 하길종은 무의식적인 상태에서 수용하는 것처럼 보인다.

6. 영상시대의 실험과 자기모순 : 탈, 성적 망상

〈꽃과 뱀〉, 〈한네의 승천〉, 〈어디서 무엇이 되어 다시 만나리〉 등에서 공통적으로 발견할 수 있는 것은 탈(가면)과 성적 망상sexual paranoia이다. 여기에서 '망상'으로 통칭하는 파라노이아는 편집증, 망상증, 불안감, 심한 공포증 등의 다양한 뜻을 지니고 있다. 성적 망상은, 남성 인물이 여성 인물을 온전한 인격을 지닌 여성으로 대하기보다는 과도하게 성적 대상으로 치환하여 여기에서 파생되는 성적 판타지, 성기 중심적 애정관 등을 토대로 과도한 집착, 공포, 불안 증세 등을 일컫는다. 두루 알다시피, 1970년대 한국사회의 문화 특징 중 하나는 청년문화의 전환기적 발흥이었다. 이는 서구 특히 미국 대중문화를 수용하는 경향이 강했는데, 다른 한편에서는 또 다른 청년문화가 싹을 틔웠다. 구체적으로는 탈춤 등의 민속문화에 대한 관심이 바로 그것이었다. 이러한 '한국적인 것'에 대한 관심이 영화 분야에서는 동인들에 의해 '한국적 영상'으로 구체적으로 표현되고 있다.[28] 이에 대해 동인 중한 명인 평론가 변인식은 사극이나 향토물을 '소재의 차원이 아닌 한국적인 발상과 한국적인 표현양식'[29]으로 다룰 때 한국적 영상이라고 설명한다. 또 여기에서 좀 더 나아가 "전통문화를 고찰하고 이 땅에 이월되어온 서구 문명의 편파적인 요소들을 재정련하여 새로운 자기 발견의 터전으로 바꾸는 작업"[30]이라고 주장한다. '한국적 영상'이라는 주제 아래 이루어진 좌담과 집필은 1973년의 국가 주도 정책의 하나이기도 했다. 박정희 정권을 지지하는 지식인들의 흐름을 만드는데 크게 기여한 임방현의 논지[31]는 1973년에 '한국적 민주주의'라는 개념으로 구체화되었다. 당시 군인 및 관료들이 기관장을 맡았던 영화진흥공사가 의도적으로 이런 쟁점을 유도한 것은 자연스러운 것이었다.

따라서 '영상시대' 동인들이 영화진흥공사에서 발간한 잡지 『영화』의 의도에 어떠한 태도로 참여했는지는 알 수 없지만, 여하간 서양풍 청년문화가 유신정권의 직접적인 탄압을 받았던 것에 반해 민속문화는 장려도 탄압도 아닌 어정쩡한 상태에 놓여 있었다. 그것은 박정희 정권이 주장한 '한국적 민주주의'의 '한국적'인 것에 해당되는 것이었다. 역설적이게도 각 대학의 '민속연구회'는 죄다 탈춤을 전수받으며 공연을 했는데 그 내용은 지배계급을 비판하는 것이었다. 따라서 한국적 미덕이나 가치를 주장했던 정부로서는 그것을 직접 제재할 명분은 없었던 것으로 보인다. 민속 혹은 무속적인 소재를 다룬 이 세 편의 영화뿐만 아니라 비슷한 시기에 발표된 김기영의 〈이어도〉, 유현목의 〈옛날 옛적에 훠어이 훠이〉, 김수용의 〈토지〉 등도 이런 맥락에서 재고할 수 있다. 이 영화들은 민속적 소재를 현대로 끌어와서 해명할 길 없는 심연의 공포나 성에 대해 말하거나, 외부의 침략과 공동체의 율법을 신비주의적으로 다루는 것들이다. 물론 이 영화들의 기획은 '우수영화 선정'과도 연관이 있다. 국가는 정권의 정당성을 위해 '한국적'인 것을 강조하였고, 그 안위를 위해 우수영화 선정 제도를 만들었는데 영화들은 이에 부응하면서도 조금씩 그 요구에 빗나갔던 것이다.

〈꽃과 뱀〉은 삼국유사에 기록된 신라시대 향가 '처용가', 외출을 하고 돌아와 보니 자신의 아내가 다른 사내와 동침하고 있는 것을 발견한 처용이 이를 관용하는 노래를 부르자 그 사내(역신 疫神)가 용서를 구했다는 설화를 모티브로 삼고 있다. 처용무를 추는 현재의 오정근은 신라 시대의 처용으로부터 빙의된 듯하다. 오정근의 아내가 살해되고 범인을 추적하는 범죄영화의 공식formula이 플롯을 지탱하지만, 현재와 과거를 오가는 플롯에는 윤회 사상과 여성의 성기를 둘러싼 해묵은 욕망과 갈등이 여러 에피소드 형태로 서사를 채우고 있다. 영화는, 신라시대 처용과 그의 아내가 유채꽃밭을 가로 질러 산 속의 담에서 목욕을 하고 정사를 나누는 장면(여기에는 나무를 기어오르는 뱀 쇼트가 삽입되어 있다) 후 아내는 역신과 정사를 나누고 이를 본 처용이 용서하는 장면으로 이어진다. 이후 오정근의 어린 시절 처용무를 추는 아버지의 성적 결벽증을 나타내는 장면이 보여지고 이후 시제는 다시 엉키기 시작한다. 처용무 공연을 하는 오정근 – 아내의 뒤를 밟아 아내의 외도 장면을 확인하는 현재(이 장면의 일부는 빠르게 편집된 과거와 현재를 오가는 몽타주로 구성되어 있다) – 처용의 아내가 역신과 정사를 나누는 과거 – 처용무 공연을 하는 현재 등으로 이어지는 일련의 씬들은 과거와 현재를 봉합하면서 '성적 망상sexual paranoid' 이라고 부를 수밖에 없는 남성 캐릭터들의 집착을 보여준다. "시간은 현재를 지나가게 함과 동시에 즉자적으로 과거를 보존한다. 그러므로 과거에 근거한 시간-이미지와 현재에 근거한 또 다른 시간-이미지라는 두 가지 가능한 시간-이미지가 이미 존재하고 있다 할 것이다. 그 각각은 복합적이며 시간의 집합으로서 가치를 갖는다"[32] 하지만 '과거란 팽창되거나 수축된 것으로서 현재를 통하여 연속적으로 인식된다'[33]는 것을 감안하면, 오정근 혹은 관객에게 처용 설화는 그것이 가진 다양한 해석 가능성(헌강왕이 처용의 아내를 범한 것을 은유한 것, 역병 귀신을 쫓긴 위한 것 등)을 차단당한 채 오로지 성적 망상만을 환기한다. 또한 빈번히 등장하는 탈(마지막 장면에서 오정근은 탈을 쓴 채 바다로 들어가 죽는다)을 쓴 장면은 인간들의 성적 망상을 은폐하기 위한 것인데도 주인공이 탈을 쓰거나 벗었을 때의 상황들을 보노라면, 성적 망상의 상징처럼 기능한다. 그럼으로써 탈의 이미지는 시간을 초월하여 과거와 현재의 시간을 묶는 역할을 하고 있다.

1980년대 배창호 감독 등이 할리우드 관습적 내러티브를 한국영화에 정착시키기 전이라는 것을 감안하더라도, 70년대 '영상시대' 동인들의 내러티브는 서사 정보를 친절하게 제공했던 60년대 한국영화의 내러티브보다 거칠다.(1960년대 한국영화 내러티브는 하나의 플롯 축으로 진행되지만 곁가지 에피소드들이 대체로 많은 편이다. 할리우드 관습적 내러티브를 기준으로 삼는다면 아직 미숙한 내러티브 구성이라고 할 수 있지만, 마치 오즈 야스지로小津安二郞의 영화처럼 인물과 사건 그리고 행간을 흐르는 정서들을 풍부하게 전달하는 특징이 있다고 볼 수 있다. 또한 상황의 핍진성 확보를 위해 리얼리티를 훼손하지 않는 장점도 있다.) 이렇게 구멍이 숭숭 뚫린 서사 정보 체계(내러티브)는 이미지를 통하여 보충되는데, 〈꽃과 뱀〉에서 이원세 감독은 탈을 쓰고 춤을 추는 이미지들을 부족한 서사 정보를 채우기 위해 활용한다. 또 여성의 외도와 그 응징으로서의 살인이라는 사건, 이것은 서사 정보로서도 과거와 현재를 통합해서 볼 것을 강요하는 한편 '탈'이라는 매개체를 통하여 시제의 경계선을 허물고 있다. 하지만 이 모든 것들은 이원세 혹은 '영상시대' 동인감독들의 클리셰cliche라고 볼 수 있다. 그것은 일상성의 아우라aura를 환기시키는 것도 아니며, 정보 제공을 하는 것도 아니고, 단지 성적 망상을 강조하는 것에 불과하기 때문이다. 그것은 어쩌면 1970년대 한국영화가 관객을 유인하기 위해 오로지 성적 망상을 환기시키는 스토리 정보나 이미지에 집착할 수밖에 없었기 때문일 수도 있다.

〈한네의 승천〉의 후반부 마을 제사 장면은 플롯의 절정에 해당하는 부분인데, 반복적으로 울리는 징 소리는 상황을 긴박하게 몰아간다. 춤꾼들은 이 농악에 맞춰 춤을 추는데 이것은 정보의 기능이라기보다는 스펙터클로서 기능하고 있다(흑백으로 처리된 과거 장면에서 외줄을 타는 광대의 모습 또한 그러하다). 여기에서 탈을 쓴 한 명의 인물이 무리를 벗어나 외떨어진 만명의 집으로 움직이는데 그는 바로 제주이다. 그는 방에 들어서서 탈을 벗어던진 후 "넌 산신님이 내게 준 계집"이라며 한네의 겁탈을 시도한다. 여기에서 탈은 제주의 비밀 즉 몰래 정을 나누고 만명을 낳아 기르다가 이십 년 전 홀연히 떠난 여인을 향한 성적 집착을 은폐하는 도구이다. 공동체의 안위를 기원하는 주체인 제주가 사실은 공동체를 위협하는 주체라는 점과 그것이 은폐된 점, 결국 그 비밀을 알아버린 한네와 만명이 스스로 죽는다는 점 등은 이념으로서의 공동체가 사실은 위선과 가식으로 지탱되고 있다는 것을 암시한다. 하지만, 앞에서도 말했듯이 〈화분〉에서 주인공 단주가 푸른 집을 파괴한 것과는 대조적으로 〈한네의 승천〉에서 외부인(한네와 만명)은 죽음으로써 배제된다. 여기에서 탈은 원래 신분을 감추고 금기 없는 비판을 공개적으로 할 수 있는 허락된 광기 표출을 위한 가면이 아니라, 위선과 가식으로 위태롭게 유지되는 공동체의 지배층을 위한 가면이 되는 것이다.

〈어디서 무엇이 되어 다시 만나리〉는 기존 영화문법에 대한 도전적 방식이라는 점에서 '영상시대'의 미학을 보여주는 대표적인 작품이라고 볼 수 있다. 하길종이 글을 통하여 한국영화계를 자극했다는 점에서 '영상시대'의 대표자로 수용되는 점은 인정하더라도, 적어도 작품의 미적 태도로서는 홍파가 더 치열했다고 볼 수 있다. 〈어디서 무엇이 되어 만나리〉의 단독으로는 해석될 수 없는 이미지의 나열과 그것들의 충돌(마지막 부분에서 주인공 장호가 건널목을 건너려다 어떤 여자를 보고는 돌아가다가 다시 다른 여자와 부딪히고 또 다시 어떤 차에 부딪힐 뻔하는데, 이후 쇼트는 차 안에 타고 있는 정체 모를 여자 - 조선호텔 앞에 멈추는 그녀가 탄 차 - 이어서 호텔을 풀 쇼트를 잡은 쇼트로 영화는 끝을 맺는다)은 실험영화의 문법과 비슷하다. 이는 홍파가 한국(상업)영화 제작 시스템 속에서 실험영화 그룹 영상연구회나 카이두클럽과 경쟁하는 것처럼 보이게 하는 시퀀스이다.* 이 영화의 쇼트들은, 김기영 감독이 가끔 사용하여 관객을 놀라게 하는 유희 쇼트(⟨이어도⟩에서 카메라를 90도로 기울여 찍은 화면)등과는 다른 성격의 것이다. 즉 주인공 장호의 내면 심리와 한국 사회 세태 그리고 여성에 대한 죄의식 등을 이해한 후에야 의미 부여가 가능한 것들이다. 또 이 영화의 내러티브는 편집 스타일의 파격만큼 파편화되어 있다. 탈춤 공연 연습 도중 탈을 보고 불현듯 죄의식에 빠져든 주인공 장호가 자신의 잠재의식을 알아가는 과정을 그린 이 영화의 스토리는 드러난 플롯만으로는 요령부득이다. 대처승의 아내를 범한 광대의 죄의식을 장호는 탈을 통하여 느낀 후 방황하면서 그 의식의 근원을 탐색한다. 그 과정은 탈 전문가, 굿판, 탈춤 야외 공연, 남녀 정사장면과 여인의 소지燒指, 윤회와 참선에 대한 승려와의 대화 장면으로 병렬 진행된다. 그것은 별도의 시퀀스로 제시되기도 하고 몽타주 양식으로 보여지기도 한다. 영화의 결말은 그가 아내의 전화를 받은 후 퇴근하다가 세 여자와 마주치는 장면으로 끝을 맺는데 끝 부분에 "회개하시오"라는 정체 모를 내레이션이 흘러나온다. 스토리가 지시하는 주제는 '남자들은 탈을 통하여 여자에게 지은 죄를 느끼게 되는데 그것은 특정 한 사람만을 지시하는 것은 아니다'는 것인데 이는 장호가 만난 전문가가 해준 말이다. 이를 극복하기 위해 승려는 장호

---

* 　김사겸, 「이미지 시대의 새로운 장 - -홍파 감독의 ⟨어디서 무엇이 되어 다시 만나리⟩」, 격월간 『영화』 1977년 8 ∼9월호, 114, 116쪽. 그는 이 작품을 관객들로 하여금 이미지를 통해 메시지를 찾도록 하는, 이미지 시대의 새로운 장을 여는 작품이며, 알렝 레네의 작품처럼 기억과 망각의 주체적 갈등을 그린 작품이라고 평했다.

에게 윤회를 믿어야 하며 참선으로 그것을 극복할 수 있다고 말한다. 플롯의 흐름과는 별개로 제시되는, 장호가 만나는 사람들의 이러한 말들은 플롯이 들려주는 스토리가 아니라 감독이 주장하는 자막 같은 것이다.

이처럼 요령부득한 이 영화가 집착하는 것은 '한국적인 것'과 '이미지'이다. 한국적인 것에 대한 강렬한 환기는 서구문화에 대한 대응으로 제시된 것이며, 이미지의 나열과 충돌에 대한 집착은 내러티브 영화에 대한 대응인 셈이다. 하지만 우수영화 선정이라는 안전판 속에서 이루어진 이러한 치열함은 정련되지 못한 것이었다. 미적 경험과 전략의 부재를 자각한 순간 홍파는 쉽사리 '한국적인 것'에서 소재를 찾았지만 그 방식은 역설적이게도 '서구적인 것'이었다. 그 방식은 손쉬운 '성적 편집증'*적인 제제 선택과 과잉된 이미지의 포화로 드러났다. 〈어디서 무엇이 되어 다시 만나리〉는 영상시대 작품 중 가장 도전적인 작품이었지만 그만큼 실험성에 그친 작품이기도 했다.

---

*　홍파, 「연출 노우트 -〈어디서 무엇이 되어 다시 만나리〉」, 격월간 『영화』 1977년 6 ~ 7월호, 32 ~ 33쪽. 감독은 이 작품이 종교적 차원의 윤회설이 아닌 우리에게 잠재되어 있는 '일반적 윤회의식'을 현재의 가치관과 충돌시켜 드러내는 것이며, 이것은 한국영화가 외부로 향하는 방법 중 가장 현명한 방법이라고 주장한다. 또 영화에 등장하는 여인들은 "남자가 소년기의 성장으로부터 연상하여 오는 여인상일 수도 있으며, 남성의 대 여성의 죄의식의 상징일 수도 있으며, 남자가 바라는 여성의 창부성, 현숙, 젊음, 미모, 모성 등 여자가 지녀야 할 복합적 요소의 상징적 인물"이라고 말한다.

7. 영상시대와 호스티스 영화

앞에서도 말했듯, '영상시대'를 호스티스 영화의 유행과 결부 짓는 것은 정당하지 않다. 그 시절에 성을 소재로 한 영화는 꾸준히 제작되고 있었고, 실화를 바탕으로 하여 흥행에도 성공한 〈눈물의 웨딩 드레스〉(변장호, 1973)[34]가 이미 나온 바 있다. 하지만 '영상시대' 결성 이전이기는 하지만 호스티스가 주역을 맡은 〈별들의 고향〉과 〈영자의 전성시대〉가 대중적 성공을 거뒀으며 이후 '영상시대' 활동 기간 동안 〈여자들만 사는 거리〉(김호선)가 나왔고 해체 이후 하길종이 〈별들의 고향(속)〉을 만들었다는 점에서 전혀 근거 없는 말이라고 치부할 수만도 없다. 이런 맥락에서, 1972년에 제작되었지만 1996년에야 한국에 개봉된 〈파리에서의 마지막 탱고〉(베르나르도 베르톨루치, 1972)를 하길종이 적극 소개한 것은 참고할 만하다.[35] 인간적 교류 없이도 정을 나눌 수 있는 두 인물의 강렬한 섹스 장면뿐만 아니라 여 주인공 잔이 폴을 총으로 죽이는 엔딩은, 성을 소재로 한 영화에서 여 주인공이 주로 수동적인 인물로 그려지는 것과는 다르다는 점에서 그러하다. 물론 이 영화(의 소문)가 당시 직접적인 영향을 끼쳤다고 보기는 어렵다. 하지만 여성 인물이 적어도 변형된 형태로나마 혹은 단지 스크린 위에서 소비되더라도 플롯을 끌어가는 온전한 동력이 될 수 있는, 그래서 남 주인공을 주변화시키는 사례로 받아들여질 수 있었다는 상상은 가능하다. 〈별들의 고향〉의 경아와 〈영자의 전성시대〉의 영자는 적어도 진정한 주인공이었기 때문이다.

'영상시대' 활동 기간 동인들의 행적을 보면, 이원세가 일찌감치 탈퇴해 버린 후 김호선은 '영상시대'의 미학적 결의에는 그다지 관심을 보이지 않으며 〈여자들만 사는 거리〉(1976)와 〈겨울여자〉(1977) 등 '여성'을 그리는데 몰두하였다. 또 당시 개봉관 기준 10만 명 관객이 입장하면 성공이었을 때, 그는 유일하게 동인활동 기간 제작된 영화 여덟 편 중 각각 8만명, 58만명의 관객 동원이라는 흥행 실적을 올렸다. 〈여자들만 사는 거리〉는 성매매 지역에 가정방문을 온 순진한 초등학교 교사와 그를 흠모하는 성매매 여성이 갖은 애환을 겪은 후 서로 사랑하게 된다는 이야기를 가진 영화이다. 계층과 윤리 통념을 뛰어넘은 사랑이라는 점에서 〈눈물의 웨딩드레스〉 계열에 속하는 동시에 고아 출신 작부의 사랑이라는 점에서 〈영자의 전성시대〉와도 비슷한 느낌을 준다. 영화의 도입부는 안개 낀 천변의 성매매지역에서 시작하고 결말부는 이중인화 쇼트인데 남녀가 애무하는 쇼트와 아파트와 빌딩이 들어선 서울의 전경을 보여주는 쇼트로 끝을 맺는다. 그 스토리는, 번잡한 생활 속에서 여자 때문에 교사직을 그만두고 외판 책장사를 하며 살아가던 남자가 동거인 여자가 각성하여 호텔 룸메이드로 일하는 것을 확인한 순간 사랑의 결실을 맺는다는 것이다. 사실 도시 주변부에서 살아가는 그들의 미래는 불투명하고 불안하지만 적어도 스크린 위에서는 행복해 보인다. 이 시대의 많은 한국영화가 그랬듯이, 이 영화 역시 서사(감정 표현)와 스타일(슬로우 모션, 줌, 음악)의 과잉 속에서 여성을 그리고 있는데, 가장 관심을 기울인 부분은 빈 몸 하나만으로 도시로 온 여성을 묘사하는데 있다. 그것은 반복적이고 집요해서 숭배로까지 여겨지기도 한다. 이런 점은 〈겨울여자〉에서 정점을 찍는다. 스토커처럼 따라다니던 남자의 자살, 대학 때 사귄 남자의

군 입대 후 사망을 겪은 이화는 죄책감과 함께 언제 죽을지 모르는 삶을 본성에 충실하게 살아야 한다고 생각한다.(여기에서도 첫 남자가 자살하는 공간의 장식장에는 탈이 놓여 있다.) 이후 그녀는 고교 시절 은사를 만나 이혼한 그를 위무하고 그가 과거의 부인과 다시 만나도록 한 후 트럭과 택시가 질주하는 강변도로를 한없이 걷는 것으로 영화는 끝을 맺는다. 두 번째 남자의 죽음은 세 번째 남자(고교 시절 교사)와의 관계 형성에 설득력을 부여한다. 그녀는 결혼을 거부하면서도 그를 사랑해준다. 더욱이 이혼한 그들을 재결합까지 시킨 그녀에게 누구도 돌을 던질 수 없다. 아무런 잘못 없이 운명처럼 주어진 죄책감은 그녀의 성적 개방성에 윤리적 알리바이를 제공하며, 과잉으로 점철된 미장센(석양의 바닷가)과 음악(서정적이거나 격정적인 음악)은 그것을 더욱 강화시킨다. 엔딩의 마지막 쇼트인 정지 화면에서 멈춘 그녀의 표정에는 알 수 없는 미래, 불가해한 삶에 대한 불안이 서려있지만, 그녀는 시대의 무능하고 불안했던 남자들을 구원할 성녀처럼 보인다.

8. 거친 리얼리티와 문화적 맥락

앞에서 언급했듯이 하길종의 〈여자를 찾습니다〉는 새마을 영화처럼 계몽적이며 60년대 이후 꾸준히 나온 한국 코미디 영화의 맥을 그대로 잇고 있는 듯하다. '나팔수'라는 우스꽝스러운 이름의 주인공은 세련된 서울 여자를 구하기 위해 여자들만 있는 하숙집에 들어가서 그들의 환심을 사기 위해 백방으로 노력했지만 결국 망신만 당하고 아버지가 정해 준 여자와 귀향하여 성실하게 살아가는 것으로 영화는 끝을 맺는다. 근대를 지향하면서도 근대에 저항하는 것은 근대적 현상의 본질이기도 하다. 그것은 근대의 파괴적 본성에서 비롯되는 것이며, 근대 정신 또한 이성의 비판에서 출발하는 것이기 때문이다. 그런 점에서 이 영화는 물신적 풍조의 근대를 비판하는 점에서는 근대적이나, 그 결말이 귀향이거나 과거의 온존을 지향한다는 점에서 퇴행적이기도 하다. 같은 해인 1976년에 나온 이장호의 〈그래 그래 오늘은 안녕〉 또한 근대적 삶을 부정적으로 그리는데 이는 1970년대 한국 사회의 공통의 정서였다고 볼 수 있다. 급격한 산업화에 따른 빈부 차와 가난한 청년들의 불안과 불행을 그린 묵시록 같은 이 영화의 주인공들에게는 어떤 희망도 주어지지 않는다. 스타가 되고 싶어 하는 선희와 챔피언을 꿈꾸는 권투 선수 영철은 외진 산동네 서민 아파트에 살고 있다. 그 곳 아이들은 언제나 몰려다니고 엄마와 할머니들은 무기력하고 할 일조차 없다. 두 인물의 가족은 어린 아이와 할머니뿐이며 그들 부모들의 행방은 알 수 없다. 육체를 요구하는 대중문화계에서 탈락한 선희는 호스티스로 전락하고, 승부 조작을 유혹하는 권투계에서 영철은 저항하다 감옥에 가고 만다. 시간이 흐른 후 감옥에 있는 영철을 만나러 온 선희는 결코 장밋빛 약속 따위는 하지 않은 채 간간히 할머니에게 편지를 보내다가 병원에 실려 가고, 출옥한 영철은 하릴 없이 동네를 서성거리며 영화는 끝을 맺는다. 김호선이 '영상시대'의 다소 모호한 미학과는 거리를 둔 채 '상경한 여성 분투기'나 '성녀'를 그리는데 몰두했다면 이장호 역시 도시의 우울을 필름 느와르 풍으로 그리고 있다. 과잉 정서 표출은 자주 몽타주로 표현되고 대부분의 공간은 어둡거나 밤으로 설정되어 있다. 대마초 사건으로 활동이 정지된 지 4년이 지난 후 이장호는 이렇게 술회한다.

> 어떻게 보면 대마초 연예인들의 활동을 금지시켰다는 사실은 나에게 있어 새로운 행운이라고밖에 말할 수 없게 되었다. …(중략)… 그동안 자신도 모르게 사회와 시대의 타락을 영화에서 미화시켰던 죄, 그것을 조장하는 부정적 기능으로 영화를 이용했던 죄가 나에겐 큰 오점이 되었다. 이것은 오늘의 한국영화들에서도 발견할 수 있는 현상이기도 하다. 통속영화가 훗날 역사적 가치로 평가될 수 있다면 바로 그 시대의 잘못된 모습을 무비판적으로 투영시킨 점이다. 허위의 모습을 부정적인 관점으로 파악할 때, 그 시대의 정치적 사회적 이면을 들여다볼 수 있을 것이기 때문이다.[36]

이장호 감독은 자신의 전작들에 대해 이런 반성을 내놓았는데 그것은 활동 금지 기간 동안 문학인 등과 교류하면서 생긴 의식에서 비롯된 것으로 보인다. 하지만 자신을 비판하는 반성이 언제나 객관성을 담보하는 것으로 볼 수는 없다. 반성에는 정서적 작용이 개입하기 마련이며, 그 개입의 계기가 갖는 성격에 따라 과도하거나 빗나갈 수도 있기 때문이다. 그의 반성 즉 "사회와 시대의 타락을 영화에서 미화시켰던 죄, 그것을 조장하는 부정적 기능"을 했다는 점은 옳은 지적이다. 하지만 "통속영화가 훗날 역사적 가치로 평가될 수 있다면 바로 그 시대의 잘못된 모습을 무비판적으로 투영시킨 점"이 있다는 말은 동의하기 힘들다. 왜냐하면 〈그래 그래 오늘은 안녕〉은 그 시대의 잘

못된 모습을 '비판적'으로 투영하고 있기 때문이다. 하길종이 '비록 만명 이하의 관객만 보았지만 앞의 작품들보다 안도감을 주는 젊은 연출자로서의 고민과 가능성'[37]을 보았던 지점은 '비판성'과 스타일에 관한 것이었다고 짐작할 수 있다. 영화의 주 무대인 서민 아파트 단지의 을씨년스런 풍경은 다큐멘터리처럼 묘사되어 암담한 미래라는 주제와 인물들의 절망적인 내면을 효과적으로 표현하고 있다. 그리고 거칠게 촬영되고 편집된 영상들은 그의 대표작이 된 〈과부춤〉(1983)과 〈바보선언〉(1983)을 예고하고 있기도 하다. 대마초 사건으로 활동 정지가 풀린 후 이장호는 재기작 〈바람 불어 좋은 날〉(1980)을 내놓으면서 한국영화계의 대표 감독으로 새롭게 부상하는데 그 전조는 이미 〈그래 그래 오늘은 안녕〉에서 발견할 수 있다.

'영상시대'는 예술 운동의 차원에서 다루기보다는 1970년대 중반 한국영화계의 특징을 공유하면서도 흥행에 성공하거나 새로운 미적 문제 제기를 한 집단으로 다루는 것이 더 합리적일 듯하다. 일찍 탈퇴한 이원세는 동인 범주에 넣기 힘들 정도로 독자적인 길을 걸었다. 그의 후기작들 예컨대 〈난장이가 쏘아올린 작은 공〉(1981), 〈여왕벌〉(1985) 등에 의해 오히려 과거로 소환되었다고 볼 수 있을 정도이다. 김호선 역시 그런 점에서는 이원세와 별반 다를 바 없다. 이장호는 스스로 '인기를 합해 본 것에 지나지 않았다'고 말했지만 그럼에도 불구하고 적어도 세상에 순응적이지 않았다는 점과 새로운 표현을 시도했다는 점에서 그의 동인 활동은 인정될 필요가 있다. 홍파의 경우 한국적인 소재와 한국인의 내재된 정신세계 등을 가장 도전적으로 추구했다는 점에서 누구보다 '영상시대'적이었다. 하지만 그의 문제 의식은 소재 활용의 차원을 넘을 정도로 숙성된 것으로 보이지는 않으며, 그것조차 내러티브와 스타일로 제대로 정련하지 못한 요령부득의 작품이 되고 말았다. 이런 점에서 하길종을 '영상시대'를 상징하는 인물로 보는데 반대하기는 어려울 것이다. 비록 그의 학력 자본과 파문을 일으키기도 했던 평론 활동 탓에 유명세를 타기는 했지만, 동인 활동 이전의 작품인 〈화분〉(1972) 한 편만으로도 그는 주목받을 만하다. 특히 이장호와 하길종은 서로 상대의 작품으로부터 영향을 받곤 했는데, 이장호의 〈그래 그래 오늘 안녕〉에서 보여준 다큐멘터리 터치가 〈바보들의 행진〉으로부터 영향 받은 듯하다는 점에서 그러하다. 그것은 이 두 영화가 당대 청년문화와 핵심적 정서를 공유하고 있으며 그것을 상징적, 은유적 스타일로 구축했기 때문이다. 그러한 스타일은, '영상시대'의 작품뿐만 아니라 당시의 주요 작품들이 검열에 의해 정신적 거세와 실질적인 삭제를 거쳤다는 환경과 무관하지 않다는 것도 기억할 필요가 있다. 동시에 영상시대의 대표작들이 서사의 원천을 최인호 소설 등에 두고 있었으며, 김승옥이 자주 각색에 참여했다는 사실 또한 명기되어야 한다. 하지만 그럼에도 불구하고 영화 텍스트는 편집이라는 마지막 과정을 거친 후에도 관객을 만나게 되면 생물처럼 살아나 새로운 텍스트로 재해석되는, 즉 그 시대만의 맥락에서 수용된다는 것도 새삼 환기할 필요가 있을 것이다.

2장
독립영화운동의 전개과정

한국 뉴웨이브를 이해하기 위해서는 뉴웨이브 미학과 뉴웨이브 운동으로 나눠서 보고자 제안했지만, 독립영화운동 전체를 이해하기 위해서는 더 나눌 필요가 있다. 즉 독립영화계의 영화'운동'인 뉴웨이브 운동, 충무로 감독과 독립영화계 청년들의 교류가 낳은 뉴웨이브 영화(미학), 한국영화장[註] 전체에서 일어난 세대교체를 동반한 뉴웨이브 체제 등으로 구분해서 살펴볼 필요가 있다.

충무로의 기존 감독들로 이루어진 뉴웨이브 그룹과는 별개로 존재했던 독립영화 2세대 즉 작은영화 그룹 혹은 영화'운동' 진영에 속한 청년들은 코리안 뉴웨이브에 속하는 또 하나의 그룹이었다. 한국 독립영화 1세대가 당대의 청년문화와 연대한 것이라면 2세대는 1세대의 성향을 일부 공유하면서도 1980년대 민주화 운동과 연대했다는 점에서 차별성을 갖는다.

이 2세대 내부는 다시 '영화'를 지향하는 그룹과 '운동'을 지향하는 그룹으로 나눠지는데, 시간이 지나면서 서로 교섭하거나 모방하면서 혼종성hybridity을 띤 채 밀월관계를 이어갔다. 또한 이러한 혼종적 성격은 코리안 뉴웨이브 전체를 관통하는 문화적 특징이라고도 할 수 있다. 1990년 전후에 일어난 운동진영과 비평진영의 결합은 단순한 타협만은 아니었다. 그것은 각자 필요했던 것 즉 비평진영에 필요한 운동성(공공적 윤리성)과 운동진영에 필요한 전문성(아카데미즘)의 교환이었다. 이러한 밀월 기간은 1996년 부산국제영화제의 개최 전후까지 이어지는데, 이 기간 뉴웨이브 운동에 참여했던 구성원들의 행동 속에는 운동적 경향과 새로운 영화미학의 지향, 영화시장 진입을 위한 신세대 기획의식, 기존 영화계와의 협력과 투쟁 등 그야말로 이종혼형성Heterogeneidad이라고 부를 수 있는 복잡다단한 성향들이 혼재해 있었다.

1. 뉴웨이브 시기 독립영화운동과 세대 구기[38]

흔히 한국 영화운동을 언급할 때 거의 언제나 서울영화집단을 거론한다. 하지만 서울영화집단이라는 집합 속에는 프랑스문화원과 독일문화원의 영화를 보면서 생겨난 새로운 영화에 대한 열망과 대학문화운동의 미적 지향 그리고 당시 민주화운동의 논리 등이 혼재되어 있다. 부산국제영화제의 산파 역할을 했던 주요 인물들이 참여한 계간『영화언어』는 영화제를 통하여 새로운 영화 문화를 낳는 주역이 되었다. 이『영화언어』라는 집합은 '작은영화' 정신 즉 일명 '문화원 세대', '영화마당 우리', 대학 영화학과 출신의 일부, 서강대 커뮤니케이션 센터 관련자들의 미적 지향 등 전사前史로부터 크게 빚지고 있다. 이러한 모임들과 그 활동은 당시에 '작은 영화*라고 불려졌다. 이처럼 서울영상집단, 민족영화연구소, 노동자뉴스제작단 역시 '작은영화' 영역과 부분적으로 겹쳐있다. 이러한 운동은 합법적·제도권의 영역에서 일어난 것이 아니라 주로 비합법적[39]·비제도권의 영역에 존재했던 것이었다. 이러한 뉴웨이브 운동은 한정적인 것이기는 하지만, 대중들의

---

* 이 명칭은 영화제 '작은 영화를 지키고 싶습니다'(1984.7.7.)에 참가한 인원, 영화, 집단, 이론 혹은 미적 지향 등을 포괄하는 용어이다. 1984년 기준 충무로를 제외한 거의 모든 역량이 다 모인 것이었으며, "현실과 유리된 단편영화를 지양하고 우리의 영화현실을 개혁하겠다는 생각으로, '작은 영화'를 통한 '열린 영화'를 주장하고 있으며, '작은 영화'가 결코 새로운 개념이 아니라 '단편영화=대항영화'라는 기존의 개념을 한국식으로 붙인 용어"라고 해석되고 있다. 전양준, 「작은영화는 지금」, 『열린 영화 』 1. 1984.12. 김정민, 「한국 독립영화사 연구 1980～90년대를 중심으로」, 2016, 동국대대학원 석사학위 논문. 12쪽 재인용. 김정민의 논문 11～14쪽은 작은영화 행사와 의미 등에 대해 자세히 설명하고 있다.

영화 인식에 영향을 끼쳐서 낯선 영화들에 오히려 가치가 더 있을 수 있다는 막연한 인식 제고를 하였다. 더 나아가 새로운 창작을 권장하여 궁극적으로는 당대 영화장의 새로운 창작-수용 구조의 변화를 초래하기도 하였다.

한국에서 독립영화라는 말은 1990년 한국독립영화협의회(1월 31일)가 결성되면서 처음 사용되었고, 이후 1998년 한국독립영화협회(7월 23일)가 창립되면서 공식적인 언어가 되었다. 이후 영화진흥위원회(구 영화진흥공사) 주최의 한국독립단편영화제(1999, 구 금관단편영화제), 서울독립영화제(2002), KBS 텔레비전 프로그램 독립영화관(2003) 등을 통하여 더욱 더 대중적으로 통용되었다. 그 결과 과거에 소형영화, 작은영화 등 다양한 명칭으로 불리던 영화들도 현재는 독립영화라는 명칭으로 호명되고 있다. 따라서 1970년대 중앙대 영화 서클 영상회(1971), 소형영화와 실험영화 집단인 소형영화동우회(1970), 영상연구회(1972), 카이두 실험영화그룹(1974) 등은 한국 독립영화 역사의 원조로 재위치되었다. 이후 하길종 감독 등이 주도한 '영상시대'(1975~78)가 모집한 조연출 그룹 구성원들이 청년영상연구회(1979)를 결성하여 16밀리 단편영화 〈강의 남쪽〉(장길수, 1980) 등을 만들면서 다시 그 맥을 이었다. 또 다른 한편의 영화 청년들은 연세대의 영상미학반(1974), 프랑스문화원의 시네클럽(1978), 독일문화원의 동서영화연구회(1979) 등을 결성하여 새로운 한국영화를 모색하기도 하였다. 여기에서는 1970년대 한국 상업영화계 밖에서 제작과 감상·연구를 통하여 대안을 모색한 이들을 한국 독립영화 1세대로 부르고자 한다.

1980년대에 들어서자 독립영화 1세대와는 영화적 지향이 다른 소규모 집단들이 생겨나기 시작했는데 그 대표적인 것이 얄라셩(1979, 서울대 서클)을 모태로 하는 서울영화집단(1982)이었다. 이들 영화청년들 즉 각 대학의 영화청년들이 모인 '영화마당 우리', 영화진흥공사 부설 영화아카데미, 동서영화연구회[*], 서울영화집단, 대학 영화학과 등은 제1회 작은 영화제 '작은 영화를 지키고 싶습니다'(1984)[**]를 개최하면서 자신들만의 영화적 의지를 표출하였다. 당시 '작은 영화'라는 용어는 '새로운, 대안적인, 열린, 도전적인, 오염되지 않은' 등 중의적인 의미를 지닌 것이었다.[***] 이 글에서는 1984년에 열린 '작은 영화를 지키고 싶습니다' 행사 전후 시점으로부터 삼성영상사업단이 주최한 서울단편영화제(1994)가 열리기 이전까지를 독립영화 2세대로 분류하고자 한다.[****]

한국 독립영화 1세대가 당대의 청년문화와 연대한 것이라면 2세대는 1세대의 성향을 일부 공유하면서도 1980년대 민주화 운동과 연

---

[*]　독일문화원이 한국인을 상대로 조직한 영화 클럽 동서영화동우회(1978)가 사교 클럽으로 전락하자 소수의 학생들 중심으로 학구적으로 재조직한 것이 동서영화연구회(1979)이다.

[**]　국립극장 실험무대에서 열린 이 행사에는 〈강의 남쪽〉(장길수, 청년영상연구회), 〈문〉(서명수, 중앙대), 〈승의 눈물〉(최사규, 동국대), 〈판놀이 아리랑〉(서울영화집단), 〈전야제〉(황규덕, 영화아카데미), 〈천막도시〉(김의석, 영화 아카데미) 등 6편이 상영되었다.

[***]　이후 1980년대 후반에 접어들면서 많은 대학에서 영화 서클이 생겨났으며 영화에 대한 청년들의 관심이 한층 고조되었다.

[****]　한국 독립영화사는 1970년대의 1세대, 1984~1993년 시기의 2세대, 1994~1998년 시기의 3세대(혹은 2.5세대), 한국독립영화협회의 창립과 서울독립영화제(구 한국독립단편영화제)가 개최된 1999년 이후부터를 4세대(혹은 3세대) 등으로 나눌 수 있다. 하지만 「작은 영화를 지키고 싶습니다」에 장길수와 동서영화연구회 등이 참여한 것에서 보듯, 각 세대적 성향은 때로 중첩되거나 반복되기도 한다. 1970년대 독립영화에 대해서는 『한국독립영화의 모든 것 1970-2000』, 2000년 특별호, 한국독립영화협회, 문관규, 「1970년대 실험영화집단 카이두 클럽과 한옥희 감독 연구」, 『현대영화연구』 vol 11, 2011, 등을 참고.

대했다는 점에서 차별성을 갖는다. 서울영화집단의 서울영상집단으로의 개칭, 〈파랑새〉 사건, 대학영화서클연합의 결성, 민족영화연구소와 노동자뉴스제작단 활동, 개인 비디오 작업 〈상계동 올림픽〉(1988)과 16밀리 필름 장편 극영화 〈파업전야〉의 상영이 불러온 독립영화 가능성의 제고, 한국독립영화협의회 결성, 〈어머니, 당신의 아들〉 사건 등이 이 시기 독립영화의 주요한 특징이라고 할 수 있기 때문이다. 이후 이러한 활동에 참여한 사람들은 1990년대 중반 이후 한국 영화계에서 하나의 세력으로 자리 잡게 된다.[*] 그들 대부분은 김영삼 문민정부 수립 이후 상업영화계와 대학 등 합법적 공간으로 진출하였으며, 신분과 활동 공간 그리고 세계의 변화에 발맞춰 논리와 행보의 변화를 보였다.

독립영화 2세대의 활동기간 즉 1980년대 후반은 코리안 뉴웨이브 시기와 겹치는 기간이기도 하다. 누벨바그와 좌안파reft bank의 경우처럼 한국의 독립영화(뉴웨이브 운동)와 뉴웨이브(뉴웨이브 영화)는 대등한 비중을 지닌 것은 아니었고 연배로도 차이가 났다. 하지만 두 영역에 속한 인원은 너무 적었던 터라 직접적 인적 교류가 대부분 이루

---

[*] 장선우, 박광수, 김동원, 홍기선, 김홍준, 이정국, 송능한, 김의석, 황규덕, 김동빈, 이용배, 장동홍, 이재구, 공수창, 장윤현, 구성주, 민병진, 이수정, 이상인, 장윤현, 김조광수, 김웅수, 김윤태 등 20여 명의 감독, 오정옥·김재호(촬영감독), 영화정책 전문가 김혜준(민족영화연구소), 1990년대 영화법 관련 운동 및 평론가 이정하(민족영화연구소), 영화제작자 이은(〈파업전야〉), 김준종(민족영화연구소), 부산국제영화제 김지석, 이용관, 전양준(『영화언어』), 『키노』 편집장인 평론가 정성일(『열린영화』), 서울여성국제영화제 김소영, 변재란(『열린영화』), 독립영화 제작교육 낭희섭(영화마당 우리), 학계, 평론계에서 활동한 강한섭, 김영진, 유지나, 이충직, 이효인, 정재형, 조재홍 등은 자신이 속한 영역에서 나름의 역할을 하면서 한국영화의 성장에 일조하였다.

어졌다. 또 독립영화 출신 청년들이 충무로 영화계로 들어갈 때는 뉴
웨이브 감독들의 휘하로 들어가서 조감독 등을 하였다.[*] 당시 도제식
으로 운영되던 영화계의 감독-조감독 체계는 작업뿐만 아니라 인간
적, 예술적 영향관계 속에서 운영되었다. 이들이 1980년대 중후반에
만든 영화들은 거의 흥행 측면이든 비평 측면이든 주목을 받았다. 감
독 개인에 따라 특성이 다르기는 하지만 비판적 리얼리즘, 글로벌 수
준의 컨벤션 영화, 스타일 등의 차원에서 자신만의 영역을 개척하며
1990년대 한국영화 발전의 토대가 되었다. 1990년대 삼성 등 대기
업의 영화 진출을 촉진한 결정적인 계기는 〈서편제〉(임권택, 1993)였지
만, 기획영화의 가능성을 확인시킨 〈결혼 이야기〉(김의석, 1992) 또한 중
요한 계기로 작용하였다. 이 영화를 기획, 제작한 신철(1958)은 김수
용 감독의 연출부 출신이며 명보극장 기획실 근무 시절 칸 영화제 그
랑프리 수장작 〈파리 텍사스〉(빔 벤더스, 1984)를 모험적으로 수입, 상영
하기도 한 시네필이었다. 이들은 모두 앞서 말한 '작은 영화를 지키고
싶습니다'라는 행사에 담긴 새로운 영화에 대한 열정과 갈망 그리고
1980년대식 민주화 염원을 공유하고 있었다.

[*]　임권택(1936) 휘하에서 곽지균, 김홍준은 조감독을 하였고 송능한은 시나리오를 썼다.
　　1960년대 대표적인 감독 즉 신상옥, 김기영, 유현목, 김수용 등은 많은 감독들을 배출하였
　　는데 정지영(1946), 장길수(1954) 등은 김수용(1929) 감독의 조감독을 지냈다. 신상옥 감
　　독의 조감독 출신인 이장호(1945)의 조감독으로는 배창호(1953), 신승수(1954), 박광수
　　(1955), 오병철(1958) 등이 있는데, 신승수는 하길종(19410)의 조감독도 지낸 바 있다. 배
　　창호의 조감독으로는 이명세(1957), 곽지균(1954) 등이 있으며, 곽지균은 임권택 감독의
　　조감독 후 동년배나 다름없는, 새로운 감독으로 부상한 배창호의 조감독을 지내기도 하였
　　다. 박광수의 조감독 출신으로는 황규덕(1959), 이현승(1961) 등이 있다.

2. 독립영화의 두 경향

독립영화 2세대 기간 중 그 중간에 해당하는 시기(1987~1991)는 한국 뉴웨이브 운동의 핵심적인 시기이기도 하다. 이 기간에 형성된 '작은 영화'와 '운동진영'의 대립과 절충은 향후 한국영화의 어떤 윤리적 기준으로 작동하면서 오랫동안 통용되었다. 여기에서 '운동진영'이란 서울영상집단(1987), 민족영화연구소, 노동자뉴스제작단 등 영화보다는 운동에 더 치중한 그룹을 가리킨다. 또한 '작은영화'라는 범주 내부에에도 다양한 경향들이 있었는데 이는 '정치적 모더니즘'으로 성격 규정할 수 있는 것이었다. 이 개념은 당시로서는 '독립영화'만큼이나 낯설고 반체제적 어감으로 받아들여졌다. 우선 모더니즘 영화와 정치적 모더니즘을 구분할 필요가 있다. 모더니즘 영화란 리얼리즘이나 대중 영화의 낮은 질에 반발하여 영화의 관습적 핍진성을 거부하고 자기반영적 미학과 새로운 창의성을 추구한 것을 말한다. 반면 독립영화 2세대 시기의 '작은영화'에 붙여진 '정치적 모더니즘'이란 영화의 리얼리티를 회복하고자 하는 미적 개념을 최우선으로 하면서도 좀 막연한 수준에서 모더니즘 영화 미학 전체를 아우르는 것이었다. 즉 한국영화가 안고 있었던 당시의 과제 모두를 막연한 수준에서 내포하고 있는 것이었다. 따라서 하나의 성향으로 규정하기 곤란한 이 시기 정치적 모더니즘은, 영화(장치)의 환영적 성격과 이념적 포장을 겨냥하여 리얼리티의 회복을 지향하는 한편 서구 철학과 영화이론 즉 작가주의, 구조주의, 정신분석학, 영화를 통한 정치적 표현 등 다양한 성향을 아우르는 것이었다.

이 시기 충무로의 기존 감독들로 이루어진 뉴웨이브 그룹과는 별개로 존재했던 독립영화 2세대 즉 작은영화 그룹(이하 '작은영화'로 약칭)혹은 영화'운동' 진영(이후 '운동영화'로 약칭)에 속한 청년들은 '체제로서의 코리안 뉴웨이브'에 속하는 또 하나의 그룹이었다. 이 그룹은 1987년 전후 시기, 결정적으로는 〈파랑새〉 사건을 거치면서 분화되었다. 애초부터 성향 차이가 있었지만, 이 사건을 계기로 작은영화와 운동영화로 나뉘게 되었다. 이 두 그룹은 성향 차이가 있었음에도 불구하고 1990년에 독립영화협의회가 결성되면서 '독립영화'로 통칭되었다. 그 전까지 운동영화는 민족영화, 민중영화 등으로 편의적으로 불리곤 했다. (따라서 이 두 그룹을 충무로 영화나 충무로의 뉴웨이브와 대비해서 부를 때는 '뉴웨이브 운동' 혹은 '독립영화'라고 구분 없이 부를 것이다.) 이들 뉴웨이브 운동그룹에 속한 청년들의 영화 인식은 정치적 모더니즘으로 집약할 수 있다. 물론 그 이론의 이해나 실천력은 계통 없이 들어온 서양 문물을 대하는 1920년대 조선 인텔리 청년의 수준과 비슷했다. 작은영화와 운동영화는 현실과 그 모순의 영화적 반영을 지향한다는 점에서 '정치적 모더니즘'을 공통적으로 수용하고 있었지만, 둘 사이에는 깊은 골이 있었다. 그것은 바로 이념에 대한 태도였다. 이념은 본래 추상적인 것이라 현실과 만나는 순간 '재규정'되는 가변적인 것이다. 따라서 이념이 실천의 궤도에 오를 때는 현실적 전략과 목표를 가지게 되고 대립항을 설정함으로써 배타적인 모습을 띄곤 한다. 즉 상대방에게 민주-반민주, 통일-반통일, 민중-반민중 등의 대치 속에서 실천할 것을 요구하는 것이다. 운동영화가 1980년대의 사회적 모순에 대해 이러한 이념적 실천을 중요시 한 것에 비해, 작은영화는 '정치적 모더니즘'의 모호하고도 다양한 선택지 속에서 유영하며 민주화 운동의 실천적 논리에는 소극적이거나 묵시적으로 반대하였다. 그 이유는 이념적 논리의 차이와 더불어 레드 콤플렉스도 작용한 것으로 보인다. 그 결과 운동영화는 윤리적 우위를 획득하면서 이념의 도그마에 갇히게 되었던 반면 작은영화는 현실 위를 미끄러지면서 이념을 사유할 뿐 윤리적 책임감으로부터는 멀어졌다.

3. 뉴웨이브와 독립영화의 혼종성

성향 차이에도 불구하고 독립영화 내부의 두 그룹은 운동영화의 실천과 작은영화의 정치적 모더니즘 모두를 아울렀던 '영화공간 1895'* 를 매개로 차연을 드러내고, 서로 교섭하거나 모방하면서 혼종성hy-bridity을 띤 채 밀월관계를 이어갔다. 또한 이러한 혼종적 성격은 코리안 뉴웨이브 전체를 관통하는 문화적 특징이라고도 할 수 있다. 이장호의 〈바람불어 좋은 날〉과 〈어우동〉, 장산곶매의 〈파업전야〉, 장선우의 〈경마장 가는 길〉, 노동자뉴스제작단의 〈노동자뉴스〉, 미국직배저

---

* 문석, 「에디토리얼」, 《씨네 21》, 2011.5.30. 한국 최초의 시네마테크라고 부를 수 있는, 1989년에 문을 연 '영화공간 1895'에서는 당시로서는 접하기 힘든 명작 비디오테이프를 상영하였고 영화강좌도 개최하였다. 이후 이 단체가 문을 닫자 소장 테이프와 활동은 비슷한 성격을 지닌 '씨앙시에'로 이어졌고, 이는 다시 '문화학교 서울'로 이전되었다. '영화공간 1895'를 주도적으로 운영한 사람은 이언경(연세대 1985학번)이었으며, 그녀는 2009년 암으로 세상을 떴다.
http://www.cine21.com/news/view/?mag_id=66188(2018.11.7. 검색)

지투쟁과 북한영화론의 유입 등은 하나로 묶기에는 지나치게 스펙트럼이 넓었다. 따라서 혼종성이란 개념은, 비록 식민지와 피식민지와의 관계에서 적용된 개념이지만, 문화 혹은 이념 등 인간 정신작용의 영향, 교류, 경쟁 등의 상호 작용을 이해할 때는 의미있는 개념이라고 하지 않을 수 없다. 왜냐하면 비록 지배와 피지배의 관계는 아니지만, 공통의 극복할 대상을 두고 전개된 다른 성격을 지닌 두 입장의 협력과 갈등, 헤게모니 경쟁을 설명하는데 적합하기 때문이다.*

---

*   탈식민주의 이론은 식민자(제국주의)와 피식민자(민족주의)의 이항대립적 관계의 고찰과 근대적 사회 구성의 재기획이라는 목표로부터 출발하였다. 이는 2차 대전 이전의 식민지는 물론 식민지적 영향력이 온존하는 사회에서 여전히 유효하다. 이 이론은 많은 이론적 결함이 있음에도 불구하고, 민족주의 혹은 근대적 네이션nation을 지향하는 사회에서 식민지를 탈피하거나 넘어서는(beyond) 문제는 중요한 과제이기 때문이다. 탈식민지 담론에서 문화 즉 특정 사회 구성원들의 정치적 감각, 지향하는 가치, 지배적인 정념, 윤리와 공공예절, 예술적 생산품 등은 식민 지배자의 문화적 강제와 유도에 의해서만 조성되는 것이 아니라 식민자와 피식민자와의 교류와 모방 등에 의해서도 생성되고 발전한다고 볼 수 있다. 대표적 탈식민주의 이론가 호미 바바(Homi K. Bhabha)는 식민지에서 식민자와 피식민자 사이에서 일어나는 정신적 작용을 교섭(negotiation), 차연(difference), 전이(translation), 이전(tranference), 모방(mimicry), 양가성(ambivalence), 혼종성(hybridity) 등의 개념을 통하여 그 복잡한 과정을 설명한다. 식민자의 일방적인 문화적 지배 혹은 주입으로 시작되지만 그 결과물은 혼종적 성격으로 보는 것이다. 하지만 호미 바바의 혼종성은 일상을 특징짓는 부식적이며 파괴적인 불균등성을 은폐하여 식민지의 실상을 은폐하고 있다는 비판을 받기도 하였다. 영국의 인도 식민 지배 과정에서 일어난 현상을 염두에 둔 듯한 인도 출신의 미국 학자인 바바 입장에서는 양가적이며 혼종적인 인도의 일상이 그렇게 보였던 듯하다. 반면 역동적인 남미의 문화를 일상의 요동(disquiet)이라는 차원에서 파악하는 하리투니언, 사회문화적 과정으로 파악하는 칸클리니 등 라틴 아메리카 이론가들은 그를 비판한다. 하지만 그들이 비판하는 호미 바바의 개념들과 방법론을 전적으로 무시하기는 어려울 것이다. 정신분석학이 입증하기 어려운 이론이므로 비판 받는 것은 사실이지만, 정신분석학에 근거를 둔 호미 바바의 식민자와 피식민자의 정신적 관계에 대한 고찰은 나름의 의미와 유효성을 지니기 때문이다. 호미 바바에 대한 비판은 다음을 참고. 해리 하르투니언, 윤영실·서정은 옮김,『역사의 요동』, 휴머니스트, 2006, 129쪽.

마르크스주의와 종속이론의 물결이 휩쓸고 지나간 1970년대 이후 라틴 아메리카의 이론가들은 식민자와 피식민자 간의 문화적 강제, 억압, 교류, 모방 등의 현상을 두고 다양한 의견을 내놓았다. 그 대표적인 것은 통문화transculturation, 이종혼형성Heterogeneidad, 호미 바바의 그것과는 결이 다른 혼종성hybridity 등이다. 이중 독립영화 2세대의 문화적 지형이 지닌 혼성적 성격을 설명하는데는 이종혼형성Heterogenei-dad이라는 개념이 적합하다. 안토니오 코르네호 폴라르Antonio Cornejo Polar는 여러 사회문화적 규범이 융화되지 않고 갈등을 일으키면서 혼재하는 상태를 이종혼형성이라고 정의하였다. 이는 대상들 사이에 갈등이 존재한다는 것을 전제하고 있다.* 이는 통문화론**이나 칸클리니

---

* 우석균, 「라틴아메리카의 문화 이론들: 통문화, 혼종문화, 이종혼형성」, 『라틴아메리카 문학21』, 2005.2.6.쪽.

   http://latin21.com/board3/bbs_view.php?table=research_th&bd_idx=3&page=1&key=&searchword= (2018.05.18.) "이종혼형성 이론은 근대 기획에서 벗어나지 않고 있다. 그러나 거대서사적 정체성을 부정한다는 점에서는 분명히 근대 기획의 획일성을 비판하는 포스트모더니즘 류의 연구 성과를 적극적으로 수용하고 있다고 볼 수 있다. 더구나 이종혼형성은 여러 사회문화적 규범 간의 차이나 다양성을 인정해야한다는 윤리적인 차원의 것이 아니다. 코르네호 폴라르는 아예 이종혼형적 주체, 즉 통일적이고 자율적인 주체가 아니라 여러 사회문화적 규범이 복합적이고 분산적이며 다원적으로 존재하는 주체를 상정한다. 근대적 주체관을 부정하는 셈이다." 이를 포스트모더니즘을 적극적으로 수용한다고 볼 수도 있지만, 오히려 바흐친의 개념 즉 '종결불가능성'의 차원에서 보는 것이 더 정확할 듯하다.

** 통문화(성)는 다른 문화의 영향이 어떤 문화에 주어졌을 때 다른 문화로의 전환 이상의 것으로 재구성되는 것을 말한다. 단순히 다른 문화를 습득하거나, 이전의 문화와 결별하거나 완전히 사라지는 것이 아니라, 오히려 문화 접변(acculation) 과정에서 새로운 개념들을 병합하여 결과적으로 새로운 문화 현상을 만들어내는 것이다. Fernando Ortiz, trans by Harriet de Onis, Cuban Counterpoint TOBACCO AND SUGAR, DUKE UNIVERSITY PRESS Durham and London 1995, pp. 102-103.

   https://en.wikipedia.org/wiki/Transculturation#CITEREFOrtiz, (2018.05.17.)

   통문화(transculturation)는 1947년 쿠바의 인류 학자 페르난도 오르티즈 (Fernando Ortiz)

의 혼종문화*와는 다른 성격의 것이다.** 또 이종혼형성은 갈등을 내재하고 그들끼리 투쟁하면서도 모순적 총체성totalidad contradictoria을 지향하지만 궁극적으로 통일된 구조를 예상하거나 지향하는 것은 아니다. 코리안 뉴웨이브를 구성하는 다양한 사람들은 '통일적이고 자율적인 주체가 아니라 여러 사회문화적 규범에 따라 복합적이고 분산적이며 다원적으로 존재하는 주체'라고 볼 수 있다. 그들은 정치경제적 변화, 문화적 상호관계를 통하여 다양한 입장과 태도를 취하였다. 물론 이런 점은 포스트모던한 입장으로 볼 수도 있으나, 바흐친의 개념 즉

    가 문화 합병 현상을 설명하면서 만든 용어이다. 이후 앙헬 라마(Angel Rama)는 『라틴아메리카의 서사적 통문화화』(1982)에서 이 이론을 복원하였다.

*   네르토르 가르시아 칸클리니, 이성훈 옮김, 『혼종문화』, 그린비, 2011, 14쪽. 칸클리니(Néstor García Canclini)의 혼종화란 "분리된 형식으로 존재해 온 불연속적인 구조나 실천들이 새로운 구조, 대상, 실천들을 만들어 내기 위해 서로 결합하는 사회문화적 과정"을 말한다. 또한 서로 다른 문화가 각자 존재하면서도 그것을 전시하거나 즐기는 주체들의 전략이나 태도의 변화를 동반한다는 것이다. 칸클리니의 이러한 인식은 문화에 대한 정치의 영향을 소극적으로 다루는 태도와 연관이 있다. 그가, 문화의 완벽한 자율적 진행을 주장하는 것은 아니지만, '라틴 아메리카의 다소 특수한 국면을 다루면서 점차 강화되는 사회적 불평등 문제와 문화 접변 과정에서 동일한 비중으로 혼종화되지 않는다는 점을 간과'하고 있다는 비판이 허용되는 것이다. 칸클리니에 대한 비판은 다음을 참고. 이성훈 김창민 「세계화 시대 문화적 혼종성의 가능성」, 『이베로아메리카연구』, 제 19권 2호. 2008, 104쪽.

** 우석균, 같은 글, 6쪽. "코르네호 폴라르는 라마의 통문화론이 결국은 지역문화와 외래문화 간의 변증법적인 조화를 상정한다는 점에서 1920, 30년대의 혼혈(mestizaje) 이론과 별다를 게 없다고 본다. 지배문화와 피지배문화 간의 갈등을 축소하고 있다는 비판이다. 더구나 혼혈 이론이 혼혈성이라는 하나의 정체성을 추구했듯이 라마의 이론 역시 통문화화라는 하나의 정체성을 내세움으로써 라틴아메리카의 여러 사회문화적 규범(estatuto sociocultural)의 혼재 현상을 놓치고 있다고 본다. 이런 점에서는 일견 가르시아 칸클리니의 이론과 유사한 것처럼 보이지만 코르네호 폴라르는 통문화론보다 혼종문화론에 더욱 적대적이다. 혼종문화를 생식 능력이 없는 노새에 비유할 정도이다. 피지배문화가 지배문화를 무비판적으로 수용할 때 결국은 창조력이 없는 문화로 전락할 것임을 시사한 것이다."

'종결불가능성'과 '다성성'의 입장에서 보는 것이 더 정확할 듯하다.

　　이러한 혼종성은 1987년 민주화대투쟁에 의한 헌법 개정을 거치면서, 비록 민주화 진영의 분열로 대통령 선거에서 패배했지만, 이른바 '87년 체제'가 시작되면서 일시적으로 정리된다. 운동영화 진영이 논리적, 실천적 우위를 점하게 되자 '작은영화'라는 용어 자체가 공식적으로나 비공식적으로나 사라지게 된 것이다. 또한 1987년 직선제 대통령 선출을 거부한 전두환의 호헌 선언을 철폐하라는 각계의 요구가 빗발쳤을 때, 영화계에서도 정지영 감독이 주도한 호헌철폐 선언이 이루어졌다. 다른 분야에 비해 훨씬 더 관의 지배를 강하게 받았으며, 관제 데모에도 유난히 동원되곤 했던 영화인들에 대한 일반적인 인식을 깨는 놀라운 사건이었다.[*] 또한 이 기간에 이두용, 유현목, 이장호, 김수용, 배창호, 김호선 등 제도 영화권에서 이미 입지를 쌓은 영화인 28명은 영화법의 개정과 영화진흥공사의 해체를 주장하는 성명서를 발표하였다.[**] 비제도권이었던 독립영화진영은 제도권의 변화를 비판적 지지하면서 이를 (자신들이 생각하는) 바른 방향으로 견인하기

[*]　　1987년 5월 12일 영화인 성명이 발표된 후 영화인협회 이사장 정진우 감독은 협회 소속 37명을 면담한 후 반성각서를 작성하여 62개 영화사에 전달하였다. 이에 일부 영화인들은 반성각서가 아니었다고 반발하였다. (《동아일보》, 1987.6.24.) 하지만 당시 여당 민정당 노태우 총재가 6.29 선언을 발표함으로써 개헌 작업이 시작되었으며, 같은 해 9월에 개헌안이 국회에서 발의되고 10월에 개정되었다.

[**]　　노태우의 6.29 선언 이후 영화인들의 심의 철폐 요구에 정부는 시나리오 사전심의 제도를 폐지(《동아일보》, 1987.8.22.)하였으며, 개헌 논의가 진행되자 헌법 조항 중 학문과 예술의 자유와 관련 영화관련 예외규정 철폐를 요구하였다. 28인 감독은 한국영화개혁실천위원회(가칭)의 발기인이 되어 공연윤리위원회와 영화진흥공사의 폐지 요구 등 개혁적인 요구를 하였다.(《동아일보》, 1987.12.29.) 하지만 이 요구는 노태우의 6.29 선언과 개헌이 있고 한참 뒤에 나온 것이었다.

위해서는 우선 비제도권 세력을 통일할 필요를 절실하게 느끼게 되었다.

이후 정지영 감독은 영화법 개정 작업을 주도했는데 여기에 민족영화연구소는 적극 참여하였다.* 곧 이어 외국 특히 할리우드 영화의 국내 직접 배급을 허용한 6차 영화법 개정(1986.12.31.)에서 비롯된 미국영화 직배 저지 운동이 벌어졌다. 여기에는 이를 생존 문제로 인식한 많은 영화인들의 참여가 있었는데 이를 주도한 사람 역시 정지영 감독이었다. 이런 일련의 사건과 함께 장산곶매**의 독립영화 〈파업 전야〉(1990)의 성공은 모호한 정치적 모더니즘보다는 실천적이고 이념적 지향을 지닌 영화운동이 정당하고 가능성 있다는 것을 입증하는 것이었다. 다소 보수적이었던 『영화언어』 동인들이 『민족영화』(2호, 1990)의 좌담회에 참석하고 글을 실은 것은 그런 대세를 상징적으로 보여주는 것이었다. 하지만 이러한 기운은 불과 3년도 가지 못했다. 소련 해체로 상징되는 세계적 차원의 이념 지형 변화와 국내 상황의 변화에 의해 독립영화운동은 동력을 상실하게 된다. 동시에 다른 요인들에 의해 다시 뉴웨이브 영화운동은 정치적 모더니즘의 입장을 취

---

* 당시 정지영 감독은 퇴계로의 아스토리아 호텔에 방을 빌려 법률안 개정 작업을 했는데, 이정하, 이효인, 전양준 등이 작업에 참여하였다. 또 1988년 여러 사회적 이목을 집중시킨 이 운동에서 각종 시위, 선전물 제작 등을 실무적으로 진행한 것은 민족영화연구소 구성원들이었다.

** 〈오 꿈의 나라〉(1989)의 제작과 함께 결성된 장산곶매는 당시 독립영화계의 창작적 대안을 모색한 집단이었다. 홍기선(감독), 이은(제작자), 공수창(시나리오 작가), 장윤현(감독), 이재구(감독), 정성진(감독), 오정옥(촬영감독), 장동홍(감독), 이용배(제작, 애니메이션) 등을 배출한 장산곶매는 〈파업전야〉(1990), 〈닫힌 교문을 열며〉(1992)등 문제적 독립장편영화를 제작함으로써 독립영화운동의 한 축을 담당하였다.

하게 된다. 즉 과거의 작은영화('영화'운동)와 운동영화(영화'운동')' 그룹은 '영화공간 1895'에서 다시 모여 영화강좌, 토론회, 상영모임 등에 주도적으로 참여하면서 새로운 길을 모색하였다.

4. 뉴웨이브 운동과 독립영화계의 합종연횡

1980년 이후 1990년대 초반까지 한국영화 관객 의식에 변화를 초래한 동인은 이장호, 배창호, 임권택 등의 영화와 함께 비제도권 영역에서 일어난 '영화에 대한 새로운 인식과 욕구'였다. 외국 영화잡지와 서적, 외국 문화원의 영화 그리고 전두환 정권의 유화정책에 의한 해외여행 자유화 조치 등은 이러한 변화의 영양분이 되었다. 1980년대 말에 이르자 여기에 북한영화론과 일본 자주영화의 실천론 등이 추가되었다. 이러한 외부 영향은 주로 비합법적·비제도권에 속한 젊은 영화인들의 의식에 영향을 주었다. 이렇게 인식의 변화를 겪은 이들은 직접 대중 영화잡지의 편집자, 기자, 필자 등을 맡으면서 합법적·제도권의 영역 즉 상업영화계와 일반 관객들에게도 영향을 끼치게 되었다. 월간《스크린》(1984년 창간)과 월간《로드쇼》(1989년 창간)이 그 예가된다. 창간호 표지 모델을 브룩 실즈(《스크린》), 소피 마르소(《로드쇼》)를내세웠을 정도로 영화 팬 대상의 대중잡지였지만 그래도 그 속에는당시로서는 접하기 어려웠던 해외 영화 기사와 영화 마니아들을 위한정보가 실려 있었다. 비율이 높지는 않았지만 희귀한 영화를 소개한박찬욱(감독 데뷔 전)의 글과 해외 영화계의 주요 작품 등을 소개한 유학생 김소영, 유지나, 정재형 등의 글은 관객들의 영화에 대한 지평을 넓혀주었다. 특히 《로드쇼》 편집장 정성일의 기획과 특유의 평문은 작은 팬덤을 형성할 정도였다.* 영화에 대한 편견과 질시가 가득하던 시절 이러한 대중 잡지의 영향은 한국영화장의 새로운 에피스테메를 형성하는데 크게 기여하였다. 이는 한국 뉴웨이브 영화의 근저에 자리잡은 중요한 지층이었다.

뉴웨이브를 말하면서, 더 먼 과거를 헤아리자면, 뉴웨이브 시기에 의식적으로 활동했던 영화인들에게는 1970년대에 활동한 '영상시대'가 멍에처럼 들러붙어 있었다. 당시 '영상시대'의 예술적 이념과 활동은 명쾌하게 해명되지 않은 채 신화화되어 있었다. 따라서 독립영화 운동은 사회운동으로서의 역할과 영화로서 저항해야 한다는 두 개의 목표를 힘겹게 떠안고 있었다. (이러한 운동으로서의 뉴웨이브에 대한 교집합, 영향 관계 등은 2010년대에 와서야 몇 편의 학술논문[40]을 통하여 연구되었다.) 독립영화 2세대와 함께 전개된 뉴웨이브 운동의 두 번째 분기점은 1990년이라고 볼 수 있다. 1984년의 '작은 영화를 지키고 싶습니다' 영화제를 초기의 발단으로 본다면 1987~1991년 시기를 중기로 삼을 수 있고 1994년 '서울단편영화제' 개최 이전까지를 말기라고 볼 수 있다. 뉴웨이브 운동은 주로 2세대의 중기에 집중해서 논할 수 있는데, 이를 작은영화와 운동영화의 교류·교차(결합)라고만 보는 것은 피상적 관찰로 보인다.[41] 이 외에도 코리안 뉴웨이브에 대한 언급은 저널리즘

---

*   이후 그는 보다 전문성을 띤 월간 《키노》(1995~2003)를 통하여 마니아들에게 깊은 영향을 끼치는데, 창간 시점은 대기업이 영화계에 진출하고, 부산국제영화제가 창설되는 등 이른바 포스트 뉴웨이브가 시작되는 시기와 맞물린다.

에서 흔히 사용하는 세대 구분, 작품 성향을 기준으로 한 신세대 구분, 이념적 경향성을 통한 범주 구분과 평가 등의 방식으로 많이 이루어졌다.[42]

독립영화계의 영화'운동' 즉 뉴웨이브 운동, 충무로 감독과 독립영화 출신 감독들과의 교류가 낳은 뉴웨이브 영화, 한국영화장場 전체에서 일어난 세대교체를 동반한 뉴웨이브 체제 등의 세 개의 개념적 범주 구분이 필요하다 여기에서 뉴웨이브 운동은 비평 활동과 창작 활동으로 나눠서 살펴봐야 하고, 뉴웨이브 영화는 비판적 리얼리즘과 작가주의 그리고 영화언어(스타일)에 대한 인식 등을 구성 요소로 삼아 공통점의 유무를 따져서 범주화할 필요가 있다. 뉴웨이브 체제는 한국영화장場에서 일어난 변화를 혼종성의 차원에서 살피면서 한국영화사의 시대 구분 기준으로 삼는 한편 변화 동인들의 관계를 중심으로 해명할 필요가 있다. 세 범주는 때로는 단절적이지만 때로는 깊은 관계를 맺고 있다. 또 이 세 범주에 속한 인물들의 활동은 자신이 속한 범주의 활동에만 고정된 것이 아니었다. 시시각각 변하는 혼종성을 가진 것이었다. 프랑스 누벨바그가 하나로 묶기 힘들 정도로 다양한 성향을 지니고 있었던 것처럼 코리안 뉴웨이브 역시 '사건성'으로서의 역사적 의미를 지닐 뿐 일관되거나 통일적인 형태의 활동이나 이념을 지닌 것은 아니었다. 앞서 말한 영화인 '호헌철폐 시국선언'에는 총 97명의 영화인들이 서명하였는데 여기에 중견 원로 감독이었던 유현목, 김수용, 김기영 등은 물론 임권택, 이장호, 배창호 등 뉴웨이브의 초석이라고 불릴 만한 인물들은 빠져있다. 뉴웨이브 영화 그룹으로 분류할 수 있거나 연관성이 있는 감독들 즉 곽지균, 박광수, 박철수, 신승수, 장길수, 장선우, 정지영 등만 포함되어 있다.[*] 거론한 여섯 명의 감독 중 세 명은 뉴웨이브 영화에 속하지만 여섯 명 전부는 이른바 뉴웨이브 체제에 속한 감독들인 것이다. 따라서 뉴웨이브 운동은 뉴웨이브 영화와 직접 연관성을 지닌 것은 아니었지만 그 시대의 한 자장으로 작동하면서 결과적으로 뉴웨이브 체제를 구성하는 하나의 동력으로 작용하였다. 제1회 부산국제영화제에서 발간한 『코리안 뉴웨이브』[43]의 선정 기준이 지나치게 넓은 것은 당시의 다양한 성격과 90년대 후반 이후 한국영화의 동력을 염두에 뒀기 때문이었다. 즉 이 책의 제목은 '코리안 뉴웨이브 체제'가 더 적당했을 것이다.

1980년대 영화운동의 한 축을 담당하였던 민족영화연구소 활동은 1990년에 막을 내리며 그 구성원들은 다른 신진 비평가들 즉 이용관, 전양준 등과 폭넓게 연대하였다. 이러한 영화운동(이정하, 이효인)과 작은영화『영화언어』의 이용관, 전양준 등의 연대는 많은 맥락을 내포하고 있는데, 이에 관한 기존 연구들은 정확한 진단을 내리지 못하고 있다.

여기서 알아두어야 할 것은 80년대 내내 운동진영과 비평진영이 이론적, 실천적 맞수가 되어 대립하지는 않았다는 점이다. 양 진영은

---

[*]   《동아일보》1987.5.12. 이 성명서는 "1. 정부와 여당은 4.13 조치를 즉각 철회해야 한다. 2. 개헌논의는 전국민적 기반 위에서 진행돼야 한다. 3. 한국영화 발전을 위해서도 민주헌법을 위한 개헌은 반드시 이루어져야 한다."고 주장하였다. 참가자는 감독 23명, 시나리오 작가 5명, 배우 2명, 영화음악 작곡가 6명, 촬영감독 4명, 편집감독 1명 그리고 나머지 조감독 56명이었다. 조감독으로 참가하여 훗날 유명감독이 된 이로는 강제규, 곽재용, 김의석, 이정국, 홍기선 등이 있다. 독립영화계에서는 김동원, 낭희섭, 양윤모, 이정하, 이효인, 전양준 등이 조감독 명목으로 참여하였다. 반면 학계, 평론계에서는 한 명도 참여하지 않았다.

모두 사회현실에 대한 비판적 관심 및 주류 영화의 관습에 반(反)하는 예술적 관심을 보여주는 영화 모두를 '리얼리즘'이라는 단일한 깃발 아래 끌어모으고 그렇게 형성된 계보에 한국영화사의 정통성을 부여하고자 했던 한국영화 비평사의 전통으로부터 자유롭지 못했고, 따라서 스스로를 한국 리얼리즘 영화의 계보 작성자로 자처하면서 '한국사회에 대한 비판의식'을 공통의 의제로 삼아 곧잘 교차하고 교류하곤 했다. 광범위한 통일전선을 강조하던 NL적 경향성이 강한 민족영화 진영은 특히 이러한 '대화'에 적극적인 편이었다. 민족영화연구소를 대표하던 이효인, 이정하가 연구소 해체 후 『영화언어』의 창간호에서부터 편집위원으로 합류할 수 있었던 데에는 이러한 네트워킹의 경험이 주효했을 것으로 추정된다.[44]

위의 주장은 이어서 다음과 같은 소결론을 내린다. 즉 이효인, 이정하의 그러한 족적과 『코리안 뉴웨이브』 집필에서 보여준 태도 변화 즉 과거와는 달리 관습적 영화에 대해 비판적 태도를 취한 것을 두고 "영화언어에 대한 고민이 상대적으로 부족했던 운동진영이 당대 한국영화를 비평진영과 거의 다를 바 없는 언어로 계보화하는 모습을 보여"[45]주었다는 것이다. 이 말은 사실상 민족영화 운동 그룹이 신진 비평가 그룹에 수렴되었다는 말이다. (이 주장은, 이효인과 이정하가 주장한 민족영화론 즉 '1980년대 한국 리얼리즘 영화가 네오 리얼리즘이나 앙드레 바쟁의 완전영화의 개념과는 달리 한국의 민족 및 민중문화로부터 영향받은 것'이라는 주장을 인용하는 것을 빠트리지는 않았다.) 또한 영화운동 출신이 발표한 글에서 기존에 주장하던 계급성과 민족성 문제가 『영화언어』 창간(1989)과 더불어 사라진 것을 염두에 둔 듯 "민족영화론의 고유성이 얼마나 코리안 뉴웨이브 영화담론 속에서 살아남았던가를 묻는다면 부정적인 대답을 내놓을 수밖에 없다"[46]고 설명한다. 물론 이러한 현상은 민족영화만의 문제가 아니었다는 것을 이 필자는 인정한다. 즉 "'코리안 뉴웨이브 영화'의 정식화를 통해 정치적 모더니즘 담론과의 절충과 타협을 모색한 민족영화론자들의 시도는 그러므로 어떻게든 새로이 나타난 '지배'의 성격을 재해석함으로써 시민운동의 형태 등을 빌어 저항의 전선을 재구축하려던 당시 변혁운동 세력의 노력과 같은 맥락에서 이해해야 할 것"[47]이라고 덧붙인다.

이러한 주장은, 당시 민주화 운동의 변화과정과 비슷한 맥락에서 민족영화연구소의 변모를 이해하려는 점에서는 합리적 판단이지만, '운동진영'과 '비평진영'으로 단순화하여 논의를 전개하다보니 사실관계의 오류*가 보이거나 방점이 잘못 찍히기도 한다. 가장 큰 오류는 운동진영과 비평진영이 연합하게 된 매개체가 잡지 『영화언어』라고 보는 점이었다. 두 진영의 연대에 주목하기보다는 당시 활동의 변화 과정을 세심하게 볼 필요가 있다. 1990년 〈파업전야〉의 성공과 더불어 후배 세대로 분류할 수 있는 '영화공간 1895'(1990)와 '문화학교 서울'(1992)**이 등장하였다. 이는 운동권 영화와 새로운 영화적 인식을

---

* 이정하는 『영화언어』 편집위원으로 이름을 올렸지만 실제로는 활동하지 않았다. 단 한번 종간호에 편집자의 부탁에 의해 좌담회 사회를 보았을 뿐이다.

** '영화공간 1895'과 '문화학교 서울'은 이전부터 활동하고 있던 '영화마당 우리'라는 시네필 집단과 맥이 일부 닿아 있다. '영화마당 우리'는 운동권 영화와 일정한 거리를 유지하고 있었으며, '문화학교 서울'은 상대적으로 덜 그런 편이었다.

추구하는 경향들이 서로의 필요에 의해, 기성 영화계 즉 충무로 영화에 대항하기 위해 연대한 것이었다. 이 시기는 신진 영화인들 사이에서 합종연횡이 일어나던 시기였다. 영화에 관한 각자의 생각을 공개적이자 처음으로 나눈 자리는 1989년 5월 '3중국 영화제'에서 열린 공개 토론회였다.* 1992년 8월 한중수교가 있기 전이었지만 중국영화를 상영하는 것이 용인되었으며, 공산국가인 중국 영화를 공개적인 장소에서 함께 본다는 것은 이념적 경계가 허물어지고 있다는 것을 의미했다. 87년 민주화대투쟁과 노태우 정부의 북방정책에 힘입어 모호하게 허물어진 이념적 경계는 모두에게 경계의 재설정을 요구하는 것이기도 했다. 이런 가운데 한국 최초의 시네마테크이자 단절된 반공국가의 영화팬이 아니라 세계적 차원의 시네필을 지향했던 '영화공간 1895'가 1990년 10월 개관하였는데, 이 소규모 공간은 사실상 '3중국 영화제'의 연장선에 놓인 상설 공간이었다.** 이후 '영화공간 1895'의 활동은 '문화학교 서울'로 이어졌고, 이 공간을 거쳐 간 많은 사람들이 독립영화 활동을 하거나 대학원에 진학하였으며 이후 그들은 제도권,

---

* 1989년 5월 1일부터 20일까지 열린 이 영화제는 서강대 커뮤니케이션 센터를 담당하는 외국인 신부와 센터 소속 연구원(대학원생) 등이 준비한 자리였다. 여기에서 중국 5세대 감독들의 영화가 소개되었고, 영화에 대한 토론회가 열렸으며, 대학 영화써클, 영화학과 등 차세대 영화인들이 모두 한 자리에 모였다. 영화의 실천을 강조하는 측과 이론적 실천을 강조하는 측의 논쟁이 있었고, 영화학과 출신인 어떤 관중은 영화의 사회적 실천에 대한 거친 반대 의견을 피력하기도 하는 등 열띤 논쟁을 하였다.

** 영화공간 1895(대표 이언경)에서는 국내외 명작과 문제작들을 체계있게 상영하고 강좌를 마련하였는데, 강사로는 김용태, 신강호, 이용관, 이효인, 전양준 등이었다. (〈국내 소개 안 된 좋은 영화 가득〉, 《한겨레》, 1991.2.3.) 이후 이 공간에서는 『영화언어』와 함께 강좌를 열었으며 영화 제작 강좌도 개설하였다.

비제도권, 언론 등에서 활동하였다. 1992년에 발족한 '문화학교 서울' 출신들은 한국독립영화협회 창설(1998) 이후 한국 독립영화계의 주요 활동가로 활약하였다. 이처럼 이 두 공간을 언급하는 이유는 1990년 전후 비제도권 영화계 내부 경계선의 와해와 '재구성'의 과정을 정확하게 기록할 필요가 있기 때문이다.

예를 들어, 위의 두 공간에서 영어 자막으로 된 낡은 비디오 테이프로 장 뤽 고다르의 〈만사형통 Tout Va Bien〉(1972)을 본 일련의 관객들을 상상해보자. 관객 1은 노동조합 운동의 관료화 현상에 주목하였고, 관객 2는 영화 속의 영화라는 자기반영적 장치와 탈관습적인 내러티브와 스타일 즉 영화적 모더니즘에 주목하였으며, 관객 3은 고통스럽거나 지루하게 보았지만 누벨바그와 감독 고다르의 쇼핑에 나름대로 만족하였다.(물론 두 개 혹은 세 개 전부의 관람 형태는 한 명의 관객에게 일어날 수 있다. 고다르의 영화적 표현의 대중성에 대한 의문도 일어날 수 있다.) 이 세 부류의 관객들은 내면의 지향은 각자 다르지만, 국제영화제를 열광적으로 지탱하는 시네필이라는 점에서 공통점을 가지고 있으며, 외부로는 정치적 급진성과 독창적인 스타일을 가진 영화를 지지하는 중요한 그룹이 된다. 민족영화연구소가 '영화공간 1895' 등과 함께 한 것은, 부당하고 왜곡된 방식으로 한국영화계를 지배하는 세력과 대항할 수 있는 모든 세력과 연대해야 한다는 방침이 있었기 때문이었다. 또한 그 구성원들의 영화론 혹은 내면 또한 위의 예에서 보듯 혼종적인 것이었다. 물론 민족문화운동의 개념을 영화에 대입한 민족영화론은 더이상 이어지지 않았지만 그것은 기간으로도 짧았으며, 민족영화연구소의 영화(운동)론의 일부였다. 따라서 '민족영화론 고유성'의 준수 혹은 관철 문제는 다른 차원에서 말해야 하는 것이라고 생각한다.

5. 영화계 통일전선 활동

1986년 10월에 서울영화집단에서 서울영상집단으로 재창립 된 동 단체는 잔류자들이 집단 명칭을 사용하고 이정하, 이효인, 홍기선은 탈퇴하는 형식으로 정리되었다.[*] 〈파랑새〉 사건은 독립영화 2세대 시기 두 개의 상징적 의미를 지니고 있었다. 1986년 여름에 제작, 상영된 후 1986년 10월에[**] 피검된 이 사건은 영화를 통한 투쟁이 가능하다는 것을 역설한 것이었다. 또 이 사건으로 인하여 독립영화계 내부 작은 영화와 운동영화의 성향 차이가 확연히 드러나게 되었다. 민족영화연구소(이하 민영연)의 출발은 그러한 맥락의 연장선상에 놓인 것이었다. 서울영상집단 탈퇴 이후 이효인은 충무로 연출부, 지미필름 기획실 등에서, 이정하는 충무로 연출부, 영화 무크지 발간 등의 일을 하면서 영화계 민주화와 연관된 여러 일에 실무적으로 참여하였다.[***] 그 이전

---

[*] 1987년 3월 이효인과 홍기선이 출소한 후 가진 서울영상집단 회의에서 변재란, 이정하, 이효인, 홍기선은 서울영상집단 시 합류한 회원들의 〈파랑새〉 검거 사건 이후 보인 반응에 대한 불신을 피력하면서 결별을 선언하였다.

[**] 《동아일보》, 1986.11.18. '의식화 영화제작 학생 등 2명 구속' 서울시경은 의식화 내용을 담은 영화를 만들어 농촌과 대학가 등에 상영한 홍기선, 이효인 등을 영화법위반(검열미필)으로 구속하고 변재란을 불구속입건하였다고 발표하였다. 사실 구속은 10월 말 경에 이루어졌고 약 3주간의 장안평 대공분실 감금 후 서대문 구치소로 이감되었다. 이 시기에는 1986년 10월 31일 강제진압된 건국대 사태가 있었다.

[***] 충무로 영화계에서의 경험과 세력 조성을 포기하지 않은 채, 이들은 사회, 노동, 학생운동

부터 이들은 영화책으로는 최초로 판매금지 처분을 받은『레디고』(이정하 편집, 1987)와 '레디고 2집'인『새로운 한국영화를 위하여』(이정하 · 이효인 · 전양준 편집, 1988) 등을 통하여 이미 비평진영과 한국영화 장 전체를 인식과 실천의 대상으로 삼은 바 있다. 민족영화연구소 활동 기간 동안에도 연구소의 영상 제작과 보급 외에도 충무로의 영화법 개정 및 직배저지 운동에 참여하면서 영화계 전체와의 연대에 적극적이었다. 하지만 민영연의 NL적 경향*과 노동계급을 활동의 주요 대상으로 설정한 점 등이 민영연의 활동을 비제도권 영화 활동으로 국한된 것으로 보이게끔 하였다. 민영연은 1989년 5월에 한겨레영화제작소를 별도로 설치하는데 이는 장산곶매의 영화 〈오! 꿈의 나라〉 제작을 의식한 것이었지만 본질적인 문제는 정치적 탄압에 대한 방책이었다. 이 시기의 영화운동을 제대로 이해하기 위해서는 당시 즉 1987년 민주화대투쟁 이후부터 3당 합당(1991.1.22.)과 소련의 붕괴(1991.12.26.) 시기까지가 마치 혁명전야 같았다는 점을 상기할 필요가 있다. 특히 1991년 5월 11건의 분신투쟁이 있었고, 이후 운동권 내부가 깊은 침묵에 잠겨 있었다는 점을 기억해야 한다.

1987년 이후 약 4~5년 동안 '작은영화'로 아우를 수 있는 청년

의 활발한 전개에 발맞추고자 민족영화연구소를 세운다. 영상을 통한 운동적 기여 목적의 민영연은 1988년 7월부터 활동하였으며 동년 10월 10일 창립식을 가졌으며, 1990년에 해산하였다.

* 당시 운동진영에는 계급운동을 통한 혁명을 지향하는 민중민주(PD)계열과 민족자주 통일을 통한 혁명을 지향하는 민족민주(NL)계열이 양대 주류를 이루고 있었다. 이들의 지향은 사회주의 근대 국가를 모델로 한 것이었지만, 사회 전반적으로는 주도적인 소수 인원을 제외한 다수의 동조하는 사람들은 일반 민주주의가 관철되는 자본주의 국가를 지향하는 정도의 미정립된 정치의식 상태였다고 볼 수 있다.

영화진영은 '영화운동'진영의 논리에 부분적으로 찬성하며 함께 하였다.* 한편 민영연은 당시 위기를 감지하고 있었다. 정보기관의 사찰로 짐작되는 징후가 빈번해지면서 제작 관련 장비를 민영연(북아현동)이 아닌 신림동 공간으로 옮길 정도였는데, 훗날 회원 중 한 명인 배인오는 1993년 '안기부 프락치 양심선언'을 하게 된다.** 1989년에 무크지 『민족영화 1』과 『북한영화의 이해』를 펴낸 민영연은 곧 이어 베를린 장벽 붕괴(1989.11.9.)라는 역사적 사건을 마주하게 된다. 이후 1990년은 민연영의 노동 관련 비디오 필모그라피에 16밀리 필름 작품 〈지상의 방 한 칸〉(이수정 연출)이 추가된 해인 동시에 해체되는 해이기도 했다. 이 시기 독립영화는 비평, 교육, 제도(영화)권이라는 세 영역에서, 여전히 모호하면서도 다양한 성향의 정치적 모더니즘을 품은 채, 전개되었다. 『영화언어』를 중심으로 비평이, 영화공간 1895를 통하여 교육이, 민족영화연구소와 이에 동의하는 독립영화 관련자들이 직배반대 투쟁과 영화진흥법 제정을 위한 활동에 나선 것이었다. 직배반대 투쟁과 영화진흥법 쟁취 운동에 이어 진행된 운동은 스크린쿼터 사수 운동이었다. 당시 어용 관제 단체로 지목된 한국예술인총연합(예총) 산하에서 독립한 한국영화인협회의 이사장이었던 유동훈과 정지영 감독은 협회 산하에 스크린쿼터 감시단을 설치하여 법률로 정한 스크린쿼터의 실시를 전국 주요 도시 극장에서 감시하는 역할을 하고

---

* 실제 교류도 있었고 한국독립영화협의회 결성에 '영화마당 우리'가 찬성한 것도 그러한 사례의 하나이다.

** 배인오가 언제부터 프락치 활동을 한 지는 불명확하다. 하지만 이 사건에서 짐작할 수 있듯 당시 민영연 회원들의 누군가가 프락치일 수 있다는 불안은 과민 반응만은 아니었다.

자 하였다. 이 일을 주도한 인물들은 민족영화연구소 출신인 평론가 이정하, 김혜준(전 영진위 사무국장) 등이었다. 공식적으로 스크린쿼터감시단이 발족한 것은 1993년 1월이었지만 이들의 관련 활동은 영화진흥법 제정, 직배저지 투쟁, 대종상 영화제 정상화 등 일련의 활동 속에서 놓인 것이었다. 스크린쿼터감시단의 운영 목표와 활동 프로젝트는 이정하에 의해 기획되었고, 1992년 11월부터 구체적으로 발동되었다. 이후 김혜준은 영화정책 수립과 영화검열 폐지운동 등에서 주도적인 역할을 하였다. 1988년 창립 시기부터 민족영화연구소는 충무로 영화계를 배척의 대상으로 삼지 않고 통일 전선의 대상으로 삼는 강령을 가지고 있었다. 또 일련의 활동을 통하여 독자적인 역량을 확보하지 못하면 제도권 내의 활동은 시도조차 불가능하다는 것을 자각하고 있었다. 이후 이들은 미국 영화직배저지 투쟁에서 일부 충무로 영화인들과의 연대가 가능하다는 것을 느끼면서 충무로를 제도권으로, 영화운동권을 비제도권으로 명명하였다. 이러한 명명은 앞에서 말한 대로 충무로 상업영화와 독립영화 모두를 선입견없이 연대의 대상으로 삼겠다는 것을 의미하는 것이었다. 또한 비제도권으로 명명함으로써 충무로 제작 현장에 속하지 않은 학계, 비평계, 독립영화계 구성원들과 정치적 혹은 영화적 경향을 구분하지 않고 연대하겠다는 의지를 간접적으로 표명하였다. 또 장산곶매의 〈파업전야〉(1990.3)의 성공은 시대가 현실의 모순을 타파하고자 영화적 표현을 갈망하고 있다는 것을 확인시켜주는 계기가 되었다. 동시에 이 성공은 독립영화인들에게 더 넓은 대중성 확보를 위한 조직적/개인적 진로를 고민하게끔 하는 계기가 되기도 하였다.

이후 1990년 전후의 세계사적 변화와 정국의 변화, 대중 조직처럼 변해가는 민영연 조직의 비대화과 창립 회원들의 개인적 진로 개척 등의 문제가 얽히면서 민영연은 해산하고 만다. 이 해산은 어쩌면 자연스러운 것이었다. 물론 본질적인 문제는 철학과 의지 그리고 역량의 부재에서 비롯되었다. 게다가 운동성과 대중성을 동시에 지닌 〈파업전야〉(1990. 3.28.)의 성공 사례가 제기한 영화적 전문성의 요구 등에 적절하게 부응하지 못한 것은 큰 한계 중의 하나였다. 그 결과 1990년 민영연은 전태일 기념사업회에서 의뢰한 이소선 여사의 환갑 기념 영상물을 마지막으로 만든 후 해산하게 된다. 이는 개인의 판단에 따라 각자의 현장과 그 대중 속으로 들어가는 것을 의미했다.* 이

---

* 민영연은 총 회원이 30여명에 이르렀고 비대해진 조직을 초기의 운동 논리와 조직 운영 원리에 따라 유지하기는 힘든 상태에서 세계사적 전환과 국내 상황의 변화를 맞으면서 '해소'하기로 결정을 내린다. 1989년 12월 임시총회에서 각자의 의지와 판단에 따라 기존의 영화운동 논리를 유지하며 활동한다는 맥락에서 '해산'이 아닌 '해소'라는 단어를 선택하였다. 1기 창립회원들은 10명이었는데, 1990년 중반에 접어들어 이들은 운동적 입장을 유지하면서 각 개인의 진로를 결정하였다. 하지만 이후 이들의 활동은 일의 성격에 따라 작은 군집의 형태로 의견 교류나 공동 활동 등으로 이루어지는데, 엄밀하게 말해서 일관된 노선을 유지하거나 행동 통일을 꾀한 것이었다고 보기는 어렵다. 사실 해소라고 표현했지만 시간이 지나면서 해체되고 만다.

　이효인은 1990년 5월 강화도 시골로 옮겨『한국영화역사 강의 1』집필 및 평론 활동을 하였고, 이후 평론가로 정착한 후 연구자의 길로 들어선다. 이정하는 충무로 제도권 영화계에서 스크린쿼터 사수 등의 운동과 개별적인 평론가 활동을 하다가 1986년 절필을 선언하고 목수 생활을 하고 있다. 김혜준은 이정하와 함께 충무로 제도권 영화운동에 참여하다가 이후 한국영화 정책 전문가로서 영화진흥위원회 사무국장 등을 역임하였다. 영화아카데미 출신이기도 한 이수정은 다수의 충무로 영화 제작에 참여하였는데 대표적으로 〈동물원 옆 미술관〉(이정향, 1998) 기획 등이 있으며, 이후 독립영화 감독으로 활동하고 있다. 또 영화 기획 제작으로 진출한 김준종은 이후 충무로에서 계속 활동하였다. 이상인은 1989년 민영연 활동과 학생운동을 병행하면서 〈친구여 이제는 내가 말할 때〉(1990.3.)을 연출하였고 이후 〈어머니 당신의 아들〉(1991)로 구속되었다. 이후 미국 유학을 거쳐

시기 비제도권 영화계에는 한겨레영화제작소(대표 이정하)의 주도로 최초로 '독립영화'라는 용어를 사용한 한국독립영화협의회(1990.1.31.)와 이와는 달리 장산곶매, 서울영상집단, 노동자뉴스제작단 등 5개 단체가 연대한 '노동자영화대표자회의'(1990. 말)가 창설되었다. 민영연 해소 이후 이 한국독립영화협의회는 '영화마당 우리' 출신의 낭희섭의 주도 아래 운영되었다. 6개 단체의 협의에 의해 결성되었으나 이후 규모가 축소된 이 단체는 정기적인 독립영화상영회와 영화 강좌를 이십여 년 간 운영함으로써 한국 독립영화 활동의 한 축을 담당하게 된다. 노동자영화대표자회의의 활동은 자세히 알려진 바 없으며, 노동자뉴스제작단은 이후 노동 현장과 가장 긴밀한 관계를 맺고 활동하는 영상 그룹으로 각인된다. 이 시기 이와는 별도로 다큐멘터리 집단 푸른영상(1991)이 발족되었고 이후 다큐멘터리와 다양한 독립영화들을 아우르는 사건들이 발생하였다. 실험영화제(1994), 서울국제독립영화제(1995), 서울다큐멘터리영상제(1996), 인디포럼(1996) 등이 생겨났고, 푸른영상 김동원 구속 (1996), 영화사전검열 위헌 결정(1996) 등의 사건이 일어났다. 이러한 과정을 거치면서 독립영화계는 변모를 거듭하다가 김동원 구속 사건을 거치면서 처음으로 독립영화계 전체를 아우르는 한국독립영화협회(1998)를 세우게 된다.

교수 생활을 하고 있다. 민병진은 조감독 생활을 거쳐 〈토요일 오후 2시〉(1998)로 데뷔하였으며 구성주(작고) 또한 조감독 생활을 거쳐 〈그는 나에게 지타를 아느냐고 물었다〉(1997)로 데뷔하였다. 김웅수는 러시아 유학을 거쳐 〈시간은 오래 지속된다〉(1996)로 데뷔하였다. 민영연 해소 이후 영화계 이외의 일을 한 회원으로는 김소양, 이유미 등이 있다.

6. 헤게모니 경쟁과 부산국제영화제

민족영화연구소에서 발간한 『북한영화의 이해』(백지한, 1989.3)는 북한 영화사의 정리 소개, 영화 〈조선의 별〉 9부 '로흑산의 진실' 시나리오, 『영화예술론』의 일부 전재 등으로 구성되어 있다. 이는 이효인과 이정 하가 북한의 월간 『조선영화』와 김정일의 『영화예술론』 등을 통일부 의 북한문화센터에서 필사로 베낀 자료를 바탕으로 집필한 것이었다. 이것이 상징하는 것은, 당시 민족해방론NL에 경사되었다는 점을 인 정하더라도, 광의의 의미에서 관습적인 영화 미학을 뛰어넘는 미학을 갈구하였다는 것이다. 이는 큰 성과를 거둔 〈파업전야〉의 대중적 파괴 력을 경험하기 전까지 지속되었던 민영연의 풍경이었다. 운동진영의 내파과정은 세 차원에서 고려되어야 한다. 첫째는 직배저지 투쟁, 영 화진흥법 제정 참여, 스크린쿼터감시 활동 등을 통하여 제도권 내에 서의 활동 가능성을 감지하였던 점. 둘째, 신진 비평진영과 경쟁할 수 있는 이론적 역량을 확보하였던 점.[48] 셋째, 자체적인 경제 생산단위 를 지니지 못하고 단지 이념으로만 결집된 집단이 롤 모델(소비에트)의 붕괴와 현실 조건의 변화에 따라 한순간에 와해되었던 점* 등이다. 당 시만 하더라도 운동진영과 신진 비평진영의 동거가 동상이몽인 것만 은 아니었다. 동상이몽의 결과는 1992년 후반기부터 시작되었는데 그 계기는 페사로국제영화제의 참가였다. 이후 박광수 감독과 『영화언

---

* 　민족영화연구소의 해산 이유에는 여러 가지가 있지만 직접적 동기는 핵심 구성원들의 이
　　탈이 가장 큰 것이었다. 그것은 동구권의 붕괴와 〈파업전야〉의 대중적 성공에서 비롯된 것
　　이었다.

어』편집위원들을 중심으로 부산국제영화제가 모색되었다.*

　1989년『영화언어』발간 이후 1990년에 접어들면서 그 편집진들과 그들을 '영화주의자'라고 우회적으로 비판하던 민영연은 제휴, 협력하게 된다. 이효인이『영화언어』의 필진으로 가담하고 이용관, 전양준이 민영연의 기관지『민족영화 2』(1990)의 좌담에 응한 것은 그 상징적인 사례가 된다. 서로가 서로를 포용하면서 각자의 이상과 목적에 따라 통일전선을 구축한 셈이었다. 따라서 〈파업전야〉의 관습적인 내러티브와 스타일에 대한 지지와 비판 등은 각자의 입장에 따라 그대로 노출하는 '혼종적'인 결합이었다. 여기에서 공통의 미학은 바로 '현실 비판'으로 압축할 수 있는 것이었다. 양 진영의 의식과 실천 중에 교집합 부분이 없었던 것은 아니지만, 운동진영에게 미학적 현실은 '사회의 모순'이었고, 비평진영에게 미학적 현실은 '한국영화의 창작과 비평의 관습성과 모순'이었다.

　한국 뉴웨이브에 대한 범주 규정의 기준이 모호하고 지나치게 폭넓은 것은 그만큼 당대의 현실이 복잡다단했다는 것을 의미하는 것이다. 개념과 범주의 불확실성을 정리하는 시도가 없었던 관계로 현재까지도 독립영화운동의 역사는 혼란스럽게 방치되어 있다. 그러한 방치는 당시 독립영화 운동을 혼종적으로 파악하지 못했기 때문이 아

---

*　부산국제영화제의 기획은 1992년 이태리의 페사로 국제영화제에『영화언어』편집위원들이 대거 참석하면서 이루어졌다. 1991년 카를로비발리 국제영화제에 초대받았던 장선우 감독이 이태리 페사로국제영화제 집행위원장 아드리아노 아프라로부터 한국영화제 특별전을 제안받았고, 장선우는 이효인을 소개하였으며, 이효인은『영화언어』편집위원들과 의논하여 작품 선정을 하고 영화제에 참가하였다.

닌가 한다. 사실 이장호 감독의 〈바보선언〉을 두고 운동진영이 그 사회비판성에 착안하고 비평진영이 스타일의 파격성(탈관습성)에 착안한 것은 제각각 정당했다. 그것은 당시 사회와 미학 모두가 요구했던 절실한 과제였기 때문이다. 그 결과 뉴웨이브를 가르는 기준은 모호해졌는데, 훗날 단지 이론적 시각으로만 그 모호함을 지적하는 것은 무의한 일이다. 다시 강조하지만 한국의 뉴웨이브는 그 '사건성'과 '혼종적 성격'에 주목할 것을 요구하기 때문이다.

운동진영과 비평진영에 속한 인물들이 『영화언어』의 편집위원으로 같이 활동했다는 사실은, 그들이 이종혼형성의 상태로 공존했다는 것을 의미한다. 하지만 이 사실이 당시 뉴웨이브 운동의 전모를 보여주는 것으로 오인되어서는 안된다. 뉴웨이브 운동은 '활동'과 '조직' 그리고 '대중적 영향력' 차원에서 제각각 검토되고 종합되어야 하기 때문이다. 『영화언어』의 이론적 실천은 그것이 대중적 영향력을 지녔을 때만 의미를 지닐 수 있다. 그렇지 않다면 그것은 운동의 영역에서 다룰 것이 아니라 미적 영역에서 다뤄야 한다.[49] 물론 운동진영이 비평진영의 작업을 '영화주의'라고 비판하던 태도에서 민족영화론과 그 창작방법론의 결함을 인정하는 것과 동시에 비평진영의 비평 작업을 "경청하기에 충분한" 것으로 태도를 바꾼 것[50]은 '의지의 쇠퇴'인 동시에 '내면의 분열'이라고 볼 수 있다. 하지만 그것을 운동의 영역에서 평가하는 것은 적절해 보이지 않는다.

1960년대 브라질의 예에서 보듯, 브라질의 정치적 문화주의 예술가들은 밤에는 도시의 전위적인 미술관의 행사에 참여하고 다음 날 아침에는 전투적인 노동조합이나 민중문화센터의 의식화와 대중 선전을 위한 행사에 참여하였다. 이러한 분열적 현상에 대해서는 그 원인 분석이 선행되어야 한다. 여기에서 원인 분석이란 다양한 층위로 절합하고 있는 혼종적 성격과 당대의 조건을 분석한다는 것을 의미한다. "문화적 의지주의의 쇠퇴는 개입해 있던 혁명 세력의 위기 혹은 질식에서 기인한다. 이것은 부분적으로 사실이지만, 모더니즘과 근대화를 절합하려던 새로운 시도가 좌절하게 된 문화적 원인을 분석하는 것이 필요하다."[51] 이러한 현상에 대해 칸클리니는 가장 중요한 원인으로 "문화적 장의 발전 논리를 고려하지 않고, 변혁적 움직임을 과대평가"[52]한 것에서 찾는다. 민영연 활동을 위의 예와 전적으로 동일시할 수는 없다. 하지만 1987년 이후의 혁명전야 같은 분위기와 1990년의 세계사적 전환 그리고 곧 이어 닥친 문민정부 수립과 대기업의 영화계 진출, 포스트모던한 문화주의 범람 등으로 요약할 수 있는 한국 사회의 당시 상황이 고려되어야 한다. 이렇게 볼 때 민족영화연구소의 활동 또한 '과대평가'라는 인식의 오류와 '혁명세력의 위기 혹은 질식' 현상에서 비롯된 것으로 볼 수 있다. 운동진영은 혁명이 곧 일어날 수 있다고 믿으면서도 비평진영의 모더니즘과 아카데미즘 등과 경쟁하기 위해 그 이론의 일부를 수용하였지만, 치안 탄압과 이념 위기 앞에서는 무력했다. '자기 자신의 확신에 갇히고 고립된'[53] 그룹으로서의 민영연은 영화주의를 비판하고 라틴 아메리카의 실천적 영화마저 선별하여 수용하면서도 사실은 자신들보다 더 고립된 북한 영화이론에 매몰되어 있었던 것 또한 사실이었다. 이 시기 비평진영은 운동진영의 일부 논리와 연대하면서 세력 확장을 꾀하였지만 사실상 영화장에서 영향력을 발휘할 수준은 아니었다. 그들의 이론적 수준은 지금

의 기준으로 보면 영화학의 초보적 단계였다.[54]

두 진영을 한꺼번에 무너뜨린 것은 사실 '시장'이었다. 삼성영상사업단이 초유의 상금과 명예를 내걸고 '서울단편영화제'(1994)를 개최하자 이는 독립영화계의 모든 이슈들을 블랙홀처럼 빨아들였다. 정치적 문화주의는 시장 경쟁에서는 무력한 것이었다. 비제도권 영화계가 제도권 영화계 혹은 시장의 헤게모니에 대항할 수 있는 것은 부산국제영화제라는 반*시장이었다. 1992년 이태리 페사로국제영화제 한국영화 특별전에 참석한 김지석, 이용관, 이효인, 전양준 등은 한국영화의 잠재적 가능성을 확인하는 동시에 제도권의 헤게모니에 도전할 수 있는 유력한 수단이 국제영화제 유치라는 것 또한 발견하였다. 페사로국제영화제 행사는 한국영화 역사상 처음으로 이루어진 집단적 국제적 진출이었다, 그것도 유럽에서. 또한 이 시기 비평진영에 속한 국내외 대학원 출신들이 대학의 정식 교원 혹은 강사로 진출하면서 비제도권이 학계에서도 미미하게나마 세력을 형성하고 있었다. 이런 상황에서 '고립된 전위'를 자처하던 운동진영은 아카데미즘 혹은 공식적 지위를 필요로 하였고, 상대적으로 보수적이거나 민주화운동의 실천력이 결여된 비평진영에게는 진보적 색채가 필요했다. 하지만 이런 과정에서 국제영화제의 성사를 위해서는 관의 도움이 필요했고, 운동적 혹은 진보적 색채의 제거가 필요했다.* 〈파업전야〉가 일시적이

---

* 문화부 공무원 출신으로서 문화부 차관, 영화진흥공사 사장, 예술의 전당 사장 등을 역임한 김동호와의 결합은 그런 맥락에서 이루어졌다. 그는 비평진영에서 사무국장으로 추천한 이정하를 정치적 성향을 이유로 배제하였다. 이후 그의 성향은 2016년 〈다이빙벨〉 사건으로 인한 일련의 사안에서 드러나기도 하였다. 이정하가 영화제 사무국장을 요구

나마 고유한 시장을 만들어내자 두 집단은 잠시 연대하였고, 비평진영은 페사로국제영화제에 참가한 후 영화 글쓰기 즉 이론적 실천보다는 국제영화제 창설을 목표로 방향 전환을 하였다. 이후 그들에게 『영화언어』 발간 작업은 사소한 일이 되고 말았다.* 영화제 창설이 가능했던 것은 '작은영화'와 이를 기반으로 한 '대중적 영향력' 그리고 '운동진영'의 공공성 등을 영화제 주도자들이 대표하고 있다고 여겨졌던 덕분이었다.

7. 독립영화의 성숙과 한계

1992년을 지나면서 독립영화계는 새로운 단계에 접어든다. 노동자뉴스제작단을 제외하면, 독립영화인들은 '운동매체'가 아닌 '작품'을 지향하게 된다. 독립영화 2세대 말기에 해당하는 이 시기의 사회분위기와 영화계 상황을 반복해서 요약하자면 다음과 같다.

> 1987년에 불붙은 민주화투쟁이 계속 이어지는 가운데 1989년 문익
> 환 목사의 방북은 통일운동을 촉발시켰으며 1990년에 〈파업전야〉

한 적은 없었다. 그는 이후 잡지 《씨네 21》에서 이현승 감독과 벌어진 〈런어웨이〉(김성수, 1995) 논쟁 후 절필을 선언하고 영화계를 떠났다. 그의 절필은 이미 잠복된 것이었는데, 이효인과 이정하는 사실 '이념적 사회 혹은 근대주의적 이상'이 불가능하다는 것을 확인했던 1995년 무렵부터 영화계를 떠날 계획을 세우던 중이었다.

* 이후 『영화언어』의 편집 및 진행은 실제로 예건사와 이효인이 맡았다.

는 영화운동의 가능성을 전국적으로 과시하였다. 그럼에도 불구하고 1992년부터 영화운동은 내리막길을 걷기 시작하였다. 노태우-김영삼-김종필의 3당 합당과 노사분쟁, 민주화 요구 분신 사태 등 정국은 80년대와 비슷해 보였지만, 세상의 큰 흐름은 변하고 있었던 것이다. 가장 큰 동인은 아마도 1991년 8월부터 시작된 소연방 소속 국가들의 독립투쟁과 12월 26일의 공식 소비에트연방 해체였을 것이다. 직간접적으로 영향 받은 진보적 전망의 붕괴는 세계관과 미학 체계에 영향을 미쳤을 것이다. 더구나 1989년 11월 9일 베를린 장벽 붕괴, 1991년 남북한 유엔 동시가입, 1990년 6월 소련과 국교수립, 1992년 8월 중국과 국교 수립 등 40년간 지속되어온 냉전 체제가 이삼년 사이에 무너지는 것을 보는 것은 이념적 회의를 강화시켰다. 또 1992년 말 대통령으로 당선된 김영삼이 1993년 취임 초부터 시행한 개혁정책(군 사조직인 하나회 척결, 금융실명제 실시 등)은 민주화의 목표가 어느 정도 완성된 것 같은 착각 또한 불러일으켰다. 영화계 내부적으로는 〈결혼 이야기〉의 성공이 상징하는 영화청년들의 충무로 진입 가능성 확대, 1993년 스크린쿼터감시단을 실질적으로 운영한 활동가(이정하, 김혜준)의 제도권 개입, 1994년 서울단편영화제 개최(삼성 나이세스 주관)가 제시한 대기업 영화계 진출 등이 영화운동의 방향전환을 위한 여건으로 작동하였다. 이후 한국영화계는 1995년의 영화진흥법 제정, CJ그룹 멀티미디어 사업부 신설, 삼성영상사업단 신설, 『씨네 21』 창간 등이 이루어지는 환경에서 새로운 단계로 진입하게 된다.

1980년대 말 독립영화운동에서 다큐멘터리가 등장한 것은 두 계기에 의해서였다. 하나는 홈 비디오 카메라의 대중 보급 현상이었고 다른 하나는 빈번한 시국 사건이었다. 1986년의 인천 5.3사태 즉 재야 및 학생 운동권 세력이 국민헌법제정과 헌법제정민중회의 소집을 요구하는 시위를 벌였던 사건에 참여한 서울영화집단의 홍기선, 이효인 등은 현장을 8밀리 필름 카메라로 기록하였다. 하지만 고비용에다가 필름 현상소의 신고 염려 등으로 지속적인 촬영은 거의 불가능하였다. 이 무렵 홈비디오 카메라가 보급되었는데, 이는 민족영화연구소와 노동자뉴스제작단의 활동 기반이 되었다.

독립영화역사의 첫 비디오 다큐 제작물은 〈그대 부활하라, 민족의 꽃으로〉(1987, 40분)였다. 1987년 박종철 고문치사 사건의 진상규명을 요구하며 민주헌법쟁취국민운동본부가 개최하기로 한 '박종철군 고문살인 은폐조작 규탄 및 민주헌법쟁취 국민대회'를 하루 앞두고 열린 '6·10 대회 출정을 위한 연세인 결의대회'에서 전경이 쏜 최루탄을 맞고 사망한 이한열 열사를 기리기 위한 것이었다. 1987년 6월 항쟁의 기폭제가 된 이 사건의 맥락을 정리하고 사망의 의미와 과제를 제시하고자 국민운동본부에서 장선우 감독을 통하여 영상물 제작을 의뢰하였다. 이 작품은 그간 서울영화집단 등에서 찍은 자료를 바탕으로 서강대 커뮤니케이션 센터의 편집실을 이용하여 완성하였는데, 강한섭, 이정하, 이효인 등이 민영, 이광린이라는 가명으로 만든 것이었다. 이후 이러한 비디오 다큐 작업은 김동원의 〈상계동 올림픽〉에 의해 그 가치와 효용성이 크게 파급되었다.

장산곶매, 민족영화연구소, 노동자뉴스제작단 그리고 〈상계동 올림픽〉은 1988년 전후 한국 독립영화를 대표하였는데, 이는 독립영화가 민주주의 개혁을 원하는 사회적 요구에 실질적으로 동참했다는 것을 의미한다. 당시 진행된 대표적인 급진적 문예운동으로는 남한사회주의노동자동맹(사노맹)의 기관지 『노동해방문학』(1989.3)이 있었다. 이 잡지는 『창작과 비평』으로 대표되는 민족문학 진영을 거세게 비판하였다. 이는 당시 사회구성체논쟁에 따른 노선 투쟁의 일환이었다. 즉 민족해방민중민주주의혁명NLPDR 노선과 민중민주주의혁명PDR 노선에 따라 문예운동 또한 차별성을 띠었던 것이다. 영화운동의 경우 민족영화연구소는 NL계열의 노선을 지향하였는데 자신들이 발간한 『민족영화』의 주장과 활동 즉 영화계를 제도권과 비제도권으로 구분하고 제도권에서는 영화법 개정 운동 등을, 비제도권에서는 노동현장 연계 영상물을 제작한 것에서 알 수 있다. 노동자뉴스제작단의 경우, 공식적으로 표명되지는 않았지만, 노동현장과의 긴밀한 연계 활동을 고려하면 PD계열이라고 보더라도 크게 틀리지 않을 것이다. 이 그룹은 노동현장에서 일어난 사건을 기록하고 재해석한 영상물을 최대한 신속하게 제작하여 현장에 보급하는 영상전투요원처럼 활동하였다. 장산곶매는 특정한 노선을 취하려고 하지 않았으며 단지 시대가 요구하는 영상을 제작하는 차원이었다고 볼 수 있다. 하지만 이 세 집단 중 어느 곳도 조직적으로 사회운동과 연계를 맺지는 않았으며, 구성원 대부분의 이념적 인지와 충실성은 낮은 수준이었다. 민족영화연구소의 경우 1989년 민중당 창당 과정에서 영상홍보 역할을 맡았으나 민중당은 영화 영역을 조직 내에 정식으로 편재할 정도의 역량을 가진 것이 아니었다. 그 결과 민중당과 민족영화연구소의 조직적 결합은 성사되지 못한 채, 이후 민중당을 주도했던 장기표와 그의 영향권 아래에 있던 전태일기념사업회 등과 연계된 활동으로 국한되었다.[*]

민족영화연구소와 노동자뉴스제작단의 다큐 작업이 뉴스릴 혹은 교양 다큐의 성격이었던 것에 비해 〈상계동 올림픽〉은 완결된 작품 형태를 갖춘 것이었다. 특히 88 올림픽을 위하여 마구잡이 철거가 이루어진 상계동에 들어가서 주민들과 함께 생활하고 철거 이후의 현장까지 동행하여 작업했다는 점은 독립영화계에 큰 자극이 되었다. 현장 쓰임새의 효용성을 강조했지만 사실 그 효용성을 확인하기 어려운 비디오 액티비즘의 거친 결과물보다 〈상계동 올림픽〉은 계층을 초월한 효용성을 가진 작품이었으며, 야마가타山形 국제다큐멘터리영화제에 초청되면서 국제적으로도 알려지게 되었다. 당시 국제영화제 초청은 한국 영화인들의 오랜 숙원이었으며 제도권 영화조차 오랫동안 만나지 못한 일이었다. 홈비디오로 제작한 다큐멘터리가 국제적 명성을 지닌 영화제로부터 초청을 받았다는 것은 한국 독립영화의 국제적 승인인 동시에 영화청년들에게 새로운 길을 제시한 것이기도 했다. 또 독립 다큐멘터리 활성화에 결정적인 계기가 되었다. 하지만 "지금은 아주 대담하게 이 영화는 해외영화제 나가기 위해서 찍는다고

[*] 1990년 겨울 무렵, 전태일을 영상화하는 극영화 작업은 이정하 연출로 두 번의 촬영 후 무산되었으며, 이후 이수정에 의해 '이소선 어머니 회갑 기념 영상'(1990.12)이 만들어졌다. 이는 민족영화연구소 명의의 마지막 작품이 되었다. 민중당과 민족영화연구소의 관계는 민중당을 주도했던 장기표와 연구소 대표였던 이효인과의 개인적 관계에서 비롯된 것일 뿐 운동노선에 따른 것이 아니었다. 당시 수배 중이었던 장기표가 친구출판사에서 책을 준비하고 있었던 인연으로 이효인의 거주지 근처에 숨어 살았고, 이효인은 장기표의 여러 활동을 도왔다.

말"[55]하는 경향을 낳기도 하였다.(당시 1994년 독립영화의 상황에서는 독자적
인 배급과 재생산구조의 확보 그리고 매체의 기술적 진보 등이 중요한 과제였다.)

　독립영화 2세대 시기 마지막 행사는 1992년 6월에 있었던 독립
영화창작후원회 결성이었다. 문성근, 김명곤, 박광수, 신 철, 이용관,
이효인, 전양준 등이 신인 발굴을 위해 결성한 이 후원회의 첫 수혜자
는 영화 〈홈리스〉(장기철)였다. 사회적 명망을 지닌 기성 배우, 제작자,
감독의 공식적 후원을 유치한 것은 독립영화가 제도권 내에 공식적으
로 진출하는 것을 의미했다. 1회로 끝난 이 후원회의 첫 수혜작품은
1996년에야 완성됨으로써 처음에 기획했던 후원의 지속성과 사회적
반향의 기대는 무색하게 되어버렸다. 이 후원회의 근저에는 독립영화
가 체제 내로 수렴되는 한계를 갖더라도 안정적인 제작-보급 구조를
가져야 한다는 공감대가 있었다. 〈파랑새〉, 〈파업전야〉 등의 탄압 사
례를 비롯하여 공권력의 탄압 아래 어렵게 대학가를 중심으로 상영할
수 있었던 독립장편영화 〈닫힌 교문을 열며〉(장산곶매, 1992) 사례가 반
복되어서는 안된다는 문제의식을 공유했던 덕분이었다. 사실 독립영
화가 투쟁의 의미를 넘어서서 한국 상업제도권 영화의 대안으로 떠오
를 수 있었던 것은 〈파업전야〉 때부터라고 할 수 있다. 서울영화집단
출신인 홍기선과 공수창, 이은, 이재구, 장동홍, 장윤현 등 대학 영화
과 출신들로 결성된 독립영화창작집단 장산곶매는 다큐멘터리 〈87에
서 89로 전진하는 노동자〉(1989)와 〈오! 꿈의 나라〉(1989), 〈파업전야〉
(1990), 〈닫힌 교문을 열며〉(1992) 등 3편의 장편 극영화를 만들었다.
노동운동계와 협력해서 만든 〈파업전야〉에 이어 전국교직원노동조합
(전교조)와 결합하여 만든 〈닫힌 교문을 열며〉는 전국적 파문을 일으켰

다. 〈파업전야〉 시절 장산곶매의 활동은 '영화'운동과 영화'운동' 모두의 모범적인 형태로 여겨졌다. 그것은 최초의 독립영화 형태로 제작된 장편 극영화라는 점과 더불어 전국적인 명성을 얻었기 때문이었다.

〈파업전야〉의 제작 및 상영 모델은 한양대 등 4개 대학 14명의 학생들이 세운 '영화제작집단 청년'의 16밀리 장편 극영화 〈어머니, 당신의 아들〉(1990)의 제작으로 이어졌다. 이 영화는 당시 활동력이 최고조에 달했던 전국대학생대표자협의회(전대협)와 연계하여 상영 및 보급이 이루어졌다. 이후 감독 이상인은 영화법 위반으로 구속되었는데, 그는 민족영화연구소의 회원이었던 시절 파업 공장에 들어가 노동자들과 함께 하며 〈깡순이 슈어프로덕츠 노동자〉(1988)라는 비디오 영상을 만든 바 있다. 노동자뉴스제작단(1989)의 영상물과 함께 그러한 비디오 작업 즉 노동운동의 일상적 활동과 결합한 비디오 액티비즘video activism의 시초였다고 할 수 있다. 이후 각 집단들의 활동이 막을 내릴 무렵 한국독립영화협의회는 독립영화 제작 교육 단체로 귀결되었고 노동자영화대표자회의는 노동자뉴스제작단의 활동이 그 역할을 대표하였다. 노동자뉴스제작단은 1989년 4월 〈노동자뉴스 1호〉를 통하여 지하철노조파업 등을 전국 노동운동 조직에 보급함으로써 첫발을 내디뎠는데 십여 년 이상 꾸준히 활동을 이어갔다.

8. 독립영화 2세대의 마지막 풍경

〈파업전야〉의 성공 이후 장산곶매는 〈닫힌 교문을 열며〉(1992)를 제작하기는 했으나 사실 〈파업전야〉 이후 내부 변화를 겪었다. 장산곶매를 실질적으로 대표하던 홍기선은 충무로에서 〈가슴에 돋는 칼로 슬픔을 자르고〉(1992)의 제작 준비를 하였고, 대표였던 이 은은 충무로 제작자로 자리를 옮겼다. 장산곶매의 성과는 창작자들의 헌신성과 역량에서 일차적으로 비롯된 것이었지만 영화운동을 둘러싼 여러 주의주장 그리고 비판과 경쟁의 장에 그들이 놓여있었기 때문에 가능한 것이기도 했다. 즉 군부 정권의 억압에 영화를 통하여 대항한, '창작 극영화'를 통한 민주화 투쟁을 벌인 영화운동 역량의 결집체이자 2세대의 마지막 주자였던 셈이었다. 이후 장산곶매라는 모델은 1993년 이후 과거 영화운동집단과는 성격을 달리하는 여러 제작 집단의 탄생으로 전이되었다. 일제 종군위안부를 다룬 〈낮은 목소리〉(1995)를 제작한 변영주를 중심으로 한 '기록영화제작소 보임'(1993.6), 김용균, 정지우, 임필성, 박찬옥 등의 '영화제작소 청년', 김정구, 유하 등의 '지하창작집단 파적', 김성숙, 고은기, 박경목, 김규철, 채기, 이송희일 등의 '영화창작집단 젊은 영화' 등은 독립영화 2세대 이후 즉 1993년 이후 독립영화계에서 중심적 역할을 하였다.

한국의 독립영화 2세대 시기(1984~1993)는 단지 독립영화만을 대상으로 한 구분이 아니다. 적어도 1993년 전후 시기는 한국영화계 전체를 대상으로 볼 때도 한 분기점으로 볼 수 있기 때문이다. 1994년 말에 이루어진 『영화언어』 좌담에 참석한 토론자들은 80년대와 90년대가 다르다는 점에 합의하고 있다.[56] 또 그들은 새로운 영화들의 다양성에 대한 진단과 가능성 그리고 우려를 함께 말하고 있다. 이정하는 1990년대 독립영화와 성향을 공유했던 데뷔 감독들의 영화에 대해 "똑같은 소재라 할지라도 80년대 후반이나 90년대 초반의 특수한 한국영화 시대에 만들어졌던 그런 영화하고는 또 다른 방식으로 만들어진다는 거거든요. 어떤 의미에서는 그것이 주류 상업영화 못지않게 대중에 대한·영합이라든지 대중에 잠재된 욕망을 채워주는 경향성이 상당히 노골적이고 짙"[57]다고 시대 구분과 함께 비판적으로 언급한다. 이에 대해 정성일은 "80년대 이들한테는 부정해야 할 공통된 현상을 우리가 엮어낼 수 있었"지만 90년대에는 그것이 모호해졌는데 그 이유는 "80년대 영화들이 담고 있는 것은 진실과 거짓의 문제입니다. (중략) 그런데 90년대 감독들은 갑자기 아이러니라는 상황 속에"[58] 놓였기 때문이라고 설명한다. 이정하가 다소 비판적으로 현재의 상황을 언급하는 것에 비해 정성일은 새로운 상황이 주어진 것이라고 바라보고 있다. 이정하는 다시 이 영화들에서 시대정신을 발견할 수 없으며 이는 곧 한국영화 정체성의 실종으로 이어질 수 있다는 우려를 하는데,[59] 이용관은 "시대정신이 너무나 갑작스럽게 당혹할 정도로 없어졌다는 건 사실"이라는 비판과 함께 "그 사람들이 어떤 위상 지형에 있기 때문에 그런 현상이 있는가 또 그들이 어떤 장점을 가지고 있는"를 함께 고려해야 한다고 말한다.[60] 이 좌담의 참석자들은 이러한 변모한 한국영화에 대해 지지를 아끼지 말고 그 가능성에 주목해야 한다고 입을 모으는데 때로는 국수주의적 경향까지 드러낸다. 그 예로 정재형은 "종래의 너무 미학 위주로만 재단하는 방식은 안됩니다. 예를 들면 〈투캅스〉도 모방이냐 표절이냐는 별로 문제가 안되죠"라고 말한다. 이용관은 "도덕성의 문제가 있다고 보지만 나머지 문제에 있어서는 여러 가지 공이 많다"면서 이 영화가 지닌 사회비판적 특성에도 주목할 것을 주문한다.

이처럼 〈파업전야〉(1990.3.28.)가 나온 지 불과 4년 만에, 같은 시대를 지냈던 좌담 참석자들은 80년대를 마치 오래 전의 일처럼 회고하며 변화된 한국영화 지형을 말하고 있다. 여기에서 중요하게 함께 토론된 또 다른 주제는 '기획 시대의 도래'였다. 따라서 『영화언어』15호 종간호에 실린 이 좌담은 사실 영화'운동'의 사망을 확인하는 자리이기도 했다. 사실 15호의 발간 2년 전에 이미 '한국영화계의 변화와 기획 시대의 도래'를 검토하고 공인하는 자리가 있었다. 크리스찬 아카데미의 '대화' 프로그램의 하나로 개최된 세미나가 바로 그것이었다.*
이 행사는 『영화언어』 10호(1992년 봄호)에서 지상 중계되었는데 그것은 발행인 전양준이 강한섭, 김경식, 신철 등과 함께 발제자로 선정되었기 때문이었다. 「한국영화 제3의 물결」이라는 제하의 '정보화 사회에서의 영화정책 대안'이라는 부제를 지닌 이 세미나는 기획자의 중요성, 한국영화 자본의 문제, 뉴미디어 문제 등을 다루었는데 다소 산

---

* 김원룡 목사가 주도했던 크리스찬 아카데미의 '대화' 프로그램은 당시 사회의 중요한 주제를 다루던 권위있는 행사였다. 문화예술계 각 분야의 새로운 기운을 진단하고 미래지향적 대안을 제시하는 이 프로그램에 영화가 포함된 것은 당연한 일이었다. 이 프로그램의 기획은 간사였던 김용호(현 성공회대 교수)에 의해 이루어졌고, 서강대 대학원에 같이 재학 중이던 강한섭에게 영화계의 쟁점 도출과 발제를 제안하면서 이루어졌다. 한편 크리스찬 아카데미는 사회운동 진영으로부터는 체제에 안주하는 개량적인 운동으로 배척당하기도 하였다.

만하며 선언적인 발언 등으로 채워져 있다. 이 세미나는 독립영화 2세대들이 '영화'운동 혹은 영화'운동'에서 벗어나 제도권 내의 역할로 위치 변동을 도모했다는 것을 상징하는 것이었다.

부산국제영화제가 발족한 1996년 전후 한국 사회는 완고한 이념주의가 몰락하는 대신 문화 시장이 전례 없이 확장된 시기였다. 문화시장은 1987년 민주화 대투쟁과 공산권의 몰락 그리고 문민정부가 들어서는 것을 본 세대들이 창작자 혹은 수용자의 다수를 형성하면서 급변하고 있었다. 부산국제영화제의 성공적 운영에는 이러한 시대적 조건이 큰 비중을 차지하였다.* 영화계가 문화예술계의 어떤 부문보다도 사회적 사안에 진보적 목소리를 낸 것은 반공적이며 보수일변도였던 한국영화계에 새로운 세대들의 집단의식과 행동(뉴웨이브 체제)이 강하게 분출되었기 때문일 것이다.(훗날 한국영화계의 주요 영역 즉 공공기관, 영화제, 제작 및 감독 등의 영역에서 주목할 만한 많은 인물들은 뉴웨이브 체제의 독립영화운동 진영과 관계가 깊다.) 앞에서 이미 언급했지만 다시 말하자면, 1990년 전후에 일어난 운동진영과 비평진영의 결합은 단순한 타협만은 아니었다. 그것은 각자 필요했던 것 즉 비평진영에 필요한 운동성(공공적 윤리성)과 운동진영에 필요한 전문성(아카데미즘)의 교환이었다. 이러한 밀월 기간은 1996년 부산국제영화제의 개최 전후까지 이

---

*   이선필, 성하훈, 「BIFF의 상징 이용관 전 집행위원장의 고언」, 《오마이뉴스》, 2016.
    05.26.
    http://star.ohmynews.com/NWS_Web/OhmyStar/at_pg.aspx?CNTN_CD=A0002212691.
    "우리가 순수한 열정으로 시작했지만 참 타이밍이 좋았다. 누가 시작했더라도 부산영화제
    는 성공했을 거다. 부산시와 시민들 덕이 컸지만, 가장 큰 힘이 된 건 바로 민주화 운동이
    다. 사람들의 잠재된 욕망이 얼마나 컸겠나. 그 마당에 우리는 자리를 깔아준 것뿐이다."

어지는데, 이 기간 뉴웨이브 운동에 참여했던 구성원들의 행동 속에는 운동적 경향과 새로운 영화미학의 지향, 영화시장 진입을 위한 신세대 기획의식, 기존 영화계와의 협력과 투쟁 등 그야말로 이종혼형성Heterogeneidad이라고 부를 수 있는 복잡다단한 성향들이 혼재해 있었다. 이런 가운데 두 그룹은 1996년의 '애니깽 사건'*과 '영화사전심의 위헌 투쟁'** 등에는 단결하여 한 목소리를 내면서 한국영화인협회로 상징되는 구체제의 헤게모니에 도전하였다. 반면 이 시기 비제도권 영화 진영에는 자본주의적 작동 원리가 관철되지 않았으며 시장에 대한 개념이 막 형성되던 시기였다. 비로소 〈파업전야〉가 운동적 성과는 물론 적지 않은 상영 수익을 내고, 〈행복은 성적순이 아니잖아요〉(황규덕, 1989)와 〈부활의 노래〉(이정국, 1990) 등 독립제작 형식의 제도권 영화가 발표되면서 비제도권에서도 시장의 개념이 형성되기 시작하였다.

반면 같은 시기 제도 영화권에서는 큰 지각 변동이 일어나고 있었는데, 1992년 〈결혼 이야기〉(김의석)가 기획영화로서 흥행에 성공

---

*   1996년 대종상 영화제에서 작품이 완성되지도 않은 영화 〈애니깽〉이 최우수상 등을 수상하면서 여론의 질타를 받은 사건을 말한다. 이 영화제 심사에는 비평진영과 운동진영의 젊은 비평가들이 많이 참가하였는데, 이들의 비판에 의해 사건이 크게 공론화되었다. 이후 한국영화인협회(이사장 유동훈)는 대종상 사무국을 혁신하였는데 여기에서 이정하가 주도적인 역할을 하였다. 그는 심사의 공정성과 기록을 위하여 '대종상영화제 백서'를 기획했는데 이는 기성 영화인들의 큰 반발을 불러 일으켰다.

** 〈오! 꿈의 나라〉(장산곶매, 1991) 등의 영화에 가해진 법률 위반 처분에 대해 헌법재판소로부터 영화 사전심의 제도가 위헌이라는 판결을 끌어냈다. (1996년 10월 4일) 이 판결을 끌어내는 데는 스크린쿼터감시단, 대종상영화제 사무국, 한국영화연구소 등으로 이어지는 일련의 공공적 활동을 주도했던 김혜준이 큰 역할을 하였다.

하였고, 1993년 삼성영상사업단 등 대기업이 영상사업에 뛰어들었다. 그리고 1993년 4월 〈서편제〉가 초유의 흥행 성공을 거두었다. 이런 큰 흐름 속에서 많은 총명한 청년들이 영화계에 진입하는 이른바 1970년대 '영상시대' 그룹이 갈망했던 영상시대가 시작된 것이었다. 그들은 1980년대 3저 호황 속에서 생존을 위한 진로 선택으로부터 비교적 자유로워진 세대들이었다. 따라서 제 1회 부산국제영화제에서 발간한 『코리안 뉴웨이브』PIFF, 1996는, 새롭게 열린 한국 영화장의 헤게모니 경쟁에서 패배한 자들이 지나온 십 년을 되돌아보는 회고록이자, 마지막으로 한국영화에 기여하고자 하는 마음으로 쓴 1990년대 한국영화의 새로운 출발에 보내는 축하문같은 것이었다.

3장
독립영화의 미학[61]

한국 독립영화는 1980년대 중반부터 1990년대 초반까지 특정한 활동을 하였다. 당시 한국의 민주화 운동과 연대하는 한편 새로운 영화비평을 추구하였던 것이다. 이를 1970년대 독립영화 활동과 구분하기 위하여 독립영화 2세대라고 부르고자 한다. 이 시기 활동은 영화운동론과 영화미학론으로 나눠서 살펴볼 수 있다. 또한 전자는 영화'운동'으로 후자는 '영화'운동으로 부르면서, 이러한 운동을 주도한 사람들을 이 글에서는 편의상 운동진영과 비평진영으로 부르기로 한다. 이 글에서는 영화운동론을 제외한 영화미학론을 주로 다룰 것이다.

독립영화 2세대의 활동은 『프레임 1/24』, 『열린영화』, 『레디고』, 『민족영화』, 『영화언어』 등의 잡지와 『새로운 영화를 위하여』 등의 번역서를 통하여 파악할 수 있다. 특히 영화미학론은 15호까지 발간된 『영화언어』를 분석 대상으로 삼아야 한다. 운동진영과 비평진영은 서로 경쟁하거나 협력하면서 이 시기 한국영화의 개혁을 위해 활동하였다. 『영화언어』는 영화학과 영화비평 영역에서 작가주의, 신형식주의, 스타일 비평 등을 추구하였다. 반면 『민족영화』 등은 리얼리즘 비평을 추구하였다. 하지만 리얼리즘과 관습적인 영화에 대한 두 진영의 생각은 서로 달랐다.

이러한 이 시기의 활동은, 이후 『영화언어』 리더들이 부산국제영화제 창설 활동에 집중하게 되고, 『민족영화』 주도 인물들 또한 활동의 변화를 보이면서, 1990년대 초반 한국영화계의 변화와 함께 막을 내리게 된다. 그리고 그 다음 세대 비평가들이 대중영화와 장르영화에 대한 관심으로 비평의 축을 옮기면서 한국 영화비평계는 새로운 단계에 진입하게 된다.

1. 미학 연구의 범주

독립영화 2세대의 활동은 영화제작과 배급, 영화계 활동 및 현안 참여, 영화 글쓰기와 잡지 발간 등으로 나눠서 살펴볼 수 있다. 전자 두 항은 운동적 실천의 영역이며, 후자는 이론적 실천의 영역으로 볼 수 있다. 하지만 이것만으로 그 활동을 완전히 파악할 수는 없으며, 그 구분 또한 때로 복합적인 의미를 담고 있기 때문에 세심하게 다룰 필요가 있다. 운동적 실천 즉 영화운동론은 그들이 발간한 잡지에 실린 글과 함께 실제의 활동을 살펴봄으로써 파악할 수 있으며, 이론적 실천 즉 영화미학론은 미학적 논의 외에도 운동적 의도 등을 간파할 수 있는 대목이 내재되어 있기 때문이다. 한국의 영화학은 1971년 창립된 한국영화학회와 재야 비평가들을 중심으로 전개되어 왔다. 하지만 영화학계 소속 인원의 절대적인 부족과 학문적 토양의 빈곤 속에서 1985년까지 5권의 연간 학회지를 발간하는데 그쳤다. 이후 1988년 한국영화학회는 재창립을 선언하며 이듬해에 학회지 『한국영화학회지』(6번째 학회지)[62]를 발간하면서 새로운 출발을 선언하였다. 하지만 6~9호 기간에 발간된 이 학회지의 주요 필진은 독립영화 2세대의 주요 필진들과 겹치고 있다. 따라서 독립영화 2세대의 영화미학론을 고찰하는 것은, 완벽하게 일치하는 것은 아니지만, 한국 영화학의 주요 부분을 검토하는 것이기도 하다.

이들 2세대 독립영화인들은 적은 인원이었으므로 동아리 회원과 비슷한 관계 속에서 자신들의 논지를 긴밀하게 교류하였으며, 그 구체적인 논리는 자신들이 발간한 각종 문서를 통하여 확인할 수 있다.

그 대표적인 것으로『새로운 영화를 위하여』(서울영화집단, 1983),『영화운동론』(서울영화집단 역, 1985),『혁명영화의 창조』(볼리비아 우카마우 집단, 양윤모 역, 1988) 등의 외국 영화운동 관련 번역 단행본,『열린 영화』,『레디고』,『영화언어』,『민족영화』와 같은 동인지 형식의 잡지 그리고 각종 행사 팜플렛 등을 들 수 있다. 이 글에서는 지속성과 이후의 영향력을 감안하여 계간『영화언어』를 중심으로 살펴볼 것이며, 그 정확한 맥락을 파악하기 위해『열린 영화』,『레디고』,『민족영화』등도 함께 살펴볼 것이다.[63]

독립영화 2세대의 비평 활동을 고찰하는 것은 한국영화사에서 중요한 단계의 중요한 역할을 검토하는 것이기도 하다. 그들의 활동은 1980년대에 영화의 사회적 역할을 환기시킨 것과 더불어 이후에도 영향력을 발휘하였다. 외부적 요인에 의한 1990년대 한국영화의 호황을 질적인 성숙으로 유인하는 과정에 독립영화 2세대가 기여한 바는 적지 않았다. 비교하자면, 1970년대 '영상시대' 동인들의 활동이 집단적인 지향성과 후대에 전수되는 동력이 부족했던 것에 비해 독립영화 2세대들의 활동은 짧지 않은 기간 동안 대학 및 사회에 새로운 영화문화를 전파하는데 중요한 역할을 하였다. 그들은 1980년대 민주화 운동에 발맞추는 한편 1990년대에는 그들의 영향을 받은 적지 않은 후배 영화 청년들과 함께 한국영화의 부흥에 질적, 양적으로 기여하였다. 또한 사회적 리얼리즘 비평과 스타일 비평을 통하여 서로 쟁투하고 절충하면서 영화 비평의 새로운 방법론을 모색하였다. 이는 비록 그다지 고차원의 학문 혹은 비평은 아니었지만, 훗날 비평에서 영화의 내부(텍스트)와 외부(문화) 그리고 맥락(영화사)을 다층적으로 고찰하는 도약대로서의 역할을 하였다고 볼 수 있다. 하지만 그들의 활동은, 영화(문화)운동과 학문의 영역에서는 지속성을 지니지 못하였다. 그것은 그들의 의식과 활동 기반이 부실했기 때문이며, 1990년대 이후 확장되면서 급변한 한국영화계의 환경에 능동적으로 대처할 만한 역량이 부족했음을 의미한다. 그 결과 그들은 1990년대 중반 이후 개별적인 활동에 매몰됨으로써 애써 추구했고 그나마 구축하였던 정신적 공동체 유지라는 책임을 방기하고 말았다.[64]

2. 영화번역서, 『열린영화』와 『새로운 한국영화를 위하여』

『영화언어』는『열린영화』와『프레임 1/24』의 맥락에 놓여 있고, 『민족영화』는『레디고』1,2집의 맥락에 놓여 있다. 각각의 맥락에서 책 혹은 잡지를 만드는데 참여한 사람들이 겹치기는 하지만 그렇다고 해서 같은 논조를 유지하고 있는 것은 아니었다. 전사前史로 보기에는 일관성이 부족하고 관점이나 주장이 다르기도 하다. 당사자들은 스스로 생각을 바꾸기도 했겠지만 이 과정에서 시대의 변화와 경험 또한 중요한 요소로 작동했다는 것을 알 수 있다.

　　『프레임 1/24』은 삼십 여 쪽에 이르는 팜플렛 형태의 무크지로서 강한섭, 전양준, 홍기선 등이 동인지로 발간한 것이었다. 1979년 박정희의 사망 시기 전후에 기획하여 1980년 봄에 발간된 이 책은 최루탄 냄새와 피비린내 나던 시절과는 어울리는 것이 아니었지만 강한 비판성 탓에 시대와 묘하게 어울리던 것이기도 했다. 이 책에 대해 한 매체는 "「어제의 난장판 오늘의 현실 그리고 내일의 암시」라는 거창한 특집을 비롯 우리영화의 여러 가지 죄상을 피력한 글들로 가득 차 있다"고 기록하고 있다.* 전양준은 이 동인지에 대해 "그 유치한 '악마사냥'식 논리에도 불구하고 우리 영화에 대해 집중된 관심을 보여주었다"[65]고 자평했다. 이 책은 1호를 끝으로 더 이상 나오지 못했는데, 그로부터 약 4년 후 전양준은 다른 동인들과 함께 『열린영화』(1984.12)를 창간한다.[66] 계간으로 발간된 이 잡지는 4호(1985.10)를 내고 폐간되었는데, 매호 특집 중심으로 기획된 것이었다. 문제의식으로 가득 찬 의욕적인 출발이었지만 편집진들이 4권으로 기획한 내용 즉 작은영화론, 영화 이론 소개, 영화 이데올로기, 한국영화 환경에 대한 문제 제기 등은 그들이 할 수 있는 최대의 것이었을 것이다. 1호는 작은영화에 대한 논의, 작은영화의 제작, 제1회 작은영화제 평가 등을, 2호는 현대영화이론 소개와 해외 감독 소개 등을, 3호는 영화 리얼리즘과 이데올로기, '영화마당 우리'의 워크샵, 대학영화제 등을, 4호는 한국영화 관련 하부구조, 법과 정책 그리고 이장호와 오시마 나기사의 대담 등을 싣고 있다.** 당시의 영화학 수준과 문제의식을 감안하면 『열린영

---

* 《매일경제신문》 1980.2.21. "영화 동호인들의 모임인 동서영화연구회(회장 유현목)가 펴낸 『프레임 1/24』 봄호가 발간됐다. 「어제의 난장판 오늘의 현실 그리고 내일의 암시」라는 거창한 특집을 비롯 우리영화의 여러 가지 죄상을 피력한 글들로 가득차 있다. 비매품" 『프레임 1/24』을 펴낸 강한섭의 진술에 의하면, 정성일 등도 같이 활동했다고 한다. 그는 유현목 감독과 영화배우 신영균씨의 후원에 의해 남산의 (구)영화진흥공사 건물 내 사무실을 사용할 수 있었고 발간비 또한 지원받았을 것이라고 회상하였다.

** 100쪽 안팎의 이 잡지 제작 후원은 청년영상연구회 회원이었던 이세민 등에 의해 이루어졌고, 그가 운영하던 대학로의 카페 '8 1/2'은 편집부의 공간으로 활용되었다. 폐간의 원인은 재정적인 부분과 필진의 부족도 이유이었지만 영화법과 정책을 비판하는 글에 대한 관

화』는 초보적인 수준에서나마 중요한 문제제기를 한 셈이었다. 사실상 『새로운 영화를 위하여』(서울영화집단 편역)와 해외 영화전문지를 통해서 습득한 영화 지식을 영화운동적 관점에서 거칠게나마 망라했기 때문이었다.

비교적 학구적이며 '영화'운동적 논지를 전개한 『열린영화』와는 달리, 그야말로 '잡지'의 구성을 취하고 있는 『레디고』 1호(1986)에는 다소 무거운 주제와 심각한 글들이 실려 있다. 독자들의 흥미를 끌 수 있는 부분, 영화계 현안 검토 그리고 영화운동론 등이 혼재되어 있는 이 무크지에는 「80년대 영화의 현단계와 그 전망」(좌담, 유현목, 이영일, 이장호, 장길수) 등이 실려 있다. 이정하가 책임 편집한 이 책은 발간되자말자 정부에 의해 판매금지 처분을 받았다. 주요 내용은 다음과 같다. 「영화운동의 방향성에 대하여」(이해영, 홍기선의 필명), 「영화산업과 문화침식」(이효인), 「70년대 상황과 한국영화의 갈등」(양윤모), 「임권택론」(남만원), 「몽따쥬론」(유리 로트만, 임진영 역), '작은영화 운동 관련 기사', 「밀로스 포만의 영화세계」(남상진), 「여성의 정체」(김소영) 등이다. 특이한 점은 잡지 말미에 1986년 프랑스문화원 상영 영화 목록과 1982~1985 기간에 매주 상영한 '토요단편' 프로그램이 실려 있는 점이다.* 이후 이정하는 이효인, 전양준과 함께 『레디고』 2집인 『새로운

의 압력이 결정적인 것이었다고 알려져 있다.

* 『레디고』는 발간 후 판매금지되었는데, 직접적 원인은 「영화산업과 문화침식」(이효인)이 미국영화 직배저지를 허용한 정부 정책을 비판하였기 때문이었다. 그 외에도 다음과 같은 흥미로운 기사가 실려있다. 「월간 스크린 데스크 이연호 인터뷰」, 「영화감독이 되는 법」, 「응달의 보람 40년, 추석양 인터뷰」등. 이정하 편집, 『레디고』, 대학문화사, 1986.

한국영화를 위하여』(1988.7)를 펴냈다. 이 책을 기획할 당시 〈파랑새〉 사건을 겪은 이정하, 이효인은 서울영화집단을 탈퇴한 상태였으며, 전양준은 곧 이어 『영화언어』를 발행하게 된다.

『새로운 한국영화를 위하여』에 실린 글의 반 이상은 전양준이 기획, 섭외했는데 『영화언어』의 지향과 맞닿아 있다. 대표적으로는 「배창호의 연출 스타일 연구」(김용태), 「한국 영화산업 연구」(배병호), 「70년대 이후 한국영화 흥행 대표작의 내러티브 및 이데올로기 분석」 (염찬희) 등이 그러하다. 2호에는 1호와는 달리 대부분 한국영화, 영화사, 영화산업 등을 학문적으로 접근한 글이 실렸다. '잡지'보다는 영화학과 영화 현실에 대한 심도있는 연구를 지향한 것은 편집자들이 주체적이며 과학적인 영화론 정립이 가능할 것이라는 전망을 가졌기 때문이었을 것으로 짐작된다. 하지만 이러한 전망은 미적 기반이 튼튼한 것은 아니었다. "영화에 관한 학문적 연구가 정당한가?"라는 도발적 질문으로 시작하는 머리말에는 '민족영화'와 '새로운 한국영화'라는 말이 쓰이고 있지만 구체적인 내용을 담은 것은 아니었다.* 그렇지만, 현재의 기준으로는 평범한 글들이지만, 일반 매체의 인상비평 외에는 영화에 대한 글을 접하기 어려웠던 당시의 사정을 감안하면, 독자들에게 영화에 대한 새로운 접근법을 제시하는 참신한 영화 글들이

---

* 『레디고』 2집 『새로운 한국영화를 위하여』, 이론과 실천, 1988. 「문화과학으로서의 영화」 (이효인), 「70년대 이후 한국영화 흥행 대표작의 내러티브 및 이데올로기 분석」(염찬희), 「배창호의 연출 스타일 연구」(김용태), 「한국영화 테크놀로지 약사」(곽재용), 「개방 시대의 한국영화 전망」(이정하), 「한국 영화산업 연구」(배병호), 「1987년 한국영화 평론」(이하영), 「서평 새로운 영화를 위한 새로운 인식」(강한섭), 「한 편의 한국영화를 통한 영화 용어 연구」(한상준), 「시나리오 칠레의 모든 기록」(미겔 리틴, 민영 역) 등으로 구성되었다.

기도 했다.

『새로운 한국영화를 위하여』에 실린 김용태의 글은 사실 이용관, 전양준 등의 신형식주의와 작가이론적 비평보다 더 일찍 공개적으로 발표된 것이었다. 그의 「배창호의 연출 스타일 연구」[67]는 영화의 주제(내용), 형식(내러티브), 스타일에 대한 개념 구분이 명확하지 않았던 시기, 원서 『영화예술 Film Art』(데이비드 보드웰·크리스틴 톰슨 David Bordwell & Kristin Thompson, 1986)의 학습을 토대로 〈깊고 푸른 밤〉과 〈기쁜 우리 젊은 날〉을 분석하고 있다. 따라서 한국에 신형식주의를 공식적으로 도입한 첫 번째 인물은 김용태라고 볼 수 있다. 그리고 프롭Vladimir Propp의 러시아 형식주의, 레비 스트로스Claude Lévi Strauss의 신화분석, 그레마스Julian Greimas의 행위자 모델, 프로이드와 라깡, 롤랑 바르트 등을 인용하면서 멜로드라마 〈별들의 고향〉(이장호, 1974), 〈겨울 여자〉(김호선, 1977), 〈애마부인〉(정인엽, 1982) 등을 분석한 염찬희의 글[68]은 이보다 후에 발표된 유사한 비평들에 앞서는 선구적인 것이었다. 이 두 글은, 같은 책에 실린 마르크스주의 입장의 문화사회학적인 글 「문화과학으로서의 영화」(이효인)와는 정반대 편에 서있는 글이었다. 두 글이 기초적인 수준에서나마 한국 영화비평의 새로운 지평을 열었다면, 「문화과학으로서의 영화」는 좌파적 리얼리즘 비평을 영화에 적용한 것이었다.

이러한 동인지 형식의 잡지와는 별도로 독립영화 2세대들은 외국 영화운동론을 번역하는 것과 함께 영화 지식 전반으로 그 범위를 넓히면서 나태했던 영화학계에 도전하였다. 물론 이 또한 '영화'운동 혹은 영화'운동'이라는 맥락에서 이루어졌는데, 그 대표적인 책은

『북한영화의 이해』(백지한 엮음, 1988)*, 『세계영화사』(잭 엘리스, 변재란 역, 1988), 『소련영화사』(제이 레이다, 배인정 역, 1988), 『영화의 이해』(루이스 쟈넷, 김진해 역, 1987) 등이었다. 재야 청년들의 활발한 번역 작업은 영화진흥공사에서 발간되던 영화총서들과는 다소 구분되는 것이었다.[69] 『영화언어』 창간 이전에 발간된 이러한 번역서와 『새로운 한국영화를 위하여』 등은 1987년의 민주화 열기와 무관하지 않았으며, 새 세대들이 영화론 영역에 개입했다는 것을 의미한다. 이어서 1990년에 접어들자 보다 심화된 내용의 영화책 번역 작업이 이루어졌다. 『몽타쥬 이론』(이정하 편역), 『이미지의 모험』(전양준 편역), 『영화보기와 영화읽기』(조셉 보그스, 이용관 옮김) 등이 그 예인데, 앞의 두 책은 소비에트 몽타주 이론에 대한 것이고 마지막 책은 초보적인 영화 분석방법에 관한 책이었다. 이는 1990년 당시에 사회주의 영화 미학이 여전히 의미있게 수용되었다는 것과 영화분석의 초보적 수준이 대중들에게 필요했다는 것을 의미한다. 이어서 정규 학문 과정을 밟지 않은 연구자에 의한 『한국영화역사강의 1』(이효인, 1992)과 학계 신진 교수들에 의해 『영화 예술 Film Art』(데이비드 보드웰, 이용관·주진숙 역, 1993)이 발간된다. 불충분한 저서이자 초급 단계의 번역서이지만 이 두 책의 발간은 2세대 독립영화 활동의 변화를 상징했고, 소장 연구자들에 의해 한국영화사와 영화이론 탐구가 시작되는 것을 의미했다.

---

* 백지한은 실제로 이효인과 이정하이다. 북한영화약사 등은 이효인이 썼고, 일어판 김정일의 『영화예술론』 중 일부는 이정하가 번역하였다. 자료는 통일부의 북한자료센터 소장 자료를 이용한 것이었다.

3. 『영화언어』와 『민족영화』

『새로운 영화를 위하여』(1983), 『열린영화』(1984~85) 그리고 『레디고』 1호(1986) 이후 민주화 열기에 휩싸인 1987년은 각 분야에서 구체제에 저항하거나 대체할 기운이 용솟음쳤던 시기였다. 이 시기의 생각과 의지를 담은 자료로는 『영화언어』와 『민족영화』 그리고 〈파업전야〉 자료집 등이 있는데, 영화운동론이 아닌 영화미학론을 중점적으로 다루는 이 글에서는 『영화언어』에 실린 영화비평 중심으로 살펴볼 수밖에 없다. 『영화언어』에 실린 영화론 관련 글들은 대개 비평의 형식으로 살렸고, 영화운동 관련 글들은 영화법과 제도, 검열, 독립영화 관련 현안을 다루는 글들로 이루어져 있다. 『민족영화』의 경우 거의 대부분이 영화운동론으로 분류할 수 있는 글이며, 비평 글은 두 세편에 불과하다. 하지만 비평의 형식을 취하고 있는 영화미학론의 경우에도 그 근저에는 필자가 지향하는 '영화'운동적 경향 즉 어떤 정책적 성격을 발견할 수 있다.

> "자칫 '언어의 감옥' 현상을 초래할 우려가 있는 이론을 위한 글 작업이나 도덕적 판단이 결여되어 있는 영화적 사고를 우리는 경계하고자 합니다. 영화작업의 윤리성 회복, 한국영화연구의 체계화, 그리고 1984년 이후 괄목할 만한 성과를 이루고 있는 독립영화에 대한 관심은 「영화언어」가 지향하는 목표들입니다."[70]

창간 당시만 하더라도 『영화언어』의 기획은 영화계 현실 개입에 초점이 맞춰져 있었다. '영화작업의 윤리성 회복'이란 당시 충무로 영화계의 부조리한 관행에 대한 비판을 의미하며, '독립영화에 대한 관심'은 대안적 창작을 지원하는 것을 의미하기 때문이다.[71] '한국영화연구의 체계화' 역시 그 자체의 의미도 중요하지만 기존 학계와 평단에 대한 대안 세력으로서의 역할을 자임한다는 점에서 현실 개입적인 것이라고 볼 수 있을 것이다. 이 중『영화언어』의 대외적 인식의 대표적 성향이라고 할 수 있는 '한국영화연구의 체계화'라는 과제는 그 자체로 영화연구와 비평에 기여한 점이 적지 않지만 결과적으로는 한국영화장의 기존 권력에 대항하는 헤게모니 경쟁의 성격 또한 지니고 있었다. 실질적 지분을 지닌 전양준과 정신적 리더였던 이용관이 1992년 페사로국제영화제 한국영화특별전에 다녀온 그 해 여름에 발간된 11호부터 편집인 역할을 이효인에게 넘기고『영화언어』보다는 부산국제영화제 창설에 주력한 것 또한 그런 맥락에서 볼 수 있다.

'한국영화연구의 체계화'라는 과제는 '비평기획'으로 구체화되었는데 이는 사실상 한국영화학계에서 처음으로 이론적 기초 위에서 이루어진 연구라고 볼 수 있다. 비록 그간 한국영화학회의 학회지가 발간되었지만 질적 전환은『영화언어』초기 주요 필자인 이용관, 전양준, 이충직 등에 의해 이루어졌다고 볼 수 있다.『한국영화학회지』에 실린 그들의 글은, 지금의 기준으로는 개론적 수준의 소개와 분석, 편역 등에 그치고 있지만,[*] 당시 학계와 비평계가 내놓은 영화 글과는 뚜렷하게 구분되는 것이었다. 그러한 작업은『영화언어』2호부터 10호까지 이어졌으며 이후 11호부터는 그 색채가 옅어지게 된다.

계간『영화언어』간행은 1989년 봄호에서 1995년 4월(15호)까지 이루어졌다.[72] 기간으로 따지면 25권이 나왔어야 했지만 결호가 적지 않았다. 편집 주체는 수시로 변했지만 사실상 전양준과 이용관이 주도했으며, 당시 영화 글을 썼던 대부분의 영화 청년들은 편집위원에 이름을 올리면서 글을 싣거나 실무를 도왔다.[**] 실질적으로 잡지 운영을 책임졌던 인물은 수시로 바뀌었는데 대략 세 번의 변화가 있었다. 즉 창간호부터 1990년 겨울호(6호)까지 전양준, 이용관이 발간을 주도하고 활발하게 글을 싣던 시기를 1기, 김지석이 편집인을 맡고 김영진 등 신진 필자의 등장과 함께 영화 연구 모임인 '영화공간 1895'와 '시 앙시에' 등의 후배 영화인들이 실무를 담당했던 1991년 봄호(7호)부터 1992년 봄호(10호)까지를 2기, 이효인이 편집인을 맡고 영화서적 전문

---

*   1989년 『한국영화학회지』로 개명된 이 저널에는 『영화언어』 필진들 또한 글을 실었다. 이 용관의 「미국의 작가주의 1」(1989), 「할리우드 영화의 고전적 스타일」(1990), 전양준의 「압운의 장면들, 그리고 롱 테이크의 미학적 모험」(1989), 「프랑크 카프라의 인민주의를 다시 읽는다」(1990), 이충직의 「타비아니형제의 사운드 사용에 대해서」(1989), 「줌과 트랙의 결합에 의한 미학적 효과」(1990) 등이 그러하다. 이 외에도 김창유의 「씨네마 베리테와 진실」(1989), 「영화의 은유적 표현성」(1990), 신강호의 「영화비평의 방법론」(1989), 「시민 케인」(1990), 주진숙의 「중국영화의 역사, 경향, 그리고 새로운 세대」(1990), 김학용, 「영화영상의 시각적 영속성에 대한 소고」(1989) 등이 있다. 반면 윗세대에 속하는 교수, 평론가들의 논문으로는 민병록의 「색재현에 있어서 Color Film과 Color Television의 비교 연구」(1989), 주윤탁의 「뉴 이탤리언 시네마」(1989), 김수남의 「나운규의 민족영화 재고」(1990), 변인식의 「임권택 영화에 나타난 인간회복의 테마론」(1989) 「영화에 표출된 신과 인간의 커뮤니케이션」(1990) 등이 실렸다.

** 창간호 판권에는 발행·편집인 전양준, 부편집인 정성일, 정재형, 조재홍, 편집진 강한섭, 김달선, 김소영, 박제균, 박평식, 변재란, 신강호, 양윤모, 염찬희, 이용관, 이정하, 이충직, 이효인, 장기철 등으로 실려 있다. 편집진 중 한번도 글을 싣지 않은 사람들도 많으며, 이 후 판권의 내용은 자주 바뀌었다. 당시 동년배 평론가였던 강한섭, 유지나, 정성일 등이 거의 혹은 아예 참여하지 않은 것은 이들이 새로운 비평가로서 각종 TV와 지면에서 활동했기 때문이었다. 따라서 『영화언어』가 훗날 역사적 의미를 갖는 것과는 별개로 당시에는 대중 차원의 영향력을 거의 발휘하지 못했다고 볼 수 있다.

출판사 예건사(영화언어로 개칭)에서 발간했던 1992년 여름호(11호)부터 1995년 봄(15호)까지를 3기로 볼 수 있다.

1기 잡지의 편집은 기존 평단과는 대조적인 이론적 비평, 한국영화 대안 미학의 확보, 한국영화계 개혁과 독립영화에 대한 관심 등으로 이루어져 있다. 2기 역시 1기와 비슷한 내용의 글을 싣고 있지만 발간 시기의 문제작들을 집중적으로 비평하는 특징을 보여주고 있다. 즉 『영화언어』 1기의 발간물들이 여전히 『열린영화』의 문제의식을 지닌 채 영화현실에 개입하는 측면이 강했다면, 2기의 발간물에는 작가주의, 신형식주의, 스타일 분석으로 요약할 수 있는, 비평연습이 강화된 글들이 많이 실렸다고 볼 수 있다. 3기의 발간물은 2기 비평 특징이 일부 잔존하는 가운데 한마디로 규정하기 힘든 다양한 방식의 비평들과 한국영화 감독론 및 인터뷰, 독립영화 관련 글 등으로 구성되어 있다.[73] 『영화언어』의 일관된 편집관은 기존 평단의 인상비평을 극복하는 것은 물론 영화학계에서 내놓지 못하는 최소한의 학문적 근거를 지닌 비평적 지평을 제시하는 것이었다. 또한 독립영화와 한국영화계의 묵은 기득권과 관습을 상대로 미학적 전투를 치른 작품을 지지하거나 영화계 현안에 대해 문제 제기하는 이론적 실천을 마다하지 않았다.

『영화언어』 지면을 통한 비평적 탐구는 대체로 작가주의 접근법과 신형식주의적 내러티브와 스타일 분석에 치중되었다. 그 외에도 드물게 메타비평(정성일, 「80년대 한국영화·이데올로기·비평」, 1호), 시평적 비평(조재홍, 「한국 영화산업의 변화와 독립제작의 현주소 –〈파업전야〉의 경제적 측면과 작품분석을 중심으로」, 6호, 이효인, 「민족영화의 평가에서 제기되는 문제에 대하여

(1) - 〈파업전야〉의 주제설정과 전개방식의 논의에 부쳐」, 8호 등), 장르 이데올로기 비평(김소영, 「모성의 멜로드라마 〈미워도 다시 한번〉, 3호) 등이 이루어졌다. 따라서 언급한 메타비평, 시평적 비평, 장르 이데올로기 비평과 그 외의 번역글(「반 부르주아 촬영기 양식을 위하여 - 고다르 영화에서의 부분과 전체 간의 연관관계들」, 「바쟁 이후 영화비평의 이데올로기」, 「고다르의 사운드 사용」) 등이 게재된 것을 감안하면, 『영화언어』의 비평적 지향이 단지 작가이론과 신형식주의로만 향한 것이 아니라는 것을 감지할 수 있다. 또한 『영화언어』 합본호 해설 즉 '시네-페미니즘에 대한 거의 완벽한 침묵과 고전 영화이론에 대한 간과, 또 특정한 계보에 대한 탐식은 치명적 약점'이라는 지적과 '문화연구 영역과 영화이론의 접합을 통해 영화연구를 진정으로 간학문적인 차원에서 비평하는 것이 필요하다'는 지적은 정당한 지적으로 보인다.[74] 하지만 1990년에 들어서야 작가주의가 공론화된 한국 영화학계의 학술 수준을 감안하면, 위의 지적은 『영화언어』 필진들의 책장에 꽂힌 외국 서적이 아직 번역되지 못했다는 차원에서 이해해도 될 듯하다. 따라서 『영화언어』의 비평적 지향은 비평 내부만을 들여다보는 것을 넘어서서 그 비평이 지향했던 전략 즉 '비평기획'의 측면에서도 살펴볼 필요가 있다. 동시에 『영화언어』가, 당시 여러 문화예술운동이 작품과 글뿐만 아니라 사회적 과제에 몸으로 직접 참여했던 것에 비해, 내부지향적이며 보수적인 태도를 취했다는 점도 덧붙일 필요가 있다.

민족영화연구소에서 발간한 무크지 『민족영화』는 1989년 2월, 1990년 7월 등 두 번에 걸쳐 발간되었다. 이 책의 모델은 한편으로는 당시 한국 문예계에 큰 영향력을 끼쳤던 『창작과 비평』 등이었지만 다른 한편에서는 문예운동 논리를 직설적이며 논쟁적으로 다루었던 『노동해방문학』, 『사상문예운동』 등과 논리 개진을 위해 실명 공격을 서슴지 않았던 운동권 팜플렛 등을 모델로 삼은 것이었다. 1호는 단체의 활동과 주장(운동론의 전개), 북한영화 소개 등으로 구성되어 있다.[*] 2호는 좌담 「현단계 영화운동의 점검과 모색」(이용관, 이정국, 이정하, 전양준, 홍기선. 사회 이효인), 특집 1 '전환기의 한국영화'(영화인 대중조직과 영화 보급문제를 다루는 작은 대담), 특집 2 〈파업전야〉의 성과와 그 평가'(대담, 비평) 등을 담고 있다.[75]

1호와 2호의 뚜렷한 차이점은, 1호가 민족영화연구소 내부의 주장과 활동을 소개하는데 주력했다면, 2호에서는 편집진들이 당시 연구소 외부의 청년 영화인들과 적극적인 대화를 모색했다는 점이다. 그 예로 2호의 좌담을 들 수 있는데, 그 참석자는 '영화'운동을 지향하는 이용관, 이정국, 전양준, 서울영상집단 탈퇴 후 각자 길을 달리한 홍기선(장산곶매)와 이정하(민족영화연구소) 등이다. 동시에 이 책에는 이용관의 글 「〈파업전야〉, 민족민중영화의 현주소와 미래주소」도 실려

---

[*] 민족영화연구소는 1988년 6월부터 활동을 시작하여 9월을 창립일로 정하였다. 책이 발간되기까지 약 8개월 정도 걸렸는데, 각종 활동 보고서는 그 기간의 기록이다. 1호의 구성은 다음과 같다. 쟁점논문 / 민족영화서설 : 민족영화의 당면과제와 임무(이효인), 민족영화운동의 조직실천적 임무와 과제(이정하), 창간특집 /노동계급운동과 민족영화운동 : 기획보도영화의 활성화를 위하여(민병진), 기획기록영화 〈깡순이, 슈어 프로덕츠 노동자〉 작업보고서(이상인, 이창원), 〈깡순이, 슈어 프로덕츠 노동자〉 제작 참가 소감(최진순), 노동자 영화감상반 활동의 반성과 전망(정인혜), 특별기고 : 북한의 영화이론(백지한), 한국영화비평 : 광주민중항쟁과 반미의식 성장의 개인주의적 굴절(김재호). 냉소주의와 패배주의로 점철된 1988년 한국영화(정병각), 세계의 영화 : 베트남 영화운동 소사(구성주 편역), 시사특집 : 영화진흥법, 시안과 해설, 권말부록 : 민족영화 보급지침서.

있다. 이 글에서 이용관은 〈파업전야〉의 대중적 성과를 인정하면서도 미학적 부조화와 관습적인 스타일을 지적한다. 『민족영화』에서도 시론 성격의 비평 리뷰를 실었으나 유물론적 리얼리즘에 입각한 도식적인 비평을 크게 벗어나는 것이 아니었다. 1호에 실린 민족영화론이 유물론적 리얼리즘, 민족문학론 등과 유사한 논리에 북한의 '영화예술론'[76]의 논지를 절충시킨 점은, 그것이 영화미학론이라기보다는 영화운동론에 가까운 것이라는 것을 반증하고 있다.

『민족영화』 1호와 2호의 결정적인 차이점은, 1호의 서문에 여러 번 쓰인 '노동계급'과 '민족민주운동'이라는 단어가 2호의 서문에서는 한 번도 등장하지 않는다는 점이다. 하지만 『민족영화』에 일관되게 드러나는 것은 당시의 민주화 요구에 영화적 활동을 발맞추고자 했던 점이다. 2호에서는 1호에서처럼 소집단 활동의 민중성을 담보하는 한편 북한영화와의 거리두기, 비평진영 및 영화계 내의 우호적인 관계 구축이라는 특징을 보여준다. 1990년 이후 민족예술운동의 과격한 논지와 북한영화 친화적 성향으로부터 탈피한 민족영화연구소 출신들 즉 김혜준, 이정하 등은 스크린쿼터감시단, 영화법 제정, 대종상영화제 개혁 실무, 영화정책 입안, 영화행정 등 제도권 관련 일에 적극 참여한다. 하지만 민족영화연구소 해산 이후 시점인 1990년의 상황에서 보면, 영화계 대상의 통일전선적 활동은 일관성이 있는 것이었지만 비평적 활동은 변화를 겪었다고 볼 수 있다.[77] 즉 유물론적 리얼리즘에 입각한 영화 비평의 기조는 버리지 않았지만 그것이 비평의 유일한 방법론으로 전면에 서지는 않았던 것이다.[78] 이에 따른 리얼리즘 문제와 관습적 영화에 대한 견해 등은 후술할 것이다. 또한 운동진영은『민족영화』2호에서도 입장의 변화를 밝히지 않았으며, 연구소 해산 이후에도 입장 변화에 대한 명확한 해명을 생략함으로써 스스로는 물론 외부의 시선에서도 혼선을 초래하였다고 볼 수 있다.[79]

4. 비평기획 – 작가정책

『영화언어』의 영문명이 A Film Quarterly of Theory & Practice인 것으로 보아 발행인 전양준은 크리스티앙 메츠의 '영화언어 Essais sur La signification au cinéma' 즉 '영화의 의미에 대한 에세이'라는 문맥에서 영화언어라는 말을 사용한 것 같지는 않다. 그렇다고 해서 메츠의, 영화가 언어체계(랑그 langue)인가 단순한 예술적 언어(랑가주 langage)인가라는 질문이 내포하는 문제의식과 연관이 없다고 볼 수는 없을 것이다.[80] 또 영문명의 실천practice은 알튀세르적 의미의 '이론적 실천'인지 영화계 개혁을 위한 실제 행동을 가리키는지 불분명하다.『영화언어』주요 구성원이 직접 참여하지는 않았지만 「미국영화직배저지 및 영화진흥법 쟁취투쟁의 의의와 문제점」(홍기선, 1호), 「1968년 5월 프랑스 학생운동과 영화문화」(1호), 「영화진흥법 제정을 촉구한다」(이충직, 2호), 「〈오! 꿈의 나라〉를 계기로 본 독립영화운동의 가능성」(이 은, 2호) 등을 싣는 것으로 그 의지를 드러냈을 뿐이었다. 이후 〈파업전야〉와 광주 민주화 운동을 다룬 영화 〈부활의 노래〉가 나온 것을 계기로 「누가 심의를 검열이라고 우기는가」(이용배, 6호), 「〈부활의 노래〉 속편 –검열 일지」(이정국, 6호) 등을 싣는다. 또 「독립영화 창작

후원회」(11호)를 만들어서 제작비 지원 행사를 하기도 하였다. 하지만 이러한 글들과 행사는 대체로 영화'운동'보다는 '영화'운동에 초점을 맞추고 있는 것이었다.

영화계 현안에 대해 직접 개입하는 위의 글들 외에 『영화언어』가 보여주는 실천은 작가정책이라고 부를 수 있는 것이었다. 이는 운동론처럼 직접 영화작가의 중요성을 주장하고 이를 위한 정책 혹은 대안을 제시하는 것이 아니라 비평문 속에 암암리에 내재되어 있는 것이었다. 물론 『영화언어』 3기 즉 종간에 이를 때 쯤 장선우, 이장호, 정지영 등의 감독론과 인터뷰를 싣는 것 또한 작가정책적 편집이라고 볼 수는 있지만 이는, 글의 성격 차이는 있을지 모르나, 『스크린』과 『로드쇼』 등 당시 팬 매거진에서도 흔히 볼 수 있는 것이었다. 작가정책은 작가주의의 현실적 구현을 위한 실천 지침이라고 할 수 있다. 두루 알다시피, 프랑스 카이에 뒤 시네마Cahiers du cinéma 그룹, 특히 비평가이자 감독이었던 프랑수아 트뤼포François Truffaut는 "작가의 자전적인 내용을 담고 있다는 뜻이 아니라 영화의 스타일에 감독의 개성이 스며든다"[81]는 맥락에서 감독을 독창적인 예술가 즉 작가Auteur라고 불렀다. 그들은 이러한 작가주의Auteurism적 태도로 '아버지의 영화'를 극복함으로써 감독 또한 작가나 화가와 같은 예술가 지위를 부여받을 수 있다고 보았던 것이다. 하지만 프랑스의 작가주의에 영향받은 미국의 앤드류 새리스Andrew Sarris가 이를 작가이론으로 재정립하면서 많은 반박을 받았으며 현실적 적용의 문제점이 드러난 것 또한 주지의 사실이다. 그래서 "궁극적으로 작가주의는 이론이라기보다는 방법론적 경향"[82]으로 정리할 수 있을 것이다. 이렇게 볼 때, 작가정책이란 작가주의에 내재된 실천적 의도 즉 "새로운 형태의 영화제작을 활성화시키기 위한 전략의 일환"[83]이라고 볼 수 있다.

『영화언어』의 작가정책은 주로 이용관, 전양준 등에 의해 이루어졌다. 이용관의 작가주의 경도는 그의 학위 논문과 『한국영화학회지』의 첫 논문에서 충분히 확인할 수 있다.[84] 작가이론과 신형식주의를 주도적으로 도입한 이용관과 몇 편의 글[85]을 통하여 대안적 스타일의 제시와 헤게모니 경쟁을 암시한 전양준의 이론적 행보는, 직접적 의도를 밝히지는 않았지만 기획된 것으로 보인다. 이용관의 경우, 『한국영화학회지』에 작가주의(1989)와 할리우드 고전적 스타일을 소개(1990)하는 글을 실은 후 작가론 입장의 대안영화 지지-작가론과 스타일 분석[86] 등으로 나아갔다. 이용관의 이러한 비평은 서구 이론의 도입인 동시에 계몽적 기획의 일종이었는데, 이 기획의 저변에는 '한국영화의 부흥'이라는 원대한 포부가 있었던 것으로 보인다. 서사 차원에서 한국문학과 경쟁하는 한국영화, 한국 영화작가의 탄생을 통한 타 장르 및 외국영화와의 경쟁이 바로 그 기획의 내용이었다. 그는 〈안녕하세요 하나님〉의 비평에서 "영화의 진화는 먼저 서술구조와 영화언어의 만남이라는 일반론에서 찾아야 한다고 보여진다. 전자의 경우에는 무엇보다도 자작의 각본에 역점을 두어야 할 것이다"[87]라고 썼다. 또한 〈나그네는 길에서도 쉬지 않는다〉 비평에서는 "원작소설은 베리만의 경구처럼 영화미학의 상실을 강요한다", "아쉬움을 종내 떨굴 수가 없다. 시나리오 자체가 감독의 것이었다면 어땠을까. (중략) 문득 퍼킨스의 말이 생각난다. '사실 가장 훌륭한 감독은 그 자신이 시나리오 작가이다'"[88]라고 썼다. 감독이 오리지널 시나리오를 직접 쓸 것을 권유하는 것은, 작가이론의 골간 즉 독창적 스타일을 요구하는 것을 넘어서는 것이라고 볼 수 있다.

이는 단지 '작가 탄생'을 바라는 것을 넘어선, 문학 서사와의 경쟁 그리고 세계영화사 차원의 작가 탄생을 열망하는 야심으로 보인다. 이 야심은 지나칠 정도로 구체적이며 집요해서, 이론적 비평을 넘어선 지배 욕구처럼 느껴질 정도이다. 그는 〈안녕하세요 하나님〉의 비평에서 감독 배창호를 두고 "그의 스타일이 장면화를 지향하고 있음에 틀림이 없다는 것, 이를 구체화하는데 있어 한국영화의 장래를 밝게 해 줄 방법론적 잠재성과 함께 우려점도 범상치 않게 발견된다는 것 그리하여 일부나마 그 대안의 가능성을 집어낼 수 있었다"[89]고 정리한다. 배창호 영화가 미장센 지향적이라는 점에서 작가라는 지위를 부여하고자 했던 것이다. 전양준 또한 배창호 감독에 대해 "필자는 60년대 이후 우리영화가 빼앗긴 트랙과 크레인을 제작자로부터 되찾아와 예술영화의 가능성을 모색하고 있는 배창호 감독의 집요한 노력이 설사 명백한 정치적·미학적 태도 표명에 따른 것이 아니라 할지라도 옹호하고자 한다"[90]면서 자신의 작가정책을 드러내고 있다. 김영진의 경우 〈달마가 동쪽으로 간 까닭은〉의 비평에서 제도화된 생산-배급 체제와 제도화된 표현양식 모두를 벗어난 배용균 감독의 제작 방식과 표현 양식에 대해 언급한 후, 또 다른 작가정책적 경향의 비평을 보여준다.[91]

『영화언어』의 다른 비평들은 작가정책과는 거리를 둔 다양한 비평방식을 취하고 있는데 이는 『영화언어』 2기 이후부터 점점 더 두드러진 현상이다. 종간호에 실린 「내가 주목하는 2인의 감독」이라는 기획은 외양으로는 작가정책의 결정판처럼 보이지만 실제 결과는 스타일을 지나치게 중시하는 작가정책에 대한 비판이 되고 말았다.[92] 또한 이러한 작가정책에 대한 내부의 비판도 일찌감치 있었다. "영화의 미장센/테크놀로지의 문제를 영화의 중심부에 올려놓고 그 얽힘과 다양함을 고유한 이름으로서의 감독이라는 억압되고 복종된 명목 아래 배치"한다는 지적이 그것이다. 『영화언어』가 지향한 '영화'운동론의 주요 특징 중 하나인 작가주의 (스타일) 비평을 비판한 글이었다.[93] 그럼에도 불구하고 작가이론 혹은 작가정책에 의한 비평이 '한국영화 전부가 천박한 대중오락이 아니라 임권택, 이장호, 배창호 등의 영화 세계를 인간정신의 산물임을 확인할 계기를 마련한 것'[94]이라는 주장에 반박하기는 쉽지 않을 것이다.

『영화언어』의 '비평기획 – 작가정책'은 비평적 지도指導의 모습을 취하고 있기는 하지만, 이는 상하관계가 아닌 동반자 관계에서 '한국영화의 부흥'을 위한 기획에 따른 주문으로 여겨진다. 스타일을 중심으로 작가 지위를 부여하고자 하는 이러한 기획은 어떤 감독을 작가의 지위에 올려놓으려는 '작가 정책author policy'인 동시에 비평적 힘을 통하여 발언권을 확보하여 기존 영화계 그리고 학계/평단과 헤게모니 경쟁을 벌이는 것이기도 하였다.

5. 리얼리즘 비평과 신형식주의 비평

독립영화 2세대의 비평 활동은 대체로 『영화언어』 지면에서 전개되었다. 이 비평의 사회적 영향력은 『스크린』과 『로드쇼』 그리고 각 언론 매체의 독자를 위한 리뷰 등에 비하면 미미한 것이었다. 그럼에도 불구하고 『영화언어』는 영화에 대한 새로운 인식을 담을 수 있는 유일한 지면이었다. 비록 한국영화학회에서도 이 시기 학회지를 발간했으나 『영화언어』 동인들 또한 이 학회지에 비슷한 성격의 글을 투고하였기에 특별한 변별성을 발견할 수는 없다.[95] 『영화언어』에는 시론 성격의 글, 운동론 성격의 글 등이 20% 정도 실렸고 나머지는 비평 글이라고 할 수 있다. 여기에 실린 비평은 작가주의(정책) 비평, 신형식주의 및 스타일 비평, 리얼리즘 비평, 문학적 비평 등 크게 네 가지로 나눌 수 있는데, 많은 글들이 두세 가지 방법론을 혼용하고 있으며, 리얼리즘 비평의 경우는 사실과 재현 사이의 일치성 혹은 사실의 모순적 관계를 드러내는 차원으로 제한되어 있다. 두루 알다시피 영화 리얼리즘에는 다양한 스펙트럼이 존재하는데, 이 기간의 영화 리얼리즘 비평은 대체로 네오리얼리즘처럼 사회적인 주제와 묘사에 대한 것을 중점적으로 다루거나 스타일 비평과 혼용하는 것이었다.* 이러한 비평들은 인상비평을 극복하려고 했다는 점에서 공통점이 있었다. 하지

---

* 로버트 스탬은 허구와 세계의 사실성을 동등하게 간주하는 관습적 리얼리즘(핍진성)을 넘어서서 보다 진실한 재현을 바라는 영화 리얼리즘에는 스타일적인 것, 사회적인 것 그리고 양자 모두를 다루는 것이 있다고 본다. 로버트 스탬, 김병철 옮김, 『영화이론』, 앞의 책, 173쪽.

만 문학적 비평의 경우 인상비평과 표면적으로 유사한데, 특히 일반 독자 대상의 비평일 경우 둘 사이의 구분이 모호하다. 인상비평이란, 특정한 비평 기준 없이 영화의 주제, 소재를 다루는 방식, 특정 표현 등에 관해 임의 혹은 주관적으로 이루어진 비평을 말한다. 모든 인상비평이 무가치한 것은 아니지만 신형식주의와 스타일 비평 그리고 리얼리즘 비평은 인상비평에 대한 대항적 성격을 지닌 것이었다. 하지만 인상비평 차원에서 진행된 것은 아니지만, 뚜렷한 비평적 입장을 견지하지 않은 비평도 『영화언어』 3기로 접어들면서 나타나기 시작했는데,[96] 이는 1990년대 중반 많은 영화 대중잡지의 지면에서 호응받는 비평이 되었다. 즉 영화에 대한 전문 정보와 문학적 감수성을 결합한, 전문적인 입장에서 대중 독자를 대상으로 한 문학적 인상비평의 토대가 된 것이었다. 그 외에도 장르연구, 문화연구 등의 전문 지식을 바탕으로 한 영화 비평들이 대중 매체에서는 인상비평의 경향을 드러내기도 하였다.

1) 리얼리즘 비평

독립영화 2세대 시기 '영화'운동과 영화'운동' 진영의 결합은 이용관·전양준이 『민족영화』의 좌담회에 참석하거나 글을 싣고, 이효인·이정하가 『영화언어』에 참여하는 것으로 표면화되어 있다. 이에 대해 김소연은 『영화언어』의 관심은 영화'운동'이 아니라 '영화'운동이었으며, 내러티브와 미장센 분석을 통하여 대안/대항영화를 밝혀내고 이를 작가주의와 연결시킨 후 그 범위를 독립영화까지 확장하여 계열화하는 것이라고 보았다.[97] 하지만 이러한 비평전략은 사회주의 진영의 몰락으로 인한 한국 운동권의 퇴조, 포스트모더니즘 유입으로 인한 예술가의 독창성을 지지하는 비평전략의 퇴색 등의 배경 위에서 『영화언어』의 폐간과 독립영화운동의 퇴조라는, 비평사의 한 단락이 되고 말았다고 덧붙인다. 또한 김소연은 이 시기 비평진영과 운동진영은 "사회현실에 대한 비판적 관심 및 주류 영화의 관습에 반하는 예술적 관심을 보여주는 영화 모두를 '리얼리즘'이라는 단일한 깃발 아래 끌어모" 았으며, 스스로 계보작성자를 자처했다고 보았다. 동시에 이런 작업은 기존 비평사의 전통으로 자유롭지 못한 것으로 평가했다.[98]

그렇지만 비평진영과 운동진영을 비평 차원에서 구분하기 보다는 다음과 같은 시기 구분의 맥락 속에서 비교하는 것이 더 합리적일 듯하다. 영화 작가주의가 공식적으로 인준된 것은 1980년대 중후반[99]이었으며, 신형식주의 비평은 김용태에 의해 공식적으로 이루어진 후 이용관 등에 의해 본격화되었다. 반면 영화 리얼리즘 담론은 과거에도 존재했고 복잡다단한 역사적 경로를 통과했으며,* 이 시기에는 두 가지 경향을 지니고 있었다. 하나는 할리우드로 대표되는 관습적 영화에 대한 대안으로서 리얼리즘을 취급하는 것이었고, 다른 하

---

* 이선주, 「1950, 60년대 한국영화의 리얼리즘 비평사 연구 : 네오리얼리즘의 수용과 한국적 변용의 양상을 중심으로」, 『대중서사연구』 12, 2006. 김소연, 「전후 한국영화의 담론에서 '리얼리즘'의 의미에 관하여」, 『매혹과 혼돈의 시대 : 50년대 한국영화에 대하여』, 소도, 2003. 이 두 글의 요지를 다소 거칠게나마 요약하면, 한국영화의 리얼리즘은 1930년대 카프의 사회주의적 리얼리즘에서 좌파적 경향이 제거되어 해방 후에 전승되었다가, 다시 이탈리아 네오리얼리즘 등의 영향에 일차적으로 영향을 받은 것으로 보았다. 이후 이는 실존주의, 모더니즘 영화 등과 결합하면서, 한국영화의 위기에 대한 대응 논리로써 제시되었다. 결과적으로 이영일 등으로 대표되는 비평가들의 1970년대 이전 한국영화의 리얼리즘론은 한국영화의 지배적 담론을 리얼리즘으로 고착시키는 역할을 하였다고 보았다.

나는 현실 모순을 드러내고 대항적 미학으로서의 리얼리즘을 다루는 것이었다. 이 중 전자 즉 '대안적 리얼리즘'은 작가주의와 신형식주의처럼 이 시기 처음으로 공식적인 모습을 드러낸 것이었다.『열린영화』1호의 「작은영화는 지금」이라는 글은 리얼리즘이라는 용어를 쓰지는 않으나 '작은영화'를 마르크스주의 기조 위에서 설명하는 즉 유물론적 리얼리즘 차원에서 대항적 의미를 강조하고 있다.[*] 또『열린영화』3호에 실린 글들은 한국의 1960년대 리얼리즘과의 연관성보다는 유물론적 리얼리즘과 더 친연성을 드러내고 있다. 즉 비평진영의 리얼리즘은『열린영화』시기에는 한국 사회문화예술운동의 대항성과 유사한 색채를 드러내는 동시에 당시의 지적 유행을 반영하고 있다.「리얼리즘에 대하여」(김소영)는 루카치, 브레히트, 토마스 메취 등의 이론을 정련하게 설명하며 각종 개념 즉 '전형' 등에 대해서도 심도있게 해설하고 있다.「영화/리얼리즘/이데올로기(Ⅰ)」(송능한)은 리얼리즘과 영화적 구현, 사회주의 리얼리즘과 한국의 리얼리즘 문제, 관객의 영화 수용을 고려한 고민 등을 서술하고 있다.「영화/리얼리즘/이데올로기(Ⅱ)(전양준)은 사회주의 리얼리즘, 앙드레 바쟁의 리얼리즘 등을 소개하면서 본격적으로 영화만의 고유한 리얼리즘에 대해 논하고 있다.「한국영화의 리얼리즘」(정재형)은 시론적 성격이긴 하지만 주요 한국영화를 대상으로 리얼리티 문제와 리얼리즘 문제를 다루고 있다.[100] 이십대 중반 필자들의 야심적인 리얼리즘 논의는, 정재형의 글을 제

---

[*] 전양준, 「작은 영화는 지금」,『열린영화』1호, 1984/85 겨울호. 이 글에서 전양준은 프랑스 문화원 등에서 상영하는 유럽 각국 최고의 영화에 몰입하는 한국 영화청년들의 행태에 대해 비판적으로 언급하고 있다. 하지만 이런 태도는 이후 지속되지 않았다.

외하면 비록 원서에 거의 의존하고 있기는 해도, 당대의 리얼리즘에 대한 진지한 문제의식과 영화 리얼리즘에 대한 초유의 해설을 보여주고 있다. 하지만 글에서 밝힌 문제의식을 영화 〈넘버 3〉(송능한, 1997)에서 보여준 송능한을 제외하면, 리얼리즘에 대한 문제의식이 『영화언어』에서는 더 지속되지 않았다.

비평진영의 리얼리즘에 대한 논의는 『영화언어』에 이르면 급속히 약화되면서 〈파업전야〉에 대한 비평에서만 겨우 진행된다.[101] 이는 주요 필진들의 리얼리즘에 대한 관심이 일시적이었다는 것과 동시에 작가주의, 신형식주의, 미장센 등 이른바 영화 '내부'로 관심이 이동했다는 것을 보여준다. 이용관의 경우 『민족영화』에 실은 〈파업전야〉의 비평에서 여러 번 이 영화를 감성적으로 옹호하고 칭찬하면서도 "이 땅의 체제를 부정하지도 그렇다고 왜곡시키지도 않았다"는 말을 덧붙였다.[102] 하지만 그는 이 비평에서 집단성과 전형성 등의 개념을 일부 사용하지만 전체적으로는 집단제작의 문제점을 지적하거나 스타일 차원에서 적지 않은 비판을 하였다. 김소연은 비평진영과 운동진영이 '한국 리얼리즘 영화의 계보'를 작성하고 '한국사회에 대한 비판의식'을 공통의 의제로 삼았다고 보았지만,[103] 사실 두 진영 사이에는 본질적인 차이가 있었다. 이용관의 옹호와는 달리 운동진영에서는 이 영화가 체제 변혁(부정) 수준에는 이르지 못하는 계급적 불철저성을 비판했기 때문이다.[104]

비평진영과 운동진영의 리얼리즘을 둘러싼 결정적인 차이점은 관습적인 내러티브와 스타일에 대한 견해 차이였다. 1990년을 넘기면서 운동진영에서도, 그 당시 비평진영에 속한 영화 청년들과 비슷한 수준에서, 신형식주의를 접하면서 내러티브와 스타일에 대해 자각하기 시작했다. 하지만 대안적 내러티브와 스타일을 옹호하기는 했지만 비평진영처럼 관습적 내러티브와 스타일을 절대적 금기로 여기지는 않았다. 일반 관객들에게 익숙하게 전달되는 대중적(민중적)방식은 필요하다고 여겼기 때문이었다. 즉 "관습적인 표현 방식과 민중적 혹은 사실주의적 방식 간의 명확한 경계선과 범주, 모범 따위를 먼저 밝혀야 한다"[105]고 본 것이었다.

1991년 이전 운동진영의 리얼리즘론은 사회주의적 사실주의에 기초를 두고 있었다. 그 리얼리즘이란, 영화 표현에서 다루는 대상의 충실한 반영을 일차적 요건으로 하면서 계급적 관점을 유지해야 하며 그것은 또한 "노동계급의 정치적, 경제적 요구와 무관하지 않은 주제를 노동계급의 시각에서 전개시키는"[106] 것이어야 했다. 또 이러한 관점은 대중적 관점과 결합되어야 하며, 그 대중적 관점이란 노동계급 의식을 바탕으로 구체적인 현실 속에서 실천하면서 얻어야 하는 것이었다. 이를 위해서는 환경과 인물 그리고 사건의 전형 문제가 중요하게 대두되며, 민족적 형식을 찾는 것 또한 필요한 것이었다.[107] 이효인의 이러한 주장은 「문화과학으로서의 영화」에서 전개한 '근로대중의 이익을 포섭하는"[108] 미학에 민족예술의 논지를 추가한 것이었다. 이는 근로대중의 이익을 포섭할 때야 그것은 가능하고 현실적일 수 있다는 루카치의 논지를 반복하는 것이기도 하다. 특히 루카치의 맥락에서 '전망perspective'의 문제 즉 현실에 대한 작가의 세계관이 작품 내적으로는 선택과 구성의 원리가 되는 점은 비평진영의 비판적 리얼리즘 경향과는 본질적인 차이를 지닌 것이었다. 이러한 운동진영의 리얼리즘론은 사회주의 철학, 게오르그 루카치, 토마스 메취 등과 한국 사회 및 민족예술 진영의 논리에 기반을 두고 있었다.[109] '민족영화론'의 발표 이전에 나온 「문화과학으로서의 영화」는 사실 영화 매체의 고유한 성격과 사회와의 관련성 등을 설명하고 있으나 단순하며 도식적인 것이었다. 또 영화의 내용, 형식, 스타일에 대한 불충분한 이해[110]는 사상성의 강조로 인해 더욱 흐릿해지기도 하였다. 내용은 다루는 대상을 바라보는 관점 즉 주제의식이며, 형식은 내용의 구성 방식을, 스타일은 영화 표현 기법을 의미하는 것으로 정의하고는 있지만 이것들의 구체적인 미적 원리나 이것들 사이의 구체적인 관계 등은 사상성에 대한 지나친 강조에 의해 제대로 다뤄지지 않았다. 게다가 영화의 주관적 표현에 대한 비판은, 당시 지적 유행의 일종이었던 대중문화에 대한 비판성(프랑크푸르트 학파)과 사상성을 강조하는 사회주의적 리얼리즘 기준에 의해, 부정확하면서도 과도하게 이루어졌다.[111] 이러한 경향은 이후 운동진영에서 발표된 개별 작품에 대한 평가에서도 볼 수 있다.[112]

반면 비평진영의 리얼리즘론은 『영화언어』 시기에는 사실상 거의 진행되지 않았는데, 그들의 〈파업전야〉와 〈바람불어 좋은 날〉 등에 대한 지지조차 1980년 이전 한국영화와의 연장선 속에서 진행된 것이 아니었다. 당시 비평진영의 비평적 태도는, 순수한 혹은 인정 투쟁 차원의 한국영화에 대한 애정과는 별개로, 한국영화사에 대해서 무지하거나 심리적으로 단절적이었다. 그럼에도 불구하고 그들이 〈바람불어 좋은 날〉 등을 지지한 것은, 자신들이 희망하는 영화세상을 위한 대안적 동력이 될 수 있다는 제한적인 차원에서만 이루어진 것이었다. 반면 운동진영의 리얼리즘론은 『민족영화』 시기에 계급성을 우선시하는 사회주의 리얼리즘의 일종으로 한국 사회 변혁의 수단이라는 차원에서만 원용된 것이었다.[113] 두 진영은 표면적으로는 한국영화 개혁을 위해 연대한 것처럼 보이지만 사실 그 목표와 주안점은 달랐다. 동시에 그들 모두는 장르영화와 대중영화의 다양한 측면을 배제하였는데, 3호에서 한 번 그리고 1992년 이후 신진 필자들에 의해 극복될 단초를 보였다.[114]

2) 신형식주의·스타일 비평

독립영화 2세대가 막을 내리고, 한국영화계가 기획영화의 시대이자 대기업 자본이 진출한 시기인 1990년대 중반 무렵, 문재철은 2세대가 주도한 영화비평에 대해 다음과 같이 정리했다.

> 한국 영화비평의 위기의 원인도, 그리고 그것의 해결도 다름 아닌 비평이론의 성숙함에 달려 있다 (중략) 최근 일부에서 최신의 외국 영화이론들이 조금씩 소개되고는 있지만 본격적인 연구의 성과에 따른 것이라기보다는 파편적이거나 피상적인 채로 유입되고 있다. 오늘날 비평이 주로 원용하거나 탐구하는 비평의 방법론으로서는 작가이론과 신형식주의 이론이 그 주종을 이루고 있다. (중략) 1993년 말 한국영화학회가 발간한 『한국영화의 새로운 발견』이라는 책자에는 논문 8편이 실려 있는데 그중 무려 6편이 작가에 대한 연구이거나 형식분석에 관한 논문이다.[115]

위의 진단은 대중 저널 비평과 학술 비평에 대한 구분 없이 또 영화운동 현장에 대한 체감이 부족한 가운데 쓰여진 것이라고 보이지만 당시 상황의 한 면을 보여주고 있다. 동시에 체계적인 영화학을 갈망하는 신진 비평가의 기대감 또한 보여준다. 이런 진단은, 작가주의와 신형식주의에 국한시켜 말한다면, 『한국영화학회지』의 주요 필진과 부분적으로 겹치는 『영화언어』에도 비슷하게 적용될 수 있다. 이 지면을 통하여 발표된 이용관의 글 5편은 전부 작가주의, 신형식주의, 스타일 등을 다루는 것들이다. 이런 경향의 비평은 김지석, 이충직, 전양준, 김영진, 조명희(조재홍) 등의 글에서도 이어지고 있다. 하지만 앞에서도 밝혔듯, 『영화언어』에 실린 비평들의 일부만 이러한 경향을 따를 뿐 대부분의 글들이 그런 것은 아니었다. 예컨대 영향력 있는 비평가 중 한 명이었던 정성일은 이러한 경향을 "영화의 미장센/테크놀로지의 문제를 영화의 중심부에 올려놓고 그 얽힘과 다양함을 고유한 이름으로서의 감독이라는 억압되고 복종된 명목 아래 배치한다. 정말 그렇다면 아마도 영화의 역사는 이제 하나의 단순한 과정에 지나지 않을 것이다"[116]라고 창간호에서 비판하기도 하였다. 동시에 그는 사회비판적인 영화들 예컨대 〈바보선언〉, 〈바람불어 좋은 날〉, 〈철수와 만수〉 등 또한 계산된 상업주의에 불과하다고 비판함으로써 작가 정책 혹은 범속한 리얼리즘 계보 세우기도 동시에 비판하고 있다.[117] 그럼에도 불구하고 『영화언어』가 작가주의, 신형식주의와 스타일 분석의 온상처럼 여겨진 것은 그만큼 그러한 비평이 당시로서는 신선하고 영향력이 있었다는 것은 반증하는 것이라고 볼 수 있다.

이용관의 비평 태도가 잘 드러난 글은 「작가론과 텍스트의 대화–

〈안녕하세요 하나님〉의 장면화 분석을 중심으로」를 들 수 있다. 이 글의 결론에서 그는 "참된 비평은 영화 내의 구체적인 현상으로부터 시작되어 한다는 평소의 입장"에서 "작가론의 힘을 빈 것은 지금까지 강조했던 것처럼 이 작품에서 드러나는 스타일이 주목을 요"하는 것이라고 고백조로 말한다. 그 결과 이 영화의 "형식미 또한 궁극적인 이데올로기화에 못미치고 있"지만 "스타일이라는 개성적 흔적은 여망의 미련으로 남아 시선을 끈다"고 매듭 짓는다.[118] 이어서 그는 감독에게 다시 한 번 자작 각본을 강조하는 한편 할리우드 방식 즉 스타일이 내러티브에 종속되는 것을 극복해야 한다고 권한다. 그는 특히 롱 테이크와 심도화면을 강조한다. 예컨대 〈안녕하세요 하나님〉의 '기차 정거장' 장면에서 "그토록 장면화(미장센)의 미학을 고집하면서도 유독 전심초점(심도화면)을 사용하지 않는 소이가 무엇인지는 아직 알 수 없다"면서 탄식하기도 한다.[119] 또한 카메라 이동에 따른 미적 의미 효과에 대해 집착하면서 다소 주관적인 평가를 한다.[120]

「〈나그네는 길에서도 쉬지 않는다〉의 구조분석」은, 이용관이 자신의 이론적 지식, 비평 방향, 이론적 실천의 목표 등을 충실하게 보여주는 글이다. 데쿠파주decoupage, 쁠랑 세깡스plan sequence 등의 개념을 처음으로 공식화하며 내러티브의 구조화와 감독과 관객의 소통과정을 설명한다. 그는 노엘 버치Noel Burch 로부터 데쿠파주의 개념과 형식(구조)을 빌려오고, 스테판 샤프Stefan Sharff로 부터 텍스트의 구조가 의도된 미학적 목표를 대변하는 기호체계라는 것과 쇼트 분석 방법을 가져온다. 또한 내러티브의 탈/고전적 형식을 찾는 자리에서는 데이비드 보드웰David Bordwell을 인용한다. 하지만 이러한 형식(구조), 쇼트의 성격, 편집 체계 등을 다루면서도 문학적인 주제(혹은 상황) 해석을 곁들이고 있으며 끝에 가서는 작가주의적 평가로 매듭을 짓는다.[121] 내러티브에 얽매이지 않는 스타일, 스타일을 통한 창의적 표현에 그가 이토록 집착한 것은 영화만의 고유한 표현방식을 찾으려는 학구열인 동시에 이론적 인정투쟁이기도 하였다.

스타일 비평의 또 다른 예는 전양준의 「암운의 장면들, 그리고 롱 테이크의 미학적 모험」을 들 수 있다. 글의 서두에 그는 막스 오퓔스 Max Ophuls의 영화에 대한 이데올로기 비평가의 비판과 작가주의 비평가들의 상반된 반응을 소개한다. 이어서 독립영화의 관습적 내러티브와 스타일 문제 그리고 탈이데올로기적인 경향을 가진 배창호 영화의 찬반에 대한 논쟁 또한 당시 독립영화인들이 판단하기 힘든 과제라고 말한다. 하지만 그가 취한 방법은 『카이에 뒤 시네마』 비평가들의 오퓔스 영화에 대한 칭송을 근거로 한 작가주의, 미장센 비평이었다. 그는 〈기쁜 우리 젊은 날〉(배창호, 1987)을 관습적 내러티브와 롱 테이크 등을 중심으로 비평하면서 중요한 쇼트들이 비교적 운율적으로 배치되어 있음을 밝히고 있다. 총 47 씬에 191개 쇼트이며, 쇼트 평균 지속 시간은 37초로 다른 영화들에 비해 4배 이상의 긴 시간을 가지고 있다는 진술은 당시로서는 획기적인 것이었다. 치밀한 이 비평의 목적은 역시 이용관의 그것과 비슷하다. 다시 인용하지만, 전양준은 "60년대 이후 우리영화가 빼앗긴 트랙과 크레인을 제작자로부터 되찾아와 예술영화의 가능성을 모색하고 있는 배창호 감독의 집요한 노력이 설사 명백한 정치적·미학적 태도 표명에 따른 것이 아니라 할지라도 옹호"해야 하며 그 이유는 배창호의 몇몇 영화는 "불완전함을 내포하고 있지만 80년대의 몇몇 작품들과 함께 탈할리우드 영화의 가능성을 보여"[122] 주기 때문이었다.

전양준 뿐만 아니라 당시 소장 평론가들의 롱테이크에 대한 선호는[123] 할리우드 관습적 영화에 대한 혐오에서 비롯된 것이었다. 그 혐오의 근거는 할리우드 영화가 리얼리즘에서 벗어나 있기 때문이었다. 이용관은 앙드레 바쟁과 브라이언 핸더슨Brian Henderson의 리얼리즘 논의를 언급하면서 "장면화의 미학이 리얼리즘의 담보라는 견해만큼은 확실"[124] 하다고 주장했다. 하지만 그가 말하는 리얼리즘은 토마스 소벅Thomas Sobachack 등을 인용하느라 모호해진 것이었다.

> 장면화를 위한 연출미학은 사건의 본질을 끄집어내어 그것을 화면 위에 재창조하는 하는 것이고 이런 장면화를 리얼리즘의 미학이라 하여 몽타주의 조형주의와 비교하는 것은 촬영기 앞에 존재하는 리얼리티를 있는 그대로 화면에 담는 것이 아니라 화면에 나타나게 될 장면화의 효과를 위하여 리얼리티를 치밀하게 조작하는 측면에서의 리얼리즘이기 때문이다.[125]

이 인용문에서 이용관이 말하는 리얼리즘은 다루는 대상의 본질을 사실적 혹은 비판적으로 그려내기 위한 것이 아니라 단지 조작된 스타일 장치에 의해 재구성되는 것이라고 볼 수 있다. 즉 이용관, 전양준이 할리우드 영화에 반대하는 것, 스타일 특히 미장센(롱테이크와 심도화면)에 집착하는 것은 한국영화의 수준 향상을 위한 작가정책적 고언이면서도 당대 청년 문화계의 반미(할리우드)적 운동에 동조하거나 편

승했기 때문이라고 판단된다.[126] 즉『영화언어』에서 사용하는 이데올로기란 정치적 차원의 이념적인 것이 아니라 영화 미학적 태도에 관한 것으로 제한되는 경향이 있었다. 그럼에도 불구하고 이러한 이론적 실천이, 비록 극소수의 독자만이 보는 잡지였음에도 불구하고, 영화 스타일의 중요성을 환기하고 영화 연출을 위한 실용적 학습을 제공한 것은 부인할 수 없을 것이다.

6. 독립영화 비평의 마지막 풍경

1980년에 발간된『프레임 1/24』이라는 이름의 조그만 잡지는 지극히 미미한 영향력에도 불구하고『열린영화』,『레디고』,『민족영화』,『영화언어』까지 이어지는 씨앗이 되었다.* 이 중『레디고』 2집인『새로운 한국영화를 위하여』는 '영화'운동과 영화'운동'이 아직 분화되지 않은 채 온존하고 있음을 보여주고 있다.[127] 이 무크지에 이질적인 성향의 글들이 함께 실린 것은 편집자 전양준과 이정하·이효인이 이질적이었다는 것을 의미한다. 이후 이정하·이효인은 민족영화운동으로 이전하고, 전양준은 당시 소장 평론가 대부분을 자의반 타의반 편집진으로 조직하여『영화언어』를 창간하였다. 이후『영화언어』에는 영화

---

* 이 과정에 발간된『한길영화』(1991)는 당시의 비평 역량을 총집결다시피 한 것이었다. 연간 무크지 형태로 2호 발간에 그친 이 잡지는 당시 비평적 경향을 대중적 필치로 담아낸 것이었지만 특정한 경향을 지니지 못한 것이었다. 편집위원은 강한섭, 이효인, 주진숙 등이었다.

운동과 다소 거리가 있었던 이용관, 이충직, 김지석 등이 참여하여 주축이 되었다.

총 15호를 1989년 봄부터 1995년 봄까지 발간한 『영화언어』는 11호(1992년 여름호)부터 과학주의(신형식주의)와 작가주의(작가정책과 스타일 분석)를 과거처럼 밀고 나가지 않았다. 『영화언어』의 주도 인물들은 사회적 영향력이 미미한 잡지에 힘을 쏟는 것에 한계를 느꼈고 또 다른 가능성이 주어졌기 때문이었다. 즉 한국영화 산업계의 지형변화가 동구권의 붕괴시기에 함께 온 것이었다. 1992년 〈결혼 이야기〉의 흥행 성공에서 비롯된 한국영화 개혁의 새로운 가능성 즉 청년 기획자가 한국영화의 지형을 바꿀 수 있으리라는 기대가 조성되었다.* 또한 『영화언어』의 핵심 구성원인 김지석, 이용관, 전양준 등은 부산국제영화제 창설을 준비하느라 사실상 비평 활동을 포기하다시피 하였다.

이 시기에는 영화 '운동' 진영의 비평가들 또한 변화를 겪었다. 유물론적 리얼리즘 미학론을 어정쩡하게 유지한 채 신형식주의를 받아들이고, 사실주의적 묘사에 대한 가치 평가를 유지한 채 스타일을 비평 요소로 포함시키게 된다.[128] 동시에 이념적 판단의 외부에 있는 것들 즉 컬트영화, 그 자체만으로 쾌락성을 내장한 장르영화, 포스트모던한 이질적인 삶을 그린 영화 등에도 관심을 기울이게 된다. 또 양

---

*   앞에서 이미 설명했듯이, 〈결혼 이야기〉의 성공은 영화계의 세대교체를 알리는 것이었다. 당시 한국 사회의 주요 쟁점이 생길 때마다 진지한 토론회를 주최했던 크리스찬 아카데미(대표 강원룡 목사)의 대화 아카데미는 '한국영화 제3의 물결'이라는 주제로 감독, 제작 및 기획자, 비평가들을 한자리에 모아 한국영화의 미래를 모색하였다. 이 세미나는 『영화언어』 10호에 특집으로 전재되었다. 이는 비평가들이 영화산업 내에 참여할 수 있을 것이라는 희망을 주었고, 영화계의 대격변을 기대하게끔 했다.

진영에 직접적인 가담하지 않거나 소극적이었던 강한섭, 김소영, 유지나, 정성일 등은 각자의 영역에서 대중적 영향력을 발휘하면서 다양한 길을 제시하였다.

1992년 이후 양 진영을 포함한 동년배 영화 세대들은 청년 기획자 시대가 도래하자 집단 혹은 개인별로 한국영화계의 헤게모니 경쟁에 뛰어들면서 각자도생 인정투쟁에 내몰렸다. 이후 1993년 삼성 등 대기업이 영화계 투자를 결정하는 등 한국영화계가 큰 변화를 겪는 동안 아카데믹한 비평을 지향했던 『영화언어』의 주요 동력은 다음 세대로 넘어가게 된다. 이효인이 편집인을 맡고 조재홍이 자주 글을 실었지만, 곽현자, 김경욱, 김소연, 김영진, 문재철, 오영숙, 이순진 등이 새로운 필자로 부상하게 된 것이다. 신진 필자들은, 세계의 이념 지형이 바뀐 것이 확인된 1992년 이후부터 이전 세대들의 리얼리즘, 작가주의, 스타일 비평에 매몰되지 않고 대중영화, 장르영화 등을 대상으로 문화연구, 페미니즘 등 새로운 비평 방법을 모색하였다.[129] 이후 이들은 2000년대에 들어서면서 선배 세대들의 비평적 경향을 리얼리즘을 통한 패권적 성격으로 규정하고 자신들의 이론적 세계를 모색하였다. 신진 세대들의 그러한 비평적 결정에는 1990년 전후 일어난 사회주의 이념의 붕괴와 한국 지식 사회의 변화가 영향을 끼쳤을 것이라고 추정된다. 특히 기존의 『스크린』(1984)과 『로드쇼』(1989)가 온존하는 가운데 이러한 팬 매거진과는 차별성을 지닌 타블로이드판 영화 주간지 『영화저널』(1992~1993), 월간 『키노』(1995) 특히 주간 『씨네21』(1995)의 발간은 '영화'운동과 영화'운동'의 에너지를 흡수하는 한편 그 에너지를 자본의 논리 속에서 순화시켜나갔다. 그 결과 1980년대의 끄트머리에 생성된 새로운 영화학, 영화비평의 열정과 논리는 학계와 영화제로 흡수되면서 또 다른 역사적 요인으로 자리잡는 것으로 마감하게 된다.

부기

〈바보들의 행진〉의 탈구심적 미학

〈바보들의 행진〉의
탈구심적 미학

1. 들어가는 말 : 〈바보들의 행진〉의 재평가에 대해

감독 하길종河吉種, 1941~1979은 미국 유학을 마친 후 귀국한 지 2년 만에 〈화분〉(1972)을 발표하였다. 이효석의 동명소설을 원작으로 삼은 이 영화는 청룡영화제에서 〈테오라마 Teorema〉(피에르 파올로 파솔리니, 1968)를 표절했다는 논란에 휩싸였다.[1] 표절여부와는 별개로, 하길종이 자신의 말대로 첫 장편영화를 '대중오락의 수단으로만 수용되고 있는 한국영화를 사회, 인류문명의식과 영화 미디어 자체에 대한 의식의 개발을 통해 보다 본질적인 차원에서 인간의 문제를 규명하려는 작가의식의 차원에서'[2] 시도했다고 추론하는 것은 무리가 아닐 것이다. 사장과 그의 동성 애인인 비서, 사장의 첩과 그녀의 여동생 그리고 하녀 등 다섯 명이 각각 짝을 지어 외딴 푸른집에서 벌이는 욕망의 분출은, 이데올로기적으로는 기존의 윤리의식을 벗어난, 본질적 인간 문제를 다룬 것으로 보기에 충분한 것이었다. 변인식은, 하길종이 〈화분〉을 자신의 대표작으로 생각했다고 말하며, 자신 또한 암울한 사회적 묘사와 음산한 분위기를 조성한 스타일을 예로 들며 하길종의 말에 동의하고 있다.[3]

〈화분〉과는 분명 대조적인 〈바보들의 행진〉(1975)은 하길종의 세 번째 장편작품이다. 1970년대 한국영화의 새로운 물결로 인식되었던 그룹 '영상시대'를 대표하는 하길종의 이 작품은 흥행에 크게 성공하면서 '병태 신드롬'을 일으켰을 정도였으며 비평적으로도 큰 찬사를 받았다.[4] 하지만 '본질적 차원에서 인간의 문제를 규명'하기보다는 '대중오락의 수단'처럼 보이는 것을 부인하기는 힘들었다. 영상시대 동인이었던 변인식은 "과연 새 세대가 만든 영화들이 종래에 있어 왔던 영화들보다 전연 새로웠나 하는 의문"[5]을 제기하였으며, 이영일은 "뉴 아메리칸 시네마에 나오는 달리는 청년류를 보여주는 것이지만 미완성의 작품"[6]이라고 평했다. 심지어 '영상시대'의 일원이었던 이장호 감독은, 자신들의 영화들에 대해 "짜릿한 말초감각을 좇아 마치 유행하는 팝송처럼 반짝이긴 했으나, 눈에 띌 만하게 진지한 작업이나 의미 있는 추적을 한 문제작은 없었"으며 "한결같이 매끄럽고 달콤한 감각적 생활방식의 풍속을 친근감 있게 묘사"[7]한 것이라고 혹평한다. 이러한 이중적 평가는 '영상시대' 동인 활동에 대해서도 적용되고 있다.

극심한 불황에 빠졌던 1970년대 한국영화계에 일시에 흥행 성공작을 터트린 신인 감독들이었던 이장호, 김호선, 하길종 등이 감독 이원세, 홍파 그리고 평론가 변인식과 함께, 새로운 한국영화를 예고하면서 결성한 것이 '영상시대' 동인 그룹이었다. 이 그룹 소속 감독들이 만든 영화와 그들이 지향했던 비평은 동류의 것도 아니었고, 비슷한 수준의 것도 아니었다. 또한 〈아리랑〉(1926), 〈임자 없는 나룻배〉(1932), 〈오발탄〉(1961), 〈사랑방 손님과 어머니〉(1961) 등과 종횡으로 연대하고자 한다는 주장[8]과 '완전히 차원을 달리하는 새 세대의 영화'를 지향하는 주장[9] 등 서로 상반된 지향점이 혼재된 것이었다. 이정하는, 영상시대(운동)에 대한 평가가, 편의적으로 "'성공'의 측면에 주어진 '개인적 지평'과, '시대적 지평'으로 환원된 '실패'의 측면이 독립적으로 양단해온 이분적 구도 속에 〈영상시대〉를 정리하는 방식"으로 이루어졌다는 점을 지적하며, 영상시대(운동)는 자신들 속에 내재된 다양한 논리를 균질화하면서 새로운 자기 논리를 구축하는데 까지는 나아가지 못한 것으로 보고 있다.[10] 하지만 오히려 그러하기 때문에 영상시대 그룹의 창작과 비평에 대한 '유보적이거나 회의적인 지지'의 속을 더욱 살펴볼 필요가 있을 것이다. 왜냐하면 앞에서 본대로, 〈바보들의 행진〉 개봉 시기에 나온 비평들은 한결같이 '과거 청년영화들과는 다른 청년들의 공감대를 불러일으키는 영화'라고 입을 모으고 있지만, 개별 작품에 대한 구체적인 미적 검토는 충분히 이루어지지 못했기 때문이다. 또 영상시대가 표출한 제각각의 균질화되지 못한 지향점이 당대 혹은 후대의 영화인들에게 어떻게 받아들여졌는가에 대해서도 구체적으로 검토되지 못했기 때문이다. 뿐만 아니라 하길종 스스로도 자신의 작품을 비롯한 영상시대 동인의 작품들에 대해 상반된 평가를 내놓았다.

최근 상당한 관객을 동원하여 화제가 되어 온 〈별들의 고향〉, 〈영자
의 전성시대〉, 〈겨울 여자〉 또는 〈바보들의 행진〉류가 영화란 말인
가. 단연코 아니다. 단지 영화에 접근하려는 노력에 불과하다.[11]

〈바보들의 행진〉에 대한 하길종 스스로의 이러한 평가 이유는
"영화의 본질은 리얼리즘에로 접근"하는 것인데, "작가의식을 가지고
현실을 투시하는 안목과 현실의 내면을 투시할 수 있는 시혼詩魂이 깃
든 보는 자로서의 냉철함"이 빠져있으며 "코스모폴리탄적 질서를 이
루는 데 성공"하고 있지 못하고 있다고 보았기 때문이다.[12] 하지만 그
는 몇 년 후에 앞의 글에서 평가한 같은 영화들에 대해 다른 평가를
내린다.

이들 영화의 특징은 정부 당국이 획책하는 이른바 목적영화와 진부
한 드라마투르기에 의존했던 기존 영화와는 전혀 다른 새롭고 싱싱
한 감각적인 영상과 빠른 템포, 생생한 다이얼로그로 이제껏 방화
의 스크리닝에서 볼 수 없었던 영상을 구축하였다.[13]

앞의 글에서 내린 평가는 그 글 속에 언급된 세계적인 감독들인
페데리코 펠리니, 장 뤽 고다르, 구로자와 아키라, 코스타 가브라스,
잉그마르 베르히만 등과 비교하여 이루어진 것이었다. 즉 절대적인
기준으로 평가한 것이었다. 반면 뒤의 글은 한국영화의 흐름 속에서
과거 한국영화들과 비교하면서 내린 상대적 평가였다. 여기에서 주목
할 점은 '감각적인 영상과 빠른 템포, 생생한 다이얼로그'라고 말인데,

〈바보들의 행진〉만을 놓고 보자면, 감각적인 영상은 그로테스크 이미지들과 더불어 마지막 시퀀스 즉 병태와 영철이 동해 바닷가를 거니는 불연속적인 이미지들을 꼽을 수 있으며, 빠른 템포는 타이틀 시퀀스에 나오는 쇼트들, 인물들이 거리를 오가는 장면 등을 들 수 있다. 그리고 생생한 다이얼로그는 당시 한국영화들에 비해 더 구어체로 이루어진 대사와 단발마적인 우스꽝스러운 대사들을 말하는 것으로 보인다. 현실을 있는 그대로 묘사하는 것이 불가능했던 당시에 하길종이 선택한 것은 위와 같은 것들이었는데, 이는 "새로운 이야기와 스타, 그리고 새로운 영상을 보고 싶어하는 관객들의 욕망에 부응하면서도, 여기에 덧붙여 보기 불가능한 것들을 보고 싶어하는 욕망 또한 부추기"는 것이다. "이러한 전략은 검열과 보상이라는 한국영화의 간극을 문제시하고 그것을 표상하는 새로운 스타일의 발견과 실험이라는 점에서 의미가 있다."[14]

　　〈바보들의 행진〉에 대한 후대의 한 평가는, "원작에서 나온 신세대 풍속도와 낭만, 하길종의 각색이 불어넣은 시대에 대한 풍자와 허무가 행복하게 조우한", 비록 검열로 인해 많은 중요한 부분들이 가위질 당했음에도 불구하고 "깨지고 상처받지만 언젠가는 다시 올 '우리들의 시대'를 기약"하는 "한국을 대표하는 영화"라고 말하고 있다. 이 평가는 서사의 이러한 미덕과 이에 어울리는 역동적이고 실험적인 스타일을 상찬하는 한편 영화 음악의 역할과 그 과잉에 대해서도 지적하고 있다.[15] 하지만 이 평문을 포함하여, 〈바보들의 행진〉에 대한 여러 평문들은 이 영화가 당대 관객들과 만난 구체적인 미적 요소 즉 파토스pathos를 불러일으킨 인물과 행위, 공간, 이미지, 서사전략 등은 충분히 설명하지 않고 있다. '새로운'이라는 말은 편의적 수사일 뿐 엄밀하게 비교되지 않았으며, '공감대'의 구체적인 미적 요소 또한 검토되지 않았던 것이다. 또 과거 역사의 억압과 상처*에 대해 알고 있으면서도 그 구체적인 폐해나 실상에 대해 무감각한 나머지, 시대적 산물로서의 영화에 대해 비합리적인 접근을 하는 글도 있다.[16] 그 결과 당시의 검열에 의해 표현될 수 없었던 사회반영적 요소들을 문자로 복원한 후에야 이 영화의 진정한 맥락이 드러나곤 했는데,[17] 그조차 고뇌하는 청춘들의 모습을 담았다는 반영주의적 평가에 멈추는 것이었다. 그 결과 현실반영성의 문제와 미학적 함의에 대한 제한된 해석으로 인하여 〈바보들의 행진〉의 미학적 정치성에 대한 언급은 이루어지지 못하고 있다.

---

*   1970년대 정권의 근본을 뒤흔든 주요 사건으로는 전태일 분신 항거(1970.11), 옛 광주대단지 강제 이주민 폭동 사건(1971.8), 실미도 무장군인 탈출사건(1971.8) 등이 있었다. 박정희 정권은 7.4남북공동성명을 발표하면서 평화통일을 추구하는 정국을 조성하는 한편 계엄령을 선포하고 유신헌법을 발표(1972.10)하였다. 이어서 김대중 납치사건(1973), 민청학련 사건, 동아일보 탄압, 인혁당 관련자 사형 집행, 장준하 의문사, 서울대생 김상진의 할복 시위 등 심각한 사건들이 연이어 터졌다. 여기에 1973년 유류 파동으로 1974년 물가는 전년도 대비 약 8배나 뛰었다. 정치적 경제적 위기에 몰린 박정희 정권은 1974년 1월 긴급조치 1호 명령을 시작으로 정권이 막을 내릴 때까지 아홉 차례나 긴급조치를 발동하였다.

2. 바흐친 미학과 억압사회의 영화

〈바보들의 행진〉에 대한 이러한 제한된 해석을 넘어서기 위해서는 텍스트의 본질적인 특성을 포착할 수 있는 미적 관점이 필요한데, 이는 단지 이론의 기계적 대입을 시도하는 것이 아니다. "다양한 변형들, 의식적 혹은 무의식적인 인용들, 다른 텍스트들의 융합과 도치"의 결과물인 텍스트는 상호텍스트적으로 '소통적 발화'를 함으로써 '대화주의적으로 사회적 삶과 역사에 근거'하는 것이기 때문이다.[18] 이 글은 이런 맥락에서, 단절적인 서사와 파편적 이미지들로 가득 찬 〈바보들의 행진〉을 억압에 대응하는 미적 양식의 차원에서 보고자 한다. 〈바보들의 행진〉이 발표된 1970년대와 전두환 군사 정권인 1980년대에 대중적 영향력 탓에 극심한 통제에 시달렸던 한국영화인에게는 세 개의 길이 놓여 있었을 것이다. 첫 번째는 체제에 거슬리지 않는 순응이었는데 이는 당시에 나온 대부분의 영화가 취한 태도였다. 두 번째는 상징이나 은유 등을 통하여 에둘러 현실을 말하거나, 오히려 비현실적인 주제를 선택함으로써 현실의 부정적인 측면을 간접적으로 환기시키는 방식이다. 〈영자의 전성시대〉(김호선, 1975), 〈왕십리〉(임권택, 1976) 등과 〈만다라〉(임권택, 1981) 등을 들 수 있다. 마지막으로는 주제 선택과 표현 모두에서 막힌 상태를 돌파하기 위해 기존의 문법과는 전혀 다른 방식을 취하는 전략이다. 〈바보들의 행진〉은 그 단적인 예에 속하는데, 〈별들의 고향〉(이장호, 1974)의 일부 장면 또한 이런 맥락에서 볼 수 있다. 이는 1980년대에서는, 작품마다 편차가 있기는 하지만, 〈바람불어 좋은 날〉(이장호, 1980), 〈바보선언〉(이장호, 1983), 〈성공시대〉(장선우, 1988), 〈개그맨〉(이명세, 1989) 등으로 이어진다. 이러한 미학적 전략은 의식적인 선택이라기보다는 문제의식과 이를 반항적으로 극복하려는 지적/예술적 감각에서 비롯된 것으로 보인다. 즉 "창작자의 의도를 넘어서는 이데올로기의 틈입"[19]에 의해 이루어진 것으로 보인다. 또한 "검열에 일일이 대응하면서 영화의 승리를 예측하는 것이 불가능한 상황"에서 "검열당할 수밖에 없다면 검열의 흔적을 영화라는 신체에 새겨 넣는 방식"을 썼다고 볼 수도 있다.[20] 예컨대 '검열되어 잘린 시위장면 대신 응원 장면을 넣음으로써 문맥의 충돌을 그대로 보여'주는 방식이다. 이러한 방식은 선진적 예술의식을 경험한 하길종이나 80년대의 새로운 신인 감독 등 극소수의 영화인에 의해서만 가능한 것이었을 것이다. 억압적 상황에서 그 돌파구로 부지불식간에 택한 '전혀 다른 방식' 즉 기존의 관습적이거나 공식적인 영화 문법과는 다른 미학을 말할 때, 우리는 미하일 바흐친의 미학을 상기할 수 있다.

미하일 바흐친Mikhail Bakhtin, 1895 ～ 1975은 라블레의 소설 『가르강튀아 / 팡타그뤼엘』(1534 /1532)[21]에 대한 글에서 억압적인 공식문화 혹은 벗어나기가 요원한 지극히 관습적인 문화가 지배적일 때는 웃음과 풍자(인물과 행위), 밀실에서 광장으로(공간), 그로테스크한 물질 혹은 육체성(이미지), 거리낌 없는 말투와 에피소드들의 혼잡한 결집(서사) 등으로 드러난다고 보았다. 즉 구심적 문화에 대항하는 탈구심적 문화가 나타나는데, 이러한 것을 공식문화에 대응하는 민중문화의 특징 그 중에서도 카니발레스크(carnivalesque, 카니발적 양식) 성향으로 보았다. 즉 가장 대중적인 혹은 민중적인 형태의 에피스테메episteme로 꿈틀대다가 어느 시점에 드러나는 것이라고 본 것이다. 하지만 바흐친은 "우리의 관심을 끄는 것은 두 문화의 투쟁, 즉 중세 공식문화와 민중문화의 투쟁이 긋는 근본적이고 커다란 획"이라고 하면서도, 이러한 '거대한 역사적 현상(혹은 미학적 진전)이 개별적인 인간들의 지적인 노력이나 순수한 인식적 탐구의 결과로 생겨날 수 없다'고 말한다.* 이런 맥락에서 볼 때, 하길종 감독 역시 결코 바흐친 미학에 대해 관심을 표한 적이 없기에, 〈바보들의 행진〉이 의도적으로 그러한 미학을 추구한 것이라고 볼 수는 없다. 따라서 지배적 공식문화와 검열이 억압적 기제로 작동하는 가운데 대부분이 무의식적 결과물로 탄생한 이 작품은 더욱 더 바흐친의 미학에 합당한 것으로 보인다. 이러한 카니발레스크carnivalesque는 궁극적으로 여러 인물들과 에피소드들이 제각각 발언을 하는 다성성(겹목소리, polyphony)을 지니고 있으며, 동시에 서사는 종결불가능성unfinalizability을 가지고 있다. 하지만 이러한 미학으로 해명할 수 있는 작품들 즉 "구조 없는 플롯"을 가진 채 다성성을 지닌 작품들에 결말과 통일성이 없는 것은 아니다.[22] 바흐친은 이를 다성적 통일성이라고 불렀는데 이는 "선천적으로 유일무이한 통일성을 말하는 것이 아니라 병합되지 않은 다수들 간의 대화적 일치로서의 통일성"을 뜻하는 것이다.[23] 이 글은 이런 맥락에서 바흐친의 카니발적 미

---

* 미하일 바흐친, 이덕형 · 최건영 옮김, 『프랑수아 라블레의 작품과 중세 및 르네상스의 민중문화』, 아카넷, 2001, 669쪽, 101쪽. 이 글에서 '민중문화'라는 개념은 고급예술의 반대 개념만으로 한정되지 않으며, 대중문화라는 개념이나 1980년대 한국 문화운동의 중요한 갈래였던 저항적 민중문화와 일치하는 것도 아니다. 억압적인 사회일수록 지배계급에 의해 공식화된 이데올로기와 문화 양식 등이 구심력에 지배되는데, 이에 역행하는 탈구심적 운동을 담은 것을 의미한다.

학 등을 중심으로, 단절된 서사와 분산된 이미지들로 이루어진 〈바보들의 행진〉이 어떤 통일된 미적 지향을 갖는다는 것을 말하고자 한다. 그래야만 당시 관객들의 흥분된 반응 또한 설명될 수 있을 것이다.

3. 탈구심성 1 ; 에피소드 서사, 풍자와 웃음

1970년대에 제작된 한국영화들은 촬영 전에 정부 기관으로부터 시나리오 사전 승인을 받아야 했으며, 만든 후 필름의 검열 그리고 상영하기 직전 상영 프린트의 검열을 받아야했다. 〈바보들의 행진〉 또한 이런 과정을 거쳤는데, 촬영 후 '영화 검열 합격증'을 받은 프린트의 러닝타임은 117분이었고 극장에서 상영된 필름은 99분이었다.[24] 표현의 권리를 억압하는 이러한 검열제도가 지닌 더 큰 문제는 영화인 스스로 시나리오 집필 때부터 자기 검열을 한다는 점이었다. 1960년대와 70년대 한국영화를 대표하는 감독들 유현목, 김기영, 김수용, 임권택 등은 이러한 검열 체제와 우수영화 포상제도에 복종하면서도 조그만 틈새라도 있으면 자신을 표현하고자 했지만, 자기 검열로 인한 주제 의식의 빈곤, 상상력의 빈곤, 그리고 오랜 기간 형성된 내러티브와 스타일의 관습성으로부터 크게 벗어날 수는 없었다. 이러한 현상 즉, 영화 내러티브와 스타일의 관습성을 포함하여 1970년대 한국영화계의 외부적 제한(검열)과 내부적 전망 상실(상상력의 부재)을 '구심성'이라고 부르고자 한다. 여기에서 외부적 제한과 내부적 전망 상실은 바로 이미지를 선택하는 '감각의 둔화'와 세계를 바라보는 '사유의 무능'을 의미하는 것이기도 했다.

한국영화의 극심한 침체기였던 1970년대에 초유의 흥행 기록을 세운, 비록 최인호의 원작 인기에 힘입은 바 크기는 하지만, 〈별들의 고향〉(이장호, 1974)에서 검열과의 갈등 흔적이나 서사와 스타일의 고민을 발견하기는 어렵다. 그럼에도 이 영화가 초유의 흥행 성공을 이룬 것은 공식성을 뛰어넘는 다른 어떤 것이 있었기 때문이었다. 경제성장의 그늘에서 피었다가 지곤 했던 갑남을녀의 '조잡한crude 멜로드라마'[25]에 불과해 보이지만, 몇 남자를 거치면서 파괴된 여성 인물은 당대 관객의 자기연민을 불러일으키는 과잉excess의 기호였다. 이러한 서사적 과잉과 특히 음악을 포함하여 장르적 과잉으로 넘쳐나는 미장센(거울에 립스틱으로 쓴 낙서, 여성 주인공이 방황하는 눈길 등) 등은 '세상에 대한 감각을 되살리며 다른 사유를 촉진'하는 것이었다. 그럼으로써 이 영화는 기존 한국영화의 구심성을 간신히 벗어날 수 있었다. 이런 차원에서 〈바보들의 행진〉을 보자면, 이 영화는 〈별들의 고향〉에 비해 훨씬 더 그리고 때로는 의식적으로, 구심성을 뛰어넘는 감각과 사유의 작용이 있었다고 볼 수 있다. 이는 결과적으로 서사와 스타일의 측면에서도 관습성을 뛰어넘는 것이기도 했다.

30개의 에피소드로 구성된 최인호 원작에서 취사선택된 에피소드에 하길종 감독이 추가한 새로운 인물인 영철의 스토리가 추가된 후, 이것들을 다시 재배치한 것이 〈바보들의 행진〉이다. 하지만 시퀀스들은, 엉성한 상태나마 3막 혹은 5막 구조를 취하지만, 인과관계의 선형성을 취하지 않고 있다. ①영철과 병태는 군 입대를 위한 신체검사를 받았는데, 영철은 불합격되고 병태는 합격이 되었다. ②영철과 병태는 미팅에 나가 순자와 영자를 만났는데, 둘은 모두 여자들로부터 버림받는다. ③영철은 자전거를 타고 바다로 뛰어들고, 병태는 입영열차를 탄다. 영철의 자살은 실연 때문만은 아니지만 구체적으로 설명되지는 않는다. 병태는 계획된 대로 자연스럽게 군대를 갔을 뿐이다. 검열된 장면들을 불러와서 다시 서사를 재구성하더라도 3막 구조의 인과관계적 선형성은 선명하지 않다. 하지만, 검열로 인하여 이해하기 어려운 장면이 적지 않지만, 영화 매체의 특수성 즉 이미지 자체가 제공하는 정보 덕분에 오독할지언정 전혀 이해가 불가능한 것은 아니다. 어쩌면 검열로 인하여 숭숭 뚫린 스크린이 더 상상력을 강화했을지도 모를 일이다.

〈바보들의 행진〉의 각 시퀀스들과 에피소드들은 산만하거나 부분적으로만 인과관계를 유지하고 있는데, 이러한 점은 어떤 알레고리 혹은 지시로 기능할 때에만 그 미적 기능을 인정받을 수 있다. 군 입대 신체검사와 입영 사이에 벌어진 각 사건들은 당시 대학생들의 모습과 사회적 심리 등을 반영하거나 은유하는 것들이다. 검열된 사회 반영적인 비판적 장면들 예컨대 시위장면이나 버스 안의 구걸 소년 장면 등을 볼 수 없지만, 미팅 장면, 영화 속의 연극 공연 장면, 몇 번에 걸쳐 나오는 술집 장면, 술 마시기 대회 장면 등에 등장하는 미숙하고 일탈적인 어릿광대들의 모습을 통해서도 우리는 이 영화의 미학을 추론할 수 있다. 이러한 특별한 인과관계로부터 벗어난 에피소드를 주도하는 인물들은 축제를 즐기는 즉 인간 호모 페스티부스Homo Festivus들이다. "목청을 뽑아 민요를 부르는 사람, 술에 취하여 마냥 흥겨워하는 사람, 풍자와 조소를 퍼붓고 돌아다니는 사람"들은 "심지어는 교회나 궁정에서 가지는 웅장한 예식을 흉내 내면서 이를 조롱한다. 때로는 악질 현감, 가짜 임금, 아이 주교主敎 등을 선출하여 사건을 처리하기도 하고 풍자적인 모의 미사를 집전하기도 한다. '바보제'의 기간 중에는 풍속이나 관례를 아무리 조롱하여도 상관이 없으며 국가 최고급의 명사들을 대상으로 야유를 퍼부어도 용납이"[26] 되는 것이 카니발의 모습인데, 〈바보들의 행진〉에 나오는 인물들이 벌이는 에피소드들을 이런 방식으로 볼 수 있다.

미팅 장소로 가다가 장발 단속에 걸린 영철과 병태 그리고 그들을 잡은 '역시 장발'인[27] 경찰의 모습과 행동은 아이러니컬하다. 베르그송Henri Bergson은 아이러니를 "우리의 내면에서 열렬하게 끓어올라 이른바 압축된 웅변이 될 수도 있는 것"으로, 유머를 "냉정한 방관자적 태도로 있는 그대로의 악을 하나하나 지적하려고 그 내부에 더욱더 깊게 파내려갈수록 강화"되는 것이라고 보았다.[28] 개인의 머리카락 길이를 국가가 통제하는 행위에 대한 조롱 섞인 풍자는 아이러니로서 작동한다. 이러한 아이러니는 국가의 행위나 사회의 관습을 풍자하는 것이기도 하지만, '웃음' 그 자체에 더 집중하는 경향이 있다. 즉 영철과 병태는 경찰에게 쫓기며 이리 뛰고 저리 뛰며 계속 웃음을 유발한다. 존중할 만한 합리적 엄숙함이 사라진 시대에 각 단독자單獨者로서의 개인들이 벌이는 우스꽝스럽고 저열한 행위가 웃음을 유발함으로써 그 시대적 상황을 풍자하는 것 즉 유머로 기능하는 것이다. 이를 통하여 기존 한국영화(의 공식적 태도)에서는 볼 수 없었던, '풍자'와 '대항적 웃음'이라는 미적 요소를 드러낸 것이다. 예컨대 영자의 기말고사 답안지는 엉뚱하기 그지없고, 병태는 영자의 학기말 과제를 대신 써주기로 약속한 후 서점에 가서는 대뜸 "이방인 주세요. 아, 하, 요것이 이방인이로구나"라고 말한다. 한국에서 인기가 있었던 소설가 알베르 까뮈의 노벨상 수상작 『이방인』을 대하는 병태의 수준과 태도는, 알파벳을 외우는데 5년 3개월이 걸린 가르강튀아를 연상하게끔도 한다.[29]

최인호 원작 소설과 하길종이 만든 이 영화의 서사에는 이러한 점들이 적지 않는데, 이는 단지 두 선구자에 의해 시도된 것이라기보다는 1970년대의 억압적 정치 및 문화적 상황이 역설적으로 배태하고 있었던 것이라고 보는 것이 더 적절할 것이다. 그리고 이러한 아이러니와 유머를 담은 에피소드들은 인과관계에 놓인 것이 아니라 제각각 작용함으로써 각자의 목소리를 내는 다성성polyphony 을 지니고 있다. 또한 비록 병태가 군 입대를 하고 영철이 자살하는 것으로 스토리가 일단락되지만 해결되지 못한 단서(씨뿌리기)들은 남아 있다. 예컨대 '파이프 장사를 해서 부자가 되어 양옥집을 짓고 고래를 잡으러 가겠다'던 영철의 자살 이유는 해명되지 못했으며, 결혼하기 힘든 조건에 놓인 영자와 병태의 이별 또한 여운을 남기고 있다. 그럼으로써 스토리는 완전히 종결되지 못하고 있다.

4. 탈구심성 2 ; '광장'의 '언어'

〈바보들의 행진〉에서 사건이 일어나는 대부분의 공간은 대학 캠퍼스, 거리, 술집 등으로 설정되어 있다. 병태와 영철이 거주하는 실내 공간은 제시된 적이 없을뿐더러, 영자와 순자가 등장하는 실내 공간조차 일회적인 공간에 불과하다. 반면 다방, 맥주집, 포장마차, 강의실, 캠퍼스 등은 각자의 카니발 공간으로 작동하고 있으며, 특히 가장 인상적인 공간은 거리이다. 거리 뿐 아니라 미팅이 이루어진 다방, 영철이 술에 취해 빨간 고래를 잡으러가겠다고 읊조리는 맥주집, 과제물을 대신 써주기로 하는 우스꽝스러운 흥정을 주고받는 포장마차, 술에 취해 옷을 뺏긴 채 쫓겨나는 술집 등은 '냉소주의'와 '무례함'[30]이 짙게 배인 카니발적 공간이다. 담배를 피우던 영철이 교수로부터 뺨을 맞은, 석조 건물이 들어선 캠퍼스는 마치 교회처럼 억압적인 공간이지만 영철과 친구들이 질주함으로써 그 곳은 광장으로 변한다. 그들은 유신헌법이 주장한 '한국적 민주주의'를 조롱하며 '한국적 스트리킹'을 감행한다. 또 미팅이 이루어진 다방과 미팅을 모의하는 강의실은 '자유롭고 거리낌 없는 광장적인 교제'가 이루어지는 곳이며 '거리낌 없는 말투'[31]가 횡행하는 카니발적 특성을 지닌 공간이다.

이렇듯 이러한 대부분의 공간들은 카니발적 상황이 벌어지는 공간이라고 볼 수 있다. 이 영화에서 본격적인 광장은 '거리'의 모습으로 등장한다. 거리는 사람들이 장사를 하는 곳이고, 행인들이 오가는 곳이며, 어떤 일이 벌어지면 구경이 이뤄지는 광장이다. 광장 속에서의 이루어지는 인간관계는 일시적인 것이며, 예의를 크게 요구하지 않는다. 모두가 단독자로서 존재하는 곳이 바로 광장이다. 병태와 영철은 미팅에 가기 위해 거리를 가다가 장발 단속에 걸려서 육교 위에서 우왕좌왕 뛰어다녔으며, 서점에 책을 사러가는 병태는 행인들이 오가는 길거리를 뛰어오며 깡통을 걸어찬다. 병태는 숙자의 사랑을 구하기 위해 자전거를 타고 거리를 쏘다니며, 그녀가 탄 버스를 뒤쫓기도 한다. 숙고의 흔적이라고는 찾을 수 없는 얼굴 표정, 엉뚱한 대사("자전거가 아니라 자가용이라니까요"), 유쾌하고 무례한 행동 등은 바로 광장의 언어라고 할 수 있다. 유쾌해 보이지만 별 의미 없이 무례한 행동들은 영화의 전반부를 지배하는 강렬한 이미지로 남게 되는데, 이러한 점들은 당대 관객과 만난 지점이기도 하다. 70년대 한국영화의 공식성 속에서는 발견할 수 없었던, 의미 없는 유쾌함과 무례함은 '새로운 감각'과의 조우였다. 또 그러한 것이 벌어지는 공간(광장)은 일상에서 거의 매일 마주치면서도 자각하지 못했던 삶의 터전에 대한 자각을 불러일으키는 것이었다. 즉 재발견된 공간을 통하여 각자의 삶과 세계에 대한 사유는 시작되는 것이었다.

미하일 바흐친은 이를 '유쾌한 냉소주의'라고 부르는데, 이것은 "역사적인 봄과 새로운 시대와의 만남으로 전이"[32]되는 것이기도 하다. 즉 혁명적 전조라고 본 것이다. 바흐친은, 라블레 소설에 대한 베셀롭스끼의 글을 인용하면서,* 유쾌한 냉소주의적 인물이 지닌 민중 축제적인 즐거움(무턱대고 진창 속을 뛰어다니는)과 그로테스크 이미지(진흙을 튀거대는)에 대해 말하는데, 이 중 진흙을 튀기는 것은 똥과 오줌을 튀기는 것의 근대화되고 완화된 메타포로 보았다. 스탈린 시대의 억압에 대응한 이 카니발 미학의 기본적인 태도라고 볼 수 있는 '유쾌한

---

* 앞의 책, 228~229쪽. 인용문은 라블레의 소설 『가르강튀아』에 대한 베셀롭스끼의 평을 바흐친이 인용한 것이다. 그는 이 평에 동의하면서 부분적으로 수정하거나 보충 해석을 곁들이고 있다. "연기투성이인(굴뚝 없는) 농가에서 곧바로 봄의 대기 속으로 풀려난 건강한 시골 어린아이와 같아서, 그는 무턱대고 진창 속을 뛰어가며 곁을 지나는 행인에게 진흙을 튀겨대는데, 봄날의 생동감 넘치는 유쾌함 때문에 불그스름해진 얼굴과 다리에 진흙 뭉치가 튀어 붙을 때에는 즐겁게 깔깔대고 웃는 것이다."

냉소주의'와 그로테스크 이미지는 궁극적으로는 급진적 변화나 갱신을 요구하는 것이다.[33]

　병태는 군 입대 신체검사에 합격했지만 영철은 합격하지 못했다. 그는 미팅에서 만난 숙자 등과 맥주집에서 만나 술에 취하자 우스꽝스럽게 자조한다. '바보, 쪼다인 자신은 한 번도 자신의 힘으로 뭔가를 해 본 적이 없다, 중고등학교 시험도 다 떨어졌으며, 대학도 돈을 주고 들어왔다. 심지어 군대 신체검사에서도 떨어졌다.' 담배꽁초를 입안에 넣었다가 다시 꺼내 보이는 우스꽝스러운 모습을 연출한 후 그는 자신의 꿈을 말하기도 한다. '돈을 많이 벌어서, 만원 지폐로 담뱃불을 붙이고, 빨간 지붕 양옥집을 짓고 자가용을 사고 그러고는 동해에 있는 예쁜 고래를 잡으러가겠다'는 것이다. 비록 과장된 것이기는 하지만, 이러한 영철의 자학은 그만의 자학이 아니라, 공개적으로 저항할 수 없었던 그 시대 대학생들의 자학이라고 볼 수도 있다. 못났지만 돈을 벌고 고래를 잡으러가겠다는 자학은 익살스럽게 나타남으로써 '유쾌한 냉소주의'의 양식을 취하고 있다. 즉 '광장 언어의 특징적인 구성'이라고 할 수 있는 "광장에서 호객하는 말투와 스타일"인 것이다.[34]

　이후 영철은 거리(광장)를 쏘다닌다. 순자를 만나러 갈 때도 자전거를 타고 즐거운 표정으로 거리를 쏘다닌다. 순자가 혼자 가버린 텅 빈 술집에서 쫓겨나온 그는 홀로 야밤에 남대문 앞을 지나다가 남대문을 향하여 경례를 한다. 이 장면은 사뭇 비장하기도 한데, 존중해야 할 것을 존중할 수 없기에 보내는 경멸처럼 보이기도 한다. 이후 그는 고속터미널에서 방범대원에게 붙들려 끌려간 경찰서에서도 집이 없다고 말하고, 고래 사냥을 하러 가는 중이라고 말한다. 유치장에 들어가게 되자 "감사합니다. 고맙습니다."고 인사를 꾸벅 한다. 거리에서 만난 아버지가 뭐하냐고 묻자 "서 있습니다."라고도 말한다. 순자로부터 절교를 당하고 그녀가 탄 버스를 자전거를 타고 쫓다가 경찰에게 잡혀서도 자신이 타고 있는 것은 자전거가 아니라 자가용이며 고래사냥을 가는 중이라고 말한다. 영철이 사리에 맞지 않는 말과 행동을 남발하는 어릿광대 노릇을 하는 것은 단지 그의 열등감 때문이 아니다. 그의 말과 행동은 '무턱대고 진창을 뛰어다니며 진흙을 튀겨대는 유쾌한 냉소주의'의 하나라고 볼 수 있다. 또한 평소에는 말을 잘 하다가도 신체검사를 받을 때 말을 심하게 더듬는 영철은 카니발에 등장하는 숱한 못난 인물들의 전형으로 볼 수 있다. 즉 더듬거리는 영철의 언어는 '광장의 언어'라고 볼 수 있는 것이다.

설사 검열에 잘린 장면이 그대로 있다고 하더라도, 영철의 행동(자살 등)에 대한 사실적 인과관계는 설명하기 힘들다. 이미 말했듯, 극심한 검열 속에서 만들어진 〈바보들의 행진〉에서 우리가 더 관심을 기울여야 할 부분은 검열에서 삭제된 부분보다도, 검열 이전에 행한 자기 검열에 의해 싹조차 피워보지 못한 부분일지도 모른다. 하지만 그 자기 검열의 내밀한 기록은 남아있지도 않을뿐더러, 감독 자신도 구체적으로 해명하기 어려운 것이다. "반드시 특수한 맥락에서 수행"된 자기 검열은, 시간상 과거의 일일 뿐 아니라, 당사자가 아닌 우리로서는 특수한 시간과 공간 속에서 순간적으로 이루어진 행위와 사건을 맥락[35] 속에서 이해할 수밖에 없기 때문이다. 즉 우리가 파악할 수 있는 것은 〈바보들의 행진〉에서 발화된 것의 맥락뿐이다. 또한 "카니발적 말은 실제로 소통되는 말이 아니"[36]기 때문에, 여러 다양한 목소리

(이미지)들은 맥락 속에서 이해되어야만 한다. 〈바보들의 행진〉에서 플롯은 하나의 가상축일 뿐 우리들이 주목해야 할 것은 에피소드들, 파편화된 이미지들이다.* "진정으로 극적인 대화는 순전히 부차적 역할만을 할 따름"인 이러한 서사 및 스타일을 지닌 작품들은 독백적으로 진행되면서 "최후의 대화성, 즉 궁극적 전체의 대화성"을 지향하는 것이다.[37] 영철은 혼자 카니발을 벌이고 있는데, 이것은 단지 독백이 아니라 궁극적으로는 질식할 듯한 한국 사회에 대해 말하고자 하는 대화적인 것이었다고 볼 수 있다.**

5. 탈구심성 3 ; 그로테스크 이미지, 어릿광대의 죽음

"그이의 필름에는 어딘가 좀 다리에 대한 페티시즘이 있었던 것 같지요."[38] 하길종의 아내가 털어놓은 하길종 영화에 대한 인상이다. 이런 점은, 제시된 〈바보들의 행진〉(그림 1,2)과 〈여자를 찾습니다〉(그림 3)의

---

*　미하일 바흐친, 김근식 옮김, 『도스또예프스끼 시학의 제문제』, 중앙대학교 출판사, 2003, 8쪽. 바흐친은 도스또예프스끼의 소설을 상찬하면서 그 이유 중의 하나로 "독립적이며 융합하지 않는 다수의 목소리들과 의식들, 그리고 각기 동등한 권리를 지닌 목소리들의 진정한 다성음악(polyphony)은 실제로 도스또예프스끼 소설의 핵심적 특성이 되고 있다"고 보았다.

**　「한국영화의 현주소 … 오늘과 내일」, 《《일간스포츠》), 1977.9.26. 『하길종』 전집 3, 한국영상자료원, 2009, 269쪽. 유현목, 김지헌, 하길종 등이 참석한 이 좌담회에서 하길종은 "10년 전이나 20년 전에 만들었던 영화를 현재는 못 만든다. 영화가 TV보다 앞서는 이유는 리얼리즘의 탐구에 있는데 15년 전 소재조차 다룰 수 없다" 이 발언에서 보듯, 하길종이 〈바보들의 행진〉에서 택한 서사 전개 방식은 억압된 현실의 의식적/무의식적 탈출구였던 것으로 보인다.

영화 포스터와 스틸 사진을 통하여 알 수 있을 뿐 아니라 특히 〈바보들의 행진〉에서는 신체검사 장면과 목욕탕 장면에서 과도할 정도로 우스꽝스럽게 드러나고 있다. 이처럼 육체를 우스꽝스럽게 드러내는 것은 바로 "그로테스크적 카니발"의 한 표현 방식인데, 미적으로 아름답거나 완성된 신체 혹은 신체의 일부 또는 다른 사물을 드러내는 것의 정반대편에 서있는 것이다. "크게 벌린 입, 생식기, 유방, 남근, 불룩한 배, 코처럼 육체가 외부 세계를 향해 열려 있는 곳"[39] 등이 그러한 이미지의 예가 된다. 신체검사 장면으로 시작한 이 영화의 결말은 군 입대를 위해 입영열차를 타는 병태와 자전거를 타고 파도 속으로 뛰어드는 영철의 이야기로 끝을 맺는데, 여기에는 이러한 그로테스크 이미지들이 수없이 박혀 있다. 신체검사 신scene은 청년들의 벌거벗은 하체(그림 6)와 엉덩이를 때리는 쇼트(그림 2) 그리고 클로즈 업 쇼트(그림 4, 5)들로 가득하고, 검사자와 피검자가 주고받는 대사들은 일상에서는 듣기 힘든 거친 언어들이다. 카메라는 자주 피검자의 신체 일부를 향해 줌인Zoom-in하며 '크게 벌린 입'(그림 4) 등이 유난히 부각된다.

이러한 그로테스크 이미지들은 신체검사 장면에서만 나오는 것이 아니라 이후 목욕탕 장면에서도 몇 번이나 등장한다. 또 술 마시기 시합을 하는 장면에서 병태를 비롯한 학생들은 전부 상의를 벗고 있으며, 학내 축구 시합에 학과 대표로 나간 병태는 유독 혼자 빨간 내복 상하의를 입고 있다. 이 두드러진 이미지는 우스꽝스럽기도 하지만 순진무구한 아이의 이미지이기도 한데, 이는 '기존의 완성된 신체의 이미지 반대편에 있는 새로운 것을 지향하는 감각'[40]의 표현이라고 볼 수 있다. 축구 시합을 응원하는 대학생들의 모습은 "의기양양하고

▶그림❶ 〈바보들의 행진〉 영화 포스터
▼그림❷ 〈바보들의 행진〉의 한 장면
▲그림❸ 〈여자를 찾습니다〉 영화 포스터

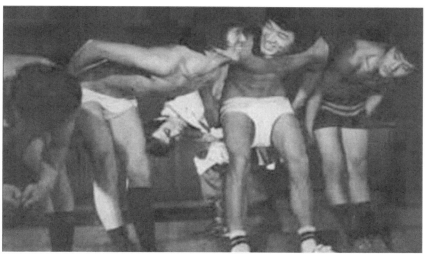

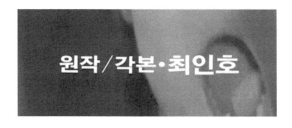

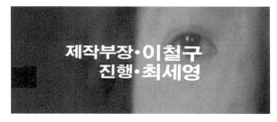

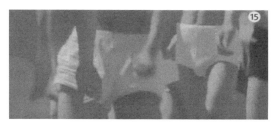

(위에서 부터)
그림❹ 〈바보들의 행진〉의 타이틀 장면
그림❺ 〈바보들의 행진〉의 타이틀 장면
그림❻ 〈바보들의 행진〉의 한 장면

축제적"이며, 빨간 내복을 입은 병태가 골문 앞에서 공을 차지만 신발이 공중을 향해 날아감으로써 상황은 우습게 마무리된다. 이런 장면은 양복을 차려입고 영철의 뺨을 때리는 교수 등의 모습과는 상반된 것인데, 바흐친에 의하면 '광장의 말'과 '전승된 육체'를 이어주는 고리로서의 '그로테스크 이미지'에 해당된다.[41]

이 외에도 영자의 연극 공연 장면은 진지하거나 세련된 것이 아닌, 엉성한 분장과 우스꽝스러운 몸짓과 서로 어긋나는 대사들로 구성된 철저할 정도의 바보스러움으로 가득하다. 이 연극은 차라리 광장에서 급조된 어릿광대들의 촌극 같은 것인데 분장과 몸짓이 유독 돋보인다. 하길종의 그로테스크한 이미지에 대한 집착은, 외형상으로 발전되었지만 병영 국가였던 1970년대 한국에서 살아가는 시민들의 억압된 정신·심리적 상태를 드러내고자 했기 때문인 것으로 보인다. 이러한 억압의 탈출로서 일반적으로 사람들이 잘 드러내지 않는 신체를 그로테스크하게 드러내거나 신체 일부를 과도하게 드러냈던 것이다. "그로테스크한 육체는 나머지 세계로부터 분리, 고립되어 있지 않으며, 완성, 준비되어 있지 않지만, 오히려 자기 자신을 능가하고 자신 자신의 한계를 초월"[42]하는 것인데, 육체의 드러냄을 통하여 한국 사회의 일부분을 환유하는 동시에 시대적 억압을 초월하려고 했던 것으로 볼 수 있다.

〈바보들의 행진〉의 플롯은 병태와 영철 그리고 영자 등에 의해 진행되는데, 병태와 영자의 사랑과 군 입대가 한 축을 이루고 있으며, 영철의 실연과 방황이 다른 한 축을 이루고 있다. 병태의 스토리 정보가 대학생들의 일반적인 고민(입대, 연애, 취업, 결혼 등)과 그로테스크한 이미지를 중심으로 전개된 반면 영철의 스토리 정보는 주로 광장을 배경으로 풍자적이거나 광장의 언어를 드러내는 것으로 이루어져 있다. 영철은 말을 더듬었고, 황당한 행동과 발언을 자주하며, 이런저런 사건을 겪은 후 동해안을 떠돌다 바다로 뛰어드는 자살을 감행한다. 말을 더듬는 것 즉 "발음기관에 나타나는 어려움을 수반하는 신체적 현상들(눈동자의 긴장이나 땀 등)은, 출산 행위의 현상으로 전이될 만큼 과장"된 것으로 "그로테스크의 근본적이며 본질적인 특징"이며, "말에 대한 짧은 풍자극"처럼 "진정한 민중적인 희극성이 담긴 모든 이미지" 같은 것이다.[43] 또 술자리에서 영철이 내뱉는 황당한 행동(담배를 입안에 넣었다가 꺼내는 것)과 발언들은 "고명한 술꾼, 그리고 고귀한 매독 환자 여러분"으로 시작하여 "그리고 너희들, 당나귀 좆같은 놈들아, 다리에 종양이 생겨 절름발이나 되어버려라!"[44]로 끝맺는 『가르강튀아』의 서문처럼 "유쾌한 언어, 버릇없는 욕설, 향연"[45]의 이미지로 볼 수 있다. 그가 작은 우산이 달린 파이프를 팔아서 부자가 되겠다고 말하는 것은 이 서문의 '호객하는 듯한 말투'* 같은 것인데, 이는 이후 광장(거리)을 쏘다니며 엉뚱한 짓을 하는 그의 행위를 예고하는 것이기도 하다.

영철이 동해 바다에 몸을 던지는 것으로 끝맺는 마지막 시퀀스는 병태와 영철이 동해를 정처없이 떠도는 장면들로 구성되어 있다. 검열에서 잘린 부분(기생관광을 온 일본 관광객들과 싸우는 장면)을 모른다고 하더라도, 교수로부터 담배를 피운다고 뺨을 맞은 영철 등이 '한국적 스

---

*　미하일 바흐친, 『프랑수아 라블레의 작품과 중세 및 르네상스의 민중문화』, 앞의 책, 249쪽. 바흐친은 이러한 호객하는 말투와 스타일을 모든 것들을 희롱하는 민중축제적 웃음의 하나로 보았다.

트리킹'을 하면서, 여의도 광장을 뛰고, 동원된 집단 노동을 하는 곳을 지나, 기차가 지나가는 다리 밑에서 토한 후, 뱃고동 소리와 사이렌 소리 그리고 통통거리는 배 소리 등이 울리는 바닷가를 배회하는 그들의 얼굴에 난 생채기가 의미하는 바는 전달된다. 이어 둘의 내레이션이 이어진다. "우리 참 시시한 대학생이지, 그지?" "걱정마 곧 우리들의 꿈은 이뤄질거야" 이어서 음악 「날이 갈수록」을 배경으로 다채로운 카메라 앵글과 사이즈로 구성된 모래사장, 항구, 덕장 등을 둘이 거니는 장면들은 마치 시네 포엠cine poem처럼 보인다. "고래는 동해바다에 있지만 내 맘 속에 있기도 해. 그걸 난 몰랐어. 난 지금 고래를 잡으러 갈거야"라고 말한 영철은 병태를 향해 "넌 학교로 가면 돼. 난 갈 곳이 있어"하며 자신이 떠날 것을 예고한다. 이후 몇 개의 플래쉬 백 쇼트들과 '무기한 휴강' 공고문, 마이크 테스트 소리("들립니까? 들립니까?), '지금 내가 할 일은?'(써클 공고문) 등의 몽타주 쇼트들이 이어진 후 영철은 바다로 뛰어든다. 사뭇 낭만적이며 비감한 이 시퀀스는 영화 전편을 관통하는 카니발적 분위기와는 대조적인 것이다. 이것은, 하길종이 미국 유학중에 접한 뉴 아메리칸 시네마의 영향 혹은 다큐멘터리에 대한 관심에서 그 출처를 찾을 수도 있을 것이다.[46] 하지만 이런 점은 카니발적 미학의 차원에서는 조화롭지 못한 것인데, 이는 몇 차례의 검열에 의해 문맥이 흐트러진 영화의 서사를 수습하기 위한 고육책으로 보인다. 즉 영철의 자살에 대한 어떤 '단서-씨뿌리기'도 이루어지지 않은 상태에서 관객들의 스키마schema가 작동할 수 있도록 배려한 장면들이었다. 영철이 바다로 몸을 던지는 영화의 결말은 하길종의 그러한 의도나 검열의 결과물이라는 맥락 속에서 이해 가능한 것이지만, 카니발적 미학에서도 해석 가능하다. 즉 중세 서구에서 열렸던 카니발의 끝 무렵에 왕 역할을 맡은 광대(인형)가 모의 재판을 받고 화형을 당하는 것을 연상할 수 있다. 카니발에서 광대가 "하층민들의 대표자"[47]였던 것처럼 영철 또한 1970년대 '못난 놈'들의 대표로 자리매김되는 것이다. 하지만 영철은 단지 죽는 것이 아니라 '바보들의 행진'을 멈추게 하는, 앞에서 본 내레이션처럼 '곧 꿈이 이뤄질 것을 예비하는', 바흐친 식으로 말하자면, "역사적인 봄과 새로운 시대와의 만남으로 전이"[48]를 암시하는 것이기도 하다.

6. 맺는 말

탈구심적 미학이라는 전제 아래 바흐친의 미학과의 비교를 통해서 본 〈바보들의 행진〉의 미적 전략은 하길종의 개인적 경험이나 지향점과도 연관이 있을 것이다. 내러티브 측면에서 뉴 아메리칸 시네마의 대표작인 마이크 니콜슨Mike Nichols 감독의 〈졸업(The Graduate)〉(1967)과의 유사성이나, 데니스 호퍼Dennis Hopper 감독의 〈이지라이더(Easy Rider)〉(1969) 등에 나온 실험적이고 비극非劇적인 데쿠파주와의 유사성이 그것이다. 하길종이 뉴 아메리칸 시네마 등의 영향을 받은 것은 사실일 것이고, 첫 작품인 〈화분〉(1972)이 〈테오라마 Teorema〉(피에르 파올로 파솔리니, 1968)의 영향을 받은 것 또한 부정하지 않았다. 하지만 국책영화와 하이틴 영화가 활개를 치던 1970년대 한국영화계에서 그가 가장 추구했던 것은 리얼리즘이라고 볼 수 있다. 그 리얼리즘의 구현이 막혔을 때, 대중적인 접근을 할 수밖에 없었던 상업영화계에서 그가 추구할 수밖에 없었던 것은 '이제껏 방화의 스크리닝에서 볼 수 없었던 영상을 구축'하는 것이었다. 그것은 특정한 미적 설계에 의해 이루어진 것도 아니라, 검열을 의식하면서 이데올로기들 사이에서 검열의 흔적을 새겨 넣어 충돌을 일으키는 것이었다.

하지만 외국 영화의 영향과 검열을 염두에 두고 그 흔적을 남기려는 의도를 인정하더라도, 더 주목해야 할 점은, 자기 검열로 인하여 아예 배제되었거나 실제 검열을 거친 후 남아있는 현재의 필름에 드러난 미학이다. 그것은 에피소드의 중첩으로 구성된 내러티브의 특징 즉 바흐친의 개념으로는 종결불가능 unfinalizability 하고 다성적 polyphony 인 것이며, 공간(광장)과 언어(우스꽝스러운)에서 카니발적 특성을 지니고 있고, 그로테스크 이미지(육체) 또한 드러내는 것이다. 비록 하길종이 한번도 미하일 바흐친에 대해 언급한 적이 없다는 사실과 바흐친이 유럽에조차 1960년대 중반에 소개된 것을 감안하면, 〈바보들의 행진〉에서 볼 수 있는 카니발레스크 carnivalesque 의 미학은 리얼리즘이 금지되자 저절로 혹은 무의식적으로 삐져나온 것으로 보인다. 따라서 〈바보들의 행진〉은, 바흐친의 카니발레스크 미학이 정치적인 사유 속에서 읽혀야 하는 것처럼,[49] 미학적이면서도 정치적으로 읽혀야 한다. 〈바보들의 행진〉의 이러한 실험은 1980년대에도 이어진다. 〈바람불어 좋은 날〉(이장호, 1980)과 〈바보선언〉(이장호, 1983)이나 〈성공시대〉(장선우, 1988), 〈개그맨〉(이명세, 1989) 등이 그러하다. 이 작품들 또한 앞에서 말한 "역사적인 봄과 새로운 시대와의 만남으로 전이"되는 맥락에 놓인 것으로 볼 수 있을 것이다.

부록

_____

미주
찾아보기

미주

서문

1 이 글은 다음 논문의 한글판이다. Hyoin Yi, *Coevolution of Conventions and Korean New Wave: Korean Cinema in the 1970s and 80s*, Korea journal 59(4):78–102 · December 2019.

2 김경현, 「한국영화와 임권택: 개관」, 김경현, 데이비드 제임스 편, 김학진 옮김, 『임권택, 민족영화 만들기』, 한울, 2005, 44쪽.

3 홍파, 「하길종 전 – 1970년~1979년까지」, 격월간 『영화』 1979년 1~2월호, 69쪽.

4 「영상시대 선언문」, 「하길종과 영상시대 – 회칠한 무덤의 권위주의를 향한 예리한 투장」, 『스크린』, 1985년 2월호, 140쪽 재인용. 김호선, 변인식, 이원세, 이장호, 하길종, 홍 파, 변인식은 '영상시대'를 1975년 7월 18일에 결성하면서 선언문을 발표하였다.

5 이장호, 「감각만 좋은 낙오자」, 『바보처럼 나그네처럼』, 산하, 1987, 134쪽.

6 하길종, 「새 세대, 새 영화, 새 정신」, 『영상시대』 창간호, 1977 여름, 28쪽.

7 변인식, 「어떤 영화를 만들 것인가 – 창조 정신에 긴 녹을 떨어버리자」, 『영상시대』 창간호, 1977 여름, 86~87쪽.

8 하길종, 「한국영화의 현실과 전망」, 《공주사대 학보》, 1975.10, 『하길종』 전집 2, 2009, 407쪽 재인용.

9 하길종, 「1970년대의 한국영화」, 《월간 독서》, 1978.10. 『하길종』 전집 2, 2009, 434~435쪽 재인용.

10 이효인, 「〈바보들의 행진〉의 탈구심적 미학」, 『현대영화연구』 26집, 2017, 34쪽.

11 정성일 대담, 『임권택이 임권택을 말하다 2』, 현실문화연구, 2003, 457쪽.

12 1980년대와 90년대에 걸쳐 그에 대한 연구는 괄목할 만한 것이었다. 대표적으로는 정성일 편저, 『한국영화연구 1. 임권택』, 오늘, 1987.과 이용관, 「임권택의 롱 테이크에 나타난 표현적 기능」, 『영화연구』 10호, 1995.12. 74~96쪽. 등이 있다.

13 이효인, 「이장호 인터뷰」, 『한국의 영화감독 13인』, 열린책들, 1994. 76쪽.

14 이효인, 「배창호 인터뷰」, 『한국의 영화감독 13인』, 열린책들, 1994. 157쪽.

15 이용관, 「배창호 감독론」, 『한국의 영화감독 13인』, 위의 책, 177쪽. 이 글은 격월간 『영화』지에 실린 것을 재수록한 것이다. 〈황진이〉 이전에 만들어진 6작품은 평균 628 쇼트, 쇼트당 평균 지속 시간이 10.2초였던 것에 반해 〈황진이〉 이후 3작품은 평균 224 쇼트, 평균

지속 시간은 31.2초이다.

16 이효인, 「이명세 인터뷰」, 『한국의 영화감독 13인』, 열린책들, 1994. 286쪽.

1부

1 〈중·일 뉴웨이브 영화감상〉, 《한겨레신문》, 1994.9.9., 〈왕가위 감독 홍콩 뉴웨이브 영상의 기수〉, 《경향신문》, 1996.4.2.

2 Yi, Hyoin · Lee, Jeongha, Korean New Wave, PIFF, 1996.

3 문재철, 「영화적 기억과 문화적 정체성에 대한 연구 – 포스트 코리안 뉴웨이브 시네마를 중심으로」, 중앙대대학원 박사 학위 논문, 2002.

4 김소연, 「'코리안 뉴웨이브 영화'의 이행기적 성찰성 연구」, 중앙대대학원 박사 학위 논문, 2006.

5 《버라이어티》, 《사이트 앤 사운드》, 《르몽드》 등에서도 이 영화제에서 상영된 한국영화들에 대해 뉴웨이브라고 지칭하였다. 《한겨레신문》, 1996.12.28.

6 김소연, 앞의 글. 13쪽.

7 정태수, 『세계 영화예술의 역사』, ㈜박이정, 2016. 325~368쪽. 시네마 노보 역시 시기별, 이론가별로 다양한 측면을 지니고 있다.

8 정태수, 같은 책, 426~427쪽. 이 글은 수잔 헤이워드의 견해를 따른다. 수잔 헤이워드, 『영화사전 (이론과 비평)』, 한나래, 1997, 408~409쪽.

9 김호영, 『프랑스 영화의 이해』, 연극과 인간, 2003, 194쪽. 정태수, 같은 책, 425쪽 재인용.

10 이효인, 「1980년대 한국 뉴웨이브 재평가 또는 반성」, 『영화미학과 비평입문』, 한양대출판부, 1999, 151쪽.

11 강소원, 「1980년대 한국영화」, 『한국영화사 공부 1980~1997』, 한국영상자료원 편, 도서출판 이채, 2005, 44쪽.

12 이런 태도는 저자의 과거 서술 역시 예외일 수 없다. 이효인, 「1980년대 한국 뉴웨이브 재평가 또는 반성」, 『영화미학과 비평입문』, 한양대출판부, 1999.

13 크리스틴 톰슨 외, 『Film History An Introduction』 3판, HS Media, 2011, 431쪽.

14 크리스틴 톰슨 외, 위의 책, 432쪽.

15 위의 책, 434쪽.

16 위의 책, 429쪽. 같은 문단 인용문.

17 Yi, Hyoin, The New Beginning of Korean Cinema(1980~1987), *Korean New Wave : retrospectives from 1980 to 1995*, p. 9.

18 김소연, 「'코리안 뉴웨이브 영화'의 이행기적 성찰성 연구」, 중앙대대학원 박사 학위 논문,

2006, 39쪽.

19 Lee, Jungha, Direction Change in the New Wave(1992~1995), *Korean New Wave : retrospectives from 1980 to 1995*, pp.53~68.

20 안정숙, 〈젊은 신인 감독 충무로 접수 나섰다〉, 〈한겨레신문〉, 1995.6.16. 이 기사는 김동빈을 필두로 100여명의 신인 감독들이 데뷔를 앞두고 있으며, 영화계에 진출한 대기업들은 신인 감독 발굴에 앞장서고 있다고 전하고 있다.

21 게리 솔 모슨·캐릴 에머슨, 오문석·차승기·이진형 옮김, 『바흐친의 산문학』, 책세상, 2006, 108쪽.

22 미하일 바흐친, 「행위의 철학을 위하여」, 『소련과학아카데미 연감』 1984~1985년판 (Moscow : Nauka, 1986), p. 91. 게리 솔 모슨·캐릴 에머슨, 같은 책, 108쪽. 재인용. 괄호안 필자.

23 미하일 바흐친, 「행위의 철학을 위하여」, 같은 글, p. 89. 게리 솔 모슨·캐릴 에머슨, 같은 책, 108쪽. 재인용.

24 이효인, 「1980년대 한국 뉴웨이브 재평가 또는 반성」, 앞의 책, 151쪽.

25 바흐친, 김근식 역, 『도스또예프스키 시학의 제문제』, 중앙대, 2011, 59~99쪽. 게리 솔 모슨·캐릴 에머슨, 같은 책, 270~289쪽. 이 분류는 게리 솔 등에 의해 체계화된 것이다.

26 이효인, 「1980년대 한국 뉴웨이브 재평가 또는 반성」, 앞의 책, 161~162쪽. 이론주의적 오류를 일부 지니고 있으며, 리얼리즘에 대해 혼란스럽게 분류하고 있다.

27 1982년 흥행 1위 한국영화는 〈애마부인〉이었는데, 서울 31만, 전국 90만 명으로 집계되었다. 영화진흥공사, 『한국영화연감 1982』, 115~118쪽.

28 이효인, 『한국의 영화감독 13인』, 열린책들, 1994. 157, 159쪽.

29 김용태, 「배창호의 연출 스타일 연구 −〈깊고 푸른 밤〉, 〈기쁜 우리 젊은 날〉을 중심으로−」, 『새로운 한국영화를 위하여』, 이론과 실천, 1989.

30 김지석, 「낭만적 탐색자 − 배창호 감독론−」, 『영화연구』 9호, 1993.

31 이용관, 「작가론과 텍스트의 대화 −〈안녕하세요 하나님〉의 장면화 분석을 중심으로」, 『영화언어』 3호, 1989 가을호.

32 위 두 문단은 다음의 글 일부를 수정하여 다시 실은 것임. 이효인, 「이장호, 코리안 뉴웨이브의 초석」, 『BLURAY COLLECTION, 바람불어 좋은 날』, 한국영상자료원, 2018.

33 정성일 대담, 『임권택이 임권택을 말하다 1』, 현실문화연구, 2003, 15쪽. 이 책은 임권택과 그의 연출세계뿐만 아니라 현대 한국영화를 이해하는데 중요한 책 중의 한권에 속한다.

34 정성일 대담, 『임권택이 임권택을 말하다 2』, 현실문화연구, 2003, 12, 11, 11쪽.

35 위의 책, 346쪽.

36 요한 페터 에커만, 장희창 옮김, 『괴테와의 대화 2』, 민음사, 2008, 313쪽.

37 위의 책, 306쪽.

38 위의 책, 93쪽.

39 이효인, 「〈개벽〉에 나타난 동학사상」, 김경현, 데이비드 제임슨, 김학진 옮김, 『임권택, 민족
    영화 만들기』, 한울, 2005, 232~235쪽.

40 정성일 대담, 『임권택이 임권택을 말하다 2』, 현실문화연구, 2003, 245, 340쪽.

41 「인터뷰: 임권택과의 대화」, 김경현, 데이비드 제임스, 앞의 책, 358쪽.

42 위의 책, 314쪽.

43 위의 책, 329쪽.

44 박유희, 「임권택 영화는 어떻게 정전(正典)이 되었나?」, 『한국극예술연구』 58, 2017.12.
    80~81쪽.

45 줄리안 스트링어, 「〈서편제〉와 민족문화의 내적 영역」, 김경현, 데이비드 제임스, 앞의 책,
    190쪽.

46 Marshal Berman, *All that is solid Melts into Air. The Experince of Modernity*, New
    York: Simon and Schuster, 1982. 최정무, 「〈서편제〉와 〈족보〉에 나타난 젠더의 정치학,
    심미주의, 문화적 민족주의」, 김경현, 데이비드 제임스, 앞의 책, 135쪽 재인용.

47 정성일 대담, 앞의 책, 408~522쪽. 이 부분의 대담을 주의 깊게 검토할 필요가 있다.

48 1980년대와 90년대에 걸쳐 그에 대한 연구는 괄목할 만한 것이었다. 대표적으로는 정성
    일 편저, 『한국영화연구 1. 임권택』, 오늘, 1987.과 이용관, 「임권택의 롱 테이크에 나타난 표
    현적 기능」, 『영화연구』 10호, 1995.12. 74~96쪽. 등이 있다.

49 게리 솔 모슨·캐릴 에머슨 지음, 오문석·차승기·이진형 옮김, 『바흐친의 산문학』, 책세상,
    2006, 408쪽.

50 이 장은 다음의 글 일부를 수정, 첨삭하여 다시 실은 것임. 이효인, 「이장호, 코리안 뉴웨이
    브의 초석」, 『BLURAY COLLECTION. 바람불어 좋은 날』, 한국영상자료원, 2018.

51 이효인, 「이장호 인터뷰」, 『한국의 영화감독 13인』, 열린책들, 1994, 85쪽.

52 위의 글, 78쪽.

53 Louise Sundararajan, "The Plot Thinkens_or Not: Protonarrative of emotions and
    the chinese principle of savoring", *Journal of Humanistic Psychology*, Vol. 48, No
    2, April 2008, p.243.

54 이효인, 「이장호 인터뷰」, 『한국의 영화감독 13인』, 열린책들, 1994, 87쪽.

55 wikipedea, 'focalization', http://en.wikipedia.org/wiki/Focalization

56 토마스 엘새서, 말테 하게너 지음, 윤종욱 옮김, 『영화이론』, 커뮤니케이션북스, 2012,
    76쪽.

57 김경현, 「한국영화와 임권택: 개관」, 김경현, 데이비드 제임스 편, 앞의 책, 44쪽.

58 하정현, 정수완, 「이장호 민중영화의 여성 재현 –〈바람 불어 좋은 날〉, 〈바보선언〉을 중심
    으로」, 『인문콘텐츠』 44호, 2017. 또한 2018년 경희대의 「영화비평연습」 강좌에서 이장

호 영화를 다룬 8편의 학부 학생의 글 중 3편은 사회적 주제를 다룬 영화들에서도 여성들은 소외되거나 호명에서 제외되었다고 비판한다. 경희대 연극영화학과, 『2018 영화비평』, 2018.

59 로버트 랩슬리, 마이클 웨스틀레이크, 이영재, 김소연 옮김, 『현대 영화이론의 이해』, 시각과 언어, 1995, 215~216쪽. 강조 필자.

60 강영희, 「이장호 감독론」, 동국대학교대학원, 석사학위논문, 25~28쪽. 조지훈, 「1970~80년대 민중문화운동과 한국영화 ―이장호의 영화를 중심으로」, 『영화연구』, 61호, 2014.09. 333~334쪽 재인용.

61 조지훈, 「1970~80년대 민중문화운동과 한국영화 ― 이장호의 영화를 중심으로」, 앞의 논문, 352쪽.

62 조지훈, 위의 논문, 365쪽. 그는 이장호의 리얼리즘이 "리얼리즘의 사회적 공리성에 대한 문학의 논의로부터 직접적인 영향을 받았다"고 보고 있다.

63 「이장호 인터뷰」, 이효인, 『한국의 영화감독 13인』, 앞의 책, 84쪽.

64 「한국영화 회생가능, 〈고래사냥〉 등 빅 히트」, 《경향신문》, 1984.12.4.

65 이효인, 「배창호 인터뷰」, 『한국의 영화감독 13인』, 앞의 책, 154쪽.

66 위의 책, 154쪽.

67 위의 책, 157쪽.

68 박경렬, 「사회성 영화, 젊은 층을 끈다」, 《동아일보》, 1984.10.2.

69 이효인, 「배창호 인터뷰」, 앞의 책, 162쪽.

70 위의 책, 162쪽. 배창호는 기술적 제약이 많았고 단순했던 옛날 영화들의 감동은 인간의 진실에서 오는 것이며, 현장에서 가장 중요한 것은 연기자의 진실한 연기라고 강조한다.

71 위의 책, 165쪽. 배창호는 영화의 사회적 주제에 대한 질문에서 '어떤 영화든 사회를 구성하고 있으며, 접근하는 방법은 다 다를 수 있다. 결과적으로 인간 내부에 있는 문제가 풀리면 된다고 보는데, 인간들이 화해하고 용서하면 된다'고 말한다.

72 위의 책, 34쪽.

73 로버트 스탬, 『영화이론』, k-books, 2012, 304쪽.

74 이용관, 「배창호 감독론」, 『한국의 영화감독 13인』, 위의 책, 177쪽. 이 글은 격월간 『영화』지에 실린 것을 재수록한 것이다. 〈황진이〉 이전에 만들어진 6작품은 평균 628 쇼트, 쇼트당 평균 지속 시간이 10.2초였던 것에 반해 〈황진이〉 이후 3작품은 평균 224 쇼트, 평균 지속 시간 31.2초이다.

75 리얼리즘은 사실상 시대와 사회적 성격에 따라 원소 기호만큼이나 많은 리얼리즘을 지녔다고 볼 수 있기에, 이 글에서는 엄밀한 개념 규정이라기보다는 현상적 설명으로서 리얼리즘이라는 단어를 쓰고자 한다.

76 이 책에서는 박광수, 이명세, 장선우, 정지영 등만을 다루며, 1990년대 한국영화계의 복잡

한 지형에 대해서는 별도의 연구로 대체하고자 한다.

77 김양삼, 「채플린의 〈독재자〉, 〈칠수와 만수〉 햇빛」, 《경향신문》, 1988.11.15.

78 이효인, 「박광수 인터뷰」, 『한국의 영화감독 13인』, 열린책들, 1994, 245, 239쪽.

79 위의 책, 242, 264쪽. 그는 고교, 대학 입시 모두에서 3수를 하였다.

80 이제하, 「광산촌 배경의 치정극」, 『영화예술』, 1990. 12. 이효인, 「초라한 현실과 슬픈 비상」, 『한길영화』 창간호, 1991, 봄, 한길사, 73쪽 재인용.

81 최진, 「'어두운 시대'와 '잿빛사회'의 변주곡 : 〈그들도 우리처럼〉의 정형화와 테마의식」, 『영화언어』 6호, 1990.12. 박제균, 「인간이 없는 현장성 영화」, 『영화소식』 116호, 영화진흥공사, 1990.9.26. 이 두 글은 인물 전형성 구축의 실패와 현장성 있는 사건의 부재를 지적하고 있다.

82 요한 페터 에커만, 장희창 옮김, 『괴테와의 대화』1, 민음사, 2008, 191~193쪽.

83 이효인, 「박광수 인터뷰」, 『한국의 영화 감독 13인』, 열린책들, 1994, 242쪽.

84 안정숙, 「영화'칠수와 만수' 박광수 감독 "80년대 한국 풍속도 보여주고 싶다" 자주적 영상언어 찾는 새 세대 선두주자」, 《한겨레신문》, 1988.11.5.

85 이효인, 「박광수 인터뷰」, 『한국의 영화감독 13인』, 앞의 책, 243쪽.

86 이정하, 「정지영 인터뷰」와 「정지영 감독론」, 『한국의 영화감독 13인』, 앞의 책, 138, 141, 146, 112쪽.

87 위의 책, 136쪽.

88 위의 책, 123쪽.

89 이효인, 「이명세 인터뷰」, 앞의 책, 284쪽.

90 위의 책, 292쪽.

91 위의 책, 292쪽.

92 위의 책, 285쪽.

93 위의 책, 289쪽.

94 위의 책, 285쪽.

95 위의 책, 288쪽.

96 『영화』 147호, 영화진흥공사, 1993.3.1. 〈첫사랑〉에 대해 김종원, 정성일, 이은주의 대담 중 정성일의 주장. https://seojae.com/web/film/film9303.htm

97 장선우, 「새로운 삶, 새로운 영화」, 서울영화집단 편, 『새로운 영화를 위하여』, 학민사, 1983, 15쪽.

98 네르토르 가르시아 칸클리니, 이성훈 옮김, 『혼종문화』, 그린비, 2011, 130쪽.

99 이 두 글은 모두 서울영화집단 편, 『새로운 영화를 위하여』, 학민사, 1983,에 실려 있다.

100 장선우, 「열려진 영화를 위하여」, 위의 책, 320쪽.

101 위의 글, 318~319쪽.

102 위의 글, 316쪽.

103 위의 글, 306쪽.

2부 ─────────────────────────────────

1. 김유영, 「영화가에 입하여 - 최근 영화운동의 당면문제를 논함」, 『조선지광』88호, 1929.11. 75~76쪽.

2 해리 하르투니언(Harry Harootunion), 윤영실·서정은 옮김, 『역사의 요동』, 휴머니스트, 2006, 69쪽.

3 한상언, 『조선영화의 탄생』, ㈜박이정, 2018, 312쪽.

4 김유영, 「영화가에 입각하여 - 금후 프로영화운동의 기본방침은 이렇게 하자」, 『동아일보』, 1931.3.26.~4.17.

5 1975년 7월 18일 '영상시대 동인' 김호선, 변인식, 이원세, 이장호, 하길종, 홍 파. 변인식, 「하길종과 영상시대 - 회칠한 무덤의 권위주의를 향한 예리한 투창」, 『스크린』, 1985년 2월호, 140쪽 재인용.

6 하길종, 「영화 미디엄의 현대적 변모」, 『하길종』 전집 2, 2009 등과 변인식, 「어떤 영화를 만들 것인가」, 『영상시대』 창간호, 1997,90쪽.

7 이 문단에는 다음 논문의 1장이 수정·보완되어 포함되었다. 이효인, 「〈바보들의 행진〉의 탈구심적 미학」, 『현대영화연구』 26호, 2017, 10~14쪽.

8 하길종, 「영화를 보는 눈 -〈화분〉의 이론(異論)에 대하여」, 《조선일보》1972.3.21. 『하길종』 전집 3, 한국영상자료원, 2009, 179쪽 재인용. 이 글에서는 그는 자신이 파졸리니와 베르히만의 영향을 받은 것을 인정하고 있다.

9 하길종, 「새 세대, 새 영화, 새 정신」, 『영상시대』 창간호, 1977년 여름, 28쪽.

10 변인식, 「형의 요절, 거목이 무너지는 충격이었소. -하길종 형 영전에 붙여」, 《주간국제》, 1979.3.18. 한국영상자료원, 『하길종 전집』 3, 2009, 307~8쪽 재인용.

11 「문학과 영화와의 악수」, 《한국일보》, 1975.6.1. ("단세포적 청춘영화의 사고방식에서 벗어나 젊은이들의 꿈과 고뇌, 슬픔, 기쁨을 리얼하게 영상화한 이 영화는 분명히 우리나라 영화계에 본격적 청년영화의 한 획을 그어줄 작품")등.

12 변인식, 「어떤 영화를 만들 것인가 - 창조 정신에 긴 녹을 떨어버리자」, 《영상시대》 창간호, 1977년 여름, 86~87쪽.

13 이영일 vs 김소희, 「場-Dialogic/ 역사란 죽은 나무를 되살리는 일」, 『場/TRANS』 창간호, 165쪽. 강성률, 『하길종, 혹은 행진했던 영화 바보』, 이론과 실천, 2005. 153쪽 재인용.

14 변인식, 「어떤 영화를 만들 것인가 - 창조 정신에 긴 녹을 떨어버리자」, 《영상시대》 창간

호, 1977년 여름, 86~87쪽.

15 하길종, 「새 세대, 새 영화, 새 정신」, 《영상시대》 창간호, 1977년 여름, 28쪽.

16 이정하, 「1970년대 『영상시대』 읽기 −이식된 뉴웨이브의 이산적 자기정체성−」, 『영화연구』 20호, 2006, 226쪽, 247쪽.

17 하길종, 「한국영화의 현실과 전망」, 《공주사대 학보》, 1975.10, 『하길종』 전집 2, 2009, 407쪽 재인용.

18 위의 글, 407쪽.

19 하길종, 「1970년대의 한국영화」, 《월간 독서》, 1978.10. 『하길종』 전집 2, 2009, 434~435쪽 재인용.

20 전우형, 「훼손과 분리의 영화 신체에 담긴 실험적 의미: 〈바보들의 행진〉의 검열 대응과 영상언어의 실험」, 『한국현대문학연구』 Vol. 37, 2002, 391, 411쪽.

21 이장호, 「감각만 좇은 낙오자」, 『바보처럼 나그네처럼』, 산하, 1987. 137쪽.

22 이장호, 위의 글, 136쪽.

23 이장호, 위의 글, 137쪽.

24 이장호, 「좌절과 희망의 나날」, 같은 책, 122~123쪽.

25 하길종, 「한국영화의 현실과 전망」, 《공주사대 학보》 1975.10. 『하길종』 전집 2, 2009, 408~410쪽.

26 안재석, 「새 세대가 만든 새 영화」, 『씨네포럼』 14호, 2014, 419쪽.

27 인용은 홍 파, 「하길종 전 − 1970년~1979년까지」, 격월간 『영화』 1979년 1~2월호, 69쪽. 안재석, 「청년영화 운동으로서의 '영상시대'에 대한 연구」, 중앙대 석사학위 논문, 2001. 36쪽 재인용. 〈바보들의 행진〉은 1975년 5월 31일에 개봉하였다.

28 「세계 속의 한국영화 − 한국적 영상의 정립을 위한 시도」, 월간 『영화』 1973년 12월호. 유현목, 변인식, 하길종, 홍파 등이 좌담에 참가하였다.

29 변인식, 「한국적 발상과 표현양식에 의한 영화미」, 월간 『영화』 1973년 12월호, 18쪽.

30 하길종, 「한국적인 특수성의 발현 − 진실한 영상언어로 표출한 작품을」, 월간 『영화』, 1973년 12월호, 23쪽.

31 그렉 브라진스키 지음, 나종남 옮김, 『대한민국 만들기 1945~1987』, 책과 함께, 2012, 304쪽.

32 질 들뢰즈, 이정하 옮김, 『시네마 II 시간−이미지』, 시각과 언어, 2005, 202쪽.

33 위의 책, 203쪽.

34 「'눈물 속의 웨딩 드레스' 영화화 − 대학생과 윤락녀의 슬픈 사랑의 결실」, 『주간 한국』 통권 413, 1972.8.27. 24쪽.

35 좌담 곽광수, 정연희, 하길종, 「현대인 공허 속의 섹스 −문제영화 '파리에서의 마지막 탱고'를 본 3인의 좌담」, 『주간 한국』 통권 450, 1973.5.13. 12쪽.

36 이장호, 「삶의 진실을 외면한 사회와 영화」, 『바보처럼 나그네처럼』, 산하, 1987, 132쪽.

37 하길종, 「1976년의 한국영화」, 『뿌리깊은 나무』 1977년 1월호, 『하길종 전집』 2, 한국영상자료원, 2009, 430쪽.

38 이 절의 2~4 문단은 다음 논문의 1장 중 일부를 재수록 한 것임. 이효인, 「독립영화 2세대의 영화미학론」, 『영화연구』 77호, 2018. 책의 제 2부 3장에 앞서 서술될 필요에 의한 것임.

39 1980년대의 영화관련법은 영화제작을 하기 위해서는 법적 요건을 갖추고 심의 절차를 밟아야 했다.

40 김정민, 「한국 독립영화사 연구 1980~90년대를 중심으로」, 2016, 동국대대학원 석사학위 논문. 김은정, 「한국 독립영화의 문화적 이행 : 사회운동에서 문화로」, 2015, 이화여대대학원 박사학위 논문. 전자는 한국독립영화의 사건과 내용을 시대 순으로 정리하였으며, 후자는 현재까지의 독립영화의 흐름과 문화적 맥락 등을 해설하였다.

41 김소연, 「'코리안 뉴 웨이브 영화'의 이행기적 성찰성 연구」, 중앙대 대학원 박사학위 논문, 2006, 34쪽. 이 글은 운동진영(영화운동)과 비평진영(작은영화)이 대립하기보다는 '한국사회에 대한 비판의식'과 '리얼리즘 영화의 계보 작성자를 자처'하는 점에서 교류, 교차했다고 말한다.

42 「한국영화감독 70년사의 열전」, 『로드쇼』, 1989.4.(창간호), 변인식, 「90년대 새 바람을 일으킬 감독들」, 『영화』, 1989.9., 김홍숙, 「신세대 감독론 : 90년대 한국영화의 리딩 그룹」, 『영화평론』 제2호, 1990., 강한섭, 「한국영화에 누벨바그는 존재하는가?」, 『영화평론』 제5호, 1993., 이정하, 「90년대 민족영화운동의 발전을 위해」, 『연세』, 1991.여름. 한국 뉴웨이브에 대한 논의를 정리한 글은 김소연의 같은 논문, 12~21쪽을 참고.

43 Yi, Hyoin, Lee, Jeongha, Korean New Wave, PIFF, 1996. 김경현이 쓴 한 챕터를 제외하고는 전부 이정하, 이효인이 집필하였다. 이 책의 발간은, 한동안 방치되다시피 했던 『영화언어』를 둘러싼 관계들의 복잡성을 상징하고 있다.

44 김소연, 같은 글, 34쪽.

45 김소연, 같은 글, 34쪽.

46 김소연, 같은 글, 36쪽.

47 김소연, 같은 글, 36쪽.

48 특히 『한국영화역사 강의 1』(이론과 실천, 1992)는, 학문적 평가를 떠나, 영화학계에 속하지 않고도 영화학과 영화사 연구를 해 낼 수 있다는 것을 보여준 것이었다.

49 이에 대해서는 이 책의 「독립영화 2세대의 영화미학론」을 참고.

50 이효인, 「문화과학으로서의 영화」, 『새로운 한국영화를 위하여』, 이론과 실천, 1988. 13~14쪽. 이효인, 「1980년대 한국영화에 대하여」, 『영화언어』 4호, 1989 겨울호, 22쪽. 김소연, 같은 글, 31~32쪽은 이에 대해 상세히 다루고 있다.

51 네르토르 가르시아 칸클리니, 이성훈 옮김, 『혼종문화』, 그린비, 2011, 130쪽.

52 위의 책, 131쪽.

53 위의 책, 122쪽.

54 이에 대해서는 이 책에 실린 「한국 독립영화 2세대의 영화미학론」에서 자세히 다루고 있다.

55 「좌담. 한국영화의 현실과 미래」, 『영화언어』 15호, 1995 봄호. 위의 책, 142쪽. 정성일은 이런 경향을 독립영화 정신에 위배되는 것이라고 지적한다.

56 「좌담. 한국영화의 현실과 미래」, 『영화언어』 15호, 1995 봄호. 사회 이정하, 이용관, 정성일, 정재형이 토론자로 참석한 이 자리에서 참석자들은 1980년대 영화와 선을 긋는 시기를 1992년 이후로 잡고 있다. 여기에서 언급된 영화들은 다음과 같다. 〈결혼 이야기〉(김의석, 1992), 〈그대 안의 블루〉(이현승, 1992), 〈가슴에 돋는 칼로 슬픔을 자르고〉(홍기선, 1992), 〈투캅스〉(강우석, 1993), 〈백한 번째 프로포즈〉(오석근, 1993) 〈세상 밖으로〉(여균동, 1994) 〈장미빛 인생〉(김홍준, 1994), 〈두 여자 이야기〉(이정국, 1994), 〈구미호〉(박헌수, 1994).

57 위의 글, 128쪽. 여기에서 합본호, 『영화언어』 2, 시각과 언어, 1997, 128쪽. 여기에서 90년대 초반은 〈결혼 이야기〉(1992) 등장 이전을 말한다.

58 위의 글, 130, 137쪽

59 위의 글, 위의 책, 135쪽.

60 위의 글, 위의 책, 135~136쪽.

61 이 절은 다음의 논문을 전반부 일부를 제외하고 전재하였다. 이효인, 「독립영화 2세대의 영화미학론」, 『영화연구』 77호, 2018.

62 한국영화학회가 발간한 학회지는 『영상예술』(1974년 7월)에서 『한국영화학회지』(1989~1991)로 바꾸었다가, 1992년부터 『영화연구』로 개명한 후 현재에 이르고 있다.

63 『영화언어』는 '영화' 운동을, 『민족영화』(민족영화연구소)는 영화 '운동'을 지향했다는 점에서 둘은 비교할 만하며, 서로의 지향이 만나는 지점 또한 발견할 수 있다. 특히 운동론의 경우, 장산곶매, 푸른영상, 노동자뉴스제작단 등은 창작 실적에도 불구하고 운동론 등을 외부 문서 형태로 거의 남기지 않았다. 이 글은, 차후에 진행될 영화운동론에 대한 연구와 함께 1980년대와 90년대 중반까지 전개된 한국 영화계의 새로운 기운으로 부상했던 영화인들의 영화관과 의식 세계 그리고 활동 등에 대해 평가할 수 있는 기초 자료가 되리라 생각한다.

64 한국 영화학계는 경쟁적인 학파, 독립적인 비평, 독과점 영화자본에 대항할 수 있는 학문 집단 등의 기준으로 본다면, 아직까지 미약한 편이다.

65 전양준, 「작은영화는 지금」, 『열린영화』 1호, 1984, 10쪽.

66 『열린영화』 편집위원은 장주식, 전양준, 정성일, 황규덕 등으로 시작해서 3호에 안동규가

위원으로 합류하고, 4호에는 전양준, 장주식, 황규덕이 빠지면서 책임편집자로 안동규, 정성일, 편집(부)에는 구성주, 김소영, 변재란, 이정하, 장기철, 정재형 등을 두었다.

67   김용태, 「배창호의 연출 스타일 연구」, 『새로운 한국영화를 위하여』, 이론과 실천, 1988, 58~79쪽. 이 글의 서두는 선배들의 스타일보다는 내용이나 주제를 다루라는 충고를 소개하며 시작한다.

68   염찬희, 「70년대 이후 한국영화 흥행 대표작의 내러티브 및 이데올로기 분석」, 『새로운 한국영화를 위하여』, 이론과 실천, 1988, 32~57쪽.

69   영화진흥공사에서 간행된 영화 전문서적들은 당시 영화인들에게 필요한 것이었지만, 번역서 선택, 일본어 중역 그리고 번역의 정확성 측면에서 문제가 적지 않아서 그리 환영받지 못하였다.

70   창간사, 『영화언어』 창간호, 1989 봄호.

71   실제로 독립영화 〈오 꿈의 나라〉, 〈파업전야〉 등에 대한 적극적 비평과 독립영화 창작 지원금 후원(11호) 등이 이루어졌다.

72   『영화언어』는 이후 2003년 여름호(16호)로 복간되었다.

73   자세한 목차는 『영화언어』 합본호, 시각과 언어, 1997,을 참고.

74   김소영, 「해설 : 『영화언어』 눈물과 축제의 현장」, 『영화언어』 합본호 1, 시각과 언어, 1997, 23쪽.

75   2호에서는 민족영화운동론, 1930년대 전후 카프 영화활동 연구(변재란) 등도 다루고 있다.

76   북한의 김정일이 집필한 것으로 되어 있는 『영화예술론』(1973)의 논지를 뜻함.

77   운동진영은 동구권 몰락이라는 변화된 환경에 따른 입장 전환에 대한 기록을 남기지 않았지만 실제로는 큰 변화가 있었다. 민족영화연구소 대표였던 이효인은 1991년 무렵 한길영화학교 운영, 『한길영화』 발간, 『한국영화역사강의 1』 집필 등의 활동을 하고 있었다. 이는 이미 민족영화운동으로부터 멀어졌다는 것을 의미하는 것이었다. 1991년 이후 운동진영 또한 비평진영과 마찬가지로, 정도의 차이만 있을 뿐, 작가주의, 신형식주의, 스타일 비평을 거부하지는 않았다. 이에 대해서는 2부의 2장 중 4.뉴웨이브 운동과 독립영화계의 합종연횡, 6.헤게모니 경쟁과 부산국제영화제 등을 참고.

78   뒤에 설명할 《한겨레 신문》에 게재한 이효인, 이정하의 영화평 등에서 이런 점을 확인할 수 있다.

79   김소연, 「'코리안 뉴 웨이브 영화'의 이행기적 성찰성 연구」, 중앙대학원 박사 학위 논문, 2006, 32~36쪽. '영화언어'와 '민족영화' 관련자들의 연대와 타협, 헤게모니 쟁투 과정 등을 다룬 이 부분은 민족영화(운동론)으로 개진한 부분과 같은 필자의 비평 등을 구분하지 않음으로써 영화미학(비평)과 운동론의 전개과정을 혼란스럽게 묘사하고 있다.

80   그의 첫 번째 학술적 글이 작가정책과 스타일을 다루었다는 것을 고려하면 그렇다. 전양준, 「압운의 장면들, 그리고 롱 테이크의 미학적 모험」, 『한국영화학회지』, 1989.

81 로버트 스탬, 김병철 옮김, 『영화이론』, K-books, 2012, 108쪽.

82 위의 책, 117쪽. 영화작가에 대한 개념은 카이에 뒤 시네마 그룹이 주장하기 이전에도 여러 형태로 존재했던 전통적인 것이었다. 이미 영화를 '제 7의 예술'로 규정하려 한 시도들은 암묵적으로 영화 예술가들에게 작가적 지위를 부여한다는 것을 의미했다. 이에 대한 논의 는 위의 책, 107~118쪽을 참고.

83 위의 책, 112쪽.

84 이용관, 「Auteurism(작가주의) 연구 : La Politique des auteurs 논쟁을 중심으로」, 중앙 대학교대학원 석사학위논문, 1984. 이용관, 「미국의 작가주의 1」, 『한국영화학회지』 1989. 『영화언어』 초창기부터 참여한 김영진의 학위 논문 또한 이에 관한 것이다. 김영진, 「영화 의 작가에 대한 연구」, 중앙대학교대학원 석사학위논문, 1993.

85 앞에서 언급한 『한국영화학회지』에 실린 「압운의 장면들, 그리고 롱 테이크의 미학적 모 험」(1989), 「프랑크 카프라의 인민주의를 다시 읽는다」(1990)와 박광수 감독을 작가적 기 획 속에서 지지한 「멀리 떨어져 있는 관찰자들에게는 아득히 멀 수밖에 없는 동종의 공간 파리 베를린 : 〈베를린 리포트〉」, 『영화언어』, 8호. (1991, 여름호) 등을 말한다. 전양준은 15호 동안 단 한편의 글만 남겼다.

86 이용관, 「〈바보선언〉에서 드러나는 대안적 측면」, 『영화언어』 2호, 1989, 여름호, 이용관, 「작가론과 텍스트의 대화-〈안녕하세요 하나님〉의 장면화 분석을 중심으로」, 『영화언어』 3호, 1989 가을호, 「〈나그네는 길에서도 쉬지 않는다〉의 구조분석」, 『영화언어』 4호, 1989 겨울호, 「철학적 탐험과 미학적 모험의 교차로에 선 배창호 – 〈꿈〉에서 드러나는 화면과 이음새의 불완전 어울림을 중심으로」, 『영화언어』 7호, 1991 봄호, 「〈우묵배미의 사랑〉에 나타난 플래시백과 보이스오버의 아이러니」, 『영화언어』 9호, 1991 겨울호. 등. 이 시기에 『영화연구』에 이용관과 이충직은 비슷한 성향의 글들을 발표한다. 이용관, 「〈티켓〉의 고전 적 데꾸빠쥬 분석」, 『영화연구』 9호, 1993년. 「임권택의 롱 테이크에 나타난 표현적 기능」 『영화연구』 10호, 1995년. 이충직, 「영화의 편집 스타일에 관한 연구」, 『영화연구』 10호, 1995.

87 이용관, 「작가론과 텍스트의 대화-〈안녕하세요 하나님〉의 장면화 분석을 중심으로」, 『영화 언어』 3호, 1989 가을호, 『영화언어 1』 합본호, 1997, 시각과 언어, 108쪽.

88 이용관, 〈나그네는 길에서도 쉬지 않는다〉의 구조분석」, 『영화언어』 4호, 1989 겨울호, 『영 화언어 1』 앞의 책, 138쪽.

89 이용관, 「작가론과 텍스트의 대화-〈안녕하세요 하나님〉의 장면화 분석을 중심으로」, 『영화 언어』 3호, 1989 가을호, 『영화언어 1』 합본호, 앞의 책, 107쪽. 109쪽의 더 노골적인 발언 을 옮기자면 다음과 같다. '롱테이크와 롱쇼트는 일란성 쌍둥이이고, 미장센과 편집 또한 이음동의어라는 사실을 강조하며, 이러한 스타일의 제대로 된 활용은 배창호뿐만 아니라 모든 한국 감독에게 요구된다. 특히 배창호는 최초로 '미장센의 미학'을 시도한 만큼 보완

과 정진을 "간곡히 요청"하며, "그의 내일이 곧 한국영화의 그것일 수 있다는 희망"을 가지고 있다'고 말한다.

90 전양준, 「압운의 장면들, 그리고 롱 테이크의 미학적 모험」, 『한국영화학회지』, 1989, 58쪽.

91 김영진, 「〈달마가 동쪽으로 간 까닭은〉의 성공과 실패」, 『영화언어』 5호.

92 이충직, 「장선우와 장현수」, 이효인, 「박광수와 박광수」, 주진숙, 「장선우와 이정국」, 이정하, 「장선우와 박광수」 등으로 선정되었다. 여기에 선정된 감독들은 대체로 사회적 소재를 다루거나 대중영화의 성격을 지닌 것이었다. 따라서 관련 비평은 리얼리즘과 장르적 기준이 대체로 적합하였다. 이 기획은 또한 창간호부터 글을 투고하던 필자들의 비평이 나오지 않자, 비교적 짧은 글을 주문하는 고육지책의 결과이기도 했다. 결과적으로 〈바보선언〉, 〈황진이〉 등의 스타일 특징이 도드라진 영화에 지나치게 주목하는 것을 벗어나려는 시도인 동시에 감독의 세대교체를 희망하는 기획이 되어버렸다.

93 정성일, 「80년대 한국영화·이데올로기·비평」, 『영화언어』 1호, 1989 봄호, 『영화언어 1』 합본호, 앞의 책, 46~47쪽.

94 문재철, 「한국 영화비평의 어떤 경향」, 『영화언어』 15호, 1995년 봄호, 『영화언어 1』 합본호, 앞의 책, 165쪽.

95 물론, 1989, 1990, 1991년 연간지로 발간된 『한국영화학회지』에는 김수남, 민병록, 김수용, 김창유, 주진숙, 신강호, 서인숙, 조희문, 강한섭 등의 글도 실려 있다.

96 1990년대에 등장한 신진 평론가들도 일반 독자 대상의 리뷰에서는 인상비평과 전문 비평의 사이를 오가는 글을 쓰는 경우가 많았다. 그 중 『영화언어』에 적지 않은 글을 발표한 김영진의 경우 「임의적인 거리두기와 비판적인 거리두기 – 〈경마장 가는 길〉」(『영화언어』 11호, 1992 여름호)에서 그러한 경향을 드러내면서 이후 대체로 문학적 비평을 취한다. 그 전에 『영화언어』에 발표한 신형식주의와 스타일 경향의 글과는 대조적이다. 그의 이러한 경향은 『씨네 21』, 『필름 2.0』 등 대중잡지에 적합한 것이었는데, 그 이유는 작가주의적 경향의 정보 제공과 문학비평적 사고와 표현에 기인한 것으로 판단된다.

97 김소연, 앞의 박사학위논문, 33쪽.

98 김소연, 위의 논문, 34쪽.

99 앞에서 밝힌 이용관의 석사학위논문 등을 참고.

100 『열린영화』 3호, 1985 여름호, 5~75쪽.

101 조재홍, 「한국 영화산업의 변화와 독립제작의 현 주소, 〈파업전야〉의 경제적 측면과 작품 분석을 중심으로」, 『영화언어』 6호, 1990 겨울호. 이 글에서 필자는 인물의 전형, 전형환경의 묘사 문제 등을 다루는데 사회주의 리얼리즘, 민족문학론 등의 개념을 적극 활용하고 있다.

102 이용관, 「〈파업전야〉, 민족민중영화의 현주소와 미래」, 『민족영화』 2호, 친구, 1990, 185쪽. 이용관은 필자와 사석에서 자신이 파주 근처 휴전선 너머에서 넘어온 피난민 후손이며 그

러므로 반공적일 수밖에 없다는 사실을 토로한 바 있다.

103 김소연, 같은 박사학위 논문. 34쪽. 두 진영이 〈아리랑〉(나운규, 1926), 〈임자없는 나룻배〉
(이규환, 1932), 〈오발탄〉(유현목,1960), 〈바람불어 좋은 날〉(이장호, 1981) 등을 리얼리즘
영화의 계보로 삼았다는 김소연의 주장은 표피적인 관찰에 의한 것이라고 판단된다.

104 이효인, 「민족영화의 평가에서 제기되는 문제에 대하여(1)」, 『영화언어』 8호, 1991 여름호.
『영화언어 2』 합본호. 앞의 책. 이 글에는 〈파업전야〉의 한계를 지적하는 여러 글들이 소개
되어 있다.

105 이효인, 위의 글, 『영화언어 2』 합본호, 앞의 책. 66쪽.

106 이효인, 「민족영화의 당면과제와 임무」, 『민족영화』 1, 친구, 1989, 36쪽.

107 위의 글, 37~38쪽.

108 토마스 메춰, 「서독의 유물론적 미학의 경향」, 이효인, 「문화과학으로서의 영화」, 『새로운
한국영화를 위하여』, 이론과 실천. 1988, 28쪽 재인용.

109 이효인, 「문화과학으로서의 영화」, 위의 글. 22~28쪽.

110 위의 글, 25쪽. 형식을 구성 방식이라고 하면서도 '형식주의'를 비판할 때 형식은 내용을
표피적으로만 다룬다는 뜻으로 사용하고 있다.

111 위의 글, 24~25쪽. 예컨대 〈화분〉(하길종, 1972)과 〈육식동물〉(김기영, 1985)은 사회적 과
정의 법칙성 속에서 소재를 보지 못하고 개인의 주관주의적 의사표현을 하고 있다고 비판
한다. 또한 서울영화집단의 〈수리세〉(1984), 〈파랑새〉(1986)는 정치우선적이며 직접적 선
전을 하는 영화로써 주관주의의 또 다른 측면이라고 비판한다.

112 장산곶매의 〈오! 꿈의 나라〉(1989)에 대한 본격적인 비평은 『민족영화』에 실렸다. 이언경
(운동진영과 비평진영이 함께 강좌를 열기도 했던 영화그룹인 '영화공간 1895' 소속)은 작
품의 내적 구성의 불안정성, 인물 해석의 불명확성, 쇼트와 편집 등의 문제를 지적한 반면,
김재호(민족영화연구소 소속)는 '민족영화의 원칙적 틀 속에서 보건대 인물과 구성이 잘못
되어 광주민중항쟁의 역사적 의의를 옳게 밝혀내지 못했다고 비판하였다. 이언경, 「〈오! 꿈
의 나라〉에 대한 짧은 논평」, 김재호, 「광주민중항쟁의 반미의식 성장의 개인주의적 굴절」,
『민족영화』 2호, 친구, 1989.

113 이효인, 「문화과학으로서의 영화」, 앞의 글. 25쪽. "〈바람불어 좋은 날〉과 〈바보선언〉은 평
범한 소재를 계급적인 관점에서 훌륭하게 풀어나간 것이며, 〈짝코〉는 반공드라마의 형식
주의적 도식성을 민족의 갈등으로 진지하게 다룬 것이다"

114 김소영, 「모성의 멜로 드라마 〈미워도 다시 한번〉」, 『영화언어』 3호, 1989 가을호. 이순진,
「한 편의 멜로드라마, 그 성취와 한계 −〈걸어서 하늘까지〉에 대한 단상」, 『영화언어』 11호,
1992 여름호. 동구권의 몰락은 우연일 수도 있지만 리얼리즘 비평에 대한 대항적 비평을
불러일으켰다. 이순진의 글은 필름 느와르 색채를 지닌 멜로드라마에 대해 장르 연구 경향
의 비평을 모색하는 것이었다. 김소영의 글은 "〈미워도 다시 한번〉을 '신파'가 아니라 '모성

의 멜로드라마'로 접근하는 것은 서구 멜로드라마 영화연구를 빌어 〈미워도 다시 한번〉의 폄하적인 위상을 재고하기 위한 것"이었다. (이순진, 「한국영화사 연구의 현단계 – 신파, 멜로드라마, 리얼리즘 담론을 중심으로」, 『대중서사연구』 제10권 제2호, 2004.12, 187쪽) 이순진은 이 논문에서 "새로운 영화사는 리얼리즘 혹은 작가의 영화사가 오랫동안 버려왔던 지점을 탐구하는 것에서 시작되어야 한다"고 공언하는데, 이에 대한 본격적인 성과는 2000년을 지나서 공식화된다. 그 첫 결과물이 다음의 책이다. 주유신 외, 『한국영화와 근대성』, 소도, 2001.

115 문재철, 「한국 영화비평의 어떤 경향」, 『영화언어』 15호, 1995년 봄호, 『영화언어 1』 합본호, 앞의 책, 164~165쪽. 또한 이 글은 "『영화학회』의 경우 신형식주의 이론은 모두가 이용관 교수의 아류적 범주에서 벗어나지 못하고 있다"고 진단하고 있다.

116 정성일, 「80년대 한국영화 · 이데올로기 · 비평」, 『영화언어』 1호, 1989 봄호, 『영화언어 1』 합본호, 앞의 책, 46쪽.

117 정성일, 위의 글, 앞의 책, 47쪽.

118 이용관, 「작가론과 텍스트의 대화–〈안녕하세요 하나님〉의 장면화 분석을 중심으로」, 『영화언어』 3호, 1989 가을호, 『영화언어 1』 합본호, 앞의 책, 107쪽.

119 위의 글, 89쪽.

120 위의 글, 106쪽. "〈기쁜 우리 젊은 날〉에서 들고찍기에 의한 긴 시점화면 두 개는 무난히 스타일화하여 이전에 행했던 10여 개의 실험단계를 벗어난 듯싶고 호형화면이나 그 변형은 아직 내재화에 이르지 못하는 것으로 보인다" 이런 판단은 스타일에 대한 강박적일 정도의 집착을 보여주며 판단 또한 자주 주관적으로 흐른다.

121 이용관, 「〈나그네는 길에서도 쉬지 않는다〉의 구조분석」, 『영화언어』 4호, 1989 겨울호, 『영화언어 1』 합본호, 앞의 책, 128, 143쪽. "이처럼 개인적인 운명 속에서 집단적 숙명론으로 발걸음을 옮기는 나그네의 길은 통일의 그날까지 쉬지 않고 이어진다", "사실 가장 훌륭한 감독은 그 자신이 시나리오 작가이다"

122 전양준, 「압운의 장면들, 그리고 롱 테이크의 미학적 모험」, 『한국영화학회지』, 1989, 58쪽.

123 이효인, 『한국의 영화감독 13인』, 열린책들, 1994, 159~163쪽. 배창호 감독의 인터뷰에서 인터뷰어는 〈황진이〉의 롱테이크를 주제로 대화를 이어가려 하지만, 감독은 단지 화면 논리의 필요에 따라 롱테이크든 짧은 쇼트들의 몽타주 편집이든 자유롭게 사용한다면서 차단한다. 이 인터뷰를 한 1994년에는 영화'운동'이 거의 막을 내린 상황이었다.

124 이용관, 「작가론과 텍스트의 대화–〈안녕하세요 하나님〉의 장면화 분석을 중심으로」, 앞의 글, 80쪽.

125 위의 글, 82쪽.

126 전양준, 앞의 글, 79쪽. 글의 말미에 그는 내러티브와 스타일의 논리적 정합성에 대해 얘기할 뿐 그것들이 만들어내는 주제 의식, 이데올로기에 대해서는 유보적인 태도를 취할 뿐이

다. 즉 롱테이크를 장면구성의 요소로만 사용하는 달변의 스토리텔러와 세계관·영화관에 롱테이크를 접맥시키는 시네아스트 중 어느 것을 선택하느냐는 감독의 선택일 뿐이라고 매듭짓는다.

127 『새로운 한국영화를 위하여』에 글을 실었던 김용태는 『영화언어』 편집진에서 빠졌고, 염찬희는 이름은 올렸지만 한 번도 글을 싣지 않았다.

128 일간신문 영화평 지면을 청년에게 할애한 최초로 개설한 신문은 《국민일보》(1992.4)였다. 이 지면에 글을 쓴 이효인은 1992년 5월 중반부터는 《한겨레신문》에 리뷰를 실었으며, 이후 정성일, 이정하 등으로 이어졌다. 이효인, 「영화관람석 〈결혼 이야기〉」, 《한겨레신문》, 1992.6.27. 〈결혼 이야기〉에 관한 이 평문은 주제를 비판하는 한편 스타일에 관해서도 다루고 있다.

129 『영화언어』의 신진 필자들은 이후 안정되고 지속적인 연구를 보장할 수 있는 자리의 제한, 영화에 대한 사회적 관심 증폭, 국제영화제 창설 등의 환경 속에서 비평가로서의 '인정 경쟁'에 내몰리게 되었다.

부기

1 하길종, 「영화를 보는 눈-〈화분〉의 이론(異論)에 대하여」, 《조선일보》, 1972.3.21. 『하길종』 전집 3, 한국영상자료원, 2009, 179쪽 재인용. 이 글에서는 그는 자신이 파졸리니와 베르히만의 영향을 받은 것을 인정하고 있다.

2 하길종, 「새 세대, 새 영화, 새 정신」, 『영상시대』 창간호, 1977년 여름, 28쪽.

3 변인식, 「형의 요절, 거목이 무너지는 충격이었소.-하길종 형 영전에 붙여」, 《주간국제》, 1979.3.18. 한국영상자료원, 『하길종 전집』 3, 2009, 307~8쪽 재인용.

4 「문학과 영화와의 악수」, 《한국일보》, 1975.6.1. ("단세포적 청춘영화의 사고방식에서 벗어나 젊은이들의 꿈과 고뇌, 슬픔, 기쁨을 리얼하게 영상화한 이 영화는 분명히 우리나라 영화계에 본격적 청년영화의 한 획을 그어줄 작품"), 「다큐멘터리 터치의 대학생 얘기, 새 영화 하길종 감독 〈바보들의 행진〉」, 《동아일보》, 1975.6.8. ("과거 … 청춘영화들과는 본질적으로 다르다. … 각본, 연출, 촬영, 음악이 제대로 맞아떨어진 결과"), 「영화 전체에 싱그러움이 …. 영화 〈바보들의 행진〉 스태프진, 평론가 방담」, 《일간스포츠》, 1975.6.5. (평론가 변인식 "시나리오가 잘 구성됐다. 언어 미디어와 영상 미디어의 차이점을 확실히 해준 것 같다." 소설가 김주연 "이 영화는 일종의 리얼리즘 모럴 등 영화사종에 한정한 의미가 아니고 현실에 밀착된, 말하자면 꼭 병태가 주인공이 아니더라도 많은 젊은이들 누구라도 주인공이 될 수 있다는 요소가 현실을 집약적 전형"), 한상열, 「영화 바보들의 행진, 젊은 세대의 의식 반사(反射)」, 《여성동아》, 1975.8. ("경쾌한 코믹 터치로 화면을 엮어나가면서,

오늘을 살고 배우는 젊은이들의 생활철학, 애정윤리, 이상을 선명하고 강력하게 부조시키고 아울러 그들에 대한 감독 자신의 동정과 이해의 눈초리를 느낄 수 있어 더욱 호감"). 한국영상자료원, 「하길종」 전집 3, 2009, 192~198쪽 재인용.

5 변인식, 「어떤 영화를 만들 것인가—창조 정신에 긴 녹을 떨어버리자」, 《영상시대》 창간호, 1977년 여름, 86~87쪽.

6 이영일 vs 김소희, 「場—Dialogic/ 역사란 죽은 나무를 되살리는 일」, 「場/TRANS」 창간호, 165쪽. 강성률, 「하길종, 혹은 행진했던 영화 바보」, 이론과 실천, 2005. 153쪽 재인용.

7 이장호, 「감각만 좋은 낙오자」, 「바보처럼 나그네처럼」, 산하, 1987, 137쪽. 1979년 말 무렵인 이 글을 쓸 당시 이장호는 대마초 사건에 의해 활동이 금지된 상태에서 민중문학 성향의 문인 등과 잦은 교류를 하고 있었다. 자학적인 혹은 냉철한 이 평가는 이런 점이 감안되어야 할 것이다.

8 변인식, 같은 글, 86~87쪽.

9 하길종, 「새 세대, 새 영화, 새 정신」, 《영상시대》 창간호, 1977년 여름, 28쪽.

10 이정하, 「1970년대 『영상시대』 읽기 —이식된 뉴웨이브의 이산적 자기정체성—」, 「영화연구」 20호, 2006, 226쪽, 247쪽.

11 하길종, 「한국영화의 현실과 전망」, 《공주사대 학보》, 1975.10, 「하길종」 전집 2, 2009, 407쪽 재인용.

12 위의 글, 407쪽.

13 하길종, 「1970년대의 한국영화」, 《월간 독서》, 1978.10, 「하길종」 전집 2, 2009, 434~435쪽 재인용.

14 전우형, 「훼손과 분리의 영화 신체에 담긴 실험적 의미: 〈바보들의 행진〉의 검열 대응과 영상언어의 실험」, 「한국현대문학연구」 Vol. 37, 2002, 391, 411쪽.

15 강성률, 같은 책, 62, 185, 188~189쪽.

16 이영일, 「세대의식과 작가의식—영화 〈바보들의 행진〉을 보고」, 서울예전 영화과 동문회 편, 『하길종 교수 10주기 추모행사자료집』(1989), 강성률, 같은 책, 182쪽 재인용. 한 예로, 이영일은 영철의 자살과 병태의 입대의 모티브 등이 현실성으로도 약하고 군색하다고 지적한다. 이는 당시의 검열 상황을 도외시한 것이다.

17 강성률, 같은 책, 169~189쪽. 저자는, 원작, 시나리오 초고, 증언 등을 기초로 실제 당시에 상영된 영화와 자세히 비교하면서, 〈바보들의 행진〉을 '시대적 힘을 지닌 시대적 걸작'(160쪽)으로 평한다.

18 로버트 스탬, 김병철 역, 『영화이론』, K-books, 2012, 238~240쪽.

19 정현경, 「1970년대 혼성적 도시 표상으로서의 도시인의 우울: 〈별들의 고향〉, 〈영자의 전성시대〉, 〈바보들의 행진〉, 〈어제 내린 비〉를 중심으로」, 『한국극예술연구』 Vol. 41, 2013, 256쪽. 이 글은 다음의 주를 통하여 인용한 것이다. 남수영, 『이미지 시대의 역사 기억』, 새

물결, 2009, 31쪽. "남수영은 영상 이미지들이 시각 주체의 수동적이고 분열된 인식에 근 거한다고 보고 있다. 이러한 사실은 한편으로는 상업화된 이미지라도 생산구조나 그 이면 의 이데올로기가 미처 계산하지 못하는 효과들을 촉발시킬 수 있다는 의미를 내포한다고 주장한다."

20 전우형, 「훼손과 분리의 영화 신체에 담긴 실험적 의미: 〈바보들의 행진〉의 검열 대응과 영 상언어의 실험」, 『한국현대문학연구』 Vol. 37, 2002, 411쪽.

21 가르강튀아와 팡타그뤼엘은, 르네상스의 물결 속에서 발표된 프랑수아 라블레의 소설 『가 르강튀아』(1534)와 『팡타그뤼엘』(1532)의 주인공들이다.

22 게리 솔 모슨·캐릴 에머슨 지음, 오문석·차승기·이진형 옮김, 『바흐친의 산문학』, 책세상, 2006, 441쪽.

23 「도스토옙스키 연구서 개정을 위하여 Towards a Reworking of the Dostoevsky Book」, 『도스토옙스키 시학의 제문제』의 부록 2, 283~302쪽. 1979년 러시아어판 선집, 308~327쪽. 리 솔 모슨·캐릴 에머슨 지음, 오문석·차승기·이진형 옮김, 『바흐친의 산문 학』, 책세상, 2006, 444쪽 재인용.

24 정종화, 「〈바보들의 행진〉과 검열, 혹은 이 영화의 감상법」, 『〈바보들의 행진〉 해설집』, 한 국영상자료원, 2014. 블루레이 버전으로 출시된 이것은 102분이며, 여기에 딸린 이 해설 문에는 검열된 필름 2분 29초와 다른 잘려나간 부분에 대한 해설이 있다. 이 글과 강성률 의 책을 참고하면 검열된 부분을 알 수 있다.

25 로빈 우드, 「바람과 함께 지다」, 존 힐·파멜라 처치 깁슨 편, 안정효·최세민·안자영 옮김, 『세계영화연구 The Oxford Guide to Film Syudies』, 현암사, 2004, 39족. 로빈 우드는 멜로드라마에서 조잡함이란 필수적인 것이라고 말하고 싶을 정도로 친근한 것이며, 가장 맹렬한 방법으로 근본적인 인간의 욕구를 드러내는 것이라고 보고 있다.

26 하비 콕스, 김천배 역, 『바보제 ―축제와 환상의 시학』, 현대사상사, 1992, 13쪽.

27 경찰서 안 장면은 검열에서 삭제되었지만, 영철 등을 쫓는 경찰의 긴머리를 확인하기 힘든 것은 아니다.

28 앙리 베르그송, 이희영 옮김, 「웃음」, 『웃음/창조적 진화/도덕과 종교의 두 원천』, 동서문화 사, 1978(2008), 74쪽.

29 프랑수아 라블레, 유석호 옮김, 『가르강튀아 / 팡타그뤼엘』, 문학과 지성사, 2004, 84쪽.

30 미하일 바흐친, 『프랑수아 라블레의 작품과 중세 및 르네상스의 민중문화』, 아카넷, 2001, 238쪽.

31 위의 책, 240쪽.

32 위의 책, 229쪽.

33 게리 솔 모슨·캐릴 에머슨 지음, 오문석·차승기·이진형 옮김, 『바흐친의 산문학』, 책세상, 2006, 751쪽.

34   미하일 바흐친, 『프랑수아 라블레의 작품과 중세 및 르네상스의 민중문화』, 앞의 책, 2001, 249쪽.

35   게리 솔 모슨·캐릴 에머슨 지음, 앞의 책, 622~623쪽 , 바흐친의 용어로는 특정 시간과 공간에서 일어난 경험에 대해 이해하는 방식을 크로노토프라고 불렀다.

36   위의 책, 750쪽.

37   위의 책, 23쪽.

38   요모타 이누히코, 「하길종의 초상」, 『하길종』 전집 2, 한국영상자료원, 2009, 489쪽.

39   미하일 바흐친, 『프랑수아 라블레의 작품과 중세 및 르네상스의 민중문화』, 앞의 책, 57쪽.

40   위의 책, 56쪽.

41   게리 솔 모슨·캐릴 에머슨 지음, 앞의 책, 2006, 753쪽.

42   미하일 바흐친, 『프랑수아 라블레의 작품과 중세 및 르네상스의 민중문화』, 앞의 책, 2001, 57쪽.

43   위의 책, 481~482쪽.

44   프랑수아 라블레, 유석호 옮김, 앞의 책, 15, 20쪽.

45   미하일 바흐친, 『프랑수아 라블레의 작품과 중세 및 르네상스의 민중문화』, 앞의 책, 266쪽.

46   오진곤, 「1970년대와 1980년대 한국 대학생 영화의 비교분석 연구 -〈바보들의 행진〉과 〈미미와 철수의 청춘스케치〉를 중심으로-」, 『현대영화연구』 10권, 2010, 332쪽. 이는 이영미(『한국대중가요사』, 시공사, 1999)와 안재석(「하길종 감독 바로보기-영화계 입문 이전의 행적을 중심으로-」, 『영화연구』41호, 2009)의 논지를 참고한 것이다. 또한 하길종의 UCLA 석사학위 논문이 「다큐멘터리 영화에서의 시적 경향에 대한 연구」(1968)라는 점도 참고할 만하다.

47   이종록, 「하나 나길라!-고대 이스라엘 축제에 대한 신학적·문화적 연구」, 『신학사상』 159집, 2012, 겨울, 17쪽.

48   미하일 바흐친, 『프랑수아 라블레의 작품과 중세 및 르네상스의 민중문화』, 앞의 책, 229쪽.

49   이득재, 「바흐친 수용, 무엇이 문제인가 -반성해야 할 탈정치적 수용 풍토」, 《교수신문》, 2001.7.10. 필자는, 바흐친의 미학이 '참여적인 사유'를 동반한다는 점은 자주 무시되곤 하는 점을 지적한다.

찾아보기